Le recours aux modes alternatifs de règlement des litiges en matière de propriété intellectuelle

5-7, rue de l'École-Polytechnique, 75005 Paris

http://www.editions-harmattan.fr

ISBN : 978-2-343-15648-4
EAN : 9782343156484

Jean Tankeu

Le recours aux modes alternatifs de règlement des litiges en matière de propriété intellectuelle

Préface de Joseph Fometeu

L'Harmattan

DEDICACE

A mes parents feu Tegni Tanke Christophe et feue Megni Djoumessi Madeleine qui ont su inculquer en moi dès mon enfance, le sens de l'effort et de la vertu.

A ma tendre épouse Marthe Elise, et à mes enfants Steeve Loïc, Evy Marlène, Ruddy Johns et Jason Grégory qui aujourd'hui, font ma fierté et mon bonheur,

Je dédie ces longues années de labeur.

REMERCIEMENTS

Qu'il me soit permis d'adresser mes sincères remerciements à toutes les personnes qui, de près ou de loin, d'une façon ou d'une autre, m'ont soutenu au cours de la rédaction de cette thèse. Il s'agit particulièrement :

- Des Professeurs Carine Bernault et Joseph Fometeu qui n'ont jamais perdu patience devant mes balbutiements de jeune chercheur et qui, malgré leurs multiples occupations, se sont investis intellectuellement pour que ce rêve se réalise ;

- du Professeur Grégoire Jiogue pour ses précieux conseils ;

- de mes collaborateurs Maîtres Maurice Djanda, Thérèse Nkandeu et Anicet Foyet Ngankam, pour leurs encouragements et leurs disponibilités ;

- de Maître Tchakouté Patie Charles, Avocat au Barreau du Cameroun, pour sa documentation et ses encouragements ;

- de Monsieur Mbono François Xavier, Président du Tribunal de Grande Instance du Wouri, pour ses encouragements ;

- de Maître Odette Nanfah, Avocate au Barreau du Cameroun, pour ses encouragements et ses précieux conseils ;

- de Me Temgoua Nguimfack Léocadie, Avocate au Barreau du Cameroun, pour ses précieux conseils.

- de Monsieur et Madame Lonla Foning Bertrand, pour tous les efforts fournis et tous les sacrifices consentis à chaque fois qu'ils ont été sollicités ;

- de tous mes frères et sœurs, cousins et cousines, pour tout le soutien matériel et moral qu'ils m'ont toujours apporté ;

- de tous mes amis du CADA, du CAS-BAF, mes amis proches et lointains, pour l'attention qu'ils n'ont cessé de porter en moi pendant toutes ces années de recherches.

PREFACE

Les Modes alternatifs de résolution des litiges sont l'expression d'une justice privée, fondée sur le principe de la volonté des parties, par laquelle elles donnent pouvoir à une ou plusieurs personnes neutres et spécialisées, généralement choisies par elles, avec mission de les concilier, de les rapprocher ou de rendre justice dans le différend qui les oppose.

M. Tankeu Jean s'interroge sur la possibilité de recourir à cette forme de justice, lorsque le litige à résoudre est né en matière de propriété intellectuelle. Le choix d'une telle thématique est pleinement justifié. En effet, tout d'abord, il n'existe, dans la zone couverte par l'Organisation Africaine de la Propriété Intellectuelle, aucune étude ayant systématisé l'utilisation des modes alternatifs de résolution des litiges en matière de propriété intellectuelle. Ensuite, et pourtant, on peut noter qu'à l'échelle internationale, ces modes de résolution des litiges connaissent un développement exponentiel en cette matière, comme en témoigne l'existence de plusieurs centres internationaux d'arbitrage de médiation, notamment celui de l'Organisation Mondiale de la Propriété Intellectuelle. Enfin et surtout, M. Tankeu a voulu vérifier la pertinence de certains arguments souvent évoqués pour justifier l'impossibilité de recourir aux modes alternatifs lorsque le litige porte sur cette matière. Il s'agit de celui tiré de l'incompatibilité entre les MARL et l'ordre public, de celui tiré de l'indisponibilité du droit moral de l'auteur et de celui déduit de la compétence exclusive du juge judiciaire pour connaître des actions en nullité et en validité des titres de propriété industrielle.

On le voit, la principale difficulté juridique à laquelle il était appelé à répondre était relative à l'impact de l'ordre public sur le recours à la justice privée en matière de propriété intellectuelle. Dans ce domaine, cette difficulté s'appuie, écrit-il, sur les rapports conflictuels ayant existé entre l'ordre public et les MARL, particulièrement, l'arbitrage.

Il n'empêche, l'évolution de la science du droit, résumée de manière dynamique et fidèle par M. Tankeu, lui permet de relever qu'à ce jour, les frontières de l'ordre public ont considérablement reculé, ce qui permet aux MARL de se déployer en vue de solutionner les litiges de propriété intellectuelle.

Pour lui donc, il ne fait l'ombre d'aucun doute, que l'ordre public n'est pas un obstacle rédhibitoire au recours aux MARL. D'ailleurs, il s'emploie à démontrer que tous les litiges relatifs à la propriété littéraire et artistique ainsi qu'à la propriété industrielle peuvent être soumis à l'arbitrage, à la médiation ou à la transaction. Il en est ainsi, des contentieux relatifs à la contrefaçon, ceux concernant les contrats d'exploitation des droits dans leur ensemble, ceux relatifs à la titularité des droits sur une œuvre littéraire et artistique, ceux du droit moral et du contentieux relatif à la validité des titres de propriété industrielle.

M. Tankeu écrit en outre, que c'est grâce à cette admission généralisée des MARL en matière de propriété intellectuelle que, d'une part, les centres d'arbitrage et de médiation de droit commun tels que le centre d'arbitrage de la Cour commune de Justice et le centre d'arbitrage de la CCI ont pu étendre leurs compétences à la propriété intellectuelle et que, d'autre part, les centres spécialisés en arbitrage et médiation des litiges en matière de propriété intellectuelle tels que celui de l'OMPI déjà évoqué connaissent un certain essor. Ce dernier est d'ailleurs, tel que l'OAPI s'est engagée à créer en son sein, un centre identique à celui de l'OMPI.

L'ouvrage de M. Tankeu Jean est donc, assurément, une œuvre novatrice par la problématique abordée, mais surtout, une œuvre utile en ce qu'elle s'insère dans un domaine où la doctrine africaine est encore à la recherche de ses repères. En effet, cet ouvrage fournit de précieuses informations à l'attention des parties prenantes aux différends à naître dans ce domaine, aux praticiens du droit, aux administrateurs des centres d'arbitrage et de médiation ainsi qu'aux chercheurs. Qui plus est, ces informations sont enrobées dans des analyses pertinentes et richement documentées. On ne peut s'en étonner. Ces analyses reflètent simplement à la fois une solide formation universitaire et une fructueuse expérience professionnelle d'avocat.

Joseph FOMETEU
Professeur titulaire Université de Ngaoundéré (Cameroun)

INTRODUCTION

Le but des droits de la propriété intellectuelle est de promouvoir le développement culturel ou technologique[1]. Cet objectif n'est pas réalisé de manière optimale par le jeu de la libre concurrence où, les opérateurs peuvent reproduire librement les biens non encore appropriés par autrui[2]. Or, à la différence des choses tangibles, les créations intellectuelles ne sont pas, par nature, susceptibles d'être appropriées. Elles ne peuvent être matériellement protégées contre l'appropriation par autrui, dans la mesure où elles peuvent être reproduites par quiconque en a une connaissance intellectuelle. Inépuisables et pouvant être exploitées simultanément par un nombre infini de personnes, elles constituent des *res nullius*, choses sans maître. La valeur économique de telles créations vient de ce qu'elles se distinguent des solutions habituelles aux besoins humains, en procurant des résultats plus efficaces ou plus agréables. Leur valeur, liée à leur rareté, sera donc perdue ou diminuée, dès qu'elles auront été intellectuellement accessibles aux tiers. Leur rareté ne peut être maintenue qu'en empêchant l'accès intellectuel des tiers, ou en organisant un système d'appropriation, qui ne peut provenir que d'une décision du législateur[3]. Le droit de la propriété industrielle répond à

---

[1]J. SCHMIDT-SZALEWSKI et J.-L. PIERRE, *Droit de la propriété industrielle*, 3e éd. LexisNexis, juillet 2003,

[2] Les droits de propriété industrielle ne se conçoivent que dans les systèmes économiques fondés sur la liberté d'entreprendre. Ils n'existaient pas dans l'Europe du Moyen Age et de l'Ancien régime, où l'application des techniques était contrôlée par les corporations : P. ROUBIER, *Le droit de la propriété industrielle*, t. 1, *Sirey*, 1952, p. 13. –H. PIRENNE, *Histoire économique et sociale du Moyen Age*, PUF, 1969, p. 159. Ils n'existaient pas davantage dans les économies planifiées de type socialiste, en raison de l'absence d'entreprises privées: M. HIANCE et Y. PLASSERAUD, *La protection des inventions en Union soviétique et dans les Républiques populaires d'Europe*, *Litec,* 1969. J. SCHMIDT, « Traits originaux du système soviétique de protection des inventions »; *RID. Comp.* 1970, p.503

[3] S'agissant des biens incorporels en général, le doyen CARBONIER observe que « leur existence vient du droit », Droit civil, t.3: *Les biens*, 19e éd. 2000, n°52. –P. ROUBIER, « Unité et synthèse des droits de propriété industrielle », Mélanges Marcel Plaisant, *Sirey,* 1960, p.161. – A. PIEDELIEVRE, « Le matériel et l'immatériel. Essai d'approche de la notion de bien », Mélanges Michel de Juglart, *LGDJ-Litec*, 1986, p.55. – J. –M. MOUSSERON, « Valeurs, biens, droits », Mélanges André Breton-Fernand Derrida, *Dalloz*, 1991, p.277. –D.

ces préoccupations, en conférant aux créateurs le droit exclusif, limité dans le temps, de reproduire leur création, même après sa divulgation.

Bien qu'appartenant tous deux au domaine général de la propriété intellectuelle, le droit de la propriété littéraire et artistique diffère, dans sa logique, du droit de la propriété industrielle[4].

Le système du droit de la propriété littéraire et artistique repose sur la constatation que la création artistique ne confère pas à l'auteur une avance naturelle sur le marché, comparable à celle dont dispose le possesseur d'une technique utilitaire. Parce qu'elle porte en elle-même l'expression de la personnalité de l'artiste, elle peut être reproduite presque instantanément, sans avoir à faire l'effort de l'ingénierie inverse. Le système du droit d'auteur résout ce problème, en conférant au créateur un monopole fondé sur le seul fait de la création de l'œuvre, sans égard à son mérite et sans procédure administrative, qui opérerait une sélection entre elles[5]. L'appréciation de la valeur artistique et, partant, de la rémunération du créateur, est ainsi laissée au jugement du public. Mais le droit d'auteur ne vise pas seulement la récompense économique du créateur ; il protège également sa personnalité, en lui permettant de décider de la divulgation de l'œuvre et de contrôler la qualité de celle-ci, même après sa divulgation[6]. De ce point de vue, les prérogatives conférées par la propriété littéraire et artistique sont beaucoup plus vastes que celles de la propriété industrielle, dont la nature est exclusivement économique[7].

GUTMANN, *Du matériel à l'immatériel dans le droit des brevets. Les ressources du langage juridique*: Arch. Philo. Dr., t.43, 1999, p. 65.

[4] Chacune de ces matières est, dans l'ordre international, régie par un traité distinct : Convention de Paris du 20 mars 1883 sur la protection de la propriété industrielle ; Convention de Berne du 9 septembre 1886 sur la protection des œuvres littéraires et artistiques.

[5] A. LUCAS, H.-J. LUCAS et A. LUCAS-SCHLOETTER, *Traité de la propriété littéraire et artistique*, 4e éd. LexisNexis, juillet 2012, p. 77 et s. – C. COLOMBET, *Propriété littéraire et artistique et droits voisins*, Dalloz, 9e éd. 1999, n°30.

[6] Le Code de la propriété intellectuelle français exprime la conception dualiste du droit d'auteur (art. L. 111-1, al.2) : « ce droit comporte des attributs d'ordre intellectuel et moral, ainsi que des attributs d'ordre patrimonial ». Après avoir énoncé dans l'article L. 121-1§1, que l'auteur jouit du droit au respect de son nom, de sa qualité et de son œuvre, la loi ajoute que « ce droit est attaché à la personne. Il est perpétuel, inaliénable et imprescriptible ».

[7] Le droit moral de l'inventeur se limite à celui d'être mentionné comme tel sur le brevet.

Dans le système du droit de la propriété industrielle, le droit exclusif n'est pas attaché au fait de la création, qu'il s'agisse d'une invention utilitaire ou d'un signe distinctif, encore que les fondements de l'intervention législative varient dans chacun de ces deux cas. Le droit exclusif d'exploitation, qui est l'élément essentiel des droits de propriété intellectuelle, confère aux créations intellectuelles la qualité de bien, à la fois au sens juridique et économique du terme. Il s'agit d'un droit réel, caractérisé par « le pouvoir juridique qu'a une personne de retirer directement tout ou partie des utilités économiques d'une chose »[8]. Ces droits sont « une réalité du droit positif »[9], le législateur lui-même utilisant le vocable « propriété intellectuelle » pour désigner la nouvelle codification de ces règles.

Pour définir la notion de propriété intellectuelle, Cornu part de la définition de la propriété pour aboutir à celle de propriété incorporelle qui est la *« propriété dont l'objet est purement immatériel, intellectuel (d'où le terme de droits intellectuels). Exemple : propriété d'un office ministériel, droits sur la clientèle, fonds de commerce, propriété industrielle, propriété littéraire et artistique ».*[10]

Une telle définition a forcément des limites car, elle est assez vague et ne permet pas de saisir la notion de propriété intellectuelle dans sa complétude. La propriété intellectuelle consiste elle aussi en un ensemble de droits exclusifs, mais pas sur des choses tangibles, mais sur les productions de l'esprit.

---

[8] J. CARBONNIER, *Droits civil*, *op. cit.*, n°38. B. STARCK, *Introduction au droit*, 5e édition. Par H. ROLAND et L. BOYER, *Litec*, 2000, n°1183. Selon un autre auteur, les éléments constitutifs du droit de propriété consistent dans la jouissance et la disposition d'un bien, faculté que détient incontestablement le titulaire d'un droit de propriété intellectuel : F. ZENATI, *Essai sur la nature juridique de la propriété, contribution à la nature du droit subjectif*, Thèse, Univ. Lyon III, 1981, t.2, n°310, p.413. – J. RAYNARD, *Droits d'auteur et conflits de lois*, préf. M. VIVANT, *Litec*, 1990, p.333, n° 367 et s. – P. CATALA, « La propriété de l'information », Mélanges Pierre RAYNAUD, *Dalloz* et *Sirey*, 19985, p. 97. –J.-M. MOUSERON, J. RAYNARD et Th. REVET, « De la propriété comme modèle », *Mélanges Colomar*, *Litec,* 1993, 281. -N. MALLET-POUJOL, Appropriation de l'information : l'éternelle chimère : *D.* 1997, 330.- M. VIVANT, An 2000 : « L'information appropriée », *Mélanges Burst, Litec*, 1997, 651.

[9] F. ZENATI, « Pour une rénovation de la théorie de la propriété » : *RTD com*. 1993, p. 305

[10] G. CORNU, *Vocabulaire juridique, Association Henri Capitant,* 2e éd, PUF, 1990 P. 62.

Selon la définition de l'Office de la propriété intellectuelle du Canada (OPIC), *« La propriété intellectuelle (PI) désigne les créations de l'esprit, comme les inventions, les œuvres littéraires et artistiques, de même que les symboles, les noms, les images, les dessins et les modèles dont il est fait usage dans le commerce. Les brevets, les marques de commerce, les droits d'auteur, les dessins industriels, les topographies de circuits intégrés et la protection des obtentions végétales sont désignés sous le vocable de ''droits de PI''.»*[11] C'est cette définition qu'on retiendra dans le cadre de ce travail, puisqu'elle paraît plus complète et plus exhaustive.

La propriété intellectuelle est une notion juridique relativement récente[12]. Les premières lois en la matière portaient sur la protection de la propriété industrielle. La protection des créations de l'esprit n'ayant pas d'application industrielle est apparue plus tard[13]. Il en résulte que le terme de propriété intellectuelle n'a pas d'acception universelle commune à tous les systèmes juridiques. Aussi, le terme de propriété intellectuelle est une « *notion de commodité* »[14] qui, sous une dénomination commune, couvre la diversité complexe de réalités

---

[11]www.opic.ic.gc.ca/iec/site/cipointernet-internetopic.nfc/fra/xr00821.html (consulté le 07 mars 2014).

[12] La première loi américaine sur le brevet date du 10 avril 1790. En Suisse, le droit de la propriété industrielle n'a pas bénéficié d'une loi fédérale uniforme jusqu'en 1954 en raison de la structure fédéraliste particulière de ce pays. C'est pourquoi, la première source de la propriété intellectuelle est d'origine internationale en Suisse. Ainsi, la Confédération a été parmi les onze premiers Etats signataires de la Convention de Paris de 1884 pour la protection de la propriété industrielle. Avant 1980, l'année de l'entrée de la Chine à l'Organisation mondiale de la propriété intellectuelle, le droit de la propriété intellectuelle est presque méconnu dans la République populaire de Chine. Et ce n'est qu'en 1985 que la première loi sur les brevets d'invention est adoptée dans cet Etat. Sur le plan africain, le tout premier texte législatif régional relatif à la propriété intellectuelle date du 02 mars 1977, c'est l'Accord de Bangui relatif à la création d'une organisation Africaine de la propriété intellectuelle.

[13] Selon J.-Ch. GALLOUX, « Qu'est-ce que la propriété intellectuelle? » in *Liber amicorum* G. BONET, *LexisNexis*, Paris 2010, p. 204, la conception qui a présidé à la reconnaissance de ces droits à la fin du XVIIIème siècle a été façonnée à l'image de la propriété corporelle tout d'abord. Le caractère tangible de la propriété industrielle se prêtait donc plus facilement à cette conception. En effet, il y a eu une hésitation de la jurisprudence et de la doctrine à ériger le droit d'auteur en droit de propriété à cause de sa nature immatérielle.

[14] F. GURRY, « Le Centre d'arbitrage de l'OMPI et ses services ». Colloque mondial sur l'arbitrage des litiges de propriété intellectuelle, Genève, 3 et 4 mars 1994, OMPI (1994) p.301.

juridiques et socioculturelles. Il existe en effet plusieurs droits de la propriété intellectuelle ayant des objets de protection et des régimes juridiques différents. Si certains d'entre eux sont des droits de propriété au sens classique du terme parce qu'ils confèrent à leur titulaire le régime légal complet tels que le brevet, les marques, les dessins et modèles industriels ou encore le droit d'auteur, d'autres se bornent à ne présenter que quelques caractéristiques du droit de la propriété. Ainsi, les droits qui protègent les noms de domaine, les secrets de commerce ou les bases de données n'offrent pas le même degré de protection.

En effet, la protection de ces droits n'est généralement pas assurée contre le découvreur indépendant, et ne peut être invoquée que contre des actes limités. Un autre facteur de diversité des droits de la propriété intellectuelle découle des conditions de leur naissance. Les uns sont soumis à l'enregistrement public, d'autres n'en ont pas besoin et existent du seul fait de leur création[15]. Il s'ensuit que la propriété intellectuelle est administrée de façon protéiforme et complexe. Il va sans dire qu'il s'agit donc de droits réels portant sur un objet incorporel et susceptible de faire l'objet de divers contentieux : litiges sur la titularité, la contrefaçon, litiges ayant trait à leur exploitation, ou encore litiges relatifs à leur validité ou leur déchéance s'agissant des titres de propriété industrielle.

Les différends relatifs à la propriété intellectuelle sont très divers et peuvent découler aussi de différents contrats d'exploitation des droits de propriété intellectuelle : contrats de licences, contrats de transfert de technologie, contrats relatifs au développement, à la recherche et à l'investissement. Les contrats de recherche et de développement peuvent donner lieu à des litiges relatifs à l'attribution de la propriété du titre ou encore aux indemnités dues à l'inventeur, employé de l'entreprise[16]. Ce qui peut impliquer, le cas échéant, l'application des règles impératives en matière de travail, de concurrence déloyale, etc.

---

[15] Selon GALLOUX, la différence entre le régime juridique complet et incomplet réside dans la possibilité de protéger le droit par une action en contrefaçon dont certains droits de propriété intellectuelle ne bénéficient pas. Le régime de propriété complet doit être exclusif de tout usage non autorisé des tiers. *L'Arbitrabilité de la propriété intellectuelle dans l'arbitrage commercial international* 2010-2011.

[16] COOK/GARCIA, *op. cit.*, p.12. Cf. également, HANOTIAU, *op. cit.*, p. 199.

La spécificité prêtée à la matière a tôt justifié des règles de compétence particulières pour les contentieux purement nationaux. En droit français, l'article L.331-1 alinéa 1 du Code de la propriété intellectuelle, dispose : « *Les actions civiles et les demandes relatives à la propriété littéraire et artistique, y compris lorsqu'elles portent également sur une question connexe de concurrence déloyale, sont exclusivement portées devant des tribunaux de grande instance, déterminées par voie réglementaire* ». Cette formulation est déclinée pour les dessins et modèles[17], les marques[18], les indications géographiques[19], les brevets[20], et les obtentions végétales[21].

En droit OAPI, l'article 44 al. 1 de l'annexe 1 de l'Accord de Bangui Révisé (ABR)[22] dispose : « *Les actions visées à l'article 43(*actions en nullité ou en déchéance d'un brevet*) précédent ainsi que toutes contestations relatives à la propriété des brevets sont portées devant les tribunaux civils.* »

Cette même formulation est déclinée pour les actions civiles en contrefaçon de brevet[23], les actions civiles relatives aux marques[24], les actions civiles relatives aux dessins ou modèles industriels[25].

La loi camerounaise du 19 décembre 2000 relative au droit d'auteur et droits voisins au droit d'auteur[26] elle aussi renvoie devant les juridictions compétentes les actions civiles en contrefaçon des œuvres littéraires et artistiques[27].

Mais le contentieux de la propriété intellectuelle a vocation naturelle à ignorer les frontières. Des nouveaux modes de

---

17 Art. L. 521-3-1).
18 Art. L. 716-3.
19 Art. L. 722-8.
20 Art. L.615-17.
21 Art. L.623-31.
22 Accord du 24 février 1999 portant révision de l'Accord de Bangui du 02 mars 1977 instituant une organisation africaine de la propriété intellectuelle.
23 Art. 65 et 66 de l'annexe 1 de l'ABR.
24 Art. 47 al. 1 de l'annexe 3 de l'ABR.
25 Art. 29 al. 1 de l'annexe 4 de l'ABR.
26 Loi n° 2000/011 du 19 décembre 2000 relative au droit d'auteur et aux droits voisins.
27 Art. 87 : « Faute pour le saisissant de saisir la juridiction compétente dans les quinze jours de la saisie, mainlevée de cette saisie peut être ordonnée, à la demande du saisi ou du tiers saisi, par le président du tribunal statuant en référé. »

communication permettent désormais un transfert instantané et presque imperceptible du savoir. Ce qui aboutit à l'internationalisation des pratiques illégales. Par conséquent, la régulation au niveau national ou même régional de ces litiges peut amener à des conflits de juridictions et à des décisions jurisprudentielles contradictoires.

Les litiges internationaux intéressant les droits de propriété intellectuelle se multiplient[28]. La contrefaçon perçue comme un phénomène international est devenue un véritable « fléau »[29]. Parallèlement, les accords de licence, aux termes desquels le licencié se voit conférer pour une durée et un territoire déterminés l'exploitation d'un droit de propriété intellectuelle, sont sources de nombreux contentieux. Les motifs seront divers et variés : le règlement ou le montant de la redevance, l'étendue des droits concédés, la possible circulation du contrat, les motifs justifiant la rupture du contrat, le versement des indemnités en cas de violation d'une ou plusieurs obligations contractuelles. Les restructurations d'entreprises et les fusions acquisitions, avec transfert de portefeuille de brevet ou de marques, sont également sources de contentieux généralement sur le plan international.

Dans ce contexte, le choix du tribunal appelé à connaître d'un litige privé appartient à celui qui prend l'initiative de saisir la justice. Par un penchant naturel, bien compréhensible, le demandeur cherchera à porter le litige devant le juge qui lui semble plus proche. Il cherchera à s'adresser en priorité aux tribunaux de son lieu de résidence, domicile ou établissement, ou encore à ceux de l'Etat dont il porte la nationalité. Ce choix spontané a de fortes chances d'être contesté par l'adversaire dont les intérêts sont précisément inverses. De ce fait, au regard des règles juridiques déterminant la compétence des juridictions, ce choix ne sera pas toujours valable, ni juridiquement efficace. Comme au surplus la compétence des tribunaux est en général déterminée par la loi nationale qui les institue, il ne sera pas rare de se heurter en pratique à des législations divergentes.

Dans une logique judiciaire, le monopole territorial emporte la compétence du juge du territoire pour lequel le titre de propriété

---

28 B. HANOTIAU, « L'arbitrabilité des litiges de propriété intellectuelle : une analyse comparative », *ASA Bulletin1*/ March 2003, pp.3-15.

29 N. FORESTIER « La contrefaçon, nouvelle cible de Bercy », *Le Figaro économie*, vendredi 23 avril 2004, n°18 573, *cahier n°2.*

intellectuelle a été délivré. Le juge judiciaire tenant ses pouvoirs de l'Etat, il voit son impérium nécessairement limité aux frontières de celui-ci. Dès lors, il paraît difficile d'admettre qu'un juge étranger puisse se reconnaître compétent pour statuer sur un contentieux relatif à un titre qui n'est pas de sa nationalité[30]. Le titre de propriété intellectuelle serait un dernier exemple de xénophobie juridique[31].

Afin d'éviter cette pratique, on recourt de plus en plus fréquemment aux procédures privées et confidentielles pour régler les litiges mettant en jeu les intérêts économiques tant privés que publics, et surtout, les litiges mettant en jeu des droits de propriété intellectuelle, particulièrement lorsque les parties proviennent des sphères juridiques différentes. Ces litiges de propriété intellectuelle ont un certain nombre de particularités qui peuvent être mieux abordées dans d'autres cadres de règlement de litige que dans celui des systèmes judiciaires nationaux : il s'agit des modes alternatifs de règlement de litige, en abrégé MARL et appelés en anglais *Alternative Dispute Resolution (ADR).* Ces modes alternatifs de règlement de litige sont : l'arbitrage, la médiation, la conciliation, la négociation, la med-arb, l'expertise, la transaction, le mini-trial, etc....

La notion d'arbitrage n'a pas de définition légale. Ceci peut se justifier par le fait qu'il *« n'est pas toujours judicieux pour un texte normatif de procéder à des définitions qui enfermeraient dans un cadre trop restrictif ou trop figé l'institution qu'il s'agit de réglementer. La définition et, d'une manière générale, la conceptualisation doivent être davantage l'œuvre de la doctrine, voire de la jurisprudence »*[32].

Cornu définit l'arbitrage comme étant un *« mode dit parfois amiable ou pacifique mais toujours juridictionnel de règlement d'un litige par une autorité (le ou les arbitres) qui tient son pouvoir de Juge, non d'une délégation permanente de l'Etat ou d'une institution internationale, mais de la convention des parties (lesquelles peuvent être de simples particuliers ou des Etats) »*[33]. Selon David, la notion

---

[30] Par exemple un juge camerounais pour le brevet camerounais ; un juge français pour la marque française.

[31] A.-C. CHIARINY-DAUDET « Le règlement judiciaire et arbitral des contentieux internationaux sur brevet d'invention », *Litec,* 2003, n°33, p. 26.

[32] P. MEYER, *OHADA*, *droit de l'arbitrage*, *Bruylant* 2002 p. 22

[33] G. Cornu, *supra, n°9.*

d'arbitrage désigne « *une technique visant à faire donner la solution d'une question intéressant les rapports entre deux ou plusieurs personnes, par une ou plusieurs autres personnes- l'arbitre ou les arbitres- lesquelles tiennent leur pouvoir d'une convention privée et statuent sur la base de cette convention sans être investies de cette mission par l'Etat* »[34].

Ces définitions, quoique différemment formulées, se complètent et permettent d'avoir une idée de la notion d'arbitrage. Une autre définition est celle selon laquelle l'arbitrage est « *un mode de solution des conflits qui trouve son origine dans une convention privée et qui aboutit à une décision revêtue de l'autorité de la chose jugée. Cette décision est acquise à l'intervention d'un ou plusieurs particuliers auxquels la volonté commune des parties donne pouvoir de trancher le litige* »[35]. L'arbitrage constitue, ainsi que l'a relevé Monsieur Kenfack Douajni, « *le jugement d'une contestation par un ou des particuliers (le ou les arbitres) choisis par les parties en litige, au moyen d'une convention qui peut être une clause compromissoire ou un compromis d'arbitrage* »[36].

Ainsi entendu, l'arbitrage constitue une alternative au procès soumis aux juridictions de l'Etat. Il consiste dans la désignation de personnes privées que les parties chargent de trancher le différend qui les oppose. Il est largement utilisé et pas uniquement en matière de propriété intellectuelle. Il est notamment utilisé pour des litiges lorsque les parties ne souhaitent pas que leur différend soit connu du public dans le cadre d'un procès. Il s'agit donc d'un mode de résolution des litiges établi sur une base conventionnelle ; les parties, en application d'une clause compromissoire ou d'un compromis d'arbitrage, désignent le tribunal arbitral et lui confient la mission de trancher leur différend[37]. A la différence du juge étatique, l'arbitre n'est pas désigné compétent en vertu d'une loi, mais, la loi instaure des limites à l'accès à l'arbitrage. C'est donc aux parties au litige qu'il

---

[34] R. DAVID, *L'arbitrage dans le commerce international*, *Economica*, 1982, p. 9.

[35] E. GARSONNET et C. BRU, *Traité théorique et pratique de procédure civile et commerciale,* Paris éd. *La Rose*, 1904, tome 8, n°220.

[36] G. KENFACK DOUAJNI, « Le cadre juridique de l'arbitrage au Cameroun *», in RCD n° 4 - janvier - Février - Mars 1999*, p. 3.

[37] C. BERNAULT et J. P. CLAVIER, *dictionnaire de droit de la propriété intellectuelle*, coll. dictionnaires de droit, fondée et dirigée par J. P. SCARAN, *éd. Ellipses*, Paris 2008. p.26 s.

appartient de déterminer la compétence et l'étendue du pouvoir de leur arbitre, par voie de stipulation d'une convention d'arbitrage.

La médiation quant à elle se définit comme la procédure dans laquelle les personnes en litige font appel à une tierce personne, appelée le médiateur, afin de les concilier sur le différend ou le désaccord qui les oppose. Il se contente de proposer, d'orienter les parties. Il joue un rôle modérateur, régulateur. Mais ce médiateur ne pourra, au bout du compte, que se borner à enregistrer soit l'accord des parties au terme de négociations, soit l'échec de leurs négociations. C'est un mode de règlement des litiges également, mais d'une nature juridique bien différente.

Selon les indications fournies par la loi française du 8 février 1995 sur la médiation judiciaire[38] et par la directive du 22 octobre 2004 sur la médiation civile et commerciale[39], dont le projet a été pendant longtemps discuté au Parlement européen et finalement adopté au premier trimestre 2008, il est possible d'en proposer une définition : « *La médiation est une procédure amiable strictement confidentielle dans laquelle deux ou plusieurs parties en conflit sont assistées d'un tiers indépendant, neutre, impartial, formé à la médiation, dont la mission est de les aider, dans la mesure du possible, à parvenir à une solution négociée pour mettre fin au différend qui les oppose* ».

La différence fondamentale entre la médiation et la procédure judiciaire ou les autres modes amiables tels que l'arbitrage, l'expertise, la conciliation, la transaction et la négociation est que le médiateur n'a pas le pouvoir de statuer pour les parties, qui mènent directement les discussions avec son assistance, d'une part, et que le processus est totalement confidentiel et échappe au principe du contradictoire, d'autre part. La négociation est selon Cornu « *l'ensemble des opérations préalables diverses tendant à la recherche d'un accord* [40]».

Le même auteur définit la conciliation comme étant « *l'arrangement amiable auquel parviennent des personnes en conflit,*

---

[38] Loi n° 95-125 du 8 février 1995 relative à l'organisation des juridictions et à la procédure civile, pénale et administrative, modifiée le 7 août 2015.
[39] Directive n°IP/04/1288, Bruxelles, 22 oct. 2004
[40] G. CORNU, *Vocabulaire juridique, Association Henri Capitant,* 2e éd, *PUF*, 1990, *op. cit.*

au besoin avec l'aide d'un tiers. Accord par lequel deux personnes en litige mettent fin à celui-ci, soit par transaction, soit par abandon unilatéral ou réciproque de toute prétention ; la solution du différend résultant non d'une décision de justice, mais de l'accord des parties elles-mêmes [41]».

L'article 2044 du Code civil français définit la transaction comme « *un contrat par lequel les parties terminent une contestation née, ou préviennent une contestation à naître* ». Elle implique que chacune des parties puisse faire valoir à l'égard de l'autre une prétention, c'est-à-dire qu'elles soient engagées dans un rapport d'obligations réciproques qui permette à chacune de faire des concessions, formalisées dans un acte écrit et signé qui mettra fin au litige. La transaction constitue en quelque sorte une justice privée, qui fait toutefois l'objet d'une reconnaissance officielle par l'institution judiciaire : le Code civil confère à l'accord entre signataires l'autorité de la chose jugée en dernier ressort, ce qui signifie que l'affaire est définitivement réglée par la transaction et qu'il n'est plus possible de venir la contester devant un tribunal. De plus, l'une des parties peut demander au président du tribunal de grande instance d'entériner la transaction afin de lui donner force exécutoire.

Le *Med-arb* quant à lui est un mode alternatif de résolution des conflits qui consiste à prévoir un arbitrage en cas d'échec de la médiation. Il s'agit d'une pratique développée dans des pays anglo-saxons, laquelle consiste dans l'association de l'arbitrage à la médiation, en un seul processus. En France, le recours au *Med-arb* apparaît plus que confidentiel. On le trouve décrit de façon affirmée par l'organisme d'arbitrage mis en place par la Chambre de commerce et d'industrie de Paris : « *une médiation et un arbitrage mis en œuvre entre les parties de façon simultanée ce qui permet de trouver, dans tous les cas, une solution au litige : soit de manière amiable par la médiation, soit de manière contraignante par l'arbitrage. Ainsi, la médiation ne ralentit pas la recherche d'une solution contraignante et l'arbitrage, " épée de Damoclès " au-dessus de la tête des parties, crée une incitation pour une négociation rapide et efficace en médiation* ». L'expertise est un dispositif d'aide à la décision, par la recherche des faits techniques ou scientifiques, dans des affaires où le décideur se confronte à des questions hors de sa portée directe.

[41] *Ibid.*

L'expertise requiert la conjonction de trois éléments : une mission diligentée, la réalisation de celle-ci et un rapport. Par ailleurs, l'avis d'un expert peut être demandé en la forme d'une consultation.

L'expertise demeure indissociable de l'expert, homme de l'art reconnu capable de la mener à son terme et qui fournira un avis susceptible de nourrir la décision. L'expertise peut être confiée conjointement à plusieurs experts (collège d'experts).

L'expression "*mini-trial*" nous vient de la pratique procédurale américaine pour la solution des conflits commerciaux. Le *mini-trial* prend place entre l'arbitrage et la médiation. Cette procédure se déroule en deux phases: dans la première les parties se présentent devant des arbitres et simulent un arbitrage, mais la décision des arbitres ne constitue qu'un simple avis, et dans la seconde, fortes des arguments et des pièces échangées au cours de la première phase et de l'avis des arbitres, les parties tentent de transiger.

Si les parties ne parviennent pas à se concilier ou à transiger, elles reprennent leur liberté et peuvent chacune s'adresser à la justice, à moins qu'elles ne décident ensemble de soumettre leur différend à un véritable arbitrage

Les MARL sont tous des processus tendant à permettre à des parties en conflits de rechercher et de prendre leur propre décision visant à résoudre leur conflit, en dehors de tout système mis en place par les Etats et les gouvernements. Ils sont alternatifs parce que se rapportant aux processus et aux techniques de résolution des conflits en dehors des procédures juridiques sous autorité étatique. Le règlement par ces modes alternatifs des litiges de propriété intellectuelle est un sujet d'actualité qui se situe à la jonction de plusieurs branches du droit en pleine croissance. On retrouve d'une part, les MARL qui, constituent l'ensemble des formes de règlement extrajudiciaire des différends les plus utilisées dans les litiges commerciaux ou dans les secteurs économiques et sociaux[42], cela aussi bien dans l'ordre interne que dans l'ordre international et d'autre part, le droit de la propriété intellectuelle, dont les contours exacts sont de plus en plus difficiles à préciser tant les innovations techniques et technologiques qui l'animent sont rapides.

---

[42] E-A TELEMAQUE, « les modes alternatifs de règlement des litiges de propriété intellectuelle », éd. *Dalloz/thèmes et commentaires*, 2012, p.23.

Dès lors, la rencontre de ces disciplines ne se fait pas sans remous. En effet, leur développement simultané est à l'origine d'une rencontre parfois conflictuelle entre l'autonomie de la volonté, sur laquelle sont fondés les MARL et l'intangibilité, qui caractérise les droits de propriété intellectuelle soumis à l'enregistrement[43].

Même si le thème *« MARL et propriété intellectuelle »* ne cesse depuis quelques années d'alimenter colloques et symposiums de toutes sortes[44], l'unanimité autour de ce thème est encore loin d'être atteinte. Le règlement des litiges de propriété intellectuelle par les MARL a des avantages indéniables bien qu'il rencontre quelques obstacles.

Par leur nature et par leurs techniques, les MARL constituent des moyens avantageux de règlement des litiges tant en droit de la propriété littéraire et artistique qu'en droit de propriété industrielle car les parties appartenant au même milieu professionnel, il est parfois capital que les discussions portant sur les paramètres d'un procédé ou les caractéristiques d'un produit demeurent secrètes.

De même, la publicité donnée à un litige dans le cadre judiciaire peut nuire à la position commerciale des parties. En outre, les MARL favorisent le maintien des relations commerciales entre les parties. Ce qui n'est pas négligeable dans le domaine de la propriété intellectuelle car, lorsque les litiges naissent au cours des relations entre les parties, ils peuvent concerner la portée d'une licence, son interprétation, les redevances et ne sont par conséquent pas censés mettre un terme à la relation contractuelle.

Un autre avantage des MARL c'est qu'ils permettent de choisir les juges (médiateurs, experts, arbitres) à qui le litige sera soumis : on les connaît, on a confiance en eux. On peut choisir des juges qui ont une connaissance particulière des problèmes techniques qui sont concernés, en l'occurrence la propriété intellectuelle. On peut aussi choisir des juges pareillement neutres à l'égard des parties : certes les juges étatiques sont généralement tout à fait indépendants dans la

---

[43] Nous verrons ultérieurement que l'on peut catégoriser, entre autres, les droits de propriété intellectuelle en distinguant ceux qui sont soumis à un enregistrement et ceux qui ne le sont pas. Les premiers sont les plus difficiles à acquérir, car ils nécessitent l'accomplissement de certaines formalités et sont délivrés par la puissance publique.

[44]Actes du colloque du 4 novembre 2011, par le CUERPI de Grenoble II.

plupart des pays, mais leur langue, leur culture, leurs habitudes juridiques ne les font pas toujours reconnaître comme tels par des parties.

Aussi, la corruption grandissante dans les milieux judiciaires de certains pays et plus particulièrement en Afrique, le manque de formation adaptée et spécialisée en propriété intellectuelle de la grande majorité des magistrats accentué par les lenteurs judiciaires, justifient la méfiance des justiciables à recourir à ces juridictions étatiques et encouragent le recours de plus en plus constaté aux MARL.

Il est généralement admis que les MARL et plus particulièrement l'arbitrage, la médiation et la transaction s'arrêtent « au *seuil* » des matières qui, par leur nature, relèvent de la compétence exclusive de la juridiction étatique[45]. À ce titre, la possibilité de soumettre aux MARL les litiges susceptibles de surgir en matière de propriété intellectuelle s'est heurtée, et du reste se heurte toujours, à de nombreuses incertitudes. Ces hésitations, bien qu'insatisfaisantes pour l'esprit, se comprennent aisément.

Généralement, c'est l'État, par l'intermédiaire de ses juridictions, qui entend être le seul à pouvoir annuler le droit qu'il a antérieurement concédé. Dès lors, la soumission de tels litiges aux MARL ne se fait pas sans soulever de nombreuses questions auxquelles le droit positif n'apporte aujourd'hui que des réponses partielles. Ce n'est donc pas une démarche inutile que de tenter d'apporter un éclairage en la matière.

D'abord, les droits de propriété intellectuelle ne constituent pas une catégorie homogène, que l'on peut traiter dans un seul et même ensemble. Certains droits nécessitent un enregistrement auprès d'une autorité publique (brevets, marques, dessins et modèles industriels, modèles d'utilités…) tandis que d'autres existent indépendamment de tout enregistrement (droit d'auteur et droits voisins). Il va sans dire

[45] La formule est tirée d'un discours prononcé au cours d'un colloque sur l'arbitrage et la propriété intellectuelle sur lequel nous reviendrons abondamment dans ce travail. O. Hucher, "la pratique de la Chambre de commerce internationale", *Arbitrage et propriété intellectuelle*. p.23. Colloque organisé par l'IRPI (Institut de Recherche en Propriété Intellectuelle Henri-Desbois) Paris, 26 janvier 1994, *Librairies Techniques*, (1994) Ci-après < Arbitrage et propriété >.

que les réticences aux MARL ne sont pas les mêmes dans les deux cas. Cette hétérogénéité est traduite par une véritable catégorisation des droits de propriété intellectuelle, de même que par une multiplication des régimes juridiques qui leur sont applicables. D'où la difficulté à apporter une réponse unique, à savoir s'il est permis ou non de soumettre aux MARL les litiges survenant dans ce domaine. Il devient dès lors un exercice difficile de donner une vision globale sur la question[46].

Ensuite le droit comparé nous enseigne que les dispositions législatives des pays ont pendant longtemps accrédité l'idée qu'en matière de propriété intellectuelle, les litiges ne pouvaient être soumis à certains MARL « *en raison des considérations d'ordre public qui imprègnent ces droits.* »[47] La justice privée ne pourrait valablement se prononcer sur l'étendue d'un droit qui est concédé par la puissance publique. Ainsi, il n'appartiendrait qu'à l'État de pouvoir modifier ou annuler le cas échéant le droit qu'il a lui-même antérieurement délivré. C'est l'ordre public, assurant ici la sauvegarde des intérêts de l'État et de la collectivité, qui serait le frein à l'admission par exemple de l'arbitrage, la transaction et de la médiation assumant la fonction sociale de règlement des litiges.

En réalité, une des sources premières de toutes ces incertitudes caractérisant la matière est directement liée à cette notion d'ordre public, qui fait tantôt des droits de propriété intellectuelle des droits *indisponibles* et tantôt des droits *disponibles*[48]. La notion est de plus conjoncturelle, car elle s'apprécie en fonction des circonstances politiques, sociales et économiques qui prévalent à un moment.

En effet, les droits de propriété intellectuelle constituent, du moins pour certains d'entre eux[49], des monopoles légaux attribués par l'État. C'est dans ce sens qu'il faut comprendre les exceptions à

---

[46] P. BRUNEAU, in De l'arbitrabilité des litiges en matière de propriété intellectuelle : le cas spécifique du brevet d'invention, Thèse, McGill University, Montréal, august 1998, p. 4.

[47] G. BONNET et C. JARROSSON, « L'arbitrabilité des litiges de propriété intellectuelle en droit français » *Arbitrage et Propriété.* Note 3, à la p. 61.

[48] Le droit indisponible ne pourra être soumis à l'arbitrage, puisque par définition la soumission d'un litige à l'arbitrage constitue un acte de disposition, la difficulté tient au fait que les praticiens et théoriciens du droit ne savent pas très bien quand et comment l'ordre public intervient en la matière.

[49] Brevets d'invention et marques.

l'arbitrage énoncées par l'article 2060 du Code civil français ; exceptions qui couvrent de manière générale « *toutes matières qui intéressent l'ordre public* »[50].

Au-delà de cet obstacle majeur à la soumission des litiges de propriété intellectuelle aux MARL, d'autres obstacles existent : les obstacles tenant à la qualité des parties, en l'occurrence dans le cas des litiges mettant en cause des salariés et ceux mettant en cause des personnes morales de droit public ; les obstacles tenant à l'objet du litige, en l'occurrence les litiges relatifs à l'existence des droits de propriété industrielle et ceux relatifs à l'exercice desdits droits.

Enfin, comme dernier obstacle parmi tous ceux qui s'opposent traditionnellement à la soumission aux MARL des différends relatifs à la propriété intellectuelle, il faut souligner que l'attribution de compétence exclusive par la loi à une catégorie de tribunaux bien précis ou à une autorité spécialisée (c'est le cas dans plusieurs pays[51]) a été interprétée comme une volonté exprimée de réserver à ces seules entités, à l'exclusion de toutes autres, la connaissance du contentieux intéressant la propriété intellectuelle.

La jurisprudence française des années 70 n'est pas en reste sur ce plan. C'est d'ailleurs ce qu'avait énoncé la Cour d'Appel de Paris dans un arrêt du 8 décembre 1972 en ces termes : *« L'arbitrage est impossible sur toute contestation ressortissante au contentieux de la législation sur les brevets ».*[52]

Cela dit, pour certains auteurs, ces objections ne s'opposent plus aujourd'hui avec la même vigueur[53]. Il en est de même de certaines

---

[50] La jurisprudence retient cependant une interprétation souple de l'article 2060 du Code civil : le fait qu'un litige mette en jeu l'ordre public ne suffit pas à le rendre inarbitrable ; en pareil cas, l'arbitre doit lui-même mettre en œuvre les dispositions impératives en cause, sous le contrôle du juge de l'annulation : CA Paris, 19 mai 1993, Labinal : *Rev. arb.* 1993, p.3 645, note C. JARROSSON ; *JDI* 1993, p.957, note L. Idot ; *RTD com.* 1993, p. 494, obs. E. LOQUIN.

[51] Les pays membres de l'OAPI où le contentieux de la propriété intellectuelle est concentré entre les mains de la Commission supérieure des recours.

[52] CA Paris, 8 déc. 1972, PIBD 1973, 102, III, p. 112, *Rev. Arb.* 1975, p. 176, *RTD com.* 1973, 241, obs. A. CHAVANNE et J. AZEMA ; adde, A. FRANÇON, « l'arbitrage en matière de brevet et la jurisprudence », *Rev. Arb.* 1975, p.143.

[53] (...) l'idée que la notion d'ordre public s'oppose à l'arbitrage sur une question de validité d'un droit de propriété intellectuelle est l'une de ces idées reçues et répétées sans qu'aucune analyse critique n'en ait été faite jusqu'à une époque récente... Propos

législations[54]. En effet, l'ordre public se verrait aujourd'hui cantonné dans un rôle lui permettant d'assurer sa fonction naturelle de défense des intérêts légitimes de l'État, mais sans entraver les activités privées qui s'y conforment. Cette optique suppose que l'on envisage les droits intellectuels comme des droits privatifs, en dépit de leur enregistrement auprès de l'État.

La réflexion va permettre de démontrer que l'on assiste effectivement aujourd'hui à un recul des frontières de l'ordre public en matière de propriété intellectuelle, à l'image de la tendance libérale et universelle ayant marqué le droit de la concurrence il y a peu de temps encore, laissant ainsi une large possibilité de recourir aux MARL. Il n'en demeure pas moins, qu'en matière de propriété intellectuelle, de véritables interrogations subsistent[55] : est-il possible de soumettre aux MARL, c'est-à-dire une justice privée, tous les litiges en matière de propriété intellectuelle, sans risque de se heurter à l'hostilité de l'ordre public ?

Situation paradoxale s'agissant particulièrement de l'arbitrage, cette réticence des droits internes à l'admission sans réserve de l'arbitrabilité des litiges en matière de droit de propriété intellectuelle contraste avec la pratique établie de l'arbitrage international. En effet, les besoins auxquels a su répondre l'essor de l'arbitrage commercial international existent en matière de propriété intellectuelle comme dans tout autre domaine. Et il ne semble pas y avoir d'obstacle particulier à porter l'arbitrage ou la médiation et même d'autres MARL sur ce domaine spécifique du droit. On en veut pour preuve les

---

tenus par Francis GURRY, à la conférence de 19 novembre 1993 à Zurich par l'Association suisse de l'arbitrage et repris par X. de MELLO, « L'expérience des arbitres » in Arbitrage et propriété p.101. J.M. BRUGUIERE et E. GILLET, « Litige de propriété intellectuelle : l'apport de la loi de simplification et d'amélioration de la qualité du droit du 17 mai 2011. » *JCP E 2011*. 1163, T. AZZI, « les obstacles à l'arbitrage en droit de la propriété intellectuelle au lendemain de la loi du 17 mai 2011 », CCE 2012, n°2, Etude 4.

[54] Décr. n° 2011-48 du 13 janv. 2011 « portant réforme de l'arbitrage », JO 14 janv. 2011 ; T. CLAY (dir.), le nouveau Droit français de l'arbitrage, acte du colloque du 28 février 2011, à paraître éd. *Lextenso*, 2011; *Rev. Arb.* 2011. 5, obs. C. JARROSSON et J. PELLERIN; *D.* 2011. 175, obs. E. Gaillard et P. de Lapasse; T. Clay, *JDI* 2011, n°3. Loi de simplification et d'amélioration de la qualité du droit du 17 mai 2011.

[55] P. BRUNO, « De l'arbitrabilité des litiges en matière de droit de propriété intellectuelle », thèse, Mc Gill University, Montréal, august 1998, p.6.

accords du GATT, qui contiennent des dispositions sur les droits de propriété intellectuelle. L'accord sur les aspects des droits de propriété intellectuelle qui touchent au commerce (accords ADPIC), plus connu sous son abréviation anglaise (Trips) a été conclu lors du dernier Round de négociation commerciale du GATT en 1994. Cet accord constitue un événement majeur dans l'histoire des droits de propriété intellectuelle, car il insère ces droits jusqu'alors caractérisés par un régime spécifique, dans l'organisation des relations commerciales internationales[56]. L'ensemble de ces droits pourra désormais faire l'objet d'une contestation en cas de violation présumée, par l'intermédiaire du mécanisme de règlement des différends où la médiation et l'arbitrage figurent au premier plan.[57] Encore plus convaincante est la mise sur pied à la fin de l'année 1994 par L'Organisation mondiale de la propriété intellectuelle (OMPI) d'un centre d'arbitrage et de médiation de caractère international, destiné à satisfaire les besoins particuliers et spécialisés en matière de litiges relatifs à la propriété intellectuelle[58]. L'initiative reposait sur la conviction que les MARL, en tant que modes de règlement extrajudiciaire des litiges, convenaient particulièrement à ce champ du droit qui ne cesse d'évoluer.

---

[56] B. REMICHE et H. DESTERBECQ, « Brevet et GATT : quel intérêt ? » (1996) 4-6 *Revue de droit intellectuel l'ingénieur-conseil*, p.81.

[57] A partir des années quatre-vingt, différents facteurs tels que la globalisation de l'économie, l'importance croissante de l'innovation technologique dans la création d'avantages comparatifs et l'internationalisation des technologies aisément reproductibles conduisirent les États les plus industrialisés à exiger une réforme des droits de propriété intellectuelle au niveau mondial. Cette initiative était destinée à protéger l'accès au marché international des technologies largement innovantes des pays industrialisés et à empêcher l'imitation dans les pays caractérisés par un faible niveau de protection des créations industrielles. *Op. cit.*84

[58]« En tant que centre spécialisé, le Centre d'arbitrage de l'OMPI a pour mission essentielle de servir de pont entre deux communautés, celle de la propriété intellectuelle et celle de l'arbitrage. Il a pour objectif de promouvoir l'arbitrage et les autres modes de règlement extra juridictionnel des litiges en matière de propriété intellectuelle. Pour ce faire, le Centre a constitué un corps de médiateurs et d'arbitres ayant l'expérience et les connaissances requises aussi bien dans le domaine de la propriété intellectuelle que de l'arbitrage. Enfin le Centre d'arbitrage a aussi pour mission d'organiser des réunions et des programmes de formation continue portant sur les spécificités des litiges de propriété intellectuelle et sur les procédures d'administration de ces litiges prévues par les règlements de l'OMPI ». F. GURRY « Le Centre d'arbitrage de l'OMPI et ses services » *Colloque mondial sur l'arbitrage des litiges de propriété intellectuelle*, Genève, 3 et 4 mars 1994, OMPI (1994) à la p.301. Ci-après Colloque mondial.

Les changements en matière de droit de propriété intellectuelle sont si rapides que le législateur, comme la justice étatique, ont de plus en plus de mal à les suivre. Les MARL seraient donc plus adaptés à la nécessité souvent pressante de trouver une solution commerciale ponctuelle à un litige relatif à la propriété intellectuelle. La mondialisation des marchés se traduisant aujourd'hui par une prolifération des industries à forte intensité de connaissance, il semblait évident aux yeux des concepteurs de ce centre d'arbitrage que les litiges portant sur des droits de propriété intellectuelle seraient plus nombreux pour le futur. Il résulte des considérations qui précèdent que la question est abordée différemment, selon que l'on se trouve en présence d'un arbitrage international ou d'un arbitrage interne[59].

Il sera question dans ce travail de traiter des rapports entre l'ordre public et les MARL en matière de propriété intellectuelle en général, et plus particulièrement l'arbitrage, la médiation et la transaction en matière propriété intellectuelle (brevets, marques, dessins et modèles industriels, droits d'auteurs et droits voisins[60]). Seront exclus les autres MARL tel que la négociation, qui en réalité, n'est pas un MARL, car se situant avant même la naissance des relations contractuelles. Il en sera de même de la conciliation, du *Médard* et du *co-med-arb* qui se confondent dans la pratique soit à la médiation, soit à l'arbitrage, et parfois même aux deux modes.

L'expertise ainsi que le mini-trial ne seront pas non plus étudiés ici pour deux raisons : d'une part, du fait de leur faible expansion et développement dans le domaine de la propriété intellectuelle ; d'autre

---

[59] En effet l'arbitre international, qui n'a pas de rattachement juridique, n'est pas lié par les causes de non-arbitrabilité édictées par le droit national. En sens inverse, l'arbitre interne, même s'il n'est pas le gardien de l'ordre juridique au même titre qu'un juge, doit cependant respecter les causes de non-arbitrabilité prescrites par les lois de l'État. Dès lors, il a pour obligation de sanctionner les causes d'inarbitrabilité édictées par la loi nationale au nom de laquelle il statue. in *« Competition and Arbitration Law »* ICC, (1993) *Dossier of the Institute of International Business Law and Practice*. 155.

[60] B. OPPETIT, « l'arbitrabilité des litiges de droit d'auteur et droits voisins », in Arbitrage et Propriété intellectuelle, *Litec/IRPI*, 1994, p.121 s. ; M. JOSSELIN-GALL, « Arbitrage et propriété intellectuelle » Dr. Et patr. Juin 2012, n°105, p. 63; J.-L. GOUTAL, « Arbitrage et propriété intellectuelle », *Gaz. Pal. 1997*, doctr. P. 28; M. VIANT, « Cherche litige non arbitrable laborieusement », *RIDA 2004*, n°72, p. 5; F. NAMMOUR, « Arbitrage et propriété intellectuelle en droit libanais : éléments de comparaison avec le droit français », *CCE 2006. Etude I.*

part, l'étude de ces derniers serait trop superficielle compte tenu de leur inadaptabilité aux litiges un peu plus spécifiques de propriété intellectuelle.

La richesse du droit français, en termes de débats et d'idées, en fait une source incontournable pour le sujet dont on va traiter[61]. Les solutions qu'offrent le droit OAPI, le droit OHADA et le droit Camerounais ne seront pas non plus ignorées, au contraire, elles représentent pour le comparatiste autant de réponses à une seule et même question.

Il convient dès lors de porter un regard sur la prétendue incompatibilité entre la soumission des litiges relatifs à la propriété intellectuelle aux MARL et l'ordre public, avant de se pencher sur l'admission des MARL en matière de propriété intellectuelle à la faveur du déclin des considérations d'ordre public.

---

[61] La France est en effet le pays où la question de l'arbitrabilité des litiges en matière de brevets d'invention a connu les querelles doctrinales et jurisprudentielles les plus fortes. C'est pourquoi nous avons choisi d'utiliser le cadre du droit français pour aborder le débat qui est soumis à notre analyse.

PREMIERE PARTIE

LA PRETENDUE INCOMPATIBILITE ENTRE LE RECOURS AUX MARL EN MATIERE DE PROPRIETE INTELLECTUELLE ET L'ORDRE PUBLIC

Le recours aux MARL pour solutionner les différends en matière de propriété intellectuelle s'est pendant longtemps heurté à de nombreux obstacles dont le plus ancien et le plus important est l'ordre public. Ce duo : MARL et ordre public entretenait de ce fait, en matière de litige de propriété intellectuelle, une incompatibilité historique. On retrouve d'un côté, une justice privée détachée des ordres juridiques étatiques, une véritable justice internationale selon la Cour de cassation[62]. Et de l'autre, une notion protéiforme, impossible à définir, ni même à fixer, car en constant mouvement, sinon par la formule empruntée à Monsieur Malaurie[63] selon laquelle l'ordre public exprime le principe que l'intérêt général l'emporte sur l'intérêt particulier. Une analyse de l'incompatibilité entre les MARL appliqués à la propriété intellectuelle et l'ordre public est d'une importance capitale tant sur le plan pratique que sur le plan théorique. Cependant, pour mieux cerner ces rapports, il est nécessaire d'aborder la justification de la prétendue incompatibilité avant d'analyser l'appréciation de cette prétendue incompatibilité par la doctrine.

---

[62] Civ. 29 juin 2007, *JDI* 2007, 1236, note Th. CLAY.

[63] P. MALAURIE : « L'ordre public et contrat », Paris 1951. (Reliure inconnue).

TITRE I

LA JUSTIFICATION DE LA PRETENDUE INCOMPATIBILITE ENTRE LE RECOURS AUX MARL EN MATIERE DE PROPRIETE INTELLECTUELLE ET L'ORDRE PUBLIC

L'ordre public et les MARL constituent un titre prometteur de controverse et de discussion. On a d'un côté, une institution privée, fondée sur la volonté des parties, de l'autre, une notion exprimant le principe selon lequel l'intérêt général l'emporte sur l'intérêt particulier. Les rapports entre les MARL et l'ordre public autrefois conflictuels, se sont apaisés du fait de la grande confiance désormais placée dans les premières.

La justification de la prétendue incompatibilité ayant existé entre ces deux notions passe par la présentation de la notion de l'ordre public dans ses différents aspects, et par la prédominance de cet ordre public sur les MARL en matière de litiges de propriété intellectuelle.

CHAPITRE I

LA PRESENTATION DE LA NOTION D'ORDRE PUBLIC DANS SES DIFFERENTS ASPECTS

L'article 2060 du Code civil pose la règle selon laquelle on ne peut pas soumettre à l'arbitrage les litiges intervenant dans les matières qui intéressent l'ordre public. Malheureusement, ce texte ne donne aucune définition précise de ce qu'il faut entendre par ordre public, alors qu'on sait combien cette notion est controversée. Il se borne à en donner deux applications non limitatives : d'une part, « les questions d'état et de capacité des personnes…de divorce et de séparation de corps » ; d'autre part, « les contestations intéressant les collectivités publiques et les établissements publics ».

Par ailleurs, l'article 2059 du même Code civil, texte de portée générale, relatif à la capacité de compromettre, précise que celle-ci n'est permise que sur les droits dont les parties ont la libre disposition. Le législateur OHADA l'a d'ailleurs suivi en posant le même principe à l'article 2 al 1er de l'Acte Uniforme sur le droit de l'arbitrage en ces termes « *toute personne physique ou morale peut compromettre sur les droits dont elle a la libre disposition.* » Cette disposition renvoie à la règle en vertu de laquelle la personne qui contracte doit avoir la capacité générale de contracter et la libre disposition du droit objet de la convention. Ainsi, les mineurs et les incapables majeurs, n'ayant pas la libre disposition de certains droits patrimoniaux, ne sont pas aptes à compromettre sur lesdits droits. Ce qui est une autre manière de limiter le domaine des MARL en général.

Mais en matière de propriété intellectuelle, on dispose des textes législatifs particuliers du Code de la propriété intellectuelle français qui indiquent : « *[…] les dispositions qui précèdent ne font pas obstacle au recours à l'arbitrage, dans les conditions prévues aux articles 2059 et 2060 du code civil* »[64]. Souvent les deux textes se

---

[64] Art. L.615-17 ; Art. L.722-8.

recoupent car, c'est précisément dans les matières concernant l'ordre public que les parties n'ont pas la libre disposition de leurs droits. Les deux textes ne font cependant pas double emploi. Ils permettent d'approcher la notion d'ordre public, (Section 1) qui est au cœur du problème, avant de déterminer quelle est sa nature dans les MARL appliqués aux litiges relatifs à la propriété intellectuelle. (Section 2).

Section 1. La notion d'ordre public

On n'a nullement l'intention et encore moins la prétention de présenter ici, un sommaire de l'étude générale de l'ordre public. On entend présenter l'ordre public relativement à notre étude, c'est-à-dire seulement autant qu'il est nécessaire pour une meilleure compréhension de notre sujet. Dans cette optique et en l'absence d'une définition précise de l'ordre public (§ 1), on examinera cette notion à travers son contenu et sa typologie (§ 2).

§ 1. Définition de l'ordre public

Il est mal aisé de donner une définition précise de l'ordre public dans le cadre des MARL appliqués à la propriété intellectuelle. Sur un plan général, l'ordre public national ou classique ou encore lois de police, serait selon Fancescakis, l'ensemble des lois intervenant dans des domaines « *pris en charge par l'organisation étatique* », des lois «*dont l'application est nécessaire pour la sauvegarde de l'organisation politique, sociale et économique d'un pays* »[65]. Mayer a complété cette définition en écrivant que doivent être considérées comme « *lois de polices toutes les règles qui ne sont organisatrices qu'à travers le comportement qu'elles imposent aux particuliers* »[66].

---

[65] Ph. FRANCESCAKIS, « Quelques précisions sur les lois d'application immédiates et leurs rapports avec les règles de conflits de lois », *Rev crit.*, 1966, pp. 1-18.

[66] P. MAYER, « Le renouveau de la tendance unilatérale en droit international privé », *Rev. Crit.*, 1971, p.234.

La jurisprudence a également tenté de définir cette notion. En 1853, la House of Lords anglaise définissait l'ordre public comme « *ce principe de droit qui dispose que nul ne peut légalement faire ce qui a tendance à choquer le public, être contre le public ou à porter atteinte au bien public* »[67]. Cheshire et North y voient « *un principe moral, social ou économique, si sacro-saint...dont le maintien s'impose à tout prix et sans exception* »[68].

En d'autres termes, ce sont des règles obligatoires qui touchent à l'organisation de la Nation, à l'économie, à la morale, à la santé, à la sécurité, à la paix publique, aux droits et aux libertés essentielles de chaque individu. Dans notre organisation judiciaire, les magistrats du Ministère Public sont précisément chargés de veiller au respect de ces règles, c'est pourquoi ils disposent d'un pouvoir d'initiative et d'intervention. Nul ne peut déroger aux règles d'ordre public, sauf le cas des personnes auxquelles elles s'appliquent, si ces règles n'ont été prises que dans leur intérêt et pour leur seule protection.

L'ordre public international quant à lui désigne l'ensemble des principes, écrits ou non, qui sont considérés dans un ordre juridique donné et à un moment donné comme fondamentaux et dont le respect est à ce titre, impératif[69]. C'est précisément l'impérativité de ces principes qui conduit à écarter au sein de cet ordre juridique les effets de toute convention privée ou de toute norme étrangère qui leur serait contraire[70]. Est souvent employée l'expression d'ordre public réellement international (ou transnational) pour différencier cette approche à visée universelle des approches nationales des ordres juridiques étatiques, et c'est de ces deux ordres publics dont il sera question dans les développements qui vont suivre.

---

[67] "That principle of law which holds that no subject can lawfully do that which has a tendency to be injurious to the public, or against public good", *Ergerton-v-Brownlaw (1853) 4HLC 1.*

[68] " Some moral, social or economic principle so sacrosanct as to require its maintenance at all cost and without exception". Voir *CHESHIRE and NORTH, Private International Law* (13ème éd. Butterworths, 1999), p. 123.

[69] Pour une définition proche, v. G. CORNU, *op.cit.*

[70] Systématiquement défini, l'ordre public dit « international » ne constitue pas autre chose en effet que l'ensemble des valeurs que le for considère à ce point fondamentales pour ce qui le concerne qu'il estime indispensable de les opposer comme obstacle à l'application de la loi étrangère dans son ordre interne ; M. FORTEAU, « l'ordre public « transnational » ou « réellement international », *JDI,* 2011. pp.3 et s. spéc. P. 5

Toutes ces définitions ne donnent pas le contenu des lois de police, mais plutôt se rapportent à un comportement. Ensuite, les formules même si elles sont variées, se rejoignent. Tantôt ce sont les principes fondamentaux de moralité et de justice[71], les principes de moralité et de bien-être public[72], ou encore les principes fondamentaux de la vie publique et économique. Les adeptes des MARL et plus particulièrement les arbitres lorsqu'il s'agit de la propriété intellectuelle, s'en sont inspirés, combinant à la fois les conceptions doctrinales et législatives. Aussi, définissant l'ordre public d'un Etat, ils y ont inclus les lois dont l'application immédiate est établie comme étant nécessaire à la sauvegarde de l'organisation politique, sociale et économique de cet Etat et les principes, concepts et valeurs protégées comme étant essentiels au système légal de cet Etat. L'ordre public apparaît ainsi comme une notion assez vaste, ayant un caractère mouvant, protéiforme et difficilement saisissable.[73]

§ 2. Les catégories d'ordres publics applicables aux MARL en matière de propriété intellectuelle

Il ne s'agit pas ici de dresser un contenu à proprement parler des normes d'ordre public. L'on va se contenter d'établir une typologie, pour les besoins de notre étude. Au sens plus large, l'ordre public englobe toutes les dispositions impératives, c'est-à-dire celles auxquelles les parties ne peuvent déroger par les conventions particulières.[74] Mais cette notion est sans doute trop large et certains pays comme la France distinguent l'ordre public économique de protection de l'ordre public de direction.

L'ordre public économique de protection a pour but de protéger dans certains contrats la partie économiquement la plus faible. Il en est ainsi des textes qui assurent la protection du consommateur. La loi

---

[71] United States District Court of Delaware, 15 mars 1990, *YCA 1991*, p. 651.

[72] High Court of Bombay, 21 octobre 1988, *YCA, 1990*, p. 45.

[73] P. MAYER et V. HEUZE, *Droit international privé*, coll. Domat droit privé, *Montchretien*. 8^{e}éd. 2004, pp.146-147.

[74] Article 6 du Code civil camerounais : « On ne peut déroger, par des conventions particulières, aux lois qui intéressent l'ordre public et les bonnes mœurs. »

du 11 mars 1957[75] sur la propriété littéraire et artistique en France, qui « *est avant tout une loi de protection de l'artiste* »[76] entre dans cette catégorie. Mieux encore, comme le disait Bordeneuve, *« c'est l'intérêt individuel de l'auteur que la loi doit protéger pour rester fidèle à cette tradition : protection contre le public, contre la collectivité qui doit respecter l'auteur et son œuvre ; protection du droit moral et du droit pécuniaire ».*[77] Ce type d'ordre public n'étant édicté que dans un intérêt particulier, la sanction de la violation prononcée par le juge est la nullité relative. En conséquence, seule la personne protégée ou son représentant peut la mettre en œuvre.

Au contraire, l'ordre public de direction a pour but de concourir à une certaine organisation de l'économie nationale. Il est lié au dirigisme économique et le législateur n'entend pas que l'on puisse le transgresser. En conséquence, ce type d'ordre public entraînera en cas de violation le prononcé par le juge de la nullité absolue. Celle-ci pourra être invoquée par toute personne, dans le délai de prescription légale[78].

Il en est ainsi par exemple, de la violation des dispositions de l'article 39 annexe I de l'Accord de Bangui modifié[79], qui traite des cas de nullité des brevets d'invention. Cet article dispose clairement que : *« Sont nuls, et de nul effet, les brevets délivrés dans les cas suivants :*

1) Si l'invention n'est pas nouvelle, ne comporte pas une activité inventive et si elle n'est pas susceptible d'application industrielle ;

2) Lorsque l'invention n'est pas, aux termes de l'article 6, susceptible d'être brevetée, sans préjudice des peines qui pourraient être encourues pour la fabrication ou le débit d'objets prohibés ;

---

[75] Loi n°57-298 du 11 mars 1957 sur la propriété littéraire et artistique.

[76] M. PERCHE, J. O. Débats Conseil de la République, p.2124

[77] J. O. Débats à l'assemblée nationale, p.1426.

[78] Art. 2224 du Code civil français, modifié par la LOI n°2008-561 du 17 juin 2008 - art. 1. « Les actions personnelles ou mobilières se prescrivent par cinq ans à compter du jour où le titulaire d'un droit a connu ou aurait dû connaître les faits lui permettant de l'exercer ».

[79] L'Accord portant révision de l'Accord de Bangui du 02 mars 1977 instituant une organisation africaine de la propriété intellectuelle.

3) Lorsque la description jointe au brevet n'est pas conforme aux dispositions de l'article 14d) i) précédent ou si elle n'indique pas, d'une manière complète et loyale, les véritables moyens de l'inventeur.

4) Sont également nuls et de nul effet les certificats comprenant des changements, perfectionnements ou additions qui ne se rattacheraient pas au brevet principal, tels que prévus par la présente Annexe.

5) La nullité peut porter sur tout ou parties des revendications.

Ces actions en nullité et en déchéance étant d'ordre public, elles peuvent être intentées par toute personne y ayant intérêt. De même, dans toute instance tendant à faire prononcer la nullité ou la déchéance d'un brevet, compte tenu de leur caractère d'ordre public, le Ministère public peut se rendre partie intervenante et prendre des réquisitions pour faire prononcer la déchéance ou la nullité absolue du brevet. Il peut même se pourvoir directement par action principale pour faire prononcer la nullité, dans les cas prévus par article 39 alinéa 1(b) sus cité.

Il convient également de faire à ce niveau une distinction entre les règles d'ordre public dites lois impératives et lois supplétives. Les règles d'ordre public dites lois impératives, sont celles qui s'imposent strictement et que les particuliers ne peuvent écarter, parce qu'elles sont jugées vitales pour la société. En revanche, les lois supplétives sont des règles qui ne s'imposent pas avec cette rigueur et qui peuvent être écartées par la volonté des sujets de droit obligatoire qui leur est respectivement attribuée. Ces règles commencent généralement par l'expression « *Sauf stipulations contraires...* »

Il existe donc une différence fondamentale entre ces deux types de lois et qui réside dans leur degré d'applicabilité : les premières, impératives : s'appliqueront aux sujets de droit *« ab-initio »* c'est-à-dire dès le moment où la loi produira ses effets, qu'elle sera entrée en vigueur. Les secondes, supplétives, ne s'appliqueront aux sujets de droit, personnes physiques ou morales que de manière résiduelle, c'est-à-dire si ces dernières n'en ont pas décidé autrement, par convention contraire.

La plupart du temps, la loi précise elle-même que toutes ses dispositions ou certaines d'entre elles sont d'ordre public en utilisant les formules : *« Le présent texte est d'ordre public »* ou encore *« A peine de nullité de toute convention contraire »*. Dans les lois supplétives figure au contraire la formule *« Sauf clause »* ou *« Convention contraire »*, ce qui laisse aux particuliers la possibilité de déroger au texte. C'est le cas par exemple de l'article L.521-3-1 du Code de la propriété intellectuelle français qui dispose : *« Les actions civiles et les demandes relatives aux dessins et modèles, y compris lorsqu'elles portent également sur une question connexe de concurrence déloyale, sont exclusivement portées devant des tribunaux de grande instance, déterminés par voie réglementaire. Les dispositions qui précèdent ne font pas obstacle au recours à l'arbitrage, dans les conditions prévues aux articles 2059 et 2060 du code civil. »* Ou de l'article 60 de l'annexe 7 de l'Accord de Bangui qui dispose :

1) « La protection, l'exploitation et la gestion des droits des auteurs d'œuvres et des droits des titulaires de droits voisins tels qu'ils sont définis par la présente Annexe ainsi que la défense des intérêts moraux seront confiées à un organisme national de gestion collective des droits dont la structure, les attributions et le fonctionnement sont déterminés par l'autorité nationale compétente de chaque Etat membre de l'Organisation.

2) Les dispositions de l'alinéa 1) ci-dessus ne portent, en aucun cas, préjudice à la faculté appartenant aux auteurs d'œuvres et à leurs successeurs, et aux titulaires de droits voisins, d'exercer les droits qui leur sont reconnus par la présente Annexe. »

Il en est également ainsi de l'article 36 alinéa 6 de l'annexe 1 du même Accord qui dispose : *« Sauf stipulation contraire du contrat de licence, la concession d'une licence n'exclut pas, pour le concédant, ni la possibilité d'accorder des licences à d'autres personnes sous réserve qu'il en avise le concessionnaire de la licence, ni celle d'exploiter lui-même l'invention. »*

La loi camerounaise n°2000/11 du 19 décembre 2000 sur le droit d'auteur et les droits voisins au droit d'auteur n'est pas restée en marge de cette règle. A l'alinéa 2 de son article 11, on peut lire : *« Sauf stipulation contraire, chaque auteur d'une œuvre incluse dans l'œuvre collective conserve le droit d'exploiter sa contribution indépendamment de l'œuvre collective, à condition de ne pas porter préjudice à l'exploitation de cette dernière.* »

La doctrine française s'est inspirée de cette distinction au regard de laquelle la sentence arbitrale peut être contrôlée[80]. Il est des normes impératives dans l'intérêt de l'une des parties : l'interdiction de renoncer à la lésion dans un contrat lésionnaire, ou encore l'interdiction de la détermination du prix par une seule des parties, elle-même corollaire d'une nullité pour indétermination du prix dans un contrat de licence de marque ; ou encore l'interdiction de renoncer à une prescription non acquise. Des règles de ce genre justifient-elles qu'on limite la confiance faite aux MARL en matière de propriété intellectuelle ?

Il est autrement des règles qui mettent en jeu les intérêts publics : en matière de propriété industrielle, en matière de change, d'organisation des marchés, avec la cohorte des règles de concurrence. Il est aisé de percevoir ici que l'on déborde le cercle des intérêts privés des parties. Les tiers sont intéressés et, plus largement, le pouvoir de l'Etat d'édicter des normes dont l'efficience commande son emprise.

L'on comprend que selon la distinction ainsi opérée, les règles du second type intéressent davantage le juge du contrôle de la sentence, et comme l'arbitre se soucie du sort de sa sentence, il veillera à leur respect. Pourtant, il n'est pas certain que, du point de vue de l'intérêt général, la violation de certaines règles protectrices de l'intérêt privé ne soit pas impérieuse. D'où l'intérêt de la distinction entre les généralités des lois territoriales et la permanence des règles de protection personnelles. Une loi de protection privée a d'abord pour objet d'éviter une injustice. Son échec est consommé chaque fois qu'elle est violée. Une règle d'intérêt général a un objectif plus global. Elle vise la préservation d'un système. Une entorse ne peut alors l'affecter que modérément.

L'ordre public proprement dit se confond avec les lois de police, avec cette caractéristique que ses normes ne sont pas abstraites, impératives pour elles-mêmes, mais le plus souvent dans un espace

---

80 P. MAYER, « La sentence contraire à l'ordre public au fond », *Rev. Arb.* 1994, pp.636-637.

juridique déterminé. Hors de ce champ, elles perdent leur impérativité et même leur raison d'être. De ce point de vue, elles apparaissent comme des normes autolimitées qui, en creux, refusent de s'appliquer aux situations qui se situent en dehors de leurs provisions. Mais les lois de police, contrairement aux normes autolimitées qui peuvent se rencontrer en toutes les matières, n'interviennent que dans certains secteurs ou ponctuellement et parfois supportent des applications en dehors du champ d'impérativité.

Au sommet de l'ordre public étatique se situe l'ordre public au sens international. A côté de ces lois de police incontournables par les parties se trouve, à la disposition de l'arbitre et du médiateur, l'ordre public transnational ou réellement international. On examinera ces différents aspects par rapport à la nature ou à l'origine de l'ordre public dans les MARL relatifs à la propriété intellectuelle.

Section 2. La nature de l'ordre public dans les MARL

La question des rapports entre les MARL[81] et l'ordre public est d'importance tant sur le plan pratique que sur le plan théorique. Sur le plan pratique, il est fondamental pour l'arbitre par exemple de savoir quel ordre public respecter et comment le faire. Pour le juge du contrôle de la sentence, il faut savoir sur quelles bases exercer ce contrôle. L'ordre public dans la pratique contient toujours d'épineuses questions. Sur le plan théorique, le respect de l'ordre public par les arbitres est à la fois la limite et la condition de l'autonomie de l'arbitrage international. L'arbitrage ne peut être autonome que s'il respecte l'ordre public et dans la mesure où il le respecte. Les Etats doivent veiller à ce que les arbitres se conforment à l'ordre public. C'est même la condition de l'autonomie : en respectant l'ordre public, les arbitres pérennisent l'arbitrage en tant que système de justice autonome. Il convient de se pencher sur l'ordre public étatique dans les MARL appliqués à la propriété intellectuelle *(*§1***),*** pour ensuite analyser l'ordre public transnational ou véritablement international

---

[81] S'agissant des MARL à ce niveau, on fait plus allusion à l'arbitrage puisque c'est pratiquement le seul mode alternatif qui est plus confronté aux dispositions d'ordre public.

dans les MARL appliqués à la propriété intellectuelle. *(§ 2)*. Sans toutefois oublier de faire un clin d'œil au droit OHADA où il existe un ordre public un peu spécial appelé ordre public international communautaire à côté de l'ordre public interne de l'OHADA (§ 3).

§ 1. L'ordre public étatique dans les MARL

L'ordre public étatique est l'ensemble des règles obligatoires qui touchent à l'organisation de la Nation, à l'économie, à la morale, à la santé, à la sécurité, à la paix publique, aux droits et aux libertés essentielles de chaque individu. Cet ordre public s'intéresse tout d'abord à l'arbitrabilité des litiges. On connaît la disposition de l'article 2060 du Code civil qui rend inarbitrable les matières qui intéressent l'ordre public. Il constitue le noyau dur des lois de police étatiques, le carré intangible sur lequel on ne peut pas faire de concession. Néanmoins, il faut dire que le refus d'exequatur pour cause d'ordre public est assez rare. Une des raisons est la distinction qui s'opère entre l'ordre public national et l'ordre public international[82]. Les législations nationales comme les juridictions étatiques, font de plus en plus référence à « l'ordre public international » (plutôt que simplement à « l'ordre public »). Une quasi-unanimité existe quant à la nécessité d'un contrôle de la sentence au regard de l'ordre public. On le retrouve effectivement d'une manière ou d'une autre dans les législations nationales et les conventions internationales. Un tel contrôle justifie (car il est *a posteriori* le contrepoids) la confiance faite *a priori* à l'arbitrage ou à la médiation des litiges de propriété intellectuelle et s'est traduit par l'extension du champ de l'arbitrabilité. L'existence du contrôle trouve de ce fait son fondement dans les textes et plus particulièrement le décret français du 13 janvier 2011 et en l'occurrence à l'article 1492-5° en matière interne[83] et l'article 1520-5° en matière internationale.[84]

---

[82] VAN DEN BERG, *ibid.*

[83] Article 1492-5° CPC : « Le recours en annulation n'est ouvert que si (…) la sentence est contraire à l'ordre public »,

[84] Article 1520-5° CPC : « Le recours en annulation n'est ouvert que si :(…) la reconnaissance ou l'exécution de la sentence est contraire à l'ordre public international ».

L'ordre public international est compris dans un sens plus étroit que l'ordre public national. Toutes les règles d'ordre public interne ne font pas automatiquement partie de l'ordre public externe ou international. Sanders relève que *« l'ordre public international est, selon une opinion doctrinale généralement acceptée, confiné à la violation des conceptions réellement fondamentales de l'ordre juridique dans le pays intéressé »*[85]. Pour la doctrine française dominante, *« l'ordre public international de l'article 1502.5 ne peut être que la conception française de l'ordre public international ou, en d'autres termes, un ensemble de valeurs dont la violation ne saurait être tolérée par l'ordre juridique français, même dans les espèces internationales ».*[86]

Dans un arrêt du 4 décembre 1992, la Cour d'appel de Milan a adopté une conception plus transnationale, lorsqu'elle décrit l'ordre public international comme « *un corps de principes universels partagés par toutes les nations ayant la même civilisation, visant à la protection des droits humains fondamentaux, souvent contenus dans les déclarations ou conventions internationales* »[87]. La terminologie utilisée pour désigner l'ordre public dans la législation interne varie considérablement de la désignation expresse d'ordre public international à la référence aux normes internes. La législation sur la reconnaissance des sentences arbitrales en France fait référence « aux principes d'ordre public international ».

§ 2. L'ordre public transnational ou véritablement international dans les MARL en matière de propriété intellectuelle

Dans les MARL et plus particulièrement en matière d'arbitrage et de médiation, l'arbitre ou le médiateur n'est pas contraint de protéger les intérêts généraux dont il serait dépositaire. Il prend néanmoins en considération cette fonction de protecteur de l'ordre

---

[85] SANDERS, "Commentary" in 60 years of ICC Arbitration- A Look at the Future (*ICC Publishing, 1984*).

[86] P. FOUCHARD, E. GAILLARD et B. GOLDMAN, *Traité de l'arbitrage commercial international,* Paris, Litec.1996, n° 1648, p. 969 et s.

[87] Milan, 4 déc. 1992, *Yearbook.* 1997, p.725

public, entendu au sens du droit international, au nom de la pérennité de l'arbitrage et de la médiation en matière de propriété intellectuelle, se fondant sur des considérations objectives et n'ayant aucune préférence a priori pour une loi de police. En revanche, écarter une loi normalement applicable au nom de la fonction négative de l'ordre public (au sens du droit international), suppose un *a priori* pour le juge consistant en une conception nationale de la défense des intérêts dont il aura la garde.

Attaché à cette neutralité mais aussi à la protection de principes fondamentaux d'une moralité contractuelle internationale, l'arbitre ou le médiateur devrait avoir un ordre public, détaché des ordres juridiques étatiques et vraiment international. L'absence de la *Lex fori* étatique de l'arbitrage ou du médiateur en matière de propriété intellectuelle a rendu nécessaire l'existence d'un ordre public véritablement international, extérieur aux droits nationaux. Il s'agit pour parler comme Niboyet, d'*« un véritable ordre public international commun aux nations civilisées et que toutes ont le pouvoir de respecter sous peine de se placer en dehors de la communauté juridique qui est à la base du droit international privé ».*[88]

Il conviendrait, pour mieux mener cette réflexion, de s'attarder sur la notion d'ordre public transnational(A) d'une part et sur les sources de l'ordre public transnational d'autre part(B).

A. La notion d'ordre public transnational

L'expression « ordre public transnational » continue de nos jours d'intriguer ceux qui la rencontrent[89]. L'une des raisons pourrait

[88] NIBOYET, « Le rôle de la justice internationale en droit international privé », *Recueil des cours*, t.40 (1932-II), pp. 157 et ss.

[89] P. LALIVE, « Ordre public transnational ("ou réellement international") et arbitrage international », *Rev., arb.* 1986, p.323 s ; « l'ordre public transnational et arbitrage international », Liber Fausto Pocar, Giuffre 2009 ; O. ARFAZADEH, *ordre public et arbitrage international à l'épreuve de la mondialisation,* avant-propos G. ABI-SAAB, préf. J-M JACQUET, *Bruylant, LGDJ, Schultess* 2005 ; J-B RACINE, *L'arbitrage commercial international et*

être due à l'association qu'elle réalise entre un « ordre public » qui évoque des règles ou principes à qui une impérativité particulière est reconnue, et « transnational », qui se réfère au contraire à un espace ouvert, laissé à l'écart des souverainetés étatiques et qui, de ce fait, serait peu propice au déploiement de normes impératives.

Outre l'intérêt théorique qu'il suscite, l'ordre public transnational pourrait bien devoir la plus grande partie de sa fortune aux MARL. D'un côté, le développement quantitatif de l'arbitrage en tant que justice des activités économiques transnationales est indéniable. D'autre part, l'extension du champ de l'arbitrabilité en matière de propriété intellectuelle confère aux tribunaux arbitraux le rôle de véritables juridictions à part entière de ces activités.

A vrai dire, il n'a même pas été indispensable d'attendre cette évolution historique pour savoir que les MARL, particulièrement en matière de propriété intellectuelle, ne pourraient manquer d'être confrontés à l'ordre public dès lors que celui-ci avait été inscrit dans les conventions internationales comme un moyen de s'opposer à l'exécution d'une sentence ou de mettre en doute la validité de celle-ci. Mais cette confrontation a fait de l'ordre public, un moyen de contrôle des sentences arbitrales entre les mains des juges, sans investir pour autant les arbitres d'un rôle clairement perceptible de gardiens d'un ordre public déterminé. On pourrait avancer que les arbitres doivent s'efforcer de ne pas porter atteinte à un ordre public international sur lequel ils ne peuvent cependant clairement exercer leur influence. L'ordre public transnational incite précisément à franchir ce pas. Avec lui, les MARL deviennent aussi le gardien d'un ordre public qui leur est propre et dont il leur appartient de définir les contours et les conditions d'application. Mais aujourd'hui, ce stade n'est-il pas lui-même dans une certaine mesure dépassée ? Les MARL ont-ils le monopole de l'ordre public transnational ? Celui-ci n'est-il pas devenu une sorte de « notion commune » ? Malgré les incertitudes qui continuent aujourd'hui encore d'entourer l'ordre public transnational, il est de plus en plus difficile de l'ignorer.

---

l'ordre public transnational, avant-propos L. BOY, préf. Ph. FOUCHARD, LGDJ 1999 ; L. CHEDLY, Arbitrage *commercial international et ordre public transnational,* préf. K. MEZIOU, Centre de Publication universitaire, Tunis 2002 ; M.-N. JOBARD-BACHELIER et F.-X. TRAIN, « ordre public international », *J-CL Dr. Int.* Fasc 534-1, 534-2, 2010 ; « Ordre public », *Rép. Dalloz. Dr. Int*;

Contrairement à l'ordre public international d'origine étatique, l'ordre public transnational est véritablement international par sa source (il émane directement de la collectivité des Etats et de la collectivité des commerçants internationaux) et par son contenu (la règle qu'il incarne est largement répandue dans les différents ordres juridiques). Pour Monsieur Dolinger, l'ordre public réellement international *« est celui qui établit des principes universels, dans le but de servir les intérêts supérieurs de la communauté mondiale, les intérêts communs du genre humain, placés au-dessus et parfois même contraires aux intérêts des nations prises individuellement »*.[90]

L'ordre public transnational est la traduction juridique de préoccupations éthiques. L'éthique économique est un thème contemporain très abordé. Celui-ci a pour fonction de poser des valeurs qui sont en même temps des limites à la liberté des opérateurs économiques. Ces valeurs sont la plupart du temps acceptées par les agents économiques. Le libéralisme économique a besoin d'être encadré par des barrières ; l'éthique sert donc les objectifs du système économique. Dans le commerce international, l'éthique a certainement un rôle primordial à jouer en raison de la place secondaire que tient l'Etat.[91] L'éthique, traduit par le concept d'ordre public transnational, sert alors à réguler le secteur du commerce international. L'ordre public transnational remplit la fonction régulatrice des rapports des acteurs du commerce international (aussi bien privés que publics). Il délimite le champ de liberté des acteurs en fixant des règles du jeu permettant au système de perdurer. En effet, toute violation de l'éthique a nécessairement un coût pour la communauté et il faut trouver les moyens de moraliser les comportements. Pour l'arbitre dépourvu de *for* national, un tel ordre public revêt une importance de premier plan. D'abord, il lui permet d'écarter une règle étatique, même impérative. Ensuite, il fait partie de l'ordre juridique propre à la communauté internationale des marchands. Ce sont des lois de police spécialement tributaires du commerce international et de la

---

[90] J. DOLINGER, " World public policy, real international public policy in the conflict of laws ", *Texas Int. L.J.* 1982. 167, spec., p. 172.

[91] P. DIENER, « Ethique et droit des affaires », 1993, Chron. 17 ; B. OPPETIT, « Ethique et vie des affaires », Mélanges A. COLOMMER, *Litec,* 1993, p. 319 ; Centre de droit des affaires de l'université de Toulouse, La morale et le droit des affaires, *Montchretien,* 1996. G. LIPOVETSKY, H. Bonin, M. ALBERT, « L'éthique à l'épreuve de l'économie », in *Le débat*, n°67, nov-déc. 1991, p.144 et s.

communauté internationale des marchands. Il permet de renforcer la crédibilité de l'arbitrage, en rassurant les Etats du fait que l'arbitrage n'est pas un moyen de contourner la loi, mais une institution sérieuse, une véritable justice du commerçant international qui comme la justice étatique, respecte les grands canons de la justice. L'on comprend alors pourquoi elle est consacrée tant par les outils législatifs internes que par ceux internationaux. On n'en a pour preuve de nombreux règlements d'arbitrage des grands centres d'arbitrage et de médiation internationaux comme le centre d'arbitrage et de médiation de l'OMPI, de la CCI, de la CCJA, du CIRDI et très prochainement de l'OAPI. Ces règlements d'arbitrage et de médiation sont des normes supranationales, détachés de tout *for,* et mis sur pied dans le but de satisfaire les besoins de la communauté internationale. Ces normes supérieures sont issues de différentes sources.

B. Les sources de l'ordre public transnational

Aucune convention internationale sur l'exécution des sentences arbitrales, pas même la Loi-type CNUDCI, ne fait expressément référence à l'ordre public international ou transnational. De même, elles ne cherchent pas à harmoniser l'exception d'ordre public en matière de reconnaissance et d'exécution des sentences arbitrales. Il faut tout de même reconnaître que les tribunaux d'un certain nombre de pays adoptent une conception restrictive de l'ordre public.

L'Acte uniforme OHADA sur l'arbitrage a été adopté le 11 mars 1999 par le Conseil des ministres des Etats membres de l'Organisation pour l'Harmonisation en Afrique du Droit des Affaires[92] dont l'article

[92] Le traité du 17 octobre 1993 relatif à l'harmonisation du droit des affaires en Afrique a pour objectif de remédier au manque de sécurité juridique et judiciaire en Afrique dans le domaine du droit des affaires. A l'effet de réaliser cet objectif, il était évidemment nécessaire d'agir sur les normes régissant le droit des affaires. Non codifiées, mal connues, pour certaines d'entre elles obsolètes, les règles gouvernant l'activité économique nécessitaient de profondes réformes normatives. Le législateur OHADA dans le volet institutionnel des actions entreprises, n'a pas entendu agir relativement à la seule justice étatique. Il a intégré dans ses actions une donnée fondamentale de la justice contemporaine au plan universel: le développement d'une « autre justice » par rapport à la justice étatique. Parmi les formes que cette « autre

26 prévoit l'annulation de la sentence « si le Tribunal arbitral a violé une règle d'ordre public international des Etats signataires du traité. »[93]. L'article 31 du même acte uniforme dispose : « *la reconnaissance et l'exéquatur sont refusés si la sentence est manifestement contraire à une règle d'ordre public international des Etats-parties* ». La Cour commune de justice et d'arbitrage dont le siège est à Abidjan en Côte d'Ivoire, a pour mission de veiller à l'application et à l'interprétation du droit, et les décisions refusant l'exéquatur sont susceptibles de recours devant elle. L'acte uniforme OHADA est l'unique instrument législatif qui tente d'harmoniser le concept d'ordre public international au sein de ses Etats membres.

La convention de New York de 1958 prévoit à son article V.2(b) le refus de l'exéquatur à la sentence qui viole l'ordre public du pays où l'exéquatur est demandé. En raison du caractère international de l'arbitrage des litiges de propriété intellectuelle, l'on peut soutenir qu'il s'agit de l'ordre public international du pays concerné, et non de son ordre public interne. La convention de Genève de 1927[94] prévoit qu'une sentence doit être exéquaturée, à moins d'être contraire à l'ordre public ou aux principes du droit du pays concerné. La convention de Panama de 1975 fait référence à « *l'ordre public de l'Etat concerné* ». La convention de Montevideo de 1979[95] va plus loin : elle exige que la sentence soit « manifestement *contraire aux principes et règles de l'ordre public du pays de l'exéquatur* ». (art. 2(h). La convention d'Amman de 1987[96] parle tout simplement « d'ordre *public* » sans autre précision. La convention de Washington (CIRDI) de1965 n'en souffle même pas mot. L'article 52 énonce plusieurs causes d'annulation de la sentence dont la corruption d'un membre du tribunal arbitral, le mépris d'une règle fondamentale de procédure, et l'absence de motif ou de base légale de la sentence.

---

justice » peut prendre, il y a la justice privée rendue par des arbitres occupe une place de choix.

[93] L'article 26 prévoit l'annulation de la sentence « si le Tribunal arbitral a violé une règle d'ordre public international des Etats signataires du traité. »

[94] Convention sur l'exécution des sentences arbitrales étrangères signée à Genève le 26 septembre 1927, article 1, Laegue of Nations Treaty Sries (1929-1930), vol. XCII, p.302.

[95] Convention Interaméricaine sur la validité extraterritoriale des jugements étrangers et sentences arbitrales étrangères signée à Montevideo, le 8 mai 1979.

[96] Convention de la League Arabe sur l'exécution des sentences arbitrales, signée à Amman, le 14 avril 1987. Elle n'est pas entrée en vigueur, parce que non encore ratifiée par le nombre minimum de sept Etats-parties stipulé.

L'on peut remarquer que les deux premières causes relèvent du domaine de l'ordre public international. L'exécution d'une sentence CIRDI ne peut être attaquée dans le pays d'exécution, pour des raisons de souveraineté. La loi-type CNUDCI de 1985 parle également de l'ordre public, même si elle n'en donne aucune précision ou même une définition, tout comme l'acte uniforme OHADA suscité s'agissant de l'ordre public international communautaire dans cet espace.

§ 3. L'ordre public international communautaire dans l'espace OHADA

La référence à l'ordre public international des Etats parties à l'OHADA traduit l'idée qu'il s'agit d'un ordre public au sens du droit international privé. Autrement dit, c'est un ordre public qui n'opère qu'en présence d'une situation juridique internationale. Rappelons que compte tenu de la redéfinition de l'internationalité suscitée par l'existence de l'ordre juridique régional de l'OHADA, une situation sera considérée comme réellement internationale si elle présente un élément d'extranéité, c'est-à-dire un point de rattachement avec un pays tiers par rapport à l'OHADA. Le droit matériel OHADA vise aussi bien les situations internes à un Etat que les situations internationales dont certaines sont intercommunautaires. Il supprime en partie la distinction entre rapports internes et rapports internationaux, obligeant alors à une redéfinition de l'internationalité. C'est ce que souligne la doctrine classique : « *là où l'uniformité des lois de droit privé s'est opérée, les relations juridiques internes et internationales se confondent et le lieu de la relation, la nationalité ou le domicile des parties deviennent indifférents* [97]».

L'internationalité désigne le caractère d'une situation juridique dont les éléments de fait sont répartis entre plusieurs systèmes juridiques. Or les rapports juridiques rattachés à deux Etats membres ou leurs ressortissants sont internationaux au sens du droit international privé, mais demeure régis par le droit matériel OHADA. Il en est de même de certains rapports partiellement extracommunautaires, rattachés à au moins un Etat membre et à un

[97] H. VALLADAO, « Le droit uniforme et le droit international privé », *JDI* 1932, p. 877 s., spéc., p. 893.

Etat tiers. La nouvelle distinction s'opère plutôt entre rapports internes à l'OHADA et rapports externes à l'OHADA, présentant une attache avec un ou plusieurs Etats tiers. Seuls ceux-ci sont internationaux au sens du droit OHADA[98].

Parfois désigné par l'expression « lois d'ordre public », l'ordre public interne désigne les règles auxquelles on ne peut déroger par convention. Il opère dans les rapports internes. Dans le cas de l'OHADA, son ordre public interne est constitué par toutes les règles communes impératives auxquelles on ne peut déroger. Elles s'appliquent à tout rapport interne à l'espace OHADA. C'est le cas des situations juridiques qui ne présentent des attaches qu'avec un ou plusieurs Etats parties. Ce sont les rapports internes ou intercommunautaires. L'ordre public international de l'OHADA en revanche n'intervient que dans les rapports internationaux, pour écarter une loi étrangère ou un acte étranger. Les conditions de sa mise en œuvre sont plus strictes, de sorte que son jeu est finalement exceptionnel. Il a ainsi un contenu plus étroit que l'ordre public interne. On peut ainsi affirmer que tout ce qui est d'ordre public international dans l'espace OHADA fait également partie de l'ordre public interne, mais ce qui est d'ordre public interne ne l'est pas nécessairement dans l'ordre public international OHADA. Il résulte de cette distinction que les règles d'ordre public interne de l'OHADA s'appliqueront aux rapports internes et intracommunautaires et l'exception d'ordre public international aux rapports extracommunautaires. Le choix du droit applicable dans un contrat interne ou intracommunautaire ne pourra donc permettre aux parties d'échapper aux règles d'ordre public interne de l'OHADA[99].

L'exception d'ordre public international de l'OHADA joue lorsqu'il s'agit d'apprécier la régularité internationale d'une sentence arbitrale. Dans ce cas, une sentence arbitrale a déjà été rendue et il s'agit de lui accorder une certaine efficacité à travers sa reconnaissance ou son exécution. Le juge d'un Etat partie peut toujours refuser de reconnaître ou d'accorder l'exéquatur d'une sentence rendue dans un arbitrage international au sens de l'OHADA,

---

98 S. POILLOT-PERUZZETTO, « L'internationalité du point de vue de l'ordre communautaire », Rev. *Lamy Droit des Affaires*, n°46, fév.2002, p.31s. spéc., p.33 ; A. BORRAS, « Le droit international communautaire privé, réalité, problèmes et perspectives », *RCDADI*, t. 317, 2005, p.339.

99 P. MEYER, *OHADA. Droit de l'arbitrage*, coll. Droit uniforme africain, p.256 s.

c'est-à-dire d'un arbitrage qui porte sur un litige international et qui viole les valeurs fondamentales de l'ordre juridique OHADA. Ainsi, la sentence rendue dans l'arbitrage d'un litige de propriété intellectuelle et portant sur un contrat d'exploitation, de cession de marque, de licence d'exploitation d'un brevet, d'exploitation d'une œuvre artistique sénégalo-camerounaise par exemple ne peut donner lieu au jeu de l'ordre public international OHADA, car une telle situation n'est pas internationale. La CCJA l'a rappelé dans l'arrêt *Sonapra*[100].

Il n'a pas été aisé de donner une définition claire et précise de la notion d'ordre public, encore moins de déterminer sa nature exacte, compte tenu de son caractère fluctuant et protéiforme. Cette difficulté s'est accentuée par l'existence d'une panoplie d'ordres publics au rang desquels on peut citer l'ordre public interne, l'ordre public régional, l'ordre public international et l'ordre public transnational. On est arrivé à la conclusion selon laquelle l'ordre public transnational est l'ordre public naturel des MARL.

Outre l'intérêt théorique qu'il suscite, cet ordre public pourrait bien devoir la plus grande partie de sa fortune aux MARL. D'un côté, le développement quantitatif de l'arbitrage en tant que justice des activités économiques transnationales est indéniable. D'autre part, l'extension du champ de l'arbitrabilité en matière de propriété intellectuelle confère aux tribunaux arbitraux le rôle de véritables juridictions à part entière de ces activités.

Il n'en demeure cependant pas moins que la prédominance de l'ordre public sur les MARL en matière de litige relatifs à la propriété intellectuelle se manifeste avec beaucoup d'acuité.

---

[100] CCJA, Arrêt n°045/2008, 17 juil.2008, Sonapra., *Rec. CCJA*, n°12. 2008, p.66.

CHAPITRE 2

LA PREDOMINANCE DE L'ORDRE PUBLIC SUR LES MARL EN MATIERE DE PROPRIETE INTELLECTUELLE

Parmi les différents modes extrajudiciaires de règlement des litiges, seul l'arbitrage est susceptible de poser des problèmes en matière de propriété intellectuelle. La médiation et la conciliation sont des méthodes qui constituent le prolongement et le perfectionnement de la négociation traditionnelle.

L'influence ou la toute-puissance de l'ordre public sur les MARL et en l'occurrence l'arbitrage se manifeste particulièrement, avec acuité et vigueur, dans le choix par les parties du droit applicable au fond de leur litige. Le principe de l'autonomie de la volonté, consacré par la quasi-totalité des législations, permet ainsi aux parties de soumettre leurs relations au droit de leur choix, même s'il n'a aucun lien avec le rapport juridique en cause et, par là-même, de soustraire celles-ci au droit qui aurait les liens les plus étroits avec elle.

Une liberté sans limite permettrait toutefois aux parties d'éluder l'application des règles non seulement impératives, mais d'ordre public. Mais trop de règles d'ordre public aboutirait également à entraver la liberté des parties. Comment cette question dialectique est-elle résolue devant l'arbitre ?

Juge investi par un accord des parties, l'arbitre doit-il respecter l'ordre public ? Ne devrait-il pas avant tout s'occuper de la réalisation de l'intérêt des parties et, de ce fait, être dispensé de la défense de l'intérêt général ? En outre, l'arbitre n'ayant pas de for national, ne devrait donc en principe être le gardien d'aucun ordre public étatique en particulier.

Dans tous les cas, l'arbitrage a besoin de la complicité ou à tout le moins de la faveur des Etats pour conserver son autonomie, et ne serait-ce que pour cette raison, l'arbitre devrait respecter l'ordre public des Etats. La sentence fait l'objet d'un contrôle étatique, soit lors d'une instance en annulation, soit à l'occasion d'une demande d'exéquatur. L'arbitre jouit ainsi d'une liberté contrôlée, ce qui doit l'inciter à respecter l'ordre public étatique et transnational. En tout cas, le problème de l'ordre public et des règles impératives occupe une place importante dans l'arbitrage des litiges en matière de propriété intellectuelle. Certaines conventions internationales relatives à l'arbitrage subordonnent la reconnaissance et l'exécution de la sentence arbitrale à sa conformité à l'ordre public du pays où elle doit être exécutée[101]. Semblables sont les dispositions conventionnelles désignant certaines matières comme inarbitrable, et refusant par conséquent tout effet à la clause compromissoire se rapportant à ces matières. Certains systèmes nationaux[102] de conflits de lois reconnaissent que les règles d'ordre public peuvent faire obstacle à l'efficacité de la clause d'*electio juris* ou l'application de la loi étatique volontairement choisie par les parties[103].

Cette règle est consacrée par la Convention de Rome[104], et appliquée par la plupart des juridictions en Europe. En effet, aussi libérale que soit l'attitude des Etats envers l'arbitrage, la réserve d'ordre public s'impose toujours, car le juge garde dans tous les cas, le glaive de l'ordre public sous sa robe. C'est pourquoi Fouchard a indiqué que les arbitres « *se préoccupent au premier chef d'apprécier les chances d'exequatur de leurs sentences, car si celles-ci sont sérieuses, la tendance des parties à les exécuter spontanément s'en trouvera encouragée* »[105].

L'ordre public sera envisagé ici essentiellement par rapport au droit applicable au fond du litige, puisque le problème de l'ordre public relatif à l'arbitrabilité du litige et à l'autonomie de la clause compromissoire sera réglé ultérieurement.

Outre l'ordre public étatique, les parties sont astreintes au respect de l'ordre public transnational dont l'arbitre, par essence, est le

---

[101] Convention de New York du 10 juin 1958 sur la Reconnaissance et l'Exécution des sentences étrangères. *United Nations Treaty Series* (1959), vol. 330, p. 38, n° 4739.

[102] Systèmes français, italien et allemand.

[103] Dicey and Morris, The Conflict of law, 1239-48, 12e éd., 1993; HANATIAU, "What Law Govern Issue of Arbitrability?", *Arb, Int'l* 139, 1996.

[104] Art. 3 et 7 de la Convention de Rome.

[105] Ph. FOUCHARD, « Les conflits de lois en matière d'arbitrabilité des litiges de propriété industrielle » *Rev. Arb*. 1977. pp. 63 et s., spéc. p. 66.

gardien. En effet, loin d'appartenir à un Etat en particulier, cette forme d'ordre public vise la protection des valeurs communément partagées par l'ensemble des Nations.

Néanmoins, la mise en œuvre de l'ordre public transnational ne dédouane pas les parties du respect de l'ordre public étatique, les deux formes d'ordre public étant complémentaires plutôt que concurrentes. L'obligation pour l'arbitre de respecter l'ordre public a pour conséquence la remise en cause de la volonté des parties qu'on va examiner relativement à deux aspects principaux. D'une part, la limite de la liberté de choix des parties en raison de l'intervention de l'ordre public étatique devant l'arbitre (section 1). D'autre part, l'éviction de la volonté des parties par des règles d'ordre public transnational de l'arbitrage des litiges de propriété intellectuelle (section 2).

Section 1. La limitation de la liberté du choix de la liberté applicable

En raison de sa liberté par rapport à tout ordre juridique étatique quelconque, l'arbitre n'a aucune obligation de défendre des conceptions politiques, morales, et économiques d'un Etat en particulier. Il se pose donc la question de savoir pourquoi l'ordre public étatique limiterait la liberté de choix des parties en matière de litige relatif à la propriété intellectuelle. La réponse à cette question varie selon que l'ordre public est ou non celui de la *lex causae*[106].

Juge à part entière, l'arbitre exerce une mission juridictionnelle qui passe naturellement par la mise en œuvre des règles de l'ordre public de la *lex causae*. En effet, en choisissant celle-ci pour régir le fond de leur litige, les parties sont censées l'avoir élue dans toutes ses dispositions, y compris celles d'ordre public.

---

[106] Par *lex causae*, il faut entendre le droit applicable au fond du litige, c'est-à-dire la loi compétente pour régir la situation litigieuse ou la situation juridique envisagée. La *lex causae* est donc le droit applicable à l'entier litige, que celui-ci soit contractuel ou non. C'est pourquoi on utilisera cette expression par préférence à celle de la *lex contractus* qui comporte un sens plus étroit. Voir G. CORNU, Vocabulaire juridique, Association Capitant, *op. cit.*

L'ordre public du droit désigné comme applicable au fond du litige ne semble pas être le seul à s'imposer à l'arbitre, qui doit aussi veiller au respect de l'ordre public étranger à la *lex causae.* Le respect de cet ordre public se fonde sur deux impératifs majeurs. D'abord, le souci d'efficacité de la sentence qui pèse sur l'arbitre ; ensuite, l'arbitrage des litiges en matière de propriété intellectuelle ne doit pas être un moyen de contourner l'ordre public des Etats. Les rapports entre ordre public et volonté des parties devant l'arbitre sont donc difficiles. Les règles d'ordre public étatique que l'arbitre est amené à appliquer sont d'abord celles de la *lex causae* (§1). Par ailleurs, la liberté des parties peut dans certaines circonstances être limitée par l'intervention de l'ordre public étranger à la *lex causae* (§2).

§ 1. L'ordre public de la *Lex Causae* et la volonté des parties devant l'arbitre

Les parties n'ont pas la liberté, par une manifestation de volonté, des règles impératives de la loi qu'elles élisent. Aussi, lorsqu'elles désignent une loi, l'arbitre à l'obligation de faire application des dispositions d'ordre public appartenant à ladite loi. C'est la volonté exprimée des parties(A). De plus, même en cas de silence des parties sur l'indication de la *lex causae*, la liberté de l'arbitre dans la détermination du droit applicable est impuissante à faire échec à l'application des règles d'ordre public de la loi désignée(B).

A. L'ordre public et la volonté exprimée

La volonté des parties à un contrat d'exploitation des droits de propriété intellectuelle leur donne la possibilité de choix d'une loi étatique ou d'un droit transnational. Si elles choisissent une loi étatique, elles peuvent en choisir une qui n'entretient aucun lien avec le litige, ou bien même opérer un dépeçage de la loi. Cependant, la liberté contractuelle se heurte à l'ordre public de la loi choisie. Si les parties ont la faculté de choisir n'importe quelle loi, elles ne peuvent écarter les dispositions impératives de la loi qu'elles désignent. A l'appui de cette affirmation, la doctrine développe un argumentaire qui prend sa source dans la convention de Rome. Cette Convention dispose en effet dans son article 3-1 que « le contrat est régi par la loi choisie par les parties ». A la suite de cette disposition, Monsieur Mayer, se référant à Neumayer, écrit qu'il « est impossible d'écarter une règle impérative de la loi choisie, même en lui substituant une règle empruntée à une autre loi : obligées de se référer à une législation de « confection », les parties ne sauront se tailler un statut sur mesure »[107].

Selon la doctrine[108], le recours à l'arbitrage n'est pas un gage de liberté absolue pour les parties. Celles-ci ne sauraient alors écarter, par le jeu de la volonté, expresse ou tacite, les règles d'ordre public du droit choisi pour régler le litige. L'élément impératif d'une loi étatique ne s'estomperait donc pas devant l'arbitre de litiges en matière de propriété intellectuelle.

En principe, l'arbitre appliquera sans réserve les lois de police de la *lex causae*. En choisissant celle-ci, les parties sont censées avoir élu une législation ou un ordre juridique dans son intégralité. Monsieur Derains [109] précise, à notre avis à juste titre, que cela dépend de la portée de l'élection de droit, qui devra être interprété par les arbitres. Mais dans cette interprétation, quelle place l'arbitre devrait réserver à l'ordre public de la *lex causae* lorsque celui-ci entraînerait la nullité du contrat ? La doctrine est divisée par cette question, et la jurisprudence n'est pas unanime non plus.

Pour une partie de la doctrine, l'arbitre doit appliquer l'ordre public de la *lex causae*, même si celui-ci annule une clause du contrat ou tout le contrat[110]. Cette doctrine s'appuie essentiellement sur

---

[107] K. NEUMAYER, « Autonomie de la volonté et dispositions impératives en droit international privé », *Rev. Crit. De DIP* 1957, p. 602.

[108] P. MAYER, *Droit international privé, Donat, Montchretien*, 1998, n°710, pp.463-464.

[109] Y. DERAINS, « l'ordre public et le droit applicable au fond du litige dans l'arbitrage international », *Rev. Arb.* 1986, p. 388 ; V. « Détermination de la *lex contractus* » in L'apport de la jurisprudence arbitrale », p.18.

[110] J. -B. RACINE, *L'arbitrage commercial international et l'ordre public*, LGDJ, Paris 1999, p. 242, *op. cit.* ; J. -M. JACQUET, *Principe d'autonomie et contrats internationaux*, *op. cit.* ; pp.200 et s. ; F. DEBY-GERARD, Le rôle de la règle de conflit dans le règlement des rapports internationaux, 1973, n°328, p. 261.

l'affirmation de Messieurs Fouchard, Gaillard et Goldman selon laquelle *« en contractant, les parties entendent généralement se placer sous la protection générale d'un système juridique auquel elles font confiance, parfois il est vrai sans bien connaître le contenu, pour résoudre les difficultés susceptibles de survenir à propos de leur convention. Si leur solution passe par l'annulation d'une disposition du contrat... voir du contrat tout entier, c'est aussi respecter la volonté des parties que d'annuler la disposition en cause ou le contrat»*[111].

Une autre partie de la doctrine pense qu'il faut donner priorité à la volonté des parties en donnant efficacité à leur choix. Pour Monsieur Derains, il faut distinguer selon que les parties ont entendu soumettre leur contrat à la loi élue ou seulement faire appel à cette dernière pour ce qui n'est pas réglé par leur accord. Une telle distinction évite d'imputer aux contractants la volonté tacite d'évincer l'ordre public de la loi choisie si celle-ci annule le contrat ou l'une de ses clauses[112]. Monsieur Seraglini[113] observe de surcroît que le renvoi aux lois de police de la *lex contractus* laisse aux parties la liberté d'élire une loi particulièrement tolérante, même sans rapport avec la clause, et ainsi d'éluder les lois de police qui auraient normalement vocation à s'appliquer. Concernés au premier chef sont ces clauses d'élection de droit donnant la préférence à l'application du contrat en cas de contradiction entre la loi choisie et certaines stipulations contractuelles.

Deux de ces clauses sont citées par Monsieur Gaillard[114]. La première, dans l'affaire ayant fait objet de la sentence CCI n°6257, qui conduit à l'application de « la loi française sous réserve des dérogations expresses que le présent contrat lui oppose ». La seconde dans l'affaire CCI n°6136, qui stipule que « tout ce qui n'est pas contraire aux dispositions de la convention, recevra application dans l'ordre ci-après (les principes généraux du droit et la loi étatique du pays dans lequel le contrat a été passé) ».

---

111 Ph. FOUCHARD, E. GAILLARD et B. GOLDMAN, *Op. cit.* n°1439, p. 809.

112 Y. DERAINS, « l'ordre public et le droit applicable au fond du litige dans l'arbitrage international », *Rev. Arb.* 1986, *op. cit.*

113 Ch. SERAGLINI, *Lois de police et justice arbitrale internationale*, Paris, 2001.

114 E. GAILLARD, « Arbitrage commercial international, sentence arbitrale, droit applicable au fond du litige », *Jurisclasseur, Dt. Int.*, 1991, n°20.

Alors que le premier courant doctrinal cité ci-dessus pense que l'arbitre doit interpréter de telles clauses comme évinçant les dispositions supplétives et non celles impératives de la loi choisie, l'autre considère que les parties ont entendu exclure l'application des dispositions d'ordre public interne.

Ces deux clauses signifient simplement que la volonté des contractants doit avoir primauté sur celle des dispositions de la loi choisie qui ne sont pas d'ordre public. C'est dire que si les dispositions de la loi choisie sont d'ordre public, la volonté des parties doit être évincée.

D'après une jurisprudence arbitrale, l'ordre public de la loi choisie doit avoir primauté sur la volonté des parties. Ainsi dans la sentence CCI n°2119 de 1978, il a été décidé que « *les dispositions contractuelles demeurent néanmoins directement applicables dès lors qu'elles ne heurtent pas les dispositions impératives de la loi française* »[115].

A l'analyse de la jurisprudence arbitrale relative aux litiges de propriété intellectuelle, l'on remarque en général qu'au-delà de toute apparence de divergence de position du tribunal, il se dégage une unité dans le mode d'appréciation, qui constituerait un principe pour l'arbitre. L'arbitre n'écarte la clause que lorsque d'une part la valeur fondamentale protégée par l'ordre public de la *lex causae* dépasse le seul cadre interne et se confond, ou à tout le moins, se conforme aux valeurs internationalement protégées, et d'autre part lorsque l'application de l'ordre public de la *lex causae* n'est pas contraire aux usages du commerce applicable à la transaction concernée. En d'autres termes, l'ordre public de la *lex causae* est apprécié par rapport à un critère international, puisque les contrats d'exploitation des droits de propriété intellectuelle sont généralement des contrats internationaux. Qu'en est-il lorsque la loi applicable est choisie par l'arbitre ?

---

[115] Sentence citée par Y. DERAINS in « Les normes d'application immédiate dans la jurisprudence arbitrale internationale », *op. cit.*, n°15, p. 37. V. aussi les sentences CCI n°2826 de 1978 et CCI n°2119 de 1978.

B. L'ordre public et la volonté non exprimée : la détermination du droit applicable par l'arbitre

Lorsque les parties n'ont pas choisi la loi applicable au fond du litige, l'arbitre doit déterminer celle-ci selon la méthode qu'il juge appropriée. Sa mission lui étant confiée par les parties, la prise en compte des intérêts de celles-ci devrait en principe préoccuper l'arbitre, qui devrait rechercher à satisfaire sinon la volonté des parties, au moins remplir leurs attentes légitimes.

Dès lors, s'il décide d'appliquer au fond du différend une loi étatique, doit-il avoir préférence pour une loi qui valide le contrat plutôt que pour une loi qui l'annule en raison d'une contrariété à l'ordre public ? En d'autres termes, l'arbitre doit-il à tout prix répondre à la volonté ou à l'attente légitime des parties en utilisant un « rattachement à fonction validante » ?[116] Il n'y a pas l'unanimité autour de la question tant dans la doctrine que dans la jurisprudence.

Pour une partie de la doctrine et de la jurisprudence, l'arbitre devrait toujours, sauf circonstances exceptionnelles, respecter l'ordre public, même s'il conduit à annuler le contrat[117]. Cette solution est celle adoptée par la jurisprudence française. Ainsi selon ce courant doctrinal, lorsqu'un droit étatique présente un titre sérieux à s'appliquer, c'est-à-dire lorsqu'il entretient avec le litige des liens étroits ou exclusifs, il n'y a aucune raison que l'arbitre déclare applicable une autre loi au motif que la loi désignée annule le contrat. Autrement dit, la loi qui valide le contrat ne serait pas forcément celle qui, au regard du critère du lien le plus étroit, bénéficie du titre le plus sérieux à s'appliquer. Pour cette doctrine, prétendre le contraire serait faire de la validité du contrat un critère de rattachement[118].

La jurisprudence arbitrale n'est pas toujours restée insensible à cette doctrine. Ainsi, dans la sentence CCI n°5933 de 1988, l'arbitre a décidé qu'« il n'y a pas de raison de préférer à priori, la validité ou

---

[116] L'expression « rattachement à fonction validante » a été empruntée à M. RACINE, L'arbitrage international et l'ordre public, *op. cit.*

[117] H. BATIFFOL et P. LAGARDE, *Droit international privé*, Tome II, 7e édit. 1984, n°591, pp. 305-306.Cass. civ, 3e, 22 juillet 1987, Bull. civ., 1987, III, n°151.

[118] J.-M. JACQUET, *Principe d'autonomie et contrat internationaux*, *op. cit.*, p. 200 et s.

l'invalidité : la justice arbitrale peut aussi bien aboutir à reconnaître un contrat valide qu'à le déclarer nul »[119]. L'arbitre refuse ainsi de faire de la validité du contrat un souci particulier dans la détermination du droit applicable au contrat.

On peut reprocher à ce courant doctrinal et jurisprudentiel le fait de placer le contrôle en amont de l'acte, or le contrat est la pièce maîtresse de tout le mécanisme. Dans cette optique, il ne serait pas exagéré d'affirmer que l'ordre public (instrument du mécanisme de contrôle) ne peut être mis en œuvre que par rapport au contrat, en fonction duquel il a été d'ailleurs édicté. Il faut également préciser que la mission principale de l'arbitre n'est pas l'application de l'ordre public, qui en réalité, est un droit d'exception, une exception au principe de l'autonomie de la volonté. Autrement dit, l'ordre public n'est qu'une réserve à la validité du contrat, sans lequel les parties n'eurent pas confié de mission à l'arbitre. Dès lors, que la validité du contrat oriente l'arbitre dans la détermination du droit applicable n'est à notre avis que naturel. Ce d'autant plus que l'application de la *lex validitatis* n'empêche pas l'arbitre de prendre en compte l'ordre public.

Pour l'opinion favorable à l'application de la loi validante du contrat, l'arbitre saisi d'un litige relatif à l'exploitation des droits de propriété intellectuelle doit, fort de la grande liberté dont il jouit dans la détermination du droit applicable, veiller à l'attente et aux prévisions des parties en ne désignant pas la loi qui annule leur contrat. Selon cette doctrine, l'arbitre devrait donc toujours privilégier la loi qui valide le contrat. C'est ainsi que Monsieur Ferry a soutenu que « libre de déterminer la loi applicable comme il l'entend, l'arbitre international ne saurait porter atteinte aux prévisions des parties en désignant une loi qui annule leur contrat »[120]. Pour cet auteur, l'arbitre devrait toujours privilégier la *lex validitatis*.[121] Monsieur Derains relève qu'une loi qui annule le contrat ne serait pas appropriée[122].

---

[119] *Rev. Arb*. 1990, note P. LAGARDE, p. 666.

[120] C. FERRY, *La validité des contrats en droit international privé, France/USA*, LGDJ, 1987, spé. note 307, p. 147 ; V. F. OSMAN, Les principes généraux de la *lex mercatoria* : Contribution à l'étude d'un ordre juridique anational, Préf. E. LOQUIN, LGDJ, 1992, p. 122 et s.

[121] C. FERRY, *op. cit*., n°40 et s.

[122] Y. DERAINS, « L'ordre public et le droit applicable au fond du litige dans l'arbitrage international », *op. cit*. 393.

Cette position est également soutenue par une jurisprudence bien établie[123].

Cette doctrine comporte une part de vérité, voire un avantage que l'on ne saurait nier. En effet, cette vision des choses préserve la sécurité des transactions et la volonté des parties. Elle est également logique, car les parties n'ont pas investi du temps et de l'argent dans les négociations, l'exécution de la transaction, pour voir l'arbitre annuler le contrat par la suite.

La sécurité des transactions dans les contrats internationaux d'exploitation des droits de propriété intellectuelle requiert que l'arbitre puisse, dans la mise en œuvre de la grande liberté dont il dispose dans la détermination du droit applicable, faire de la validité du contrat un point d'honneur. Il ne devrait permettre l'annulation du contrat que lorsque la valeur ou l'intérêt défendu ou protégé par l'ordre public en cause déborde le cadre interne du pays qui l'a édicté. En d'autres termes, il ne devra appliquer l'ordre public de la loi annulant le contrat que lorsque les valeurs fondamentales soutenues ou les intérêts protégés par cet ordre public, loin d'être simplement tributaires du pays dont ils émanent, sont des valeurs à portée internationales ou supranationales.

§ 1. La volonté ou l'attente légitime des parties et l'ordre public étranger à la *lex Causae*

Une disposition d'ordre public extérieure à la *lex causae* n'est pas normalement applicable et ne devrait pas s'imposer à l'arbitre et, partant, restreindre la volonté des parties. Cependant, certains facteurs imposent à l'arbitre de respecter l'ordre public étranger à la *lex causae*, ce qui a pour conséquence immédiate l'éviction de la volonté des parties quant à la détermination du droit applicable. Il convient de ce fait d'analyser les justifications de l'intervention de l'ordre public extérieure à la *lex causae* (A) d'une part, et les conséquences de l'intervention de l'ordre public étranger à la *lex causae* (B) d'autre part.

---

[123] *Rec. CCI*, I, p. 553, 1984 ; *Rec. CCI*, I, p. 25, 1993.

A. Les justifications de l'intervention de l'ordre public étranger à la *lex causae*

L'admission de l'ordre public étranger à la cause comme limite à la volonté des parties devant l'arbitre des litiges de propriété intellectuelle repose sur une double justification. D'une part, l'absence d'imperium pour l'arbitre entraîne inéluctablement le recours au juge étatique pour l'exequatur de la sentence. Ainsi, en l'absence d'exécution spontanée et volontaire des parties, la sentence n'a aucune valeur si elle n'a pas reçu l'exéquatur du juge étatique. Cette situation force la connivence de l'arbitre qui, pour assurer l'efficacité de sa sentence (1), doit respecter l'ordre public. D'autre part, l'arbitre doit entretenir la confiance que les Etats manifestent envers l'arbitrage. C'est donc pour préserver la pérennité de l'arbitrage dans les litiges en matière de propriété intellectuelle (2) qu'il doit respecter l'ordre public étatique quel que soit le droit applicable au fond du litige.

1. Le besoin de l'efficacité de la sentence

La sentence est efficace lorsqu'elle n'est entachée d'aucun vice susceptible d'entraîner son annulation ou un refus d'exécution forcée. C'est donc pour prévoir le contrôle effectué par les Etats que l'arbitre doit veiller à rendre une sentence efficace. Comme le dit si bien Monsieur Mayer, l'arbitre doit avoir conscience de ce qu'« *une sentence qui n'est susceptible d'exécution dans aucun pays ne représente en général guère plus qu'un chiffon de papier* »[124].

Cette obligation pour l'arbitre d'assurer l'efficacité de la sentence se trouve d'ailleurs formulée en doctrine. Pour Monsieur Van Den Berg, un arbitre a l'obligation de rendre une sentence susceptible d'être exécutée sous la Convention de New York[125]. Monsieur Level

---

[124] P. MAYER, « L'autonomie de l'arbitre dans l'appréciation de sa propre compétence », *op.cit.*, n°36, p. 366.

[125] "…an arbitrator is under a duty to render an arbitral award which is capable of enforcement under the New York Convention", in A. VAN DEN BERG, "Should an

lui emboîte le pas en précisant que l'arbitre a l'obligation de rendre une sentence valable[126]. Cette vue est entérinée par le règlement de la Cour Internationale d'Arbitrage de la CCI qui, en son article 35, dispose que *« [...] la Cour internationale d'arbitrage et l'arbitre procèdent [...] en faisant tous leurs efforts pour que la sentence soit susceptible de sanction légale »*[127].

La conformité de la sentence à l'ordre public faisant l'objet de contrôle de la part des Etats, l'arbitre doit faire l'effort de rendre une décision qui ne portera pas atteinte à l'ordre public. Le souci d'efficacité de la sentence justifie alors l'application par l'arbitre de l'ordre public extérieur à la loi choisie. Cependant, la question se pose de savoir si l'arbitre dans sa sentence, doit respecter l'ordre public du lieu de l'arbitrage, ou s'il doit tout simplement respecter l'ordre public du lieu d'exécution de la sentence.

L'intervention de l'ordre public du siège de l'arbitrage demeure une simple possibilité ouverte. En effet, dans le cadre de la convention de New York de 1958[128], l'annulation au lieu de l'arbitrage est une cause de refus d'exéquatur dans tous les Etats signataires. Cependant, on pense que l'intervention de l'ordre public de l'arbitrage ne saurait s'ériger en principe, car ce serait contraire à l'autonomie de l'arbitrage, qui s'oppose à ce que le tribunal arbitral soit considéré comme une juridiction du siège de l'arbitrage.

Ainsi donc, obliger l'arbitre à respecter l'ordre public du lieu où il statue reviendrait à rattacher juridiquement l'arbitre à son siège[129]. Au vu de cette conception de l'arbitrage, l'annulation d'une sentence par les juridictions du siège pour contrariété à l'ordre public n'empêche pas qu'elle puisse recevoir exequatur en un autre lieu. Dans certains pays comme la France et les USA, la jurisprudence, en application de la clause de la sentence la plus favorisée prévue dans la

---

arbitrator apply the New York Arbitration Convention of 1958?", The art of Arbitration, *Liber amicorum* P. SANDERS, 1982, p. 39, spec., p.47.

[126] P. LEVEL, « Brèves réflexions sur l'office de l'arbitre », in *Nouveaux juges, nouveaux pouvoirs,* Mélanges en l'honneur de R. PERROT, Dalloz, 1996, p. 259, spéc., n°15, p. 270

[127] Le texte de l'article 26 de l'ancien règlement était identique.

[128] Art. V)1) e.

[129] V. A. BÛCHER et P. Y. TSCHANZ, *International Arbitration in Switzeland,* Helbing & Lichtenhahn, 1988, spé., n°208, p. 104.

convention de New York[130], refuse de rejeter une demande d'exequatur du seul fait que la sentence a été annulée à l'étranger[131].

Il est donc souhaitable que la jurisprudence des différents Etats signataires de la Convention de New York adopte une solution identique à celle des juges français et américain. Une telle évolution irait dans le sens d'un plus grand libéralisme dans l'accueil des sentences rendues à l'étranger, et garantirait une plus grande sécurité des transactions internationales de titres de propriété intellectuelle. De plus, elle serait conforme aux particularismes du contrôle de l'ordre public car l'effet extraterritorial d'une décision d'annulation est éminemment contestable en matière d'ordre public. Par ailleurs, il serait plus réaliste et plus commode pour les litiges en matière de propriété intellectuelle, que la sentence soit soumise au seul contrôle du lieu de son exécution avant et en vue de son exécution forcée. Une forte tendance doctrinale est favorable au respect par l'arbitre de l'ordre public du lieu d'exécution de la sentence[132]. Cela permet d'éviter que les parties choisissent une loi neutre pour éluder les règles d'ordre public ou d'application immédiate de l'Etat où l'exéquatur de la sentence serait ultérieurement requis. La jurisprudence arbitrale semble, dans l'ensemble, favorable à la prise en compte de l'ordre

---

[130] Art. VII)1).

[131] V. B. LAURENT, « Réflexion sur l'efficacité internationale des sentences arbitrales », Trav. Com. Fr. *DIP*.1993-1995, Pédone, 1996, p.181 ; J.F. POUDRET, « Quelle solution pour en finir avec l'affaire Hilmarton ? », *Rev. Arb*. 1998. 7 ; J. PAUSSON, « L'exécution des sentences arbitrales en dépit d'une annulation en fonction du critère local », *Bull. Ciarb. CCI,* mai 1998. 14 ; Tribunal de District des USA pour le District de Columbia, 31 juillet 1996, Chromaloy Aerosevices c/ République Arabe d'Egypte, *Rev. Arb*. 1997, 439 ; V ; E. A. SCHWARTZ, « A comment on Chromalloy, Hilmartin à l'américaine », *J. Int'l. Arb*. 1997, n°2, 125; G. R. DELAUME, « Enforcement against a foreign State of an arbitral award annuled in the foreign State', *Rev. Dr. aff. Int*. 1997 253 ; Ph. FOUCHARD, « La portée internationale de l'annulation de la sentence arbitrale dans son pays d'origine », *Rev. Arb*., pp.341-342

[132] V. notamment, B. GOLDMAN, « Les conflits de lois dans l'arbitrage international de droit privé », RCADI. 1968, Tome CIX, II, p. 347. Spé., n°45, p. 433 ; J.D.M. Law, Applicable law in international commercial arbitration, Oceana publications inc. 1978, p. 537 ; O. LANDO, "The Lex Mercatoria in International Commercial Arbitration ", ICLQ. 1985. 747, spéc., p. 766 ; S. JARVIN, "The Siurces ant Limits of the Arbitrator's powers ", *Arb. Int'l*. 1986. 140, spec., p. 155.F. KNOEPFLER, « L'article 19 LDIP est-il adapté à l'arbitrage international ? », Etudes de droit international en l'honneur de P. LALIVE, 1993, n°531, spé., p. 539 ; P. LEVEL, « Brèves réflexions sur l'office de l'arbitre », *op. cit*., p. 269.

public du lieu d'exécution en matière de respect de l'ordre public au fond. Il a d'ailleurs été décidé dans la sentence n°3281 de 1981 que « seul le droit français est applicable aussi bien dans ses règles de fond que dans ses règles de procédure ; que toutefois, la décision du tribunal arbitral sera prise sous réserve des dispositions d'ordre public qui, en Espagne, pourraient s'opposer à son exécution, s'il y a lieu »[133].

Cependant, l'intervention de l'ordre public du lieu d'exécution n'est pas automatique. Encore faut-il que ces règles limitatives de la liberté des parties aient un caractère pertinent. La volonté des parties ne doit pas être sacrifiée à l'hôtel de fluctuantes et innombrables considérations d'ordre public propres à chaque pays.

2. La pérennité de l'arbitrage dans les litiges en matière de propriété intellectuelle

Un fort courant doctrinal fonde l'obligation de l'arbitre de respecter l'ordre public sur la sauvegarde de la pérennité de l'arbitrage, sur sa survie en tant qu'institution[134]. Selon cette doctrine,

---

[133] Rec. CCI, I, p. 453 ; *JDI.* 1982. 990, obs. Y. DERAINS.

[134] P. LAGARDE, Compte rendu de l'ouvrage de J.D.M. Lew, "Applicable law in international commercial arbitration", *Rev. crit. DIP* 1981. 219. spéc., p. 222 ; F. E. KLEIN, intervention orale in Colloque de Baie sur la loi régissant les obligations contractuelles, 30 et 31 octobre 1980, *Helbing & Lichtenhahn*, 1983, p. 229 ; B. Goldman, « L'action complémentaire des juges et des arbitres en vue d'assurer l'efficacité de l'arbitrage commercial international », in Arbitrage international, 60 ans après. Regard sur l'avenir. Cour d'arbitrage de la CCI, 60e anniversaire, 1984, publication CCI, n°412, p. 271, spé., n°20, p.280 ; P. MAYER, « Les lois de police », *Trav. Corn. Fr. DIP*, Journée du cinquantenaire, 1985, *CNRS,* 1988, p. 105, spé., p. 114 ; P. MAYER, « L'interférence des lois de police », *op. cit.*, p.49 ; Ph. FOUCHARD, Intervention au Comité Français de Droit International Privé. Journée du cinquantenaire, *ibid.,* p.116 ; A. BUCHER, Le nouvel arbitrage international en Suisse, *op. cit.* ; n°252, p.88 ; A.F.M. MANIRUZZAMAN, "International Arbitration and Mandatory Public Law Rules in the Context of State Contracts : An overview ", *J. Int'l. Arb.* 1990, n°3. 53, spé., p. 60 ; J. C. POMMIER, *Principe d'autonomie et loi du contrat en droit international privé conventionnel*, Economica, 1992, n°325, p.35 ; L. IDOT, « Les conflits de lois en droit de la concurrence » *JDI*, 1995. 321, spéc., n°17, p. 329 ; E. LOQUIN, « Les pouvoirs des arbitres internationaux à la lumière de l'évolution du droit de l'arbitrage », *JDI*, 1983. 293,

la reconnaissance de l'arbitrage justifie le devoir de l'arbitre de respecter l'ordre public. En étendant le champ des matières arbitrables, les Etats ont investi les arbitres de leur confiance. L'arbitrabilité des litiges en matière de propriété intellectuelle serait alors reconnue en contrepartie du respect par l'arbitre de l'ordre public étatique[135]. Par conséquent, la reconnaissance de l'arbitrabilité des litiges portant sur des matières d'ordre public mettrait naturellement à la charge des arbitres des obligations nouvelles. L'arbitrage des litiges en matière de propriété intellectuelle serait suspecté par les Etats de permettre une violation délibérée de leurs règles impératives, si l'arbitre ne tenait pas compte de l'ordre public étranger à la *lex causae*.

S'il est incontestable que l'arbitre des litiges en matière de propriété intellectuelle a besoin du soutien et de la confiance des Etats pour son épanouissement, il n'en demeure pas moins vrai que l'arbitrage a acquis une certaine autonomie par rapport aux Etats et, ce sont ces Etats qui de nos jours auraient bien tort d'annuler une sentence arbitrale sur la base des règles d'ordre public purement internes[136].

La pérennité de l'arbitrage dépend aujourd'hui plus de la conscience qu'ont les arbitres à assumer leur devoir que de la confiance que les Etats ont placée en ces derniers. Comme le disait si bien Monsieur Derain : « L'arbitre *a des devoirs vis-à-vis des parties pour le compte desquelles il remplit sa mission, mais il en a aussi vis-à-vis de la communauté du commerce international, la "Societas Mercatorum", laquelle a besoin à la fois de l'arbitrage et de relations harmonieuses avec les Etats. Or, s'il suffisait de recourir à l'arbitrage pour se soustraire à des lois de police ayant un titre légitime à s'appliquer, c'est bientôt la survie de l'arbitrage lui-même qui serait mise en cause par les Etats qui l'ont favorisé jusqu'ici* »[137].

---

spéc., n°85 et s., p. 340 ; J. B. Racine, L'arbitrage commercial international et l'ordre public, *op. cit*., p. 280.

[135] En ce sens, J. M. JACQUET et PH. DELEBECQUE, *Droit du commerce international, Dalloz*, 4997, n°546, p. 371.

[136] A l'ère de la mondialisation, aucun Etat n'aimerait se faire indexer comme étant une zone à risque dans le cadre du commerce international.

[137] Y. DERAINS, « Les tendances de la jurisprudence arbitrale internationale », *JDI*. 1993.829, spéc., p. 846. V. aussi du même auteur, note sous Sentence CCI n°6142

De cette analyse, l'on peut retenir que la réputation de l'arbitrage dépend, non pas du respect de l'ordre public des Etats dans le but de garder leur confiance, mais plutôt et essentiellement de l'aptitude de l'institution arbitrale à mieux assurer la sécurité des transactions.

Ainsi, c'est dans l'intérêt de la propriété intellectuelle et non celui des Etats que l'arbitre peut évincer la volonté des parties au profit de l'ordre public étranger à la *lex causae*, et non par peur de perdre la confiance des Etats. Ce d'autant que le devoir de l'arbitre de respecter l'ordre public étatique est purement moral, puisqu'il n'encourt aucune sanction en ne le faisant pas, bien que des conséquences certaines soient rattachées à l'application de cet ordre public.

B. Les conséquences de l'intervention de l'ordre public étranger à la *lex causae*

Il se pose la question de savoir si l'arbitre peut passer outre la volonté des parties à un contrat d'exploitation des droits de propriété intellectuelle en écartant la loi qu'elles ont choisie, au profit de la règle d'ordre public étrangère à la *lex causae*. La volonté exprimée des parties quant à la loi applicable crée pour l'arbitre une sorte de dilemme. En effet, en donnant effet à une disposition d'un ordre public étranger à la loi choisie, un juge peut lui reprocher de ne pas avoir respecté les stipulations des parties et d'avoir violé sa mission. A l'inverse, en se contentant de l'application du droit choisi sans tenir compte d'un ordre public étranger à celui-ci, sa sentence encourt le risque d'être jugée contraire à l'ordre public du lieu éventuel d'exécution.

Pour certains auteurs, l'arbitre donnant effet à un ordre public étranger au droit choisi statue *extra petita* et expose sa sentence à un risque d'annulation ou de refus d'exéquatur[138]. L'arbitrage étant une

---

de 1990, *op. cit.* ; « Pouvoirs et obligations de l'arbitre », in *Competition and arbitration law*, *op. cit.*, p. 251, spéc., pp. 257-258.

[138] E. GAILLARD, *Jurisclasseur*, *op. cit.*, n°109, p.27 ; A. VON MEHREN et J. PAULSSON, « Questionnaire on problems posed by compétition law in commercial

justice d'origine contractuelle, l'arbitre aurait donc pour seule obligation de réaliser la volonté des parties.

Quelques sentences arbitrales ont pris cause pour cette opinion, mais certains arbitres excipant le principe de l'autonomie de la volonté des parties pour refuser l'application de l'ordre public étranger à la *lex causae*[139], d'autres fondant un tel refus plutôt sur le fait que la règle d'ordre public étranger à la *lex causae* soulevée n'avait pas un caractère international[140]. Pour arracher l'arbitre à son dilemme, des propositions ont été faites en vue de concilier sa mission avec le respect de l'ordre public étranger au droit applicable choisi.

La première proposition consiste à la simple prise en considération par l'arbitre de l'ordre public étranger au droit applicable choisi, sans toutefois l'appliquer au fond du litige. Cette solution a l'avantage de ménager la volonté des parties, en ce que l'arbitre met en œuvre la loi choisie par elles ; dans le même temps, l'arbitre tient compte d'une disposition d'ordre public extérieure à la *lex causae* en tant que simple fait. Mais en dépit de ce que cette méthode présente l'avantage de concilier deux impératifs apparemment contradictoires, il n'en demeure pas moins vrai que la plupart du temps, l'application *stricto sensus* d'une règle d'ordre public dépasse le cadre d'une simple prise en considération.

---

arbitration », colloque CCI, *Competition and arbitration law*, inédit, p. 25 et s. ; Ph. FOUCHARD, E. GAILLARD, B. GOLDMAN, *Op.cit.*, n°1528, p. 872.

[139] Sentence CCI n°6379 de 1990, YBCA. 1992. 212. *Rev. dr.com. belge*, 1993.1146, note B. HANOTIAU ; *Bull. CIA RB/CCI*, mai 1996.84. Où les arbitres, pour rejeter la loi belge du 27 juillet 1961 sur la distribution sélective, ont décidé que « *La Convention de Genève de 1961, qui est devenue partie intégrante de l'ordre juridique italien et qui prévaut sur les dispositions internes, autorise les parties à choisir la loi applicable à leur contrat...La Convention de Genève ne fait pas d'exception pour les dispositions impératives étrangères* ».

[140] Sentence CCI n°7047 du 28 fév. 1994, Bull. ASA. 1995. 301. Où les arbitres ont refusé d'appliquer une loi d'ordre public étrangère au droit choisi par les parties, loi prohibant le recours à des intermédiaires en prenant motif de ce que *« Le pouvoir des parties de choisir librement la loi applicable est confirmé dans son statut de principe valable internationalement par l'article 7 de la Convention européenne de 1961. Les parties doivent être en mesure de soumettre leurs relations juridiques à la loi qu'elles choisissent et d'exclure la loi nationale qui, autrement, devrait s'appliquer. C'est pourquoi, les dispositions de la loi qui est exclue ne peuvent être reconnues dans le cadre de la loi choisie que si elles font partie de l'ordre public international* » ;

Aussi a-t-il été décidé que, dans le cas où l'une des parties soulève la violation d'une règle d'ordre public étrangère à la loi choisie, l'arbitre soit libéré des entraves découlant de sa mission. A propos des lois de police, Monsieur Mayer pense que *« l'arbitre est certes le mandataire des parties, mais puisque par hypothèse celles-ci sont en désaccord sur l'application de la loi de police, il est libre de donner raison à l'une ou à l'autre »*[141]. Ainsi, c'est le désaccord des parties sur l'application d'une disposition d'ordre public étrangère au droit choisi qui rendrait à l'arbitre sa liberté. En revanche, l'arbitre à la faculté, sous certaines conditions, de s'écarter de la loi choisie par les parties. Pour Monsieur Mayer, *« cette clause n'est rien d'autre que l'un des faits du litige qui lui (arbitre) est soumis, et c'est à lui de déterminer les règles de conflit de lois qui feront produire un effet juridique à ce fait »*[142].

Cette solution s'écarte de la réalité. Le simple désaccord des parties ne suffit pas à délier l'arbitre des limites de sa mission. La partie qui s'oppose à l'application d'une disposition d'ordre public étrangère à la loi choisie peut toujours se prévaloir de la clause d'élection de droit. Cette clause est la manifestation de la volonté commune des parties de voir résoudre le litige en application d'une loi déterminée. Comme le pense Monsieur Heuzé, *« s'il suffit que l'un des contractants revienne, au moment du litige, sur le consentement qu'il avait donné lors de la conclusion de la convention principale à propos de la loi applicable, pour que l'arbitre soit libre de trancher le différend selon les règles de choix, la clause d'**électio juris** perd l'essentiel de son utilité »*[143].

Une troisième opinion propose que l'arbitre attire l'attention des parties sur la violation d'une règle d'ordre public étrangère au droit choisi sans en faire application au fond du litige[144]. Le rôle de l'arbitre serait ainsi réduit au minimum. Celui-ci ne pourrait qu'inviter les

---

141 P. MAYER, « L'interférence des lois de police », *op. cit.*, p.47.

142 *Ibid.* p.48.

143 HEUZE, « La morale, l'arbitrage et le juge », *Rev. Arb.* 1993. 179, spéc., 190.

144 J. M. GROSSEN, *Op.cit.*, p. 42 ; G. FLECHEUX, « Questionnaires relatifs aux problèmes posés par les droits de la concurrence et l'arbitrage international ». Colloque CCI, *Competition and arbitration law*, inédit, p. 5. J. LINSMEAU, *ibid.*, p. 23. B. HANOTIAU, « L'arbitrabilité des litiges relatifs à la résiliation d'une concession exclusive de vente à durée indéterminée », note sous sentence CCI, n°6379 de 1990, *Rev. dr. com. Belge*. 1993. 1146, spéc., n°8, p. 1151.

parties à se mettre d'accord sur l'application d'une disposition d'ordre public qui, initialement, n'avait pas été choisie. Une telle proposition est trop réductrice. Il faut, au contraire, prôner la reconnaissance du pouvoir pour l'arbitre d'appliquer les règles d'ordre public étrangères au droit choisi.

Ainsi, on peut dire que le pouvoir d'appliquer au fond une disposition d'ordre public étrangère à la loi choisie, au besoin en allant à l'encontre d'une volonté clairement exprimée des parties, résulte directement de la fonction juridictionnelle de l'arbitre. Certes, celui-ci tient ses pouvoirs de la volonté des parties, mais sa fonction est avant tout juridictionnelle. Autrement dit, la véritable mission de l'arbitre est de dire le droit et ce même si la volonté des parties est contrariée. De plus, le pouvoir d'appliquer une disposition d'ordre public étrangère au droit choisi résulte directement du devoir de l'arbitre de respecter l'ordre public étatique. La recherche de l'efficacité de la sentence et la sauvegarde de la pérennité de l'arbitrage impliquent nécessairement que l'ordre public étatique l'emporte sur la volonté des parties. C'est pourquoi l'ordre public étranger au droit choisi, dès lors qu'il présente des titres sérieux et légitimes à s'appliquer, est hiérarchiquement supérieur à la volonté des parties exprimée dans la clause d'élection de droit.

La pratique arbitrale a fait sien ce point de vue. Dans une sentence CCI n°6320 de 1992[145], le tribunal arbitral a ainsi décidé qu'il *« est vrai que dans l'arbitrage, en général, la volonté et l'autonomie des parties sont prépondérantes non seulement en ce qui concerne la loi applicable et les questions contractuelles, mais aussi en ce qui concerne le choix de l'instance et de la procédure. Cette priorité donnée à la volonté des parties ne peut cependant prendre le pas sur l'application impérative d'une loi de police »*.

Il ne serait alors pas exagéré de conclure que l'arbitre détient le pouvoir d'évincer la volonté des parties et d'annuler, si besoin est, le contrat ou l'une de ses clauses en application d'une loi étrangère à la loi choisie par les parties. Toutefois, ce pouvoir ne doit être mis en œuvre qui si l'application de l'ordre public étranger à la *lex causae* déborde le cadre de l'Etat qui l'a édicté et apparaît comme raisonnable dans le contexte du commerce international. Tout comme dans le cas

---

[145] *Bull. CIA/CCI*, mai 1995. 59 ; JDI. 1995. 986.

de l'éviction de la volonté des parties par les règles d'ordre public transnational dans les litiges de propriété intellectuelle.

Section 2. L'éviction de la volonté des parties par les règles d'ordre public transnational dans les litiges de propriété intellectuelle

Contrairement à l'ordre public international d'origine étatique, l'ordre public transnational est véritablement international par sa source[146] et par son contenu, car la règle qu'il consacre est largement répandue dans les différents ordres juridiques. Pour Monsieur Dolinger[147], l'ordre public réellement international *« est celui qui établit des principes universels, dans différents champs du droit international et des relations internationales, dans le but de servir les intérêts supérieurs de la communauté mondiale, les intérêts communs du genre humain placés au-dessus et parfois même contraires aux intérêts des nations prises individuellement »*.

L'ordre public transnational est la traduction juridique de préoccupations éthiques. Il remplit la fonction régulatrice des rapports du commerce international aussi bien privés que publics. Il délimite le champ de liberté des acteurs en fixant des règles du jeu permettant au système de perdurer. En effet, toute violation de l'éthique a nécessairement un coût pour la communauté et il faut trouver les moyens de moraliser les comportements.

L'arbitre des litiges de propriété intellectuelle sur le plan international exerce, en matière d'ordre public, une fonction primordiale. C'est à lui qu'il revient de garantir le respect des valeurs fondamentales qui s'imposent dans les contrats d'exploitation des droits de propriété intellectuelle. La tâche de l'arbitre est d'énoncer et de sanctionner, dans le même temps, les principes d'ordre public transnational, soit en annulant le contrat, soit en évinçant le droit normalement applicable.

---

146 Il émane directement de la collectivité des Etats et de la collectivité des commerçants internationaux.

147 J. DOLINGER, " World public policy : real international public policy in the conflict of law ", *Texas Int.L.J.* 1982. 167, spéc., p. 172.

Afin de mieux comprendre les limitations que l'ordre public transnational apporte à la volonté des parties dans l'arbitrage des litiges en matière de propriété intellectuelle, il convient de cerner les contours de la notion à travers l'examen de son contenu (§1), ensuite d'envisager les effets que sa mise en œuvre entraîne sur la volonté des parties, par l'examen de son domaine (§2).

§ 1. Les contours de l'ordre public transnational propre à l'arbitrage

L'ordre public transnational a fait l'objet de vives controverses relatives à son existence même. En dépit de tous les débats d'idées sur la notion, il existe devant l'arbitre un ordre public transnational ou véritablement international (A) qui se distingue bien de l'ordre public au sens du droit international privé (B). Cependant, la justification d'un ordre public international devant l'arbitre statuant sur un litige en matière de propriété intellectuelle se révèle très importante (C).

A. L'existence d'un ordre public transnational propre à l'arbitre des litiges en matière de propriété intellectuelle

Le contenu de l'ordre public en droit interne comme en droit international privé est, en général, de source nationale. Il est donc contingent, lié aux principes considérés comme fondamentaux par le for, dont le juge étatique doit assurer la sauvegarde et au nom duquel il rend la justice. Que faire en présence du juge arbitral qui, privé de for, n'a donc pas d'ordre public assurant la défense de conceptions nationales déterminées ? L'application des lois de police, c'est-à-dire la mise en œuvre de la fonction positive de l'ordre public étatique, a néanmoins révélé que l'arbitre recourt à des règles véhiculant des considérations nationales d'ordre public international.

Or, l'arbitre n'est pas contraint de protéger des intérêts généraux dont il serait dépositaire. Il prend néanmoins en considération cette fonction de l'ordre public entendu au sens du droit international au nom de la pérennité de l'arbitrage en matière de propriété intellectuelle, sur des considérations objectives, n'ayant aucune préférence a priori pour une loi de police précise. En revanche, écarter une loi normalement applicable au nom de la fonction négative de l'ordre public entendu en droit international suppose un a priori pour le juge, consistant en une conception nationale de la défense des intérêts dont il aurait la garde. Cette même pérennité de l'institution arbitrale conduit l'arbitre à ne pas recourir à la fonction négative d'un ordre public national, comme celui du droit international privé, qui corromprait sa neutralité, son absence de for.

Attaché à cette neutralité mais aussi à la protection de principes fondamentaux d'une moralité contractuelle internationale[148], l'arbitre devrait avoir un ordre public, détaché des ordres juridiques étatiques et vraiment international. L'absence de *lex fori* étatique de l'arbitrage a rendu nécessaire l'existence d'un ordre public véritablement international, extérieur aux droits nationaux.

Au surplus, devant le juge étatique, seule une loi étatique peut être élue ou être contestée par un ordre public qui émane aussi de droits nationaux. Or, devant l'arbitre, seul un ordre public véritablement international, détaché des droits étatiques et supérieur à eux pourrait et devrait, le cas échéant, contester le choix par les parties d'un droit étatique mais aussi d'un droit extra-étatique (droit international ou *lex mercatoria*). Aussi, comme le notait le juge Lagergren, *« ce principe [d'ordre public véritablement international] est spécialement apte à être employé devant les tribunaux internationaux, auxquels il manque une loi du for, au sens ordinaire du terme »*[149].

Il s'agit alors, pour parler comme Niboyet, d'« *un véritable ordre international commun aux nations civilisées et que toutes ont le pouvoir de respecter sous peine de se placer en dehors de la*

[148] Voir dans ce sens Lew, *op. cit.*, n°408, p. 536, qui affirme que « *an arbitrator has a responsability to the arbitrants in particular and to international commerce in general* ».

[149] LAGERGREEN, juge unique dans la sentence CCI n°1110, du 15 janvier 1963, cité par J.D.M. Lew, Applicable law in international commercial arbitration, *Oceana publications inc*. 1978. n°423 et s., p. 553 et s ; Sentence reproduite en intégralité in J.G. WETTER, "Issue of Corruption before International Tribunals : The Authentic Text and True Meanning of judge Gunnar Lagergreen's 1963 Award in ICC Case n°1110", *Arb. Int'l*. 1994. 277, spéc. pp.292-293.

communauté juridique qui est à la base du droit international privé »[150].

Dès lors, devant le juge étatique, la fonction positive d'application des lois de police et la fonction négative d'exception puisent au même et seul ordre, entendu au sens du droit international privé. Or devant l'arbitre, le contenu de l'ordre public diffère selon la fonction qu'il exerce : ordre public au sens du droit international privé (et donc étatique) pour la fonction positive d'application des lois de police ; ordre public véritablement international pour la fonction négative d'exception d'ordre public. Cette dernière affirmation suppose toutefois qu'une distinction soit faite entre l'ordre public véritablement international et l'ordre public de droit international privé.

B. La distinction entre ordre public international et ordre public au sens du droit international privé

L'ordre public réellement international n'est pas assimilable à l'ordre public au sens du droit international privé. Il répond à des principes assez généraux et fondamentaux pour être acceptés par des systèmes juridiques qui constituent une communauté plus ou moins grande de civilisation. Certains ont alors considéré que cet ordre public vraiment international était une composante de l'ordre public entendu en droit international privé. Une des deux composantes du domaine de ce dernier ordre public national est de faire respecter le « droit naturel », et les fondements politiques et sociaux de la civilisation du for. Or ces principes qui a priori pourraient télescoper l'ordre public réellement international au point de se confondre avec lui, ne sont retenus qu'en ce qu'ils éliminent une loi étrangère jugée contraire aux impératifs du for, mais non à des impératifs vraiment d'ordre internationaux, qui ne coïncident pas nécessairement. Il

[150] NIBOYET, « Le rôle de la justice internationale en droit international privé », *Recueil de cours*, t. 40(1932-II), pp. 157 et ss. Sur cet ordre public véritablement international, l'on peut utilement voir : M. DOMKE, "Towards an International" Public Policy in commercial arbitration ", Festschrift A. Bülow, München, 1981, pp.49 et s. ROLIN, « Vers un ordre public véritablement international », Mélanges Basdevant, 1960, pp. 441 et s.

s'agira par exemple pour le droit français, de « *principes de justice universelle considérés dans l'opinion française comme doués de valeur internationale absolue* »[151]. L'ordre public véritablement international est supérieur et extérieur aux droits nationaux. En revanche, l'ordre public au sens du droit international privé émane des ordres juridiques étatiques. Il convient de relever que si l'arbitre connaît de l'ordre public véritablement international, le juge étatique, comme par exemple le juge français, semble n'avoir longtemps connu que l'ordre public au sens du droit interne ou au sens du droit international privé. C'est ainsi que dans un arrêt, la Cour d'Appel de Paris refusa de faire application de « *principes d'un prétendu ordre public international supérieur à toutes les lois internes dont l'existence n'est reconnue par aucun droit positif et particulièrement le droit français* »[152]. Vingt ans après, dans la même affaire, la même Cour reconnaît l'existence d'« *un ordre public, sinon universel, du moins commun aux divers ordres juridiques (...)* »[153] même si elle n'en fait pas application. Assurément, l'ordre public vraiment international trouve devant l'arbitre de litige en matière de propriété intellectuelle un terrain de prédilection. Il constitue l'ordre public idoine de l'arbitre qui, privé de for, n'en connaît autrement pas.

C. La justification de l'existence d'un ordre public international devant l'arbitre

Les arbitres ont eu à marquer leur adhésion à l'ordre public transnational pour établir une limite à la volonté des parties. Une sentence CCI n°761 du 4 juillet 1951[154] a ainsi parlé de « *l'ordre public transnational qui régit notre civilisation traditionnelle* ». Dans la sentence CCI n°3267 de 1979[155], il est fait référence aux principes

---

[151] Arrêt Latour, Cass. civ., 23 mai 1948, *Dalloz* 1948, 2, 357, note LEREBOURS-PIGEONIERE.

[152] Paris, 19 mars 1965, JCP. 1966, p. 137, note GOLDMAN.

[153] Paris 3 oct. 1984, JCP. 1985, p. 526, note SYNVET.

[154] Citée par Ph. FOUCHARD, *L'arbitrage commercial international*, *op. cit.*, n°573, p.400 et J.D.M. Lew, "Applicable law in international commercial arbitration", *op. cit.*, n° 41.7. pp. 542-543.

[155] En français, *JDI*. 1980. 962, obs. Y. DERAINS ; *Rec., CCI*, I, p. 376. En français *YBCA*. 1982. 96; Rec., CCI, I, p. 76.

« *d'ordre public communément admis* ». Dans la sentence CCI n°2730 de 1982[156], les arbitres décident que des opérations fictives sont contraires à la morale et aux bonnes mœurs, que « *ce principe est admis dans tous les pays et par toutes les législations. Il constitue une règle internationale, un élément de droit commun des contrats dans le domaine international* ». En outre, l'existence d'un ordre public transnational peut relever de l'autonomie de l'arbitrage international. Cet ordre public trouve son fondement à la fois dans l'absence de rattachement de l'arbitrage à un for étatique et dans l'existence de normes transnationales dont l'ordre public transnational est l'une des composantes. En l'absence de for étatique de l'arbitrage en matière de litiges de propriété intellectuelle, l'ordre public mis en œuvre par l'arbitre est transnational, hormis dans l'hypothèse où l'arbitre doit respecter un ordre public étatique. L'on comprend alors que l'absence de for ait servi de fondement à Monsieur Lagergreen pour légitimer l'utilisation d'un ordre public transnational dans la sentence qu'il a rendue en 1963[157]. L'arbitre a déclaré que le principe selon lequel un contrat violant l'ordre public international et dépourvu d'effet « *est spécialement apte à être employé devant les tribunaux internationaux auxquels il manque une loi du for, au sens ordinaire du terme* ». Le caractère transnational de l'arbitrage des litiges de propriété intellectuelle a pour corollaire la nature transnationale de l'ordre public. Lorsque l'arbitre saisi desdits litiges met en œuvre l'ordre public transnational, il s'appuie, comme pour toute autre norme transnationale, sur sa tendance à l'universalité. Les normes d'ordre public transnationales sont ainsi une forme particulière des normes transnationales mises en œuvre par l'arbitre.

§ 2. Le contenu et les modalités d'intervention de l'ordre public transnational en matière d'arbitrage

Pour mieux comprendre les limitations qu'entraîne sur la volonté des parties la mise en œuvre de l'ordre public transnational, il

---

[156] *JDI*. 1984. 914, obs. Y. DERAINS ; *Rec., CCI*, I, p.490.

[157] LAGERGREEN, juge unique dans la sentence CCI n°1110, du 15 janvier 1963, cité par J.D.M. Lew, Applicable law in international commercial arbitration, *Oceana publications inc*. 1978. N°423 et s., p. 553 et s,

convient d'identifier cet ordre public, c'est-à-dire d'examiner ses éléments constitutifs ou son contenu (A), ensuite sa fonction, et enfin l'incidence de sa mise en œuvre sur la *lex causae* (B).

A. Le contenu de l'ordre public transnational

La notion d'ordre public transnational est encore en devenir. Il revient donc à l'arbitre *« d'utiliser sa créativité et d'agir comme un ingénieur social »*[158] afin de préciser ses composantes, c'est-à-dire son contenu. De nombreux auteurs relèvent que l'ordre public transnational doit refléter des valeurs fondamentales. Pour Monsieur Lalive, seuls les principes *« jouissant, vu leur importance, d'une force et d'une impérativité particulières, méritent d'être considérés comme constituant le concept d'ordre public transnational »*[159]. Selon Monsieur Bureau, *« seuls les principes essentiels exprimant des valeurs fondamentales du droit processuel ou substantiel méritent d'être retenus »*[160].Comment s'opère le processus de sélection des normes qui accèdent à la dignité de normes d'ordre public transnational ? Autrement dit, comment identifier le caractère fondamental d'une valeur ? Une valeur se définit par rapport à un contexte économique, politique et social.

La question est donc de savoir quelles sont les valeurs qui, dans les contrats d'exploitation des droits de propriété intellectuelle, méritent d'être élevées au rang de valeurs fondamentales ? Schématiquement, il est possible de distinguer la protection des intérêts des contractants et la protection des intérêts supérieurs à ceux des contractants.

---

[158] O. LANDO, « The law applicable to the merits of the dispute » *Arb. Int'l.* 1986. 104, spéc. p.112.

[159] P. LALIVE, « Ordre public transnational (ou réellement international) et arbitrage international », *op. cit.* n°11, p. 334.

[160] D. BUREAU, « Les sources informelles de droit dans les relations privées internationale », *op. cit.* n°797, p.522.

1. La protection des intérêts des contractants

L'ordre public transnational comprend normalement deux principes : le principe de validité des clauses monétaires et le principe de bonne foi. Dans les contrats d'exploitation des droits de propriété intellectuelle, il se pose le problème des clauses monétaires, du fait du développement des nouveaux moyens de transfert des devises, et du fait de la mondialisation. C'est pour ces raisons qu'on se contentera uniquement de parler du principe de bonne foi.

La bonne foi apparaît comme « l'épine dorsale » des principes généraux appliqués par les arbitres[161]. L'exigence de la bonne foi, d'ailleurs, a été reprise dans l'article 1.7 1) des principes UNIDROIT sur les contrats internationaux. Cet article dispose en effet, que *« les parties sont tenues de se conformer aux exigences de la bonne foi dans le commerce international »*. Quelles sont dès lors les règles découlant de la bonne foi qui présentent un caractère d'ordre public transnational ? Pour qu'une règle découlant de la bonne foi revête les caractères d'un principe d'ordre public transnational, celle-ci doit présenter une importance particulière de nature à justifier non pas seulement la sanction d'un comportement mais surtout l'éviction du contrat ou de la loi normalement applicable. Le principe de l'exécution de bonne foi des conventions permet de sanctionner certains comportements au nom de l'ordre public transnational.

Selon la jurisprudence arbitrale, les conventions doivent s'exécuter de bonne foi. Plusieurs règles découlent de ce principe. La sentence *Norsolor*[162] a appliqué la règle de la responsabilité pour inexécution du contrat au nom du principe de bonne foi. Ce principe a donné également naissance à l'obligation de coopérer, dont l'obligation d'information du cocontractant, l'obligation de minimiser le préjudice subi et l'obligation de renégocier le contrat, sont des

---

[161] B. GOLDMAN, « La *lex mercatoria* dans les contrats et l'arbitrage international : réalité et perspectives », *op.cit.* ; Travaux de l'association H. CAPITANT, La bonne foi. Journées louisianaises, spéc. Le rapport de D. ALEXANDRE, p. 547, *Litec*, 1992 ; P. MAYER, « Le principe de bonne foi devant les arbitres du commerce international », Etude de droit international en l'honneur de P. LALIVE, HELBINH & LICHTENHAN, 1993, p. 543 ; Y. DERAINS, « Les tendances jurisprudentielles arbitrales internationale », *JDI*.1993. 829, *op. cit.* n°32 et s., p. 848 et s.

[162] Sent. CCI n"313I : Rev. arb., 1993, p. 525.

applications particulières. Le principe de l'exécution de bonne foi permet encore de contrôler la mise en œuvre d'une clause de résiliation unilatérale, ou bien de déclarer injustifiée l'annulation des commandes par l'acheteur en raison d'un simple retard de livraison de la part du vendeur.

Certains auteurs font de ces principes des éléments de l'ordre public transnational applicables directement par l'arbitre des litiges en matière de propriété intellectuelle[163]. Il est cependant extrêmement difficile de considérer les différentes applications du principe de bonne foi dans l'exécution du contrat comme des règles d'ordre public transnational.

Deux cas de figure se sont présentés dans la jurisprudence arbitrale. Soit les parties n'avaient choisi aucune loi et les arbitres ont déclaré applicable le principe de bonne foi en tant que principe général du droit de l'arbitrage. Soit la loi choisie par les parties consacrait la même règle que le principe général de bonne foi.

Un tribunal arbitral a le pouvoir d'écarter le droit normalement applicable si celui-ci est contraire au principe de bonne foi à la condition que les parties l'aient voulu. Il en a été ainsi dans l'affaire n° 4761[164]. Les parties avaient demandé aux arbitres d'appliquer le droit libyen sous réserve de sa conformité à l'ordre public international et au principe de bonne foi.

En l'absence d'une telle manifestation de volonté, le principe de bonne foi, à lui seul, ne permet pas l'éviction du droit normalement applicable, surtout si ce dernier a été choisi par les parties. Il n'existe qu'une seule hypothèse où le principe de bonne foi revêt le caractère d'un principe d'ordre public transnational. Il s'agit du cas où un Etat intervient dans un contrat en tant que législateur afin de libérer de ses obligations la partie qui est soumise à sa juridiction. Il en est ainsi lorsqu'une partie invoque une disposition légale spécialement destinée à la libérer de ses obligations. L'ordre public transnational sert alors à évincer la disposition législative concernée.

---

[163] JOBARD-BACHELIER et G. GEOUFFRE De La PRADELLE, *JurisClasseur*, *op. cit.*, n°119, p. 21.

[164] Sentence CCI n°4761 de 1987, *Rec., CCI*, II, p. 302 ; *JDI*. 1987. 1012, obs. S. JARVIN.

Dans la pratique arbitrale, un tel comportement a été maintes fois sanctionné. Les arbitres refusent toujours de donner effet à la loi de l'Etat contractant qui interdit à celui-ci de conclure une convention d'arbitrage[165].

Les arbitres recourent également à l'abus de droit pour lutter contre l'attitude d'une partie, la plupart du temps étatique, qui invoque sa législation pour se soustraire à ses obligations. Dans la sentence CCI n°5989 de 1989, le tribunal arbitral a en effet décidé que *« Les décrets de 1980 ont un caractère général et appartiennent à l'ordre public interne car ils concernent l'organisation de l'Etat X comprise dans un sens économiquement large... Le tribunal arbitral ne pourrait qu'éviter d'appliquer ces dispositions d'ordre public si elles résultaient d'un abus de droit caractérisé ayant pour objet de spolier le contractant »*[166].

Ainsi, dans les contrats d'Etats, le partenaire étranger a tout intérêt à soustraire le contrat au pouvoir légiférant de l'Etat contractant, notamment par des clauses d'intangibilité ou de stabilisation[167]. Toutefois, les arbitres ont toujours la faculté d'évincer une loi ou un décret de l'Etat contractant lorsque cette disposition a pour unique objectif de libérer l'Etat, ou une personne publique placée sous son contrôle, de ses engagements[168]. Un arbitre peut se fonder sur

---

[165] Y. DERAINS, « Le statut des usages du commerce devant les juridictions arbitrales » *Rev. Arb*, 1973. 122, 145 ; J. PAULSON, "May a state invoque its internal law to repudiate a consent to international commercial arbitration?" *Arn Int'I*, 1986. Sentence CCI n°6496 de 199, inédit ; voir Paris, 29 mars 1991, *Rev. Arb* ; 1991. 478. note L. IDOT.

[166] Rec., CCI, II., p. 227 ; *YBCA*. 1990. 74.V. aussi sentence CCI n°6754 de 1993, *JDI*. 1995. 1009, obs., Y. DERAINS.

[167] V.K.H. BOCKSTIEGEL, « Les règles de droit applicables aux arbitrages commerciaux internationaux concernant des Etats ou des entreprises contrôlées par l'Etat », in Arbitrage international, Regard sur l'avenir (60 ans de la CCI), 1983 ; P.Y. TSCHANZ, « Contrats d'Etat et mesures unilatérales de l'Etat devant l'arbitre international » Rev. crit. DIPI 1985. 47 ; Ph. KAHN, « Souveraineté de l'Etat et règlement de litige. Régime juridique du contrat d'Etat, *Rev. arb.* 1985. 641; P. MAYER, « La neutralisation du pouvoir normatif de l'Etat en matière de contrat d'Etat », *JDI*. 1986. 5, spéc., n°63 et s.; B. AUDIT, « L'arbitrage transnational et les contrats d'Etat : bilan et perspectives », Académie de droit international de La Haye, Centre d'étude et de recherche de droit international et de relations internationales, 1987.

[168] J. VERHOEVEN, « Arbitrage entre Etat et entreprises étrangères : des règles spécifiques ? », *Rev. Arb*. 1985. 609, spéc., pp. 620-621.

l'abus du droit de légiférer ou bien sur le principe d'exécution de bonne foi des conventions.

2. La protection des intérêts supérieurs à ceux des contractants : protection du droit de propriété

Certains intérêts sont supérieurs à ceux des parties à un contrat en ce qu'ils répondent à des objectifs plus universels. Même si la protection d'intérêts purement militaristes est rarement absente, l'ordre public transnational protège également des valeurs non marchandes. Ainsi, l'ordre public transnational prohibe la corruption, protège les droits de l'homme, et plus particulièrement le droit de la propriété.

Ce droit de la propriété est considéré comme un droit fondamental de la personne tant par la déclaration universelle des droits de l'homme du citoyen que par presque toutes les constitutions de divers Etats. Il y a atteinte au droit de propriété, sanctionné par l'ordre public transnational, dans tous les cas de spoliation ou de confiscation, et d'expropriation ou de nationalisation avec indemnité ou sans indemnité suffisante. La propriété privée fait l'objet d'une reconnaissance suffisamment large pour que sa protection soit élevée au rang de règle d'ordre public transnational. Il est certes vrai qu'en matière de brevet et de marque, il est possible d'accorder des licences non volontaires sur un brevet ou une marque sous certaines conditions, dans le seul intérêt de l'ordre public. Il en est par exemple de licence non volontaire pour défaut d'exploitation d'un brevet[169] et des licences d'offices[170].

Dans ces derniers cas, lorsque certains brevets d'invention présentent un intérêt vital pour l'économie du pays, la santé publique ou la défense nationale ou que l'absence ou l'insuffisance de leur exploitation compromet gravement la satisfaction des besoins du pays, ils peuvent être soumis par acte administratif du ministre compétent, au régime de la licence non volontaire. Ledit acte détermine

---

[169] Article 46 annexe I de l'Accord de Bangui révisé.
[170] Article 56 annexe I de l'Accord de Bangui révisé.

l'administration ou l'organisme bénéficiaire, les conditions de durée et le champ d'application de la licence non volontaire ainsi que le montant des redevances. Au cas où l'Etat et le titulaire du brevet ne se sont pas accordés sur le montant de la redevance, celui-ci est fixé par le tribunal.

On comprend que malgré l'absence de volonté dudit titulaire de céder son titre de propriété sur son brevet, une redevance lui est tout de même accordée en reconnaissance de son droit de propriété. Dans tous les cas, la propriété privée fait l'objet d'une reconnaissance suffisamment large pour que sa protection soit élevée au rang de règle d'ordre public transnational. Dans l'arbitrage international par exemple, la question de la protection du droit de propriété s'est posée avec une particulière acuité à la suite de nationalisations effectuées par les Etats récepteurs d'investissements étrangers[171].

Toutefois, les sentences rendues en matière de contrats d'Etats n'ont, la plupart du temps, pas fait référence à un ordre public transnational protégeant l'investisseur étranger contre les discriminations de l'Etat nationalisant. La pratique contractuelle, par des clauses d'élection de droit et par des clauses de stabilisation ou d'intangibilité[172], ainsi que la jurisprudence arbitrale, avaient permis de soustraire le contrat au droit de l'Etat partie[173].

Au sens technique, il n'était donc pas besoin d'évincer la loi de nationalisation de l'Etat contractant au nom de l'ordre public transnational. Il est cependant évident que toutes les sentences qui ont exigé de la part de l'Etat nationalisant l'indemnisation du propriétaire évincé reflètent les exigences de l'ordre public transnational[174].

---

[171] HIGGINS, "The Taking of Property by a State: Recent Developments in International Law", *RCADI*. 1982. III. 305.

[172] P. WEIL « Les clauses de stabilisation ou d'intangibilité insérées dans les accords de développement économique », *Mélanges* Ch. Rousseau, p. 301.

[173] P. WEIL, « Problèmes relatifs aux contrats passés entre un Etat et un particulier », *RCADI*. 1969. III. 152; R. DELAUME, "State Contracts and Transnational Arbitration", Am. Jour.Int. Law. 1981. 784; P. WEIL, « Principes généraux du droit et contrats d'Etat », in Le droit des relations économiques internationales, Mélanges offerts à B. GOLDMAN, 1982, p. 387.

[174] Sentence du 10 oct. 1973, *Rev. Arb*. 1980. 117 ; P. RAMBAUD, « Arbitrage, concession et nationalisation : quelques observations sur la sentence B.P. », *AFDI*. 1981. 222.

B. Les modalités d'intervention de l'ordre public transnational en matière d'arbitrage

Examiner les limites apportées par l'ordre public transnational à la volonté des parties quant au droit applicable au fond du litige devant l'arbitre de litiges de propriété intellectuelle, revient à mettre en exergue sa fonction. Ces édulcorations de la volonté des parties s'observent à travers la mise en œuvre de l'ordre public transnational par l'arbitre. En effet, un tel ordre public écarte la règle normalement applicable, c'est-à-dire le contrat ou une loi étatique.

Cet ordre public ne se borne pas à évincer une règle, il remplit également une fonction positive. Son rôle est donc double (1). Par ailleurs, l'intervention de l'ordre public transnational implique sa supériorité à la règle qu'il évince. Comprendre les limitations de la volonté des parties revient à envisager cette supériorité (2).

1. La double intervention de l'ordre public transnational devant l'arbitre

De l'observation de la pratique arbitrale, il ressort que les arbitres ont utilisé l'ordre public transnational de deux manières différentes. Ils évincent la loi normalement applicable ou compétente, écartent l'application du droit de l'Etat contractant. Ils ont également annulé des contrats pour faits de corruption. L'annulation d'un contrat est une forme d'éviction, non pas de la loi normalement compétente, mais de la volonté des parties.

Toutefois, en annulant un contrat, l'arbitre applique une règle d'ordre public transnational de manière positive, sans avoir besoin d'évincer le droit normalement compétent. L'ordre public transnational remplit donc devant l'arbitre, parfois simultanément, une fonction négative (a) et une fonction positive (b).

a. La fonction négative de l'ordre public transnational : l'éviction de la volonté des parties

La première conséquence de la mise en œuvre de l'ordre public transnational par l'arbitre est l'éviction de la loi normalement applicable[175]. L'ordre public transnational remplit alors une fonction négative en ce qu'il évince la loi désignée par les parties ou par l'arbitre. La sentence CCI n° 761 du 4 juillet 1951[176] a reconnu la fonction d'éviction de l'ordre public en décidant qu'il *« est effectivement de jurisprudence constante en droit international privé que les règles de l'ordre public du pays dont la loi régit le contrat s'imposent au juge ou à l'arbitre saisis, pour autant que ces mêmes règles ne contreviennent pas à l'ordre public international qui régit notre civilisation traditionnelle ».*

La question se pose de savoir si la seule contrariété à une règle d'ordre public transnationale entraîne automatiquement l'éviction de la loi normalement applicable. A notre avis, la réponse à cette question doit être négative. Dans sa fonction d'éviction, l'ordre public transnational est la transposition à l'arbitrage international, de l'ordre public connu en droit international privé étatique. L'ordre public transnational présente certaines similitudes avec cet ordre public. En effet, l'arbitre doit apprécier les circonstances de l'espèce et ne doit pas se contenter d'une contrariété abstraite d'une loi à l'ordre public transnational. Autrement dit, l'arbitre ne devrait normalement évincer une loi que si les résultats de l'application de celle-ci portent atteinte à l'ordre public transnational[177].

---

[175] B. GOLDMAN, « Les conflits de lois dans l'arbitrage international de droit privé », *op. cit.,* n°52, p. 442 ; M. N. JOBARD-BACHELIER et G. De La PRADELL, « Ordre public international », *Jurisclasseur droit international,* Fasc, 534-2, 1992, n°111 et s., p. 20 et s. ; D. BUREAU, « Les sources informelles de droit dans les relations privées internationales », *op. cit.,* n° 800 et s., p.525 et s.

[176] Citée par Ph. FOUCHARD, *L'arbitrage commercial international, op. cit.,* n°573, p. 400; J.D.M. Lew, *op. cit.,* n°417, pp. 542-543.

[177] Sur la condition de l'atteinte concrète à l'ordre public international devant le juge étatique, V. P. LAGARDE, *Recherches sur l'ordre public en droit international privé, LGDJ,* 1959, n°133 et s., p. 157 et s ; M. N. JOBARD-BACHELIER « Ordre public international », *Jurisclasseur droit international,* Fasc, 534-2, 1992, n°9 et s., p. 4 ; H. BATIFFOL et P. LAGARDE, op. cit., n°358, pp. 575-756.

L'ordre public transnational présente toutefois une originalité irréductible devant l'arbitre en matière de litiges de propriété intellectuelle, originalité liée à l'absence de rattachement de l'arbitrage à un for étatique. Ceci se justifie par le fait que la propriété intellectuelle a cette particularité qu'elle regroupe en son sein un ensemble de droits qui, s'ils ont en commun une originalité similaire c'est-à-dire la protection du travail de l'esprit, sont mis en œuvre de façon totalement différente. Ces droits dits immatériels ont un caractère international intrinsèque dû à leur don d'ubiquité. Ce caractère est d'autant plus fort aujourd'hui avec le développement des nouvelles techniques de communication comme l'internet qui permet de dépasser les frontières. L'absence de for dans l'arbitrage de litiges en matière de propriété intellectuelle affecte en effet la fonction d'éviction remplie par l'ordre public transnational.

Tout d'abord, la mise en œuvre de l'ordre public d'éviction présuppose l'usage d'une règle de conflit. Or, seul le principe d'autonomie en tant que règle de conflit s'impose à l'arbitre. Toutes les autres règles de conflit sont, pour l'arbitre, facultatives. C'est pourquoi, en dehors de la matière contractuelle ou lorsque les parties n'ont pas choisi la loi applicable au contrat, plutôt que de recourir au mécanisme compliqué de l'exception d'ordre public, il est plus simple pour l'arbitre de désigner directement une loi conforme à l'ordre public transnational. Par économie de raisonnement, l'arbitre éviterait de déclarer applicable, sur la base d'un rattachement objectif, une loi étatique qu'il serait obligé d'évincer au nom de l'ordre public transnational. Ce dernier n'a donc pour véritable intérêt que d'évincer la loi choisie par les parties.

Ensuite, devant un juge étatique, la mise en œuvre de l'ordre public d'éviction est subordonnée à l'existence d'un lien entre le for et la situation litigieuse[178]. C'est la doctrine de l'effet atténué de l'ordre public en droit français. L'arbitre n'ayant pas de *for* et la notion de territoire n'ayant aucun sens pour celui-ci, la condition de l'existence d'un lien entre le litige et le *for* n'est pas applicable à l'arbitrage. Bien plus, l'ordre public transnational ne permet pas de se passer de cette condition. L'ordre public transnational a une vocation universelle qui permet d'appréhender des situations juridiques constituées dans n'importe quel endroit de la planète. L'unique condition de mise en

---

[178] P. LAGARDE, *op. cit.*, n°10 et s. p. 13 et s. ;

œuvre de l'ordre public transnational est donc l'internationalité de la relation litigieuse. Aucune question relative à l'effet atténué de l'ordre public transnational ne doit être posée devant l'arbitre.

La condition d'actualité de l'ordre doit-elle s'étendre à l'ordre public transnational ? L'arbitre devrait alors prendre en compte la conception de l'ordre public transnational au moment où il statue et non au moment où les droits litigieux se sont constitués. En fait, la condition de l'actualité de l'ordre public ne devrait avoir qu'un rôle extrêmement mineur à jouer devant l'arbitre. Les principes d'ordre public transnational sont si généraux qu'ils n'évoluent pas ou très peu dans le temps.

Enfin, devant le juge étatique, l'éviction d'une loi étrangère, c'est-à-dire l'effet négatif de l'ordre public, est assorti d'un effet positif de substitution[179]. Le droit du for se substitue à la loi étrangère évincée. En raison de l'absence de rattachement de l'arbitrage à un *for* étatique, l'arbitre n'a *a priori* aucune loi à substituer à la loi évincée. Quel droit va donc s'appliquer à la place de la loi évincée ? En fait, c'est l'ordre public transnational lui-même qui va servir de norme de substitution.

b. La fonction positive de l'ordre public transnational

L'ordre public transnational s'applique de manière positive, soit à titre autonome, soit en guise de droit de substitution après que la loi normalement applicable ait été évincée. Devant le juge étatique, le principal intérêt d'un ordre public véritablement international est de se passer du mécanisme habituel des conflits de lois en appliquant directement au fond le principe d'ordre public. Devant l'arbitre en revanche, le seul intérêt de l'ordre public international – dans sa fonction positive - est d'annuler un contrat. Si la loi normalement applicable est contraire à l'ordre public transnational, il est logique que l'arbitre procède par la voie de l'éviction.

---

[179] P. LAGARDE, *op. cit.*, n°163 et s. p. 118 et s. ; M. N. JOBARD-BACHELIER « Ordre public international », *Jurisclasseur droit international, Fasc*, 534-3, 1992, n°90 et s., p. 17 et s. ; H. BATIFFOL et P. LAGARDE, *op. cit.*, n°364, pp. 585-586.

C'est en partie, la conception défendue par Monsieur Bureau, selon qui, « *devant l'arbitre c'est uniquement lorsque le choix de la loi applicable ne résulte pas de la volonté des parties ou de la mise en œuvre d'une règle de conflit qu'il pourra faire application immédiate des principes généraux du droit exprimant des valeurs essentielles du droit : lorsque les parties ont désigné la loi applicable, ou lorsqu'au terme d'un raisonnement de type conflictuel, il parvient à une telle désignation, seul l'ordre public dans sa fonction négative est en effet susceptible d'intervenir* »[180]. Lorsque la loi normalement applicable est en contradiction avec l'ordre public transnational, le seul mode d'intervention de l'ordre public transnational est l'éviction de cette loi.

Lorsque les parties n'ont pas choisi la loi applicable, l'arbitre peut décider d'appliquer directement des principes d'ordre public transnational. Dans cette hypothèse, le caractère d'ordre public de ces principes est toutefois inutile. En effet, le recours à l'ordre public transnational ne présente un intérêt que lorsqu'il y a conflit entre une norme et cet ordre public transnational. Si les parties n'ont pas choisi de loi pour régir le fond du litige, la mise en œuvre de normes transnationales en tant que règles matérielles suffit. Il n'est pas nécessaire de faire appel à leur nature de norme d'ordre public transnational.

Deux principes relatifs aux modalités d'intervention de l'ordre public transnational peuvent être dégagés à ce stade de l'analyse. Lorsque la loi choisie par les parties est contraire à l'ordre public transnational, celui-ci s'applique. Lorsque les parties n'ont pas choisi de loi applicable, l'ordre public transnational est inutile. Si l'arbitre décide de faire application de normes transnationales, c'est en tant que règles matérielles adaptées aux besoins du litige de la propriété intellectuelle.

La fonction positive de l'ordre public transnational ne doit pas conduire à faire de toutes les règles matérielles du droit international des règles d'ordre public transnational. La *lex mercatoria* est composée de règles matérielles qu'il serait tentant de considérer comme des règles d'ordre public[181]. Mais ce n'est pas parce qu'une

---

[180] D. BUREAU, *op.cit.*, n°806, p. 529.

[181] Y. DERAINS (« Attente légitime des parties et droit applicable au fond en matière d'arbitrage commercial international », Trav. Com. Fr. DIP, 1984-85, p. 81, spéc. p. 86) considère en effet que l'obligation de négocier de bonne foi, l'obligation

règle a une fonction positive, comme par exemple le principe de bonne foi, qu'elle relève de l'ordre public transnational. La fonction négative présente le mérite de cantonner l'ordre public dans un rôle exceptionnel. Même si la constatation relève de l'évidence, seules les règles substantielles reflétant un principe fondamental appartiennent à l'ordre public transnational.

Dans sa fonction positive, l'ordre public transnational agit comme règle impérative : il limite la liberté contractuelle des acteurs économiques[182]. Il ne s'identifie pas totalement à l'ordre public au sens du droit international privé. L'ordre public transnational est un concept hybride qui emprunte à la fois à l'ordre public du droit interne et à l'ordre public international étatique (au sens d'ordre public d'éviction de la loi normalement compétente). Les deux fonctions classiquement attribuées aux différents types d'ordres publics fusionnent ici au sein d'une même notion. Comme l'écrit Goldman, *« on ne saurait évidemment concevoir ici, comme dans les sociétés étatiques, d'une part un ordre public interne et d'autre part un ordre public international, celui-ci plus restreint en son contenu, et auquel serait réservé la fonction d'exclure, le cas échéant, l'application des lois étatiques qui le méconnaîtraient... il en résulte que ce sont les mêmes règles que l'arbitre peut être amené à opposer à un contrat ou à une loi étatique »*[183]. L'ordre public transnational permet donc de trouver une cohérence dans les fonctions traditionnellement distinctes de l'ordre public. Le double effet de l'intervention de l'ordre public se justifie par sa supériorité à la volonté des parties.

2. L'ordre public transnational : norme supérieure à la volonté des parties

La mise sur pied d'un ordre public transnational est susceptible d'aller à l'encontre de la volonté des parties. Dans sa fonction

---

de minimiser les pertes subies ou bien certains usages comme les Incoterms fonctionnent comme des lois d'application immédiate. L'arbitre devrait ainsi en faire application quelle que soit la loi appelée à régir le fond du litige.

182 P. LALIVE, *op. cit.*, p.367.

183 G. GOLDMAN, *op. cit.*, spéc. n°52, p. 442.

négative, l'ordre public transnational, en évinçant la loi choisie, remet en cause la volonté des parties. Cet argument est utilisé par Monsieur Mayer pour réfuter l'existence d'un ordre public transnational. Selon cet auteur, *« dès lors que la supériorité de la* lex mercatoria *n'est pas démontrée, le fait de faire jouer au profit de ses règles le mécanisme de l'ordre public au nom de cette prétendue supériorité, apparaît comme une atteinte au principe du libre choix par les parties de la loi applicable »*[184]. Il en est de même dans sa fonction positive, car l'ordre public transnational annule un contrat et donc évince la volonté des parties. Sauf à estimer que certains principes d'ordre public transnational sont des usages du commerce international dont l'arbitre doit toujours tenir compte selon le règlement d'arbitrage de la CCI ou selon les droits nationaux, la mise en œuvre de l'ordre public transnational implique *a priori* une atteinte à la volonté des parties.

L'arbitre a le pouvoir d'appliquer l'ordre public transnational à l'encontre de la volonté des parties. En effet, si l'on devait faire prévaloir, au nom de la nature contractuelle de l'arbitrage, la volonté des parties sur l'ordre public transnational, ce dernier perdrait une grande partie de son intérêt. Son champ d'intervention serait réduit aux cas où les parties n'ont pas choisi le droit applicable. De la sorte, l'ordre public transnational ne pourrait s'imposer que lorsque l'arbitre est libre de choisir lui-même les normes applicables au litige. De même, il serait impossible d'annuler un contrat. Or, tout ordre public sert précisément à fixer une limite à la liberté des parties. La notion même d'ordre public postule l'infériorité de la volonté des parties. Dans l'arbitrage international, l'ordre public appartenant à la *lex causae* permet l'éviction de la volonté des parties par l'annulation ou de l'une de ses clauses. La volonté des parties qui fonde les pouvoirs de l'arbitre doit céder devant des impératifs supérieurs. La vision utilitaire de l'arbitrage selon laquelle l'arbitrage défend seulement les intérêts des parties, doit s'effacer lorsque sont en jeu des intérêts protégés par l'ordre public international.

Il est, à ce titre, improbable que des Etats prêtent le concours de la force publique à des sentences ayant privilégié la volonté des parties à la défense de l'ordre public transnational qu'eux-mêmes reconnaissent. Selon Messieurs Fouchard, Gaillard et Goldman, « *On*

---

184 P. MAYER , *op. cit.*, n°21, pp.391-392. Voir aussi, M. N. JOBARD-BACHELIER et G. De La PRADELLE, *op. cit.*, n°115, p. 21.

ne saurait reprocher aux arbitres la contrariété de leur sentence à l'ordre public international sans leur donner la possibilité d'écarter les dispositions de la loi choisie par les parties qui leur paraîtraient précisément contraires à l'ordre public international »[185]. Ils ont décidé que l'arbitre avait le pouvoir d'appliquer et de sanctionner les « *principes relevant de l'ordre public international* » et que la mission de l'arbitre était « *d'assurer le respect de l'ordre public international* ». Les juridictions françaises ont donc consacré sans ambigüité le pouvoir de l'arbitre d'appliquer l'ordre public transnational et ce même à l'encontre de la volonté des parties. De plus, l'arbitre a le pouvoir de soulever d'office la contrariété de l'ordre public transnational. Il bénéficie d'un tel pouvoir au titre de la compétence pour déterminer si le litige est arbitrable[186]. Si l'arbitre admet sa compétence, celui-ci pourra sanctionner d'office au fond l'atteinte à l'ordre public transnational.

On doit attribuer à l'arbitre le pouvoir de soulever d'office toute atteinte à l'ordre public transnational. Comme l'écrivent Messieurs les professeurs Fouchard, Gaillard et Goldman, « *les arbitres ont le droit – et même le devoir – de soulever d'office la question de la conformité des conventions dont ils sont saisis aux exigences de l'ordre public international* »[187]. Monsieur Lalive est plus réservé, car il tient à prendre en compte le caractère relatif et évolutif de la notion ainsi que la diversité de ses cas d'application[188]. L'auteur ajoute toutefois que « *l'application d'office paraîtra devoir être préférée dans tous les cas où des valeurs éthiques et sociales tout à fait fondamentales et où une décision faisant abstraction de cet ordre public ... se révélait incompatible avec des principes de justice universelle* »[189]. A notre sens, l'ordre public transnational, étant réduit à des valeurs essentielles, l'arbitre se doit, dans tous les cas, de sanctionner sa

---

[185] Ph. FOUCHARD, E. GAILLARD, B. GOLDMAN, *op. cit.*, n°1533, p. 875. En droit français, les arrêts *Ganz* (Paris, 29 mars 1991, *Sté Gare et autres c. Sté Nationale des Chemins de fer tunisien*, *Rev. arb.* 1991. 478, note L. Idot.) et *Labinal* (Paris, 19 mai 1993, *Sté Labinal c. Sté Mors et West Land Aérospace*, RTD.Com, 1993. 492, obs. DUBARRY et LOQUIN ; *Rev. arb.* 1993. 645, note Ch. JARROSSON ; *JDI*. 1993. 957, note L. IDOT.

[186] Si la mission de l'arbitre est illicite au regard de l'ordre public transnational comme dans la sentence LAGERGREN, l'arbitre devra décliner sa compétence.

[187] Ph. FOUCHARD, E. GAILLARD, B. GOLDMAN, *op. cit.*, n°1533, p. 875.

[188] P. LALIVE, *op. cit.*, p. 367

[189] *Ibid. op. cit.*,

violation d'office. L'arbitre doit nécessairement respecter le principe de la contradiction en appelant les parties à présenter leurs points de vues[190].

L'arbitre a même le devoir de sanctionner les violations de l'ordre public transnational. Selon Monsieur Lalive, *« quant à l'arbitre, il commettrait une violation de l'ordre public transnational, dont il a aussi pour fonction d'assurer le respect, en sanctionnant de telles violations de la part des parties ou en admettant ou approuvant des comportements contraires à la bonne foi »*[191]. En dehors des hypothèses rarissimes où l'ordre public transnational ne correspond pas à l'ordre public d'un Etat intéressé au litige, l'application par l'arbitre de l'ordre public transnational assure l'efficacité de sa sentence qui justifie le devoir de l'arbitre de respecter l'ordre public transnational.

L'argument de la pérennité de l'arbitrage des litiges en matière de propriété intellectuelle, utilisé à propos des lois de police est moins pertinent en matière d'ordre public transnational. Il est hypothétique que des arbitres se prêtent à des violations de l'ordre public transnational telles qu'elles remettent en question l'attitude favorable des Etats envers l'arbitrage. En revanche, à titre individuel, l'arbitre peut ressentir la mise en œuvre de l'ordre public transnational comme un devoir de conscience. On a fini par dire de l'ordre public transnational qu'il est la traduction juridique des préoccupations éthiques. Qu'il remplit la fonction régulatrice des rapports du commerce international aussi bien privés que publics. Qu'il délimite le champ de liberté des acteurs en fixant des règles du jeu permettant au système de perdurer.

Dès lors qu'il a été démontré qu'il existait un ordre public propre aux MARL et plus particulièrement à l'arbitrage international, et donc à l'arbitrage des litiges relatifs à la propriété intellectuelle

---

[190] Voir cependant : Paris, 25 nov. 1993, (*Rev. Arb.* 1994. 703, obs. D. Bureau) qui relève que « Ne viole pas le principe de la contradiction le tribunal se référant au principe d'exécution de bonne foi des conventions – d'ordre public vraiment international – lequel était nécessairement dans le débat ». Il a ainsi été jugé que les arbitres n'avaient pas à soumettre à un débat contradictoire le principe de bonne foi en raison du caractère très général de ce principe. V. Ph. FOUCHARD, E. GAILLARD, B. GOLDMAN, *op. cit.*, n°1639, p. 964.

[191] P. LALIVE, *op. cit.*, p. 367.

appelé ordre public transnational, il était important de voir comment se manifestait la toute puissance de cet ordre public sur l'arbitrage. C'est-à-dire son influence sur la volonté des parties quant au choix de la loi applicable au fond de leur litige.

Ainsi, l'arbitre peut-il passer outre la volonté des parties à un contrat d'exploitation des droits de propriété intellectuelle en écartant la loi qu'elles ont choisie, au profit de la règle d'ordre public étrangère à la *lex causae* ?

Deux thèses se sont affrontées, l'une contre l'éviction de la volonté des parties au profit de la loi étrangère (fonction positive de l'ordre public transnational) et l'autre pour l'éviction de cette volonté au profit de la loi étrangère (fonction négative de l'ordre public transnational).

En principe les règles d'ordre public étatique que l'arbitre est amené à appliquer sont d'abord celles de la *lex causae.* Mais il arrive que la liberté des parties puisse dans certaines circonstances être limitée par l'intervention de l'ordre public étranger à la *lex causae.* Dans ce cas l'ordre public transnational évince la loi normalement applicable et permet l'annulation du contrat. Il remplit à la fois, et parfois dans le même temps, une fonction négative et une fonction positive. Cette dualité de fonction de l'ordre public transnational et sa qualité de norme supérieure ne laissent à la volonté des parties que le choix de s'y conformer, sous peine d'éviction. Ce qui ne ferait qu'accentuer la prohibition de la soumission aux MARL des litiges relatifs à la propriété intellectuelle.

Il a longtemps existé une incompatibilité entre les MARL et l'ordre public, caractérisée par la prédominance de ce dernier sur les premières. Cette prédominance de l'ordre public transnational se matérialise par l'amenuisement de la volonté des parties à la convention d'arbitrage qui a conduit l'arbitre à écarter la loi choisie par ces derniers au profit des dispositions de l'ordre public transnational.

A la suite de la doctrine conduite par Messieurs les professeurs Fouchard, Gaillard et Goldman, les juridictions françaises ont consacré sans ambigüité le pouvoir de l'arbitre d'appliquer l'ordre public transnational et ce, même à l'encontre de la volonté des parties. Ce qui a donc permis de faire une appréciation de la prétendue incompatibilité entre le recours aux MARL dans les litiges en matière de propriété intellectuelle et l'ordre public.

TITRE 2

L'APPLICATION DE LA PRETENDUE INCOMPATIBILITE ENTRE LE RECOURS AUX MARL DANS LES LITIGES EN MATIERE DE PROPRIETE INTELLECTUELLE ET L'ORDRE PUBLIC

Depuis toujours, il a existé de vives tensions entre le recours aux MARL et l'ordre public, c'est-à-dire entre la volonté des parties portée dans un contrat - liberté contractuelle - et le juridictionnel, entendu comme un ensemble de règles juridiques impératives ou des pratiques unanimement adoptées et acceptées pour régir l'ensemble des comportements en société. De ce fait, le principe de la liberté contractuelle issu du Code civil reçoit des exceptions dont l'une des plus importantes est l'ordre public : comme le dit l'article 6 du même code « on *ne peut déroger, par des conventions particulières, aux lois qui intéressent l'ordre public…* »[192].

Cette confrontation fait l'objet d'un vif débat et ce, depuis longtemps ; qu'il s'agisse de savoir si l'arbitre ou le médiateur peut relever l'existence d'une violation de l'ordre public ou qu'il s'agisse de savoir comment il peut la sanctionner. Ce sujet se trouve donc au cœur d'une tension entre l'autonomie des MARL et la préservation de l'intérêt général qui sont deux faces de la médaille des MARL.

Envisager l'incompatibilité entre les MARL et l'ordre public, plus particulièrement la confrontation de l'arbitre à la violation de l'ordre public, c'est donc s'intéresser à une réaction de l'arbitre, non à sa passivité.

L'étendue de l'incompatibilité est très dépendante de la confiance que l'on peut avoir en ces mécanismes privés de règlement des différends en matière de propriété intellectuelle que sont les MARL, que l'on considérait dans le passé, avec une certaine défiance et qui sont devenus, au moins en matière internationale, un mode normal de règlement des différends. Il convient dès lors, de présenter le contenu

---

[192] J. de la MORANDIERE : « la notion d'ordre public », *étude Capitant*, p.382

de cette thèse de la non soumission des litiges en matière de propriété intellectuelle aux MARL (chapitre 1), avant de passer à ses justificatifs (chapitre 2).

CHAPITRE I

LE CONTENU DE LA THESE DE LA PROMOTION DES MARL DANS LES LITIGES EN MATIERE DE PROPRIETE INTELLECTUELLE

Dans toute société, il est parfaitement compréhensible que le législateur estime ne pas devoir abandonner le règlement de certains types de litiges à ces mécanismes privés que sont les MARL. Même en matière de propriété intellectuelle, ce souci est légitime. C'est ce qui justifie l'attitude du législateur qui a toujours milité pour le principe de la prohibition des MARL en matière de propriété intellectuelle (Section 1), encore et surtout que cette prohibition est bien acceptée par la doctrine et la jurisprudence (Section 2). Ne sera étudié dans ce chapitre que la propriété industrielle et plus particulièrement le brevet d'invention et les marques car c'est le pan de la propriété intellectuelle qui a subi et continue de subir l'influence de l'ordre public.

Section 1. La prohibition par la loi, de la soumission aux MARL des litiges en matière de propriété intellectuelle

Alors que la consécration du droit de la propriété littéraire et artistique va se faire en deux étapes : d'abord une loi des 13-19 janvier 1791 consacrant le droit de représentation publique, puis une loi des 19-24 juillet 1793 reconnaissant le droit d'édition appelé aujourd'hui droit de reproduction[193], les législations en matière de propriété

[193] J. BONCOMPAIN, *La révolution des auteurs, Naissance de la propriété intellectuelle* (1783-1815), Fayard, 2001 ; S. STRÖMHOLM, « Le droit d'auteur, un acquis de la Révolution française », in *Le droit et les lettres, promenade dans le potager du Parnasse*, éd. Beauchesne, 1994, p.107; D. BECOURT, « La Révolution française et le droit d'auteur, pour un nouvel universalisme », *RIDA*, janvier 1990, p.231 ; A. KEREVER, « Révolution française et droit d'auteur », *RIDA*, juillet 1989, p. 3 ; O. LALIGANT, « La révolution française et le droit d'auteur », *RRJ*, 1989-2 ;

industrielle n'apparaissent qu'à la fin du XIXème siècle : 1806 pour les dessins et modèles, 1844 pour les brevets, 1857 pour les marques. Plusieurs réformes dans ce domaine de la propriété intellectuelle ont échoué les unes après les autres, générant un système inadapté aux besoins croissants des déposants[194].

En Afrique francophone, le tout premier accord portant création d'un organisme chargé d'appliquer les procédures administratives communes découlant d'un régime uniforme de protection de la propriété intellectuelle est l'Accord de Libreville du 13 septembre 1962. Il porte création de l'Office Africain et Malgache de la propriété intellectuelle en abrégé OAMPI. Suite au retrait de Madagascar, il fut créé l'OAPI par l'Accord de Bangui du 2 mars 1977 qui sera révisé toujours à Nouakchott le 24 février 1999[195]. Les droits afférents aux domaines de la propriété intellectuelle, tels que prévus par les annexes dudit Accord sont des droits nationaux indépendants, soumis à la législation de chacun des Etats membres dans lesquels ils ont effet, excepté le droit de la propriété littéraire et artistique qui est régi par des législations nationales particulières.

« La Révolution française et le droit d'auteur ou pérennité de l'objet de la protection », *RIDA*, janvier 1991, p .3.

194 G. GALVEZ-BEHAR, *La République des inventeurs. Propriété et organisation de l'innovation en France* (1791-1922), Rennes, Presse universitaires de Rennes, 2008.

195 Le 13 septembre 1962, est signé à Libreville au Gabon, entre douze (12) Chefs d'Etat et de Gouvernement, l'Accord portant création de l'Office Africain et Malgache de la Propriété Intellectuelle (OAMPI). Cet accord est révisé à Bangui (République Centrafricaine), le 2 mars 1977, pour donner naissance à l'Organisation Africaine de la Propriété Intellectuelle (OAPI). Le 24 février 1999, l'Accord de Bangui est à son tour révisé. Cette nouvelle révision vise à :

rendre ses dispositions compatibles avec les exigences des traités internationaux en matière de propriété intellectuelle auxquels les Etats membres sont parties, notamment l'Accord sur les Aspects des Droits de Propriété Intellectuelle qui touchent au Commerce (Accord sur les ADPIC) de l'Organisation mondiale du commerce (OMC); simplifier les procédures de délivrance des titres; élargir les missions de l'OAPI qui, au-delà de ses missions traditionnelles, doit promouvoir le développement des Etats membres au moyen notamment d'une protection efficace de la propriété intellectuelle et des droits connexes et assurer la formation en propriété intellectuelle; élargir la protection à des objets nouveaux (obtentions végétales, schémas de configuration des circuits intégrés).

Le nouvel Accord est entré en vigueur le 28 février 2002. Il renforce la créativité et la protection des droits de propriété intellectuelle pour garantir les investissements, faciliter le transfert de technologie et contribuer ainsi à la croissance économique des Etats membres.

Au Cameroun, la propriété littéraire et artistique est régie par la loi n°2000/11 du 19 décembre 2000. De la Révolution française, reconnaissant les droits des inventeurs à faire valoir et exploiter librement leurs créations et innovations techniques, à la fin du XIXe siècle, les droits de propriété industrielle ont lentement évolué. Plutôt que l'État, ce sont les entrepreneurs et les fabricants qui semblent être à l'initiative des grandes avancées légales et des transformations des institutions[196]. En dépit de cette implication active des particuliers dans l'élaboration d'une législation adéquate, le problème crucial de la prohibition par la loi des MARL dans les litiges en matière de propriété industrielle est resté intact. Cette prohibition se trouve bien illustrée dans les lois françaises de 1844, 1968 et 1978 d'une part, **(§1)** et dans celle du 2 janvier 1968 d'autre part, (**§ 2**).

§ 1. La prohibition par les lois françaises de 1884, et 1968[197] et 1978[198]

Le droit des brevets fut pendant plus de 125 ans régit par la loi du 5 juillet 1844. La question de la soumission des litiges en matière de propriété intellectuelle aux MARL ne s'était pas réellement posée en raison de la combinaison de cette loi avec certaines dispositions du Code de procédure civile de l'époque.

En effet, l'article 1004 du Code de procédure civile de 1807 se lisait ainsi : « *L'on ne peut compromettre (...) sur aucunes contestations qui seraient sujettes à communication au ministère public.* » À côté de cette provision, les articles 34 et 36 de l'ancienne loi de 1844 disposaient qu'étaient communicables au ministère public toutes les actions en *nullité*, en *déchéance* ou relative à *la propriété* des brevets. L'analyse de ces dispositions consistait à dire que l'arbitrage et/ou la médiation étaient prohibées sur tous ces points,

---

[196] V. MARCHAL, « Brevets, marques, dessins et modèles. Évolution des protections de propriété industrielle au XIXe siècle en France », Documents pour l'histoire des techniques [En ligne], 17 | 1er semestre 2009.

[197] Loi n°68-1 du 2 janvier 1968 sur le brevet d'invention, modifiée par la loi n°90-1052 du 26 novembre 1990, abrogée par la loi n°92-597 du 1er juillet 1992.

[198] Loi n°78-742 du 13 juillet 1978 sur le brevet d'invention, abrogée par la loi n°92-597 du 1er juillet 1992.

mais qu'il restait au contraire permis sur tous les autres,[199] sauf pour ce qui est du contentieux de l'annulation (A) et du contentieux de la contrefaçon (B).

A. Le contentieux de l'annulation

Tout d'abord le contentieux de l'annulation semble demeurer le privilège de l'État et cela pour une raison simple. Dans la réécriture de la loi de 1968, à côté de l'autorisation expresse au recours à l'arbitrage prévue à l'article 68, le législateur a également introduit un nouvel article, l'article 50 bis. Cet article dispose : « *La décision d'annulation d'un brevet a un effet absolu sous réserve de la tierce opposition (...) Les décisions passées en force de chose jugée sont notifiées au Directeur de l'Institut national de la propriété industrielle, aux fins d'inscription au registre national des brevets* ».[200]

Ces dispositions correspondent à celles de l'article 45 de l'annexe I de l'accord de Bangui révisé qui précisent : « *Lorsque la nullité ou la déchéance absolue d'un brevet a été prononcée par une décision judiciaire ayant acquis force de chose jugée, la juridiction en avise l'Organisation et la nullité ou la déchéance prononcée sur le territoire d'un État membre est inscrite au registre spécial des brevets et publiée dans la forme déterminée par l'article 32 précédent pour les brevets délivrés* ».[201]

La loi de 1978 coupait court à toute discussion sur le caractère d'ordre public du contentieux de l'annulation du brevet, qui plus est, avant même que ne se développe une jurisprudence.[202] Cet article 50

---

199 A. FRANÇON. "L'arbitrage en matière de brevets et la jurisprudence", (1975) II, *La revue de l'arbitrage,* 143.

200 Loi sur les brevets d'invention n° 68-1 du 2 janvier 1968 complétée et modifiée par la loi n° 78-742 du 13 juillet 1978.

201 Accord portant révision de l'Accord de Bangui du 02 mars 1977 instituant une organisation africaine de la propriété intellectuelle.

202 Il faut rappeler que jusqu'en 1978, les lois successives avaient condamné le recours à l'arbitrage. En conséquence, il n'y avait au lendemain de la loi de 1978 qu'une jurisprudence éparse des juridictions inférieures sur la question de l'arbitrabilité du contentieux de l'annulation du brevet. Aujourd'hui en France le caractère d'ordre public de la question de l'annulation du brevet apparaît

bis étonne, car en droit français, c'est un principe traditionnel que les décisions de justice n'ont qu'un effet relatif.[203] Sous l'empire de la loi de 1844, en dehors des cas où la nullité du brevet était prononcée suite à la requête du ministère public, la décision du tribunal conservait toujours un effet *inter partes*. Il en est de même des marques.

Or la nouvelle disposition codifiée à l'article 50 bis constitue une exception à la règle traditionnelle. L'effet absolu est acquis du seul fait du prononcé de la décision d'annulation, même avant son inscription au registre national des brevets. Si l'arbitre se voyait ainsi exclu d'une partie du contentieux des brevets, c'est en raison de l'origine conventionnelle de ses pouvoirs. L'arbitre ne peut statuer *erga omnes*, il est incompétent. Or l'État, lui, lorsqu'il délivre un brevet ou un certificat d'enregistrement d'une marque, ne peut que le faire *erga omnes*. Ce sont donc les limites inhérentes à l'institution de l'arbitrage et / ou de la médiation qui feraient obstacle à son utilisation en matière de litiges portant sur la validité des brevets ou des marques. On peut demander à l'arbitre de statuer sur le contrat relatif à l'exploitation du brevet ou de la marque, mais pas sur le brevet lui-même.[204]

B. Le contentieux de la contrefaçon

En deuxième lieu, les questions relatives à la contrefaçon du brevet et des marques sont exclues de l'arbitrage en raison du caractère pénal qu'elles comportent.[205] En effet, une action en contrefaçon peut

---

incontestable et commande sa non-arbitrabilité. Car on ne concevait pas qu'un juge privé puisse prendre une décision susceptible de porter atteinte aux droits des tiers. En effet, l'observateur averti aura remarqué qu'à l'inverse du droit américain qui autorise l'arbitrage en restreignant ses effets *inter partes*, le droit français ne s'en donne pas les moyens, car il attribue, par l'effet de la loi, une valeur *erga omnes* à toute décision relative à la validité du brevet. P. VERRON. « Arbitrage et Propriété intellectuelle» (1994) *Dossiers Brevets,* 17.

[203] Car la compétence des tribunaux, depuis la révolution de 1789, se limite à régler des litiges privés. Françon précitée, *supra.*

[204] Ce sont les propos de C. JARROSSON dans une note publiée sous l'arrêt Société Delco c/ Dingler et Société Méva. CA Paris, 1ère Ch. 24 mars 1994, 3 Revue de l'arbitrage, p.516.

[205] Il est à noter que la loi de 1978, en abrogeant l'article 52, a dépénalisé l'acte de contrefaçon, de sorte que plus rien ne s'opposait à l'arbitrage. L'aspect pénal

donner lieu à des astreintes, des confiscations ou encore des saisies en contrefaçon ; autant d'actions qui sont hors de la portée de l'arbitre, qui ne peut s'imposer en juge répressif. Seule la puissance publique peut traiter ces questions et en l'occurrence, ce sont les tribunaux de grande instance qui sont compétents en droit français. Au Cameroun, c'est le tribunal de première instance qui est compétent pour connaître des actions en contrefaçon.

Ces prohibitions ayant été exposées, il semble que pour les autres contentieux (exploitation du brevet par licence, cession, dévolution en gage pour ne citer que quelques exemples) l'arbitrage soit permis. Il va sans dire que la déchéance du brevet pour non-paiement d'annuités ou l'imposition de licences obligatoires en cas d'abus par les titulaires sont des prérogatives exclusives de l'administration. Par conséquent, l'arbitrage n'est pas permis non plus.

Ainsi se résume le tableau du droit positif en France sur la question, sous la loi de 1978. Tout est arbitrable à l'exception de la question de la *validité* et de la *contrefaçon* du titre, matière réservée à l'intervention du seul juge étatique.

L'Accord de Bangui révisé ne dit pas le contraire. Ainsi, en son article 44 al. 1, il est clairement indiqué que *« les actions visées à l'article 43 (action en nullité et action en déchéance) ainsi que toutes contestations relatives à la propriété des brevets, sont portées devant les tribunaux civils.* » Il en est de même des actions en nullité de marques telles que prévues à l'article 24 de l'annexe III au terme duquel, « *L'annulation des effets sur le territoire national de l'enregistrement d'une marque est prononcée par les tribunaux civils à la requête, soit du ministère public, soit de toute personne ou syndicat professionnel intéressé.* »

A cet égard, on peut considérer comme caduque la jurisprudence fondant une prohibition générale de l'arbitrage sur l'ancien article 68 de la loi de 1978.[206] Restent évidemment les incertitudes qui

---

traditionnellement rattaché à cette action y faisait obstacle jusqu'à cette date. Cependant, une loi du 26 novembre 1990 est venue réformer le système des brevets, notamment en rétablissant les sanctions pénales de la contrefaçon. P. MATBELY, Le nouveau droit français des brevets d'invention, Paris. Librairie du Journal des notaires et des avocats, 1991.

[206] *Ibid*

impliquent de manière générale toute référence au concept d'ordre public.

L'incertitude du droit français sous le règne de la loi de 1978 provenait du fait que les critères utilisés par la jurisprudence pour déterminer si tel ou tel type de litige relève ou non de l'ordre public étaient trop nombreux : effet absolu de la décision d'annulation, compétence exclusive des tribunaux, portée *erga omnes* du brevet par rapport à la relativité de la sentence arbitrale... Il ne se dégage dans l'ensemble aucun principe général utilisable.[207]

A première vue, les choses devaient être assez simples ; la soumission des litiges en matière de propriété intellectuelle aux MARL devait être interdite à chaque fois que l'ordre public était en jeu. Mais les tribunaux ont compliqué les choses, car ils ont lié la question à celle de la compétence exclusive.[208]

§ 2. L'attribution exclusive de compétence aux tribunaux de grande instance par la loi française N°68-1 du 2 janvier 1968

La loi du 2 janvier 1968 sur les brevets (qui peut être étendue à juste titre aux marques)[209] ne fait pas, pour sa part, allusion à l'arbitrage encore moins à la médiation. Il en est de même de l'Accord de Bangui suscité en ses articles 44 de l'annexe I et 24 de l'annexe III. Mais, c'est l'article 68 de cette loi relative à l'organisation judiciaire, qui s'érigea en obstacle à toute perspective d'arbitrage ou de médiation des litiges en la matière. En effet, ce dernier disposait : *« L'ensemble du contentieux né de la présente loi est attribué aux tribunaux de grande instance et aux Cours d'appel auxquelles ils sont rattachés.* »

---

[207] Congrès AIPPI, Rapport Q 106 au nom du Groupe français (1991) Annuaire VI. p. 90.

[208] A. CHAVANNE, « Arbitrage et transfert de brevets » (1977) I, *La revue de l'arbitrage*, 11.

[209] Les titres de propriété industrielle, que ce soit le brevet ou le certificat d'enregistrement d'une marque ou d'un dessin et modèle industriels, constituent un monopole juridique attribué par l'État et qui offre à leurs titulaires, la faculté d'être seuls à fabriquer, à commercialiser leur invention.

Cet article avait apparemment un but fort simple ; le législateur de 1968 a voulu résoudre le problème de la compétence *rationae materiae* par la voie d'une concentration du contentieux relatif aux brevets et aux marques devant un certain nombre de tribunaux de grande instance. En effet, les questions relatives au droit des brevets étant d'une grande technicité, le législateur cherchait à spécialiser un certain nombre de juridictions, afin que ces dernières rendent des décisions de meilleure qualité.[210]

Or, si l'article 68 de la loi de 1968 répondait effectivement à cette volonté, il ne suffisait pas à rendre compte de l'état de tout le droit positif en matière de contentieux relatif aux brevets et/ou aux marques.[211] En effet, bien vite les auteurs avaient hâte de savoir quel domaine couvrait « l'ensemble du contentieux né de la loi ». La formule employée était vague et fit l'objet d'une querelle juridique tant elle pouvait donner lieu à différentes interprétations.[212] Et quel sort était réservé au contentieux ne naissant pas de la loi ?[213]

Il résulta une double interprétation par la jurisprudence de l'article 68 de la loi du 2 janvier 1968. D'une part, une interprétation large (A), d'autre part, une interprétation restrictive (B).

A. L'interprétation large de la loi par la jurisprudence

L'interprétation large consistait à dire que le législateur, en opérant cette attribution impérative de compétence, avait voulu exclure l'intervention de toute autre juridiction non désignée, y compris l'arbitrage et les autres modes alternatifs de règlement de litige. En effet, pour certains auteurs, la disposition législative était sans équivoque ; dès lors qu'un litige était relatif à un droit de propriété intellectuelle et en particulier le brevet d'invention, le

210 M. VIVANT. « Le juge compétent en matière de brevet » (1996) I *JurisClasseur Brevets, fascicule* 140, . 5/184.
211 *Ibid* . 5/161
212 *Ibid.*
213 En fait, et c'est la question qui nous intéresse, le problème était de savoir si cette formule avait entendu exclure implicitement le recours à l'arbitrage en matière de brevet.

tribunal de grande instance du ressort de l'affaire était le seul compétent pour connaître de l'action.

Cette interprétation large fut appuyée par une jurisprudence abondante, notamment par la Cour d'appel de Paris qui a rendu plusieurs arrêts en sa faveur.[214] Il résulta de cette approche que même les questions de nature purement contractuelle, ayant un rapport lointain avec le droit des brevets et/ou des marques, se devaient d'être portées devant les juridictions spécialisées.

L'arrêt S.E.M.A. de la Cour d'appel de Paris fit une interprétation pour le moins extensive de cet article 68 de la loi de 1968, en réservant aux tribunaux de l'ordre judiciaire la connaissance d'une action née du droit commun des contrats, du seul fait qu'elle tirait sa cause dans un brevet. La Cour s'exprimait en ces termes : *« Une action judiciaire relative à une licence de brevet trouve sa cause juridique dans la loi sur les brevets. »*[215] Cette jurisprudence fut cassée par la Cour de cassation[216], car jugée excessive ; mais cela, sans que soit vraiment ouverte la porte à l'arbitrage ou à la médiation, ni résolus les problèmes d'interprétation de la loi.[217] Les contentieux de droit commun relatifs à un brevet devaient-ils absolument être portés devant les seuls tribunaux spécialisés désignés par la loi ? Tout tribunal de l'ordre judiciaire avait-il une compétence potentielle à connaître des litiges en matière de brevets ? C'est sans aucun doute ce qui a poussé la jurisprudence à opter pour une interprétation restrictive de cette loi.

---

[214] Par exemple, Caen 1ère ch., 17 sept. 1982 : *JCP*. 83. Ed. G. II 20037 ou encore un arrêt du tribunal de grande instance de Paris (Paris, 3ème ch., 16 avril 1984: PIBD .3. 209) qui jugea que la disposition d'ordre général que constituait l'article 68 de la loi du 13 juillet 1978 recouvrait toutes les actions intentées à la suite de litiges de brevets.

[215] C.A., Paris, 6 novembre 1971, *Bull.* n° 282 p. 254.

[216] Cass. com., 16 octobre 1973, APIA 1975. 2. p. 144 161, notes BURST; *PIBD* 1975. 156. 3. p. 365 ; *Dossiers Brevets* 1976-1-8 ; *RTD.com.* Janvier 1976.p. 73, notes CHAVANNE et AZEMA ; *Rev. arb.* IV, décembre 1976 P. 239.

[217] Cet arrêt S.E.M.A. était audacieux et allait beaucoup plus loin que les solutions retenues par les tribunaux américains et les pays de la *comon law* qui ne se sont jamais opposés à la soumission aux MARL des affaires purement contractuelles n'affectant pas la validité du brevet. Ainsi pour la plus haute juridiction française, l'article 68 n'embrassait pas tout le contentieux relatif aux brevets. L'on devait forcément en déduire qu'il y avait une compétence résiduelle pour les juridictions de droit commun. Mais d'une décision à l'autre, il ne se dégageait aucune ligne jurisprudentielle.

B. L'interprétation restrictive de la loi par la jurisprudence

La seconde interprétation de l'article 68, étroite, consistait justement à n'imposer la compétence exclusive du tribunal de grande instance que dès l'instant où le litige mettait en jeu la technique du droit des brevets. La compétence exclusive du tribunal de grande instance ne s'imposait que dans les cas où le litige était relatif à une disposition du droit des brevets trouvant son fondement directement dans la loi.[218] Une décision du tribunal de grande instance d'Amiens illustre bien ce compromis auquel étaient parvenus certains tribunaux :

« *Il convient de rechercher dans chaque cas d'espèce, si le litige met en cause la technique même du droit des brevets, auquel cas il ressort de la compétence exclusive édictée par la loi de 1968, ou simplement les règles générales des contrats, auquel cas il relève de la compétence du droit commun* ».[219]

Les solutions apportées étaient très hétérogènes et ne donnaient pas une image d'ensemble très satisfaisante d'une application cohérente de la loi. Ainsi, un auteur alla même jusqu'à élaborer puis proposer une liste de litiges qui, selon lui, relevait ou ne relevait pas de la loi de 1968. L'approche par voie d'énumération illustre à quel point la doctrine cherchait ses points de repères[220]. Et quelle juridiction pour le litige qui relève pour partie de la loi de 1968 et qui y demeure, pour partie, étranger ?

Plus important pour le propos de notre travail, mais indirectement lié à cette question de compétence, est bien le sort qui était réservé à l'arbitrage et d'autres modes alternatifs de règlement de litige. Cette attribution impérative de compétence, à certains ou à tous les tribunaux de l'ordre judiciaire, faisait-elle échec à l'arbitrage ? La

---

218 CHAVANNE. *Op. cit.*

219 TGI. Amiens du 18 juillet 1974 (Rev. Trim. Dr. Com., 1975, 293). Ainsi les questions touchant à la validité d'un brevet, à des licences obligatoires, à des faits de contrefaçon, touchent à la technique des brevets. A l'opposé, les actions relatives à des clauses contractuelles de paiement de redevances, de durée des contrats ou de respect des obligations d'exclusivités, ne sont pas soumises à la compétence obligatoire de la loi. Des solutions analogues furent dégagées par d'autres juridictions en France.

220 VIVANT, *op. cit.*

réponse par oui ou par non à cette question avait autant de chance d'être exacte qu'erronée, car en fait, il suffisait de connaitre la raison pour laquelle le législateur avait édicté cette compétence exclusive.[221] Une chose est certaine, le lien fait par les tribunaux, entre la compétence juridictionnelle impérative et l'exclusion de l'arbitrage, était désapprouvée par la doctrine dominante.[222]

Bien vite fut avancé l'argument selon lequel le législateur de 1968 s'était borné à opérer une répartition des compétences parmi les seules juridictions de l'ordre judiciaire. La doctrine se regroupa autour de l'idée selon laquelle le caractère exclusif donné par la loi à une compétence exprimait seulement la volonté du législateur d'empêcher le litige d'être soumis à d'autres magistrats. En conséquence, cette répartition des compétences était étrangère à l'arbitrage, situé en dehors de cet ordonnancement judiciaire.[223]

L'arbitre, juge privé, ne devait pas être affecté par une division du travail qui ne s'adressait qu'aux seuls juges mandatés par la puissance publique. Car, en tout état de cause, le droit de juger de l'arbitre provient d'une convention librement convenue entre les parties et non de l'organisation judiciaire.[224]

Dès lors, la doctrine dominante considérait qu'il n'y avait pas d'opposition fondée à l'arbitrage. Elle ne voyait *« ni dans la lettre ni*

---

[221] Si le législateur a organisé, au sein de l'ordre judiciaire, la répartition des compétences entre les seules juridictions, alors rien ne s'oppose à ce que le litige soit soumis à l'arbitre, puisqu'il n'est pas concerné par ces règles. En revanche, si le législateur entendait concentrer tous les aspects de la question des brevets entre les mains d'une juridiction en raison de la délivrance du titre par la puissance publique, alors la *ratio legis* s'opposerait à ce que le litige soit arbitrable. En effet cette attribution de juridiction étant d'ordre public, elle rendrait tous les droits litigieux indisponibles. C'est essentiellement à ces deux positions que pouvait se ramener le débat en France. Pour un aperçu plus poussé sur la question, voir l'excellent article de L. IDOT, «L'arbitrabilité des litiges, l'exemple français » (1996) 1 *Revue de jurisprudence commerciale*, à la p.7.

[222] B. OPPETIT. « L'arbitrage en matière de brevet d'invention après la loi du 13 juillet 1978 », (1979) 1 *La revue de l'arbitrage*. 80.

[223] A. CHAVANNE, *op. cit.*

[224] La source de l'autorité des arbitres résulte de l'accord des parties et cet accord crée un mécanisme de droit privé qui se substitue aux juridictions étatiques. La détermination des compétences prévue par l'État est donc sans effet à l'égard des arbitres. Les règles édictées par l'État ne le sont que pour des juges fonctionnaires de l'État tranchant en son nom. » *Ibid.*

dans l'esprit de l'article 68 un obstacle à l'arbitrage »[225]. Il est vrai que la loi n°68-1 du 2 janvier 1968 n'excluait à nul endroit formellement le recours à l'arbitrage et à d'autres modes alternatifs de règlement de litige. Le législateur français, soucieux des désordres et du débat grandissant sur la question, entendait mettre un terme à la confusion.[226] D'où la loi n°2011-525 du 17 mai 2011 dite *« de simplification et d'amélioration de la qualité du droit »*[227]. Après de longues années marquées par d'innombrables critiques d'une législation devenue abondante et illisible[228], l'époque est à la loi de simplification, qui s'étend dans presque tous les domaines du droit. Mais ce qui nous intéressera ici, c'est l'article 196 relatif aux litiges de propriété intellectuelle[229].

---

225 J. M. MOUSSERON, *Le droit français nouveau des brevets d'invention*, Paris, Litec 1978, p.136.

226 La réécriture à laquelle le législateur de 1978 procéda fut elle aussi présentée comme interprétative. Voir à ce titre Foyer. Rapport de la commission des lois de l'Assemblée nationale, *Doc. Parl. Ass. Nal.* 1976-1977, no 2902. En fait, deux raisons avaient inspiré la modification de la loi de 1968 par celle de 1978. D'une part, la Convention de Munich (portant unification du brevet européen) avait été ratifiée par la France, et il fallait procéder aux modifications législatives nécessaires. Le but était d'éviter une dualité de régime entre le brevet national ct le brevet européen délivré pour la France. D'autre part, la loi de 1968 réclamait des corrections et des adjonctions, enseignées par l'expérience. Il fut fait à cet égard une place à l'arbitrage.

227 L .N°2011-525, 17 mai 2011 « de simplification et d'amélioration de la qualité du droit » ; *JO* 18 mai 2011.

228 Sans souci d'exhaustivité, V. D. MANDELKERN (prés.). La qualité de la réglementation, Rapport du groupe de travail interministériel sur la qualité de la réglementation : Documentation française, 2002 ; M.-A. FRISON-ROCHE, « le principe constitutionnel de l'accessibilité et de l'intelligibilité de la loi ». *D.* 2000, p. 361

229 Article 196 : I. — L'article L. 331-1 du code de la propriété intellectuelle est ainsi modifié :
1° Le premier alinéa est ainsi rédigé : « Les actions civiles et les demandes relatives à la propriété littéraire et artistique, y compris lorsqu'elles portent également sur une question connexe de concurrence déloyale, sont exclusivement portées devant des tribunaux de grande instance, déterminés par voie réglementaire. »;
2° Le dernier alinéa est ainsi rédigé: « Les dispositions qui précèdent ne font pas obstacle au recours à l'arbitrage, dans les conditions prévues aux articles 2059 et 2060 du code civil. »;II. — L'article L. 521-3-1 du même code est ainsi rédigé : « Art. L. 521-3-1. Les actions civiles et les demandes relatives aux dessins et modèles, y compris lorsqu'elles portent également sur une question connexe de concurrence déloyale, sont exclusivement portées devant des tribunaux de grande instance déterminés par voie règlementaire.

Section 2. L'appréciation de la prohibition de la soumission aux MARL des litiges en matière de propriété intellectuelle par la doctrine

Les tenants de cette thèse de la prohibition de la soumission aux MARL des litiges en matière de propriété intellectuelle fondent leurs convictions sur trois arguments : l'absence de la libre disposition des droits de propriété intellectuelle la théorie de la relativité des

---

« Les dispositions qui précèdent ne font pas obstacle au recours à l'arbitrage, dans les conditions prévues aux articles 2059 et 2060 du code civil. »
III. — L'article L. 716-3 du même code est ainsi rédigé: « Art. L. 716-3. - Les actions civiles et les demandes relatives aux marques, y compris lorsqu'elles portent également sur une question connexe de concurrence déloyale, sont exclusivement portées devant des tribunaux de grande instance, déterminés par voie réglementaire. »
IV. — L'article L. 722-8 du même code est ainsi rédigé: « Art. L. 722-8. - Les actions civiles et les demandes relatives aux indications géographiques, y compris lorsqu'elles portent également sur une question connexe de concurrence déloyale, sont exclusivement portées devant des tribunaux de grande instance, déterminés par voie réglementaire. « Les dispositions qui précèdent ne font pas obstacle au recours à l'arbitrage, dans les conditions prévues aux articles 2059 et 2060 du code civil.»
V. — L'article L. 615-17 du Code de la propriété intellectuelle est ainsi rédigé: « Art. L. 615-17. - Les actions civiles et les demandes relatives aux brevets d'invention, y compris lorsqu'elles portent également sur une question connexe de concurrence déloyale, sont exclusivement portées devant des tribunaux de grande instance, déterminés par voie réglementaire, à l'exception des recours formés contre les actes administratifs du ministre chargé de la propriété industrielle qui relèvent de la juridiction administrative. « Les dispositions qui précèdent ne font pas obstacle au recours à l'arbitrage, dans les conditions prévues aux articles 2059 et 2060 du Code civil. « Les tribunaux de grande instance mentionnés au premier alinéa du présent article sont seuls compétents pour constater que le brevet français cesse de produire ses effets, en totalité ou en partie, dans les conditions prévues à l'article L. 614-13 du code. »
VI. — L'article L. 623-31 du même code est ainsi rédigé : « Art. L. 623-31. - Les actions civiles et les demandes relatives aux obtentions végétales, y compris lorsqu'elles portent également sur une question connexe de concurrence déloyale, sont exclusivement portées devant des tribunaux de grande instance, dont le nombre ne peut être inférieur à dix, à l'exception des recours formés contre les actes administratifs ministériels, qui relèvent de la juridiction administrative. « La cour d'appel de Paris connaît directement des recours formés contre les décisions du comité de la protection des obtentions végétales prises en application du présent chapitre. « Les dispositions qui précèdent ne font pas obstacle au recours à l'arbitrage, dans les conditions prévues aux articles 2059 et 2060 du code civil. »

conventions et enfin la théorie de l'opposabilité de la sentence arbitrale.

§ 1. L'argument de l'absence de la libre disposition des droits en matière de propriété intellectuelle

Le principe de libre disposition des droits est posé par l'article 2059 du Code civil ainsi que l'article 2 alinéa 1er de l'Acte Uniforme OHADA sur le Droit de l'arbitrage qui dispose que *« toute personne physique ou morale peut compromettre sur les droits dont elle a la libre disposition ».* Ces dispositions renvoient à la règle en vertu de laquelle la personne qui contracte doit avoir la capacité générale de contracter et la libre disposition du droit objet de la convention.

L'absence de libre disposition de certains droits de propriété intellectuelle comme le brevet d'invention par les parties en raison de leur délivrance par la puissance publique au terme d'un examen est la première critique portée contre la soumission des litiges de propriété intellectuelle aux MARL. Bien que toute classification soit par nature arbitraire, il semble que l'on puisse ranger les textes généraux sur l'arbitrabilité en deux groupes principaux : d'une part, les textes favorables à l'arbitrabilité des litiges en les subordonnant à la libre disposition des droits. D'autre part, les textes défavorables à l'arbitrabilité, en raison d'une impossibilité de compromettre. Dans ce cas, l'arbitrage est proscrit en raison des principes fondamentaux de l'organisation sociale qui caractérisent la matière. En l'espèce, l'annulation du brevet constitue-t-il un acte de disposition ? Les parties peuvent-elles renoncer à la législation sur les brevets et s'en remettre à un arbitre pour décider de la validité d'un titre litigieux ? Si le problème relatif au sujet dont on traite reste entier, il semble que ce n'est pas parce que le législateur a expressément mentionné dans les articles 2059 et 2060 du Code civil que l'ordre public fait désormais obstacle à l'arbitrage.[230]

---

[230] Il faut être clair sur ce point. La loi n'a pas créé un obstacle d'ordre public en citant expressément les articles 2059 et 2060 du Code civil. Cette réalité aurait fait surface de toute façon. L'ordre public intervenant spontanément et à des degrés divers dans toutes les sphères du droit, il se dispense aisément d'une habilitation

Il faut donc étudier la conception juridique même de l'arbitrabilité, relative à la libre disposition des droits, pour découvrir si les litiges en matière de titres de propriété industrielle sont susceptibles d'être arbitrés ou soumis à la médiation. C'est une démarche qui implique une étude au cas par cas de chaque type de litige susceptible de survenir en matière de propriété intellectuelle. Le Code civil nous enseigne avec clarté que les droits disponibles sont arbitrables. Le recours à l'arbitrage ou la médiation serait à l'inverse impossible seulement dans les cas où la règle d'ordre public supprimerait cette disponibilité. Qu'en est-il exactement pour le droit des brevets, des marques, des dessins et modèles industriels ? Il semble à première vue que l'ordre public imprègne ces matières assez fortement, en raison du rôle joué par l'autorité publique dans la délivrance des titres. La loi française sur les brevets édicte un véritable monopole, ce qui inciterait à reconnaître aux brevets et aux marques un caractère général d'indisponibilité. L'indisponibilité de ces droits de propriété intellectuelle les rend de ce fait inarbitrables.

§ 2. L'argument tiré de la théorie de la relativité des conventions

L'effet relatif des conventions est réglé au Cameroun par l'article 1134 du Code civil et en France par l'article 1199 du Code civil qui dispose : *« Le contrat ne crée d'obligations qu'entre les parties. Les tiers ne peuvent ni demander l'exécution du contrat ni se voir contraints de l'exécuter, sous réserve des dispositions de la présente section et de celles du chapitre III du titre IV »*. En vertu de ces textes, l'unanimité s'est quasiment faite au 19ème siècle pour considérer qu'une convention ne pouvait avoir aucune répercussion sur les tiers.[231]

Cette théorie classique était l'aboutissement d'une longue évolution au terme de laquelle chaque convention était envisagée

---

législative. Le législateur renvoi au droit commun de l'arbitrage qui s'articule et repose sur ces articles. Ce qui est cependant regrettable, c'est que la précision du législateur eût pour effet de soulever davantage de questions que d'apporter de réponses.

[231] J. DUCLOS, *L'opposabilité, essaie d'une théorie générale*, Paris, *L.G.D.J.* 1984, à la p.27

comme une œuvre exclusivement propre aux contractants, destinée à ne jamais rejaillir au dehors.[232] Le principe de l'effet relatif a été considéré comme la conséquence logique du dogme de l'autonomie de la volonté, qui dominait la théorie générale du contrat. Ce principe apparaissait comme une vérité d'évidence, comme l'expression d'une règle juridique de bon sens : chacun s'occupe de ses affaires, pas de celles des autres.[233] La portée, et surtout l'effet du contrat était limité au cercle restreint des personnes l'ayant conclu.[234]

Mais progressivement, l'imbrication des rapports sociaux a bouleversé cette conception et fait surgir une réalité : le contrat n'est plus un monde hermétiquement clos aux influences extérieures. De même, et c'est le point sur lequel on va insister, le contrat n'est plus seulement l'affaire des seuls signataires.[235]

Cette extension de l'effet relatif concernait aussi les jugements des tribunaux. Car, à côté de l'article 1199, un article voisin du Code civil, l'article 1355, pose un principe similaire, mais à l'égard cette foi des décisions juridictionnelles. L'article 1355 dispose en effet : *« L'autorité de la chose jugée n'a lieu qu'à l'égard de ce qui a fait l'objet du jugement. Il faut que la chose demandée soit la même ; que la demande soit fondée sur la même cause ; que la demande soit entre les mêmes parties, et formée par elles et contre elles en la même qualité.* » C'est dire que ce principe de la relativité était aussi étendu au domaine des décisions de justice. C'est dire que le jugement, tout comme la sentence arbitrale, ne conserve qu'un effet relatif[236]. Selon Foyer, ce principe de relativité des

---

232 A. WEILL. Le principe de la relativité des conventions en droit privé français, Thèse pour le doctorat d'État, (Strasbourg) Paris, *Dalloz*, 1938, p.88.

233 P. MALAURIE et L. AYNES, *Droit civil. Les obligations*, 4e éd, Paris, Dalloz, n°. 650, 1993.

234 L'on voit dans ces quelques lignes l'origine lointaine du frein à l'admission de l'arbitrage en matière de propriété intellectuelle. La convention d'arbitrage, puis la sentence qui en résulte n'ayant qu'une portée relative, elle ne peut pas porter sur un droit absolu.

235 Il faudra attendre l'époque contemporaine pour que la notion d'autorité de la chose jugée soit restaurée et ramenée à son véritable sens. Il ne s'agit pas pour nous de contester la valeur juridique d'un principe aujourd'hui bien ancré dans la majorité des droits. Cela ne nous empêche pas de « remettre les pendules à l'heure » et de voir comment l'interprétation classique a pu faussement nourrir une conception théorique qui se voit aujourd'hui contredite dans la pratique.

236 Ce deuxième principe n'est pas aveuglément calqué sur l'article 1199, mais s'explique aussi par le respect de la sphère juridique d'autrui. J. Foyer, « Effets des

jugements que l'on retrouve dans le Code civil, a aussi reçu une interprétation excessive, au point d'être étendu à l'effet de tous les jugements.[237]

Si le juge étatique ne pouvait annuler le brevet ou un autre titre de propriété intellectuelle *erga omnes,* on s'imagine que ce n'est pas l'arbitre, de surcroît investi sur une base conventionnelle, qui le pouvait. Car, parallèlement aux développements relatifs à l'article 1355 sur l'autorité des jugements, les auteurs ont déduit de l'article 1199 du Code civil la convention qui se formait par l'échange de consentements entre deux individus leur servait de « loi privée ». A eux et à eux seuls. Les tiers, par définition, n'ont pas donné leurs consentements et ne sont pas obligés par cette convention.[238] Si cet enchaînement logique paraissait dans l'abstrait inattaquable, il se heurtait à un véritable obstacle pratique. En prenant à la lettre l'article 1199, certains sont allés jusqu'à affirmer qu'un acte conventionnel ne pouvait ni nuire ni profiter à celui qui a été ni partie ni représenté. Lorsque l'on invoque l'effet relatif d'une sentence arbitrale, c'est parce que l'arbitrage reste dominé par le primat consensuel. La clause compromissoire n'est rien d'autre qu'une convention. Elle obéit pleinement en ce sens à l'article 1134 du code civil camerounais et 1199 du Code civil français.[239]

La formule de ces articles des codes civils où il est dit que le contrat ne peut ni nuire ni profiter aux tiers est juste. Encore convient-

---

jugements et autorité de la chose jugée en matière de propriété intellectuelle », Mélanges dédiés à Paul MATHELY, Paris, *Litec*, 1990, p.157.

[237] Nous puisons ces éléments dans le droit français, mais l'universalité de la règle posée par l'article 1199 du Code civil français nous est d'emblée confirmée par le droit comparé. Pour reprendre les propos d'Alex Weill, le principe de la relativité des conventions fait partie du « droit commun mondial et se trouve être, en quelque sorte, un principe constitutionnel de l'ordre juridique ». Les droits italiens et espagnols reproduisent littéralement l'article 1199, tandis que ce même principe est posé par des règles analogues par les droits anglais, allemand et suisse. WEILL, Thèse précitée, supra.

[238] DUCLOS, *op. cit.*

[239] En conséquence, à l'égard du tiers, l'acte conventionnel n'existerait pas puisque sa volonté n'a pas concouru à son élaboration. On voit très bien ici que le principe de relativité poussé à l'extrême est incompatible avec la pratique. Nous ferons nôtre ici les propos de José DUCLOS lorsqu'il déclare dans son remarquable ouvrage que le monde n'est pas composé de « petites sphères de cristal" parfaitement libres où l'activité de chacun s'exerce sans affecter autrui. *Ibid*

il de définir juridiquement et techniquement le sens de ces termes ; la formule ne s'entend pas au sens courant ; elle ne signifie pas que le contrat ne puisse avoir des répercussions, favorables ou défavorables, pour les tiers.[240] En tant que fait, il leur est opposable, ils ne peuvent donc pas l'ignorer. La formule des codes civils s'entend dans un sens juridique et technique : le contrat ne peut pas rendre les tiers créanciers ou débiteurs en créant des obligations à leur profit ou à leur charge.[241]

§ 3. L'argument tiré de la théorie de l'opposabilité de la sentence arbitrale

Il semble que le Code civil français en son article 1355 énonce les règles de la relativité en termes exacts, cependant c'est la doctrine et la jurisprudence qui ont modifié la nature de cette relativité. A la vérité, les inconvénients de cette exagération n'étaient pas très graves lorsque l'objet du litige était un simple rapport d'obligation entre un débiteur et un créancier. Seulement deux individus étaient engagés dans une affaire, l'effet relatif correspondait effectivement à la réalité.[242]

Il en allait tout autrement lorsque le juge devait statuer sur un état de la personne, assimilable par ses effets à un droit réel opposable à tous. L'enfant désavoué par son père devait-il continuer d'être considéré par les tiers comme le fils légitime de ce dernier ? Il va de soi qu'une telle décision, bien qu'elle ne concerne que les parties à l'affaire, devait déployer ses effets de façon à être prise en compte par l'ensemble de la collectivité. Or les auteurs du 19ème siècle[243], en brandissant la règle de la relativité pour y soumettre indistinctement tous les jugements en tout domaine, se sont placés dans une véritable impasse logique. En France tout comme dans l'espace OAPI, c'est précisément en

240 C. GUELFUCCI-THIBIERGE, « De l'élargissement de la notion de partie au contrat...à l'élargissement de la portée de l'effet relatif », *RTD com. 1986,* 100.
241 Précisons que nous qualifions de « tiers » les personnes qui sont étrangères au cercle d'activités direct d'un élément donné. Cette situation peut s'expliquer par le défaut de participation d'une personne à la création de l'élément opposé.
242 FOYER, *op. cit.*
243 J. DUCLOS et A. WEILL, *op, cit.*

matière de propriété intellectuelle que la contradiction a été la plus apparente. Les difficultés ont tourné autour de l'étendue des effets des jugements d'annulation de brevet et des marques enregistrées. La loi de 1844, dont nous avons déjà fait mention, disposait que le jugement d'annulation n'avait d'effets qu'*inter partes*. A moins d'avoir, dans les cas très rares, été prononcé à la requête du ministère public[244].

Ainsi donc, le juge étatique qui annulait un brevet ou une marque enregistrée voyait les effets de son jugement confinés entre les seules parties à l'affaire. Était-ce là une situation juridique cohérente ? Le droit français, attaché au système du non-examen, entendait justement confier l'examen du brevet à l'autorité judiciaire, dès lors qu'une contestation naissait à son sujet. Or si le juge étatique estimait un titre non fondé, pour quelque raison que ce soit, sa décision devait être opposable à tous et pour cause : premièrement, c'est le juge étatique qui est chargé de conduire l'examen que l'administration, par choix, lui a implicitement délégué. En second lieu, parce que le jugement d'annulation devait avoir la même portée que le droit concerné. Retenir une solution différente menait tout droit à une voie sans issue.

Si le juge étatique ne pouvait annuler un brevet ou une marque, à qui revenait cette prérogative ? Est-ce à dire que le brevet ou le certificat d'enregistrement d'une marque était un titre incontestable délivré une fois pour toute? Ou à l'abri de toute contestation ? Même si, on l'imagine, ce n'était pas le souhait du législateur, c'est l'impasse juridique qui caractérisait la contestation des brevets ou des marques.

On sait que le législateur s'est ravisé en 1978, en posant la règle de l'effet *erga omnes* des jugements d'annulation, sans intervention du ministère public. Cela correspond désormais à l'ordre des choses; le juge étatique statuant sur un droit réel, les effets du jugement doivent s'étendre à l'égard de tous.

Les tensions notionnelles, entre l'arbitrabilité et l'ordre public, sont fortes et croissantes au fur et à mesure que l'émancipation de l'arbitrage par rapport à l'ordre public est marquée et que l'ordre public ne joue plus son rôle limitatif, voire perturbateur. En dépit de ce déclin, il existe des postes de résistance constitués par des adeptes

[244] Art.37 de la loi du 5 juillet 1844, article 43 al.3 de l'annexe I et article 24 al. 1 de l'annexe III de l'Accord de Bangui modifie.

de la thèse du rejet des MARL pour litiges en matière de propriété intellectuelle.

La thèse de la prohibition des MARL en matière des litiges relatifs à la propriété industrielle a pour fondement la loi. Cette thèse pose comme principe l'interdiction formelle de compromettre sur des contestations qui seraient sujettes à communication au ministère public. Or étaient communicables au ministère public toutes les actions en *nullité*, en *déchéance* ou relative à *la propriété* des brevets. Pour ainsi asseoir la toute puissance de l'Etat sur la délivrance et le contrôle des titres de propriété industrielle, la loi attribue de ce fait compétence exclusive aux tribunaux de grande instance pour connaître de ces litiges relatifs à la validité des titres de propriété industrielle. La jurisprudence en a fait une interprétation tantôt large, tantôt restrictive.

La doctrine quant à elle, portant son appréciation sur cette prohibition des MARL pour les litiges relatifs à la propriété intellectuelle, a développé trois théories : l'absence de libre disposition des droits, la théorie de la relativité des conventions et celle de l'opposabilité de la sentence arbitrale. Toutes ces théories permettront à coup sûr de justifier la thèse de rejet des MARL en matière de litiges relatifs à la propriété intellectuelle.

CHAPITRE 2

LA JUSTIFICATION DE LA THESE DU REJET DES MARL EN MATIERE DE PROPRIETE INTELLECTUELLE

Après avoir, dans un premier temps, présenté la thèse prohibant la soumission aux MARL des litiges en matière de propriété intellectuelle par la loi, on va consacrer les paragraphes qui suivent à l'analyse des arguments avancés par les défenseurs de cette thèse pour justifier leur position. On va évoquer, afin de les discuter plus profondément et d'en mesurer la pertinence, les éléments qui peuvent conduire à interdire ou à limiter les MARL dans ce domaine particulier du droit.

Ordre public et opposabilité aux tiers sont les arguments évoqués tant par la doctrine que par la jurisprudence pour rejeter les MARL en matière de brevet, dessins et modèles, de marques et de propriété littéraire et artistique[245]. De même, l'arbitrage et la médiation sont impossibles sur toute contestation ressortissant au contentieux de la législation sur les brevets, les marques, les dessins et modèles. Voilà ce qu'en substance nous dit la Cour d'appel de Paris dans un arrêt du 8 décembre 1972[246].

Cette jurisprudence n'est pas isolée. Une série impressionnante de décisions ont été rendues dans le même sens pendant les années 70, hostiles à l'arbitrage jusqu'en matière contractuelle quand la Cour d'appel de Bordeaux, approuvée par la Cour de cassation, refuse qu'il puisse y avoir arbitrage dans une affaire concernant une licence où était en cause une question de communication de renseignements[247].

---

[245] CA Versailles, 12e ch., 9 jan. 1992, *Juris-Data*, n°1992-040025). Cass. Com., 26 nov. 2003, n°00-22.605, *JCP éd. G* 2004, I, p. 337, n°113 obs. CARON.

[246] CA Paris, 8 déc. 1972, *PIBD* 1973, 102, III, p. 112, *Rev. Arb*. 1975, p. 176, *RTD com. 1973,241*, obs. A. CHAVANNE ET J. AZEMA ; adde, A. FRANÇON, « l'arbitrage en matière de brevet et la jurisprudence », *Rev. Arb*. 1975, p.143.

[247]CA Bordeaux, 16 mai 1974, M. VIVANT, *Juge et loi du brevet*, *Litec*, 1977, n°21 ; Cass com., 18 nov. 1975, n°74-13.831, *D.*1976, I.R. p. 40 obs. X.L., *JCP éd. G*. 1977, n°18547, note M. SANTA-CROCE, *JCP éd. CI* 1976, I, n°5034, *PIBD* 1976, 166, II, p.119, *Rev. Arb.*1976, p.110 note J. ROBERT.

Afin de mieux cerner le débat, il convient de traiter de la justification de la thèse de rejet des MARL d'une part, en matière de propriété industrielle (Section 1) et d'autre part, en matière de propriété littéraire et artistique (Section 2).

Section 1. La justification de la thèse du rejet des MARL en matière de propriété industrielle

Les critiques élevées à l'endroit des MARL pour connaître des litiges en matière de propriété intellectuelle ne datent pas d'aujourd'hui. Les tenants de cette thèse s'appuient d'une part, sur les justifications liées à la qualité des parties (§ 1) et d'autre part, sur les justifications tenant à l'objet du litige (§ 2).

§ 1. Les justifications liées à la qualité des parties

Deux hypothèses particulières vont être examinées ci-dessous. D'une part, les différends concernant les droits de propriété industrielle mettant en cause des salariés (A), d'autre part, ceux qui impliquent des personnes morales de droit public (B).

A. Les litiges en matière de propriété industrielle dans les relations de travail.

Les liens qu'entretiennent l'ordre public et le droit du travail, peuvent constituer un obstacle à la soumission aux MARL d'un litige ayant trait à la titularité d'une invention de salarié. Il convient alors de préciser si l'arbitrabilité de ce type de litige se rattache à l'acceptation de l'arbitrabilité en droit du travail ou à celle admise quant à un litige relatif à la titularité d'une invention réalisée en dehors d'un contrat de travail.

L'arbitrage fait l'objet d'une prohibition générale en droit du travail, justifiée par la protection du salarié. Cette prohibition générale s'inscrit tout naturellement dans une dimension chronologique. Elle est efficace pendant la durée du contrat de travail mais elle ne saurait perdurer lorsque la relation de travail a cessé. En droit français, la clause compromissoire insérée dans un contrat de travail est nulle[248]. Le même sort doit être réservé au compromis. Les juridictions étatiques sont seules compétentes pour sauvegarder les intérêts du salarié.

Le lien qu'entretient le droit du travail avec l'ordre public justifie l'exclusion des MARL dans cette matière[249]. En est-il de même lorsque le contrat de travail est international ?

Selon M. Racine, « *Dans toutes les hypothèses où le salarié n'a pas la libre disposition de ses droits selon les critères du droit français, il faut admettre, même dans l'arbitrage international, que le litige n'est pas arbitrable. A notre sens, l'article 2059 appliqué au droit du travail doit être considéré comme d'ordre public international* »[250]. Cet auteur considère que l'article 2059 est d'ordre public international, prohibant ainsi l'arbitrage en droit du travail. La clause compromissoire est nulle que le contrat de travail soit un contrat interne ou international.

Lorsque le contrat de travail prend fin, le lien de subordination s'éteint. Les droits du salarié redeviennent disponibles. Monsieur Robert écrit « *Par application de l'article 2059, l'on peut compromettre sur les droits dont on a la libre disposition, [...] la rupture du contrat de travail fait recouvrer aux parties leur droit à la conclusion d'un compromis d'arbitrage* ». Comme Monsieur Racine, on partage l'opinion selon laquelle le véritable fondement à la non-arbitrabilité en droit du travail réside dans l'article 2059 du Code civil français. La validité du compromis signé après la fin du contrat de

---

[248] J.- B. RACINE, *L'arbitrage commercial international et l'ordre public*, Avant-propos de L. BOY, Préface de Ph. FOCHARD, *LGDJ*, 1999, n° 122, p. 70.

[249] L'arbitrage n'est pas totalement prohibé en droit du travail. Il demeure deux hypothèses où les parties peuvent y recourir : à l'occasion d'un conflit collectif de travail ou en matière de journalisme. En ce sens, v. M. de BOISSENON, *Le droit français de l'arbitrage*, Préface P. BELLET, GLN Joly, 2e éd., 1990, n°128 et s., p. 406 et s. et également, n°514 et s., p. 411 et s.

[250] J.-B. RACIN, *op. cit.* n°128 p. 73.

travail avait été expressément admise par la loi du 18 janvier 1979 à l'article L.511-1 du Code de travail[251].

La jurisprudence a maintenu cette solution en se fondant sur le critère de la disponibilité des droits bien que le législateur ait supprimé cette disposition en 1982. La fin d'un contrat de travail autorise l'ex-salarié à conclure un compromis arbitral ; mais le litige est-il toujours arbitrable lorsqu'il trouve sa source durant l'exécution du contrat de travail ? Généralement, ce n'est qu'après la fin de son contrat de travail que le salarié tentera de revendiquer la titularité des inventions réalisées durant cette période. L'ex-salarié ayant retrouvé la disponibilité de ses droits à raison de la résiliation de son contrat de travail, on pense qu'aucun motif juridique ne justifie que ce litige, bien que trouvant sa source dans le contrat de travail ne soit pas arbitrable. Le législateur français a prévu un régime dérogatoire lorsque l'invention a été créée par un salarié[252] influençant largement

---

[251] Article L1411-1 : « Le conseil de prud'hommes règle par voie de conciliation les différends qui peuvent s'élever à l'occasion de tout contrat de travail soumis aux dispositions du présent code entre les employeurs, ou leurs représentants, et les salariés qu'ils emploient ».

[252]L'article L.611-7 du Code de la propriété intellectuelle : Si l'inventeur est un salarié, le droit au titre de propriété industrielle, à défaut de stipulation contractuelle plus favorable au salarié, est défini selon les dispositions ci-après :

1. Les inventions faites par le salarié dans l'exécution soit d'un contrat de travail comportant une mission inventive qui correspond à ses fonctions effectives, soit d'études et de recherches qui lui sont explicitement confiées, appartiennent à l'employeur. L'employeur informe le salarié auteur d'une telle invention lorsque cette dernière fait l'objet du dépôt d'une demande de titre de propriété industrielle et lors de la délivrance, le cas échéant, de ce titre. Les conditions dans lesquelles le salarié, auteur d'une invention appartenant à l'employeur, bénéficie d'une rémunération supplémentaire sont déterminées par les conventions collectives, les accords d'entreprise et les contrats individuels de travail.

Si l'employeur n'est pas soumis à une convention collective de branche, tout litige relatif à la rémunération supplémentaire est soumis à la commission de conciliation instituée par l'article L. 615-21 ou au tribunal de grande instance.

2. Toutes les autres inventions appartiennent au salarié. Toutefois, lorsqu'une invention est faite par un salarié soit dans le cours de l'exécution de ses fonctions, soit dans le domaine des activités de l'entreprise, soit par la connaissance ou l'utilisation des techniques ou de moyens spécifiques à l'entreprise, ou de données procurées par elle, l'employeur a le droit, dans des conditions et délais fixés par décret en Conseil d'Etat, de se faire attribuer la propriété ou la jouissance de tout ou partie des droits attachés au brevet protégeant l'invention de son salarié.

Le salarié doit en obtenir un juste prix qui, à défaut d'accord entre les parties, est fixé par la commission de conciliation instituée par l'article L. 615-21 ou

l'admission des MARL. La comparaison du droit du travail et du droit des brevets en ce cas conduit la doctrine à rejeter l'arbitrabilité en cette hypothèse[253]. Un auteur observe que : « *L'incompatibilité est telle que les tribunaux n'ont jamais été saisis à ce propos et que les rares interventions viennent de commentateurs...hostiles à pareille intrusion de l'arbitrage malgré la sympathie qu'ils témoignent ordinairement pour cette forme de traitement des conflits* »[254].

En droit interne, la compétence de la Commission Nationale des Inventions de Salariés[255] est l'un des arguments avancés en faveur de la non-arbitrabilité des litiges en matière d'invention de salariés. L'article L.615-21 du Code de la propriété intellectuelle prévoit l'intervention de cette commission paritaire de conciliation à la demande de l'une des parties, pour tout litige ayant trait à une invention de salarié. La saisine de cette commission impose aux tribunaux ordinaires de surseoir à statuer pendant six mois à moins que celle-ci n'ait déjà formulé sa proposition de conciliation[256]. Certains auteurs ont alors fondé leurs développements sur ces dispositions en affirmant que l'intervention d'une commission

---

par le tribunal de grande instance : ceux-ci prendront en considération tous éléments qui pourront leur être fournis notamment par l'employeur et par le salarié, pour calculer le juste prix tant en fonction des apports initiaux de l'un et de l'autre que de l'utilité industrielle et commerciale de l'invention.

3. Le salarié auteur d'une invention en informe son employeur qui en accuse réception selon des modalités et des délais fixés par voie réglementaire.

Le salarié et l'employeur doivent se communiquer tous renseignements utiles sur l'invention en cause. Ils doivent s'abstenir de toute divulgation de nature à compromettre en tout ou en partie l'exercice des droits conférés par le présent livre.

Tout accord entre le salarié et son employeur ayant pour objet une invention du salarié doit, à peine de nullité, être constaté par écrit.

4. Les modalités d'application du présent article sont fixées par décret en Conseil d'Etat.

5. Les dispositions du présent article sont également applicables aux agents de l'Etat, des collectivités publiques et de toutes autres personnes morales de droit public, selon des modalités qui sont fixées par décret en Conseil d'Etat.

[253]En ce sens v. notamment : J. AZEMA in *Lamy Commercial*, 2005, n°2051, p. 908.

[254] MOUSSERON, *Les inventions de salariés, la composition du Droit des brevets et du Droit du travail*. Litec, Coll. CEIPI, 1995, n°491, p.258.

[255]La CNIS.

[256] Article R.615-27 Code de la propriété intellectuelle. «Sur justification de la saisine de la commission, le tribunal de grande instance sursoit à statuer jusqu'à l'expiration du délai de six mois prévu à l'article L. 615-21 à moins que la commission n'ait déjà formulé sa proposition de conciliation. »

paritaire de conciliation ne permettait pas le recours à l'arbitrage[257]. L'intervention de la CNIS paralyserait alors l'application de l'alinéa 2 de l'article L. 615-17 du Code de la propriété intellectuelle qui autorise le recours à l'arbitrage pour les contentieux nés de cette loi sauf indisponibilité des droits en cause. Logiquement, l'intervention de cette commission rendrait les droits du salarié, indisponibles.

Cette justification de droit interne, fondée sur l'intervention de la CNIS ne paraît pas suffisante dans la mesure où l'on pourrait objecter que l'intervention d'une commission relève de l'organisation même du contentieux judiciaire.

Les règles posées pour l'organisation de la compétence des tribunaux judiciaires ne sauraient prohiber le recours à l'arbitrage qui plus est à l'échelle internationale. C'est pourquoi, la simple intervention de la CNIS ne saurait justifier à elle seule l'indisponibilité générale des droits du salarié. En réalité, comme l'affirme Mousseron, la prohibition de recourir à l'arbitrage concernant un litige sur une invention de salarié trouve sa justification dans le *« Principe général de non arbitrabilité des conflits individuels de travail résultant de la compétence des Conseil de prud'hommes pour traiter les différends de ce type et affirmant que toutes convention contraire est réputée non écrite »*[258]. L'attraction qu'exerce le droit de travail sur le droit des brevets concernant l'arbitrabilité des litiges sur les inventions de salariés est inéluctable.

En définitive, les probabilités qu'un arbitrage puisse avoir lieu en matière d'invention ou de créations utilitaires de salariés apparaît donc plutôt faible, comme c'est le cas lorsque le litige met en cause des personnes de droit public.

B. Les litiges mettant en cause des personnes de droit public

Certains litiges de droit de la propriété industrielle mettent en cause des personnes morales de droit public. L'on songe, avant tout, à

---

[257]En ce sens : M. de BOISSESON, *Le droit français de l'arbitrage interne et international*, *op. cit.* n°438, p.399.

[258] J.-M. MOUSSERON, *op.cit.* n°492, p. 259.

l'hypothèse d'un inventeur, fonctionnaire ou non, qui aurait un différend avec l'administration qui l'emploie (université, hôpital, entreprise publique…) au sujet de la titularité ou de l'exploitation d'un brevet[259]. Des conflits de ce type peuvent également se rencontrer en droit des dessins et modèles. De même, en matière de marques, les parties aux procès peuvent être des établissements publics. Dans ces différentes hypothèses, il convient de s'en remettre aux principes qui, pour l'heure[260], régissent l'arbitrage impliquant des personnes publiques, en distinguant arbitrage interne et arbitrage international.

Pour ce qui est de l'arbitrage interne, l'article 2060 du Code civil dispose que *« On ne peut compromettre (…) sur les contestations intéressant les collectivités publiques et les établissements publics (…)* ». L'arbitrage est donc en principe prohibé. De la sorte, le contentieux de la chose publique échappe normalement à toute sorte de justice privée. Mais l'article 2060 poursuit : *« Toutefois, des catégories d'établissements publics à caractère industriel et commercial peuvent être autorisés par décret à compromettre* ». Des textes ont ainsi été adoptés qui permettent, par exemple, aux établissements d'enseignement supérieur, aux établissements publics du secteur des mines, de l'électricité ou du gaz de recourir à l'arbitrage[261].

En matière d'arbitrage international, les solutions sont moins nettes. Depuis le célèbre arrêt *Galakis*, la Cour de cassation estime que l'interdiction de compromettre prévue par le Code civil ne s'applique pas lorsque l'arbitrage est international[262]. Il s'agit là de l'une des premières manifestations de ce qui deviendra par la suite le principe de « validité » de la convention d'arbitrage, selon lequel les prohibitions édictées par les lois nationales en matière d'arbitrage

---

[259] Etant précisé que les dispositions relatives à l'inventeur salarié envisagées précédemment sont également applicables aux agents de l'Etat, des collectivités publiques et de toutes autres personnes morales de droit public (Art. L. 611-7, 5° CPI).

[260] Une réforme est effet annoncée depuis plusieurs années.

[261] Pour plus de détails, V. E. LOQUIN, J.-Cl. Préc., et B. MORREAU, Rép. Proc. Civ. Préc.

[262] Civ. 1re, 2 mai 1966, Galakis, *D.* 1966. 575, note L. ROBERT; *JCP* 1966. II 14798, note P. LIGNEAU ; *JD*I 1966. 648, note P. LEBEL; Rev. crit. DIP 1967. 553, note B. GOLDMAN. V. aussi B. ANCEL et Y. LEQUETTE, *Les Grands Arrêts de la jurisprudence française de droit international privé*, 5e éd. Dalloz, 2006, n°44

interne cessent de s'appliquer dès lors qu'un arbitrage est international[263]. Le Conseil d'Etat, quant à lui, considère que les personnes morales de droit public ne peuvent s'engager dans un arbitrage international qu'à condition d'y être expressément autorisées par un texte[264]. En droit OHADA, la lecture combinée des dispositions des articles 21[265] du traité OHADA, 2[266] et 4[267] de l'Acte uniforme sur le droit de l'arbitrage permet de noter que ce droit a ouvertement levé le pan de prohibition de principe qui couvrait encore la capacité de compromettre des personnes morales de droit public[268].

En effet, l'article 2 al. 2 de l'acte uniforme relatif au droit de l'arbitrage permet explicitement aux personnes morales de droit public d'être parties aussi bien à l'arbitrage interne qu'à l'arbitrage international de droit privé. La célèbre formule de Montesquieu qui voulait que « *le prince ne doit point faire commerce* » a vécu, et il est aujourd'hui dans l'ordre des choses de voir l'Etat passer des contrats

---

263 V. not. Civ. 1re, 20 déc. 1993, Dalico, *JDI* 1994.432, note E. GAILLARD, et 690, note E. LOQUIN ; *Rev. arb.* 1994. 116, note H. GAUDEMET-TALLON ; Rev. crit. DIP 1994. 663, note P. MAYER ; *RTD com.* 1994. 254, obs. J.-C. DUBARRY et E. LOQUIN ; Civ. 1re, 5 janv. 1999, Zanzi, *Rev. arb.* 1999. 260, note P. FOUCHARD ; *Rev. crit. DIP* 1999. 546, note D. BUREAU ; *RTD com.* 1999. 380, obs. E. LOQUIN ; *JDI* 1999. 784, note S. POILLOR-PERUZZETO

264 CE, avis du 6 mars 1986, Eurodisneyland, Rev. Arb. 1992. 397

265 Art. 21 : « En application d'une clause compromissoire ou d'un compromis d'arbitrage, toute partie à un contrat, soit que l'une des parties ait son domicile ou sa résidence habituelle dans des Etats parties, soit que le contrat soit exécuté ou à exécuter en tout ou partie sur le territoire d'un ou plusieurs Etats parties, peut soumettre un différend d'ordre contractuel à la procédure d'arbitrage prévue par le présent titre. »

266 Art. 2 : » Toute personne physique ou morale peut recourir à l'arbitrage sur les droits dont il a la libre disposition.

Les Etats et les autres collectivités publiques territoriales ainsi que les Etablissements publics peuvent également être parties à un arbitrage, sans pouvoir invoquer leur propre droit pour contester l'arbitrabilité d'un litige, leur capacité à compromettre ou la validité de la convention d'arbitrage. »

267 Art. 4 : « La convention d'arbitrage est indépendante du contrat principal. Sa validité n'est pas affectée par la nullité de ce contrat et elle est appréciée d'après le commune volonté des parties, sans référence nécessaire à un droit étatique.

Les parties ont toujours la faculté, d'un commun accord, de recourir à une convention d'arbitrage, même lorsqu'une instance a déjà été engagée devant une autre juridiction. »

268 M. KAMTO, « La participation des personnes de droit public à l'arbitrage OHADA », in l'OHADA et les perspectives de l'arbitrage en Afrique, *Bruylant* Bruxelles, 2000, p.89 à 100.

de droit privé, génériquement appelés contrats d'Etats, allant des classiques contrats de marché public à la forme complexe de contrats de partenariat public-privé[269], suggérant que l'Etat et ses démembrements se considèrent, en l'occurrence, davantage comme des agents économiques que comme des sujets de droit dotés des pouvoirs exorbitants, d'autant que de tels contrats obéissent quant à leur régime juridique, aux règles du droit privé. Tel est le cas des contrats de licence ou de transfert de technologie en matière pharmaceutique conclus entre de grandes firmes internationales et les Etats.

Entre la solution libérale consacrée par le juge judiciaire et la position stricte du juge administratif, la première a davantage vocation à s'appliquer aujourd'hui. En effet, dans une importante décision du 17 mai 2010, le Tribunal des conflits a considéré que le juge judiciaire détenait une compétence de principe pour se prononcer sur les recours formés contre les sentences rendues en matière d'arbitrage international, y compris lorsque l'une des parties est une personne publique[270]. Le juge administratif n'a en ce cas qu'une compétence d'exception, qui l'autorise à contrôler uniquement la conformité de la sentence aux règles impératives du droit public français relativement à l'occupation du domaine public ou à celles qui régissent la commande publique et applicable aux marchés publics, aux contrats de partenariat et aux contrats de délégation de service public (...) relevant d'un régime administratif d'ordre public. Or les litiges de droit de propriété industrielle correspondent rarement à ces hypothèses. Dès lors, la position de la Cour de cassation devrait l'emporter le plus souvent : les personnes publiques peuvent donc normalement participer à un arbitrage international en matière de propriété intellectuelle.

---

[269] M. KAMTO, « La nature juridique du contrat d'Etat : contribution au débat », *Rev. Arb.* 2003, 719.

[270] T. confl. 17 mai 2010 INSERM, *Rév. arb.* 2010. 275, concl. M. GUYOMAR, et 253, étude M. AUDIT ; *D.* 2010. 1359, obs. X. Delpech, 2330, obs. S. Bolloré, 2633, note S. Lemaire, et 2944, obs. T. CLAY ; RDI 2010. 551, obs. S. Braconnier ; *RFDA* 2010. 959, concl. M. GUYOMAR, et 971, note P. DELVOLVE *; RTD com.* 2010. 525, obs. E. LOQUIN ; *Rev. crit.* DIP 2010. 653, étude M. LAAZOUZI ; *AJDA* 2010. 1564, étude P. CASSIA ; *JCP G* 2010. 552, note T. Clay, 585, obs. E. GAILLARD, et 644, obs. J. ORSCHEIDT ; *D.* 2011. 2552, étude Y. GAUDEMET, C. LAPP et A. STEIMER., 2330, obs.

§ 2. Les justifications tenant à l'objet du litige

S'il est certes vrai que les litiges relatifs à la propriété intellectuelle peuvent être soumis aux MARL en grande majorité, il n'en demeure pas moins qu'il y en a pour lesquels la possibilité de recourir à de tels modes de règlement connaît des limites. Ces limites tiennent à deux ordres de justifications : d'une part, celles relatives à l'existence des droits de propriété industrielle (A) et d'autre part, celles relatives l'exercice de ces droits (B).

A. Les justifications relatives à l'existence des droits de propriété industrielle

Compris largement, les litiges relatifs à l'existence des droits de propriété industrielle peuvent porter sur la validité des titres (1) et sur leur titularité (2).

1. Les litiges relatifs à la validité des titres

La question de l'arbitrabilité de la validité des titres de propriété industrielle et en l'occurrence, le brevet et les certificats d'enregistrement des marques, a fait l'objet d'une importante évolution jurisprudentielle[271]. En pratique, le contexte dans lequel elle

[271] Les apports de la loi du 17 mai 2011 sont, en revanche, bien maigres à cet égard. On relèvera simplement que, selon l'article L. 615-17, al. 3 CPI, « les tribunaux de grande instance (…) sont seuls compétents pour constater que le brevet français cesse de produire ses effets, en totalité ou en partie, dans les conditions prévues à l'article L. 614-13 du présent code ». L'article L. 614-13 ainsi visé concerne l'hypothèse d'un brevet français privé d'effets en raison d'un concours avec un brevet européen. L'arbitre est donc dépourvu de compétence sur cette question ponctuelle. V., toutefois, pour une lecture amplifiante de l'article L. 615-17, al. 3, J.-M. BRUGUIERE et E. GILLET, *Op. cit.*, qui considèrent que cette disposition « confère une compétence indéfectible au juge étatique pour trancher *erga omnes* les questions de validité et de déchéance de brevet ».

se pose est toujours le même. Dans le cadre d'une licence de brevet ou d'une marque comportant une clause compromissoire, l'une des parties saisit l'arbitre en invoquant une mauvaise exécution du contrat par son partenaire. Ce dernier, afin d'échapper à ses obligations contractuelles, lui oppose la nullité du brevet ou de la marque, suivant en cela un raisonnement imparable : la nullité du titre fait perdre son objet au contrat qui est donc annulé à son tour, de sorte que personne ne peut plus prétendre à son exécution. Mais, bien souvent, la manœuvre a aussi des visés dilatoires : le défendeur soulève dans le même temps l'incompétence de l'arbitre au motif que la validité d'un droit de propriété industrielle relève de l'appréciation exclusive des juridictions étatiques. La jurisprudence a longtemps admis une telle solution[272]. Or, la Cour d'appel de Paris y a mis fin dans un arrêt *Liv Hidravlika* du 28 février 2008[273]. Faut-il le rappeler encore, selon cette décision, l'arbitre peut se prononcer sur la nullité d'un brevet soulevée de façon incidente, mais sa sentence, sur ce point, est dépourvue de l'autorité de la chose jugée et n'a d'effets qu'entre les parties. A n'en pas douter, la solution s'applique aussi aux autres droits de propriété industrielle[274]. Elle est diversement appréciée.

Ses avantages sont incontestables. La jurisprudence *Liv Hidravkika* favorise l'arbitrage dans le domaine de la propriété industrielle, alors que la solution ancienne, véritable épée de Damoclès pour le demandeur, en a longtemps freiné le développement. En outre, elle contribue à lutter contre les manœuvres dilatoires et permet une accélération du traitement des affaires : l'arbitre peut connaître de l'ensemble du litige sans avoir à se dessaisir

---

[272] Paris, 3 février 1992, *PIBD* 1992. III. 359, n° 525 ; *RTD com.* 1993. 293, obs. J.-C. DUBARRY et E. LOQUIN : un litige est arbitrable « dès lors que la validité du brevet n'est pas en cause ». V., aussi TGI Paris, 2 juillet1987 *PIBD* 1987. III. 384, n° 420. Rappr. Implicitement : Paris 15 juin 1981, Aplix, Rev., arb. 1983. 89, 1ère esp., note A. FRANÇON ; Paris, 24 mars, Deko, *Rev. Arb.* 1994. 515, note C. JARRASSON ; *JCP E.* 1995. I. 471, n° 1, obs. J.-J. BURST et J. –M. MOUSSERON ; *D.* 1996. Somm., comm. 21, obs. J.-MOUSSERON et J. SCHMIDT ; *RTD com.* 1995. 416, obs. J. AZEMA. V. enfin la sentence CCI n° 6709 de juin 1991, qui « réserve au juge étatique les litiges qui portent sur des domaines relevant de l'ordre public, c'est-à-dire sur la délivrance, l'annulation ou la validité du brevet », *PIBD* 1993. III. 230, n° 541, *JDI* 1992. 998, obs. D. HASCHER.

[273] *Op. cit.*

[274] A propos du droit de marque, V. J. PASSA, *Droit de la propriété industrielle*, t.1, 2e éd., *LGDJ*, 2009, n° 35.

ni même à surseoir à statuer dans l'attente qu'un juge se prononce sur la validité du titre.

Toutefois, la solution présente aussi des défauts. La Cour d'appel de Paris ne s'est pas en effet guère souciée de la coordination, pourtant nécessaire, entre la justice arbitrale et la justice étatique. En matière de validité des titres, le juge étatique, tant en droit français qu'en droit OAPI, bénéficie d'une sorte de compétence naturelle dans la mesure où l'ensemble du dispositif est placé sous la tutelle de l'Etat, par l'entremise de l'INPI[275] ou de l'OAPI ou du ministère de l'industrie[276]. Le contentieux semble donc bien intéresser l'ordre public au sens de l'article 2060 du Code civil, de sorte que l'intervention d'une personne privée comme l'arbitre s'avère difficilement justifiable. En outre, seule une décision d'annulation prononcée par un juge étatique peut avoir une portée absolue.[277] La décision de l'arbitre, en revanche, est nécessairement dépourvue d'effet *erga omnes*, puisque l'arbitrage a une nature conventionnelle. Dans ces conditions, la solution nouvelle crée un double risque, de contrariété de décision entre un jugement et une sentence d'une part, et de multiplication des brevets « boiteux » d'autre part. Un même brevet pourra en effet être tenu pour nul entre les parties à un contrat tout en étant valable à l'égard des autres personnes, et inversement. La jurisprudence sus-citée appelle également des réserves en contemplation de l'arrêt *GAT* rendu par la Cour de justice de Luxembourg le 13 juillet 2006[278]. Selon cet arrêt, la compétence exclusive du juge du pays de délivrance d'un brevet *« Concerne tous les litiges portant sur [...] la validité [du titre], que la question soit soulevée par voie d'action ou d'exception*[279]*»*. Ainsi, tout autre juge

---

[275] En France ;

[276] Au Cameroun ;

[277] L'effet absolu des décisions d'annulation découle des articles L. 512-6(dessins et modèles), L. 613-27(brevet) et L. 714-3 CPI (marques).

[278] CJCE 13 juil. 2006, aff. C-4/03, *GAT c/ LUK*, *Rec. CJCE* 2006.I. 6509, cl. L. A. GEE-LHOED; D. 2007. 342, obs. J. RAYNARD; Europe 2006, comm. 299, note L. Idot. Sur cet arrêt, V. aussi M. WILDERSPIN, « La compétence juridictionnelle en matière de litiges concernant la violation des droits de propriété intellectuelle », *Rev. Crit. DIP* 2006. 777 ; M. E. ANCEL, « L'arrêt GAT : une occasion manquée pour la défense de la propriété industrielle en Europe », CCE 2007. Etude 10 ; H. GAUDEMET-TALLON, « Droit international privé de la contrefaçon : aspects actuels », *D.* 2008. 735, n°11.

[279] Cette compétence exclusive résulte des articles 16, 4e, de la convention de Bruxelles du 27 sept. 1968 concernant la compétence judiciaire et l'exécution de

saisi doit surseoir à statuer alors qu'un arbitre placé dans une situation comparable peut en revanche se prononcer. Il y a là une différence de traitement assez déconcertante.

2. Les litiges relatifs à la titularité des droits sur les titres

Après avoir développé les justifications tenant aux litiges relatifs à la validité des droits de propriété industrielle, il est tout aussi important de faire à ce niveau un rappel des justifications relatives aux litiges ayant trait à la titularité des titres.

Ainsi donc, en ce qui concerne désormais les contestations qui touchent à la titularité des titres de propriété industrielle, la jurisprudence admet qu'elles sont arbitrables[280]. Quant aux différends relatifs à la propriété des marques ou des dessins ou modèles, ils sont, eux aussi, assurément arbitrables. La seule exception véritable concerne – ou plutôt concernait- les obtentions végétales. La Cour de cassation a en effet estimé, dans un arrêt du 1er février 2001, qu'un tribunal arbitral ne pouvait connaître d'un litige en la matière[281]. La solution s'explique sans doute par le fait qu'à l'époque, le Code de la propriété intellectuelle ne comportait aucune disposition autorisant expressément l'arbitrage dans le domaine des obtentions végétales. Cette anomalie ayant été réparée par la loi du 17 mai 2011, avec l'article L. 623 -31, on peut penser que la haute juridiction raisonnerait différemment aujourd'hui.

---

décisions en matière civile et commerciale et 22, 4e, du règlement « Bruxelles I » du 22 déc. 2000 concernant la compétence judiciaire, la reconnaissance et l'exécution des décisions en matière civile et commerciale.

280 Paris, 31 oct. 2001, *Prop. Ind.* 2002, n°8, comm. 76, note J. RAYNARD. Dans la même affaire, V. Civ. 1re, 30 mars 2004, *PIBD* 2004. III. 345, n° 788 ; *D.* 2005. 965, obs. J. RAUNARD: l'arrêt se contente de rappeler qu'il appartient à l'arbitre de statuer sur sa propre compétence, mais sans se prononcer sur l'arbitrabilité de la question litigieuse.

281 Civ. 2e, 1er févr. 2001, Rev. Arb. 2001. 232 ; *Propr. Ind.* 2002, n° 7, comm. 74, note J. SCHMIDT- SZALEWSKI.

A. Les justifications relatives à l'exercice des droits de propriété industrielle

L'exercice positif des droits de propriété industrielle par le titulaire desdits droit ne constitue pas la seule prérogative née de ces droits. A côté de cet exercice, il y a leur exercice négatif. Cet exercice négatif peut prendre la forme de litiges relatifs aux cessions ou licences involontaires sur les droits de propriété (1), ou encore peut prendre la forme de l'action en contrefaçon (2).

1. Les litiges relatifs aux cessions ou licences involontaires

Les contrats constituent le terrain de prédilection de l'arbitrage, en droit de la propriété intellectuelle comme ailleurs. Il n'y a là rien d'étonnant : l'article 2059 du Code civil dispose que *« Toutes personnes peuvent compromettre sur les droits dont elles ont la libre disposition »,* ce qui est généralement le cas en matière contractuelle. Partant, si l'on met de côté les quelques poches de résistance à l'arbitrage déjà évoquées, il est depuis longtemps acquis que les litiges relatifs aux contrats d'exploitation de brevets, de marques, de dessins et modèles ou autres droits de propriété industrielle sont pleinement arbitrables[282]. Cette solution a été parfaitement résumée par la cour d'appel de Paris dans un arrêt *Deko* du 24 mars 1994[283]. La cour retient « qu'il *est constant que les litiges portant sur des contrats relatifs à l'exploitation des brevets (...), qu'il s'agisse d'interprétation ou d'exécution du contrat, sont arbitrables* ». La formule est reprise mot pour mot dans l'arrêt *Liv Hidravlika* du 28 février 2008 analysé ci-dessus. En conséquence, les différends relatifs par exemple, à la formation du contrat, aux obligations des parties ou au paiement des redevances sont bien arbitrables. Deux précisions sont cependant nécessaires à ce niveau.

---

[282] Pour les brevets, v. Paris, 15 juin 1981, Aplix, préc. ; TGI Paris 2 juil. 1987, préc. ; Paris, 3 févr. 1992, préc. En droit des marques, v. TGI Paris 17 mars 1981, *Rev. Arb*. 1983. 89, 2e esp., note A. FRANÇON.

[283] Paris, 24 mars 1994, Deko, préc.

En premier lieu, l'arbitrabilité concerne les cessions ou les licences volontaires des droits de propriété intellectuelle, mais non les transferts involontaires. L'on pense par exemple, dans le domaine des brevets, aux licences obligatoires qui peuvent être accordées par le juge pour défaut ou insuffisance d'exploitation. Cette hypothèse est prévue aux articles L. 613-11 et suivants du Code de la propriété intellectuelle français et à l'article 46 de l'annexe I de l'Accord de Bangui modifié; aux licences d'office qui découlent des autorisations administratives délivrées pour des raisons de santé publique, d'économie nationale ou de défense nationale tel que prévues aux articles L. 613-16 et suivants du Code de la propriété intellectuelle et à l'article 56 de l'annexe I de l'Accord de Bangui modifié; ou encore à l'expropriation pour les besoins de défense nationale, telle que prévue également à l'article L. 613-20 du Code de la propriété intellectuelle.

La doctrine se montre généralement hostile à l'arbitrage dans ces matières fortement teintées d'ordre public[284]. Le Code de la propriété intellectuelle peut d'ailleurs être interprété dans ce sens, du moins au sujet des licences d'office et de l'expropriation, puisqu'il se contente de désigner le tribunal de grande instance de Paris pour fixer les indemnités correspondantes[285], sans envisager, comme il le fait ailleurs, la compétence concurrente de l'arbitre (article L. 615-18). Le code indique, du reste, que les recours formés contre les actes administratifs du ministère chargé de la propriété intellectuelle relèvent de la juridiction administrative, ce qui ne laisse guère de place à l'arbitrage (article 615-17, al. 1er.)

En second lieu, il convient de rappeler que, dans le cadre d'un litige contractuel, le demandeur reproche souvent au défendeur, en plus de la violation du contrat, des actes de concurrence déloyale. Afin que l'arbitre puisse statuer sur ces agissements, est-il nécessaire que la convention d'arbitrage les mentionne expressément comme entrant dans sa propre compétence ? La doctrine répond par la négative : compétent en matière de contrat, l'arbitre le serait nécessairement en matière de concurrence déloyale en raison de la connexité des

---

[284] G. BONET et C. JARROSSON, « L'arbitrabilité des litiges de propriété industrielle en droit français », Arbitrage et propriété intellectuelle, *op. cit.*, p. 61, spéc. P. 66 s.; J. AZEMA et J.-C. GALLOUX, *Droit de la propriété industrielle*, 6e éd., Dalloz, 2006, n° 519.

[285]Ainsi que l'indemnité due en cas de prorogation de l'interdiction de divulgation et d'exploitation (Art. L.612-10 CPI).

demandes[286]. Certaines décisions des juges du fond militent en faveur de cette solution souple. La Cour d'appel de Douai a ainsi décidé qu'un « *tribunal arbitral peut étendre sa compétence à des actions délictuelles présentant un lien suffisant avec le contrat contenant la clause d'arbitrage* [287]». On relèvera cependant que la Cour de cassation se montre parfois réticente à étendre la compétence de l'arbitre au-delà de ce qui est explicitement inscrit dans la convention d'arbitrage[288].

2. Les litiges relatifs à la contrefaçon

Peut-on porter l'action en contrefaçon d'un brevet ou d'une marque devant un tribunal arbitral ? La doctrine dans sa grande majorité estime que le contentieux est pleinement arbitrable[289]. Cependant, la loi se révèle sur ce point parfois contradictoire[290]. Quant à la jurisprudence, elle n'est guère fournie[291]. Cette carence tient probablement au fait que l'action en contrefaçon oppose des personnes qui n'entretiennent généralement pas de rapports

---

[286] J.-M. BRUGUIERE et E. GILLET, *op. cit.,* n° 17.

[287] Douai, 17 sept. 2009, RIDA 2010/55, n°3177, obs. E. Gillet.

[288] V. par ex. Civ. 1er, 6 juil. 2011 : *Bull.* (pourvoi n°08-12.648).

[289] M. VIVANT, « Cherche litige non arbitrable laborieusement », *RIDA* juin 2004, n°72 p.5, n°11 s. ; J. SCHMIDT-SZALEWSKI et J.- L. PIERRE, *Droit de la propriété industrielle*, 4e éd. ; LexisNexis *Litec,* 2007, n° 199 ; C. SERAGLINI, in J. Béguin et M. MENJUCQ, *Droit du commerce international*, LexisNexis Litec, 2005, n° 2521 ; J-B. RACINE et F. SIIRIAINEN, *Droit du commerce international*, 2e éd., Dalloz, 2011, n°657.

[290] En droit des brevets, l'art. L.615-17, al.2 énonce qu'il est globalement possible d'avoir recours à l'arbitrage, tandis que l'art. L. 615-19 semble l'interdire en matière de contrefaçon, puisqu'il dispose, sans prévoir aucune exception, que « les actions en contrefaçon de brevet sont de la compétence exclusive du tribunal de grande instance » et que « toutes actions mettant en jeu une contrefaçon de brevet et une question de concurrence déloyale connexe sont portées exclusivement devant le tribunal de grande instance ». Toutefois, il convient à nouveau de souligner que l'expression « compétence exclusive » est ambiguë, de sorte qu'elle n'implique pas nécessairement une exclusion de l'arbitrage.

[291] V., très ambigu et paraissant même exclure toute possibilité d'arbitrage en matière de contrefaçon, Paris, 24 mars 1994, Deko, préc. : « Le tribunal arbitral (…) n'a pas violé une règle d'ordre public tenant à la loi relative aux brevets d'invention, aucun problème de contrefaçon ne se posant dans (les) relations (des parties) ».

contractuels, du moins si l'on met de côté des hypothèses telles que celle d'un dépassement d'autorisation par un licencié ou par un cessionnaire. Or, l'absence de contrat s'accompagne logiquement d'une absence de clause compromissoire. L'arbitrage ne peut donc avoir lieu qu'à la suite d'un compromis. Mais le conflit étant par hypothèse né, la nature humaine est ainsi faite que les parties rencontrent souvent les plus grandes difficultés à se mettre d'accord sur le principe même du recours à une telle procédure. En outre, en matière de contrefaçon, le demandeur souhaite généralement que la condamnation du défendeur soit portée sur la place publique. Or seul le recours à la justice étatique peut lui garantir un tel résultat.

Mieux encore, la spécificité procédurale resurgit avec la saisie-contrefaçon pour faire conclure à la non-arbitrabilité. Etant rappelé que cette saisie repose sur une ordonnance du président du tribunal de grande instance en France et première instance au Cameroun, il faut bien constater que *« Le compromis qui est un contrat et suppose donc deux parties ne peut (...) venir remplacer la procédure d'ordonnance qui se caractérise par le défaut de contradiction »* et que, d'un autre côté, *« Si jamais le prétendu contrefacteur acceptait le principe d'une saisie, il n'y aurait plus matière à arbitrage* [292]». Il s'agit là plus d'impossibilité intellectuelle que d'exclusion proprement dite.

Il est tout aussi rare qu'on puisse trancher la question de la contrefaçon sans aborder celle de la nullité au moins partielle des revendications invoquées. C'est une question qui reste toujours ouverte, car nul ne sait si on ne découvrira pas des antériorités restées jusque-là cachées. Or, l'arbitre ne peut statuer sur la validité d'un brevet, car il s'agit d'une matière qui intéresse l'ordre public[293].

---

[292] M. VIVANT, *Le droit des brevets* ; *Dalloz* 1997. P.15 s.

[293] Cass. Civ., 21 janv. 1936 : *S.* 1937, p. 81. Note NIBOYET; *Ann. Propr. Ind.* 1938, p. 64, note Fernand-Jacq. - CA Paris, 24 mars 1994 : *PIBD* 573/1994, III, p. 445 ; Dossiers brevets 1994, IV, p.7. C'est un point qui est admis par l'ensemble de la doctrine : P. MATHELY, *Le nouveau droit français des brevets d'invention,* 1994, IV, p. 569- A. CHAVANNE et J.-J. BURST, *Droit de la propriété industrielle* : 5e éd. 1998, n° 362, p. 223 et p. 224. –J. Azéma, Lamy droit commercial 2001, n°1973. – J. SCHMIDT-SZALEWSKI et J.-L. PIERRE, *Droit de la propriété industrielle* : *Litec*, 2e éd. 2001, n°204, p. 85. – M. de BOISSESON, *Le droit français de l'arbitrage interne et international*. n° 498, p. 399. – P. FOUCHARD. E. GAILLARD et B. GOLDMAN, op. cit. n°576, p. 358 et 359. – G. BONET et CH. JARROSSON, « L'arbitrabilité des litiges de propriété industrielle »

Les parties ne peuvent compromettre sur les questions de la nouveauté d'une invention ou de son caractère inventif, parce qu'il ne s'agit pas là de droits dont elles peuvent disposer librement au sens de l'article 2059 du Code civil. Ordre public juridique, parce qu'il s'agit d'un titre octroyé par l'autorité étatique, dont les effets s'imposent à l'ensemble du public et dont l'annulation s'impose de la même façon *erga omnes*. Ordre public économique, puisqu'en consacrant ou en supprimant le monopole que confère le brevet, on restreint ou on étend le domaine public, c'est-à-dire la liberté du commerce et de l'industrie dans l'ensemble du pays.

En toute hypothèse, le fait que l'action en contrefaçon soit, au moins en théorie, arbitrable ne saurait concerner que son volet civil, mais non son volet pénal[294]. Au regard des articles 2059 et 2060 du Code civil, le droit pénal apparaît, en effet, comme une matière inarbitrable par nature[295].

En définitive, en dépit de l'effort de rationalisation poursuivi par la loi française du 17 mai 2011, l'arbitrage se heurte encore à certains obstacles en droit de la propriété industrielle. Toutefois, fondés pour la plupart sur des considérations d'ordre public, de tels obstacles s'avèrent généralement légitimes. Leur maintien paraît donc souhaitable, contre la tendance dominante consistant à favoriser l'arbitrage bien souvent au-delà du raisonnable[296]

---

in *Arbitrage et propriété industrielle* : coll. *IRPI, Litec*, 1994, p. 67. – J. – M. MOUSSERON, J. RAYNARD et P. VERON, *L'euro-injonction*, p. 18, n°35 : dossier brevet 1996, p.1, étude. – B. OPPETIT, « L'arbitrage en matière de brevet d'invention après la loi du 13 juillet 1978 : *Rev. Arb.* 1979, p. 83 et p. 90. – A. FRANÇON, « L'arbitrage en matière de brevet d'invention et la jurisprudence » ; *Rev. Arb.* 1975, p. 143, p. 149. – J.-M. MOUSSERON et J. SCHIMIDT, commentaire : *D.* 1996, somm. P. 21, point 2. – Contra P. VERON, « Arbitrage et propriété industrielle » : dossier brevet, 1994, I, étude.

294 J. SCHMITD-SZALEWSKI et J.-L. PIERRE, *op. cit.*

295 Sur l'ensemble de la question, plus complexe en réalité, v. D. CHILSTEIN, « Arbitrage et droit pénal », *Rev. arb.* 2009.3.

296 Sur la « déraison » dont fait preuve depuis plusieurs années la Cour de cassation en consacrant des solutions exagérément souples en matière d'arbitrage international, avec l'objectif assuré d'en favoriser en toutes circonstances le développement, v. V. HEUZE, « Arbitrage international : quelle raison à la déraison ? », *D.* 2011. 2880.

Section 2. Les justifications de la thèse du rejet des MARL en propriété littéraire et artistique

Le seul attribut du droit d'auteur et des droits voisins sur lequel il est difficile de passer des conventions est le droit moral de l'auteur et des artistes-interprètes. Traiter de la justification de la thèse de rejet des MARL en propriété littéraire et artistique, c'est s'interroger sur l'arbitrabilité du droit moral et la possibilité de l'auteur de transiger sur ce droit quelque peu particulier. C'est se demander comme l'écrivait déjà Monsieur Siiriainen, « *Est-ce que sa forte composante d'ordre public de protection ou sa nature de droit extrapatrimonial* (donc *a priori* indisponible) *empêchent ou limitent son arbitrabilité* »[297] ?

Il convient de revenir sur la nature juridique du droit moral de l'auteur et ses caractères, pour comprendre pourquoi ce droit est non arbitrable d'une part et pourquoi il est dans une certaine mesure impossible à l'auteur de transiger d'autre part, en dépit des dispositions de l'article 2060 du Code civil.

§ 1. Les justifications liées au caractère du droit moral de l'auteur

Le droit moral de l'auteur, qui se subdivise en quatre prérogatives, présente un certain nombre de caractères généraux qui témoignent à la fois de sa spécificité et de son unité fondamentale. Il est perpétuel, inaliénable et imprescriptible. Le Code de la propriété intellectuelle tout comme la loi camerounaise n°2000/11 du 19 décembre 2000 sur le droit d'auteur et les droits voisins au droit d'auteur soulignent très nettement la distinction entre les attributs d'ordre intellectuel ou moral et les attributs d'ordre patrimonial. C'est pourquoi ce droit est indisponible et a un caractère d'ordre public.

---

[297] In « les modes alternatifs de règlement des litiges de propriété intellectuelle », acte de colloque du 4 nov. 2011. *Dalloz*, Grenoble 2012, p.103 s.

A. L'indisponibilité du droit moral de l'auteur

L'indisponibilité du droit moral de l'auteur est le corollaire de son caractère inaliénable. C'est un principe fondamental, qui, à la fois, résulte de la nature même de ce droit et en assure l'effectivité. L'inaliénabilité est, selon Monsieur Pollaud-Dulian, *« la condition sine qua non de la véritable reconnaissance d'un tel droit, sans laquelle la proclamation du droit moral n'est qu'une illusion et un trompe-l'œil*[298] *.»*

L'indisponibilité découle de son rattachement à la catégorie des droits extrapatrimoniaux. De fait, le Code de la propriété intellectuelle français dispose que le droit moral est « inaliénable »[299]. La loi camerounaise de 2000 sur le droit d'auteur et droits voisins en son article 14 al.4 précise que *« les attributs d'ordre moral sont attachés à la personne de l'auteur. Ils sont notamment perpétuels, inaliénables et imprescriptibles. »*

La jurisprudence, par assimilation à la cession, prohibe également les renonciations anticipées et qui présentent un caractère général[300]. Et, comme l'écrit Monsieur Gautier, « *Encore faut-il que la clause porte une renonciation véritable et qu'il y ait effectivement*

---

[298] ALAI, Congrès d'Anvers 1993, annuaire 1993, rapport généraux et nationaux, p. 25-247 et discussion p.246-247 ; G. KOUMANTOS, « Faut-il avoir peur du droit moral ? », RIDA, oct. 1999, p. 87 ; B. PARISOT, « L'inaliénabilité du droit moral », *D.* 1972, *chr.* 71 ; R. PLAISANT, « les conventions relatives au droit moral », Mélanges Desbois, 1974, p. 63.

[299] Art. L.121-1, al. 3.

[300] Civ. 1re, 28 janv. 2003, « *On va fluncher* » : « L'inaliénabilité du droit moral au respect de l'œuvre, principe d'ordre public, s'oppose à ce que l'auteur abandonne au cessionnaire, de façon préalable et générale, l'appréciation exclusive des utilisations, diffusion, adaptation, retrait, adjonction et changement auxquels il plairait à ce dernier de procéder », CCE 2003, n°3, p. 17-18, comm. C. Caron ; *Légipresse* 2003, n°201, III, p. 61-65, note A. MAFFRE-BAUGER ; *Propr. Intell.* 2003, n°7 p. 165-167, comm. P. SIRINELLI ; D. 2003. 558, note J. DALEAU ; *RIDA* 2003, n°196, p. 281-285, comm. A. KEREVER. ; Civ. 1re 2 avr. 2009, CCE 2009, n°52, note CARON ; *RIDA* avr. 2009, 435 et 361, chron. P. SIRINELLI ; Propr. Intell. 2009. 264, obs. A. LUCAS. Civ. 1re , 28 mai 1991, Huston, GAPI, D. 2003, n°11, comm. S. JOLY ; *JCP G* 1991. II. 21731. Note A. FRANÇON ; *JCP E.* II. 220, note P. SIRINELLI et J. GINSBURG ; *D.* 1993. 197, note J. RAYNARD ; RIDA 1991, n° 149, p. 161, obs. A. KEREVER ; *JDI* 1992. 3, note B. EDELMAN ; *Rev. crit. DIP* 1991. 752, note P.-Y GAUTIER.

risque de dommage, ou que le juge vérifie qu'il a bien été consommé [301]».

En effet, si le droit moral pouvait être cédé ou si l'on pouvait y renoncer par avance, il deviendrait très vite illusoire, les exploitants prenant alors soin de systématiser une telle cession par des clauses de style destinées à priver les auteurs de ce droit. La règle de l'inaliénabilité est d'ordre public.[302]

L'inaliénabilité signifie que l'auteur ne peut ni céder son droit moral par contrat, que ce soit à titre gratuit ou à titre onéreux, ni renoncer par avance à faire valoir ce droit, avant même qu'une atteinte y ait été portée. Comment permettre que l'auteur livre ainsi son œuvre « *pieds et poings liés* » à son cocontractant, à un moment où il ignore ce que celui-ci va en faire, quelles modifications on envisage et quels effets auront les modifications futures sur la réception de l'œuvre et les sentiments de son auteur ? Comment pourrait-on admettre qu'il abandonne la défense d'une part de sa personne au bon vouloir d'autrui, en se privant d'avance du droit d'invoquer ses prérogatives les plus fondamentales ?

Desbois disait même, de façon imagée, que *« l'auteur ne peut renoncer à la défense de sa personnalité sous peine de commettre un suicide moral* [303]». Ainsi, un auteur ou un interprète ne peut pas renoncer à son droit à l'intégrité de l'œuvre, par exemple en acceptant d'avance toutes les modifications que son cocontractant souhaiterait apporter ensuite à l'œuvre[304], qu'il s'agisse du commanditaire du support matériel, de l'exploitant ou même de l'adaptateur[305].

---

[301] P. Y. GAUTIER, *Propriété littéraire et artistique,* 9e éd. Refondue, PUF, coll. « Droit fondamental : droit civil », 2010, p. 215, n°196.
[302] Cas. Civ. I, 28 janv. 2003, *op. cit.*
[303] DESBOIS, *Le droit d'auteur en France*, 3e éd. In *Revue internationale de droit comparé*. Vol. 31 N°2, Avril-juin 1979. p. 382.
[304] Cass. Civ. I 12 juin 2001, « Le petit prince », *RIDA*, janvier 2002, p. 267, Légipress, octobre 2001, n°185-III-186 : « (… la Cour d'appel a justement énoncé que la conclusion d'un contrat d'adaptation n'emportait aucune renonciation au droit au respect de l'œuvre (…).
[305] Cass. Civ. I, 28 janv. 2003, « *Barbelivien et Montagné c. Business* », *Bull. civ.* I. n°28, p. 23, *RIDA*, avril 2003, p. 415, *D.*, 2003, p. 559, Comm.- com.-élec., mars 2003, n°21, obs. C. CARON : « L'inaliénabilité du droit au respect de l'œuvre, principe d'ordre public, s'oppose à ce que l'auteur abandonne au cessionnaire de façon préalable et générale, l'appréciation exclusive des utilisation, diffusion,

L'auteur ou l'artiste-interprète ne saurait non plus abdiquer définitivement sa paternité sur son œuvre. Aucune clause contractuelle ou même aucun usage contraire prétendu ne peut contredire une règle d'ordre public[306]. Est donc frappée de nullité la renonciation anticipée, c'est-à-dire portant sur un droit non encore né, renonciation figurant dans l'acte qui encourt la nullité.[307]

Cette notion d'indisponibilité est importante et essentielle pour déterminer la soumission du droit moral aux MARL. En recourant à l'arbitrage, il n'est renoncé qu'au droit au juge, et non pas aux droits substantiels comme le droit moral. S'agissant du lien entre l'arbitrabilité et la disponibilité du droit moral, Monsieur Loquin dira que, *« C'est en raison de la méfiance traditionnelle envers la manière dont jugent les arbitres, méfiance qui conduit à une assimilation entre convention d'arbitrage et la renonciation aux droits qu'elle concerne* [308]». Traditionnellement, la renonciation par la personne protégée aux garanties qu'offre le tribunal étatique est assimilée à une renonciation au droit lui-même. La crainte est que l'arbitre ne respecte pas les lois impératives.

Ainsi, au terme de l'article 2059 du Code civil, l'arbitrage ne serait exclu que dans les cas où la loi interdit la renonciation au droit en cause. Cela prohiberait donc le jeu de la clause compromissoire en matière de droit moral, car, s'agissant d'un droit rangé dans la catégorie des droits indisponibles, il n'est pas possible d'y renoncer de façon préalable et générale dans le contrat d'auteur (la clause compromissoire étant en elle-même assimilée à une telle renonciation).

---

adaptation, retrait, adjonction et changement auxquels il plairait à ce dernier de procéder » (cassation de Paris, 20 juin 2000, *RIDA*, janvier 20012, p. 326, confirmant TGI Paris, 3 sept. 1997, RIDA, janv. 1998, p. 343).

306 Paris, 14 juin 1959, « *Gaumont c. Pierre Blanchar* », « si les auteurs ou coauteurs (…) peuvent toujours modifier cette œuvre, et donc consentir, en connaissance de cause, aux modifications qui les sont suggérées, et dont ils sont mis à même d'apprécier le nombre, l'importance et l'opportunité, ils ne sauraient d'avance renoncer, en bloc et par blanc-seing, à l'exercice de leur droit moral, qui, incessible et insaisissable, s'impose à tous, aux cocontractants comme aux tiers, l'œuvre, une fois livrée au public, devant être protégée, même contre l'indifférence momentanée de l'auteur lui-même » ; *D.*, 1951, civ. I, 12 juin 2001, « Le Petit Prince », préc.

307 P. Y. GAUTIER, *Propriété littéraire et artistique*, 7e éd. Refondue, *PUF*, coll. « droit fondamental : droit civil », 2010, p. 215, n°196.

308 E. LOQUIN, in J-*Cl. Pr. Civ.*, fasc. 1024, n°24.

Il est dès lors acquis, compte tenu de ce caractère indisponible, donc inaliénable du droit moral de l'auteur, qu'aucune soumission de celui-ci aux MARL n'est possible. Il en sera éventuellement de même du fait de son caractère d'ordre public.

B. Le caractère d'ordre public du droit moral de l'auteur

Quant au caractère d'ordre public du droit moral de l'auteur, celui-ci n'est pas indiqué dans la loi[309], que ce soit en France qu'au Cameroun. C'est la jurisprudence qui a construit ce caractère d'ordre public[310]. Il s'agit d'un ordre public de protection. Protection de l'auteur contre lui-même, mais surtout, protection contre les clauses qui désignent un titulaire du droit moral, autrement dit, qui transfèrent son exercice de manière générale et anticipée, comme analysé ci-dessus.

Ce caractère d'ordre public du droit moral de l'auteur est constamment rappelé par la jurisprudence. C'est ce qui ressort de la décision *Camus* du tribunal de grande instance de Paris rendue le 15 février 1984[311], où le tribunal décide que « *dès lors qu'il y a eu concession au sous-éditeur l'auteur est censé être présent dans toute convention pouvant mettre en péril son droit moral.* » De même, la décision *Rouault* [312] indiquait que « *les conventions qui portent sur des œuvres de l'esprit sortent des catégories normales du droit et diffèrent des conventions ordinaires, à cause de l'influence qu'exerce sur elles le droit moral de l'auteur.* »

Le caractère d'ordre public a été définitivement affirmé dans deux arrêts : un arrêt de la cour de cassation du 28 mai 1991 (*affaire Huston*)[313] et un arrêt de la cour d'appel de Paris du 1er février 1989[314]. L'exception d'ordre public a ainsi permis d'écarter la loi américaine autorisant les clauses abdicatives du droit de paternité

309 C. CARON, *Droit d'auteur et droits voisins*, *op.cit.*, p. 208, n°255.
310 Paris, 20 janv. 1971, préc.
311 TGI Paris, 15 févr. 1984, *Rev. Arb.* 1984, p. 95, note A. FRANÇON.
312 TGI Seine, 10 juillet 1946
313 Civ. 1er, 28 mai 1991, *Bull.* 1991.I. N° 172 p. 113, pourvoi n°89-19522 89-19725.
314 CA Paris, 1er févr. 1989, 1e Ch. Suppl., 1 févr.1989, *Juris-Data,* n°029327

alors même que celle-ci avait été désignée par la règle de conflit. Le juge lui a substitué la loi française.

Dans cet arrêt du 28 mai 1991 particulièrement, la haute juridiction affirme que constituent des lois d'application impérative, les règles selon lesquelles en France, d'une part, aucune atteinte ne peut être portée à l'intégrité d'une œuvre littéraire ou artistique, quel que soit l'Etat sur le territoire duquel elle a été divulguée pour la première fois et, d'autre part, la personne, qui est l'auteur de cette œuvre du seul fait de sa création, est investie du droit moral institué à son bénéfice.

La loi camerounaise de 2000 ne dit pas le contraire lorsqu'elle dispose en son article 13 que « *les auteurs des œuvres de l'esprit jouissent sur celles-ci, du seul fait de leur création, d'un droit de propriété exclusif et opposable à tous, dit droit d'auteur dont la protection est organisée par la présente loi. Ce droit comporte des attributs d'ordre moral et des attributs d'ordre patrimonial.* »

Dès lors, doit être cassé l'arrêt d'une cour d'appel qui, pour débouter les héritiers du co-réalisateur d'un film créé en noir et blanc, dont une version colorée a été établie par le producteur, de leur demande d'interdiction de diffusion de cette nouvelle version, énonce que les éléments de fait et de droit relevés par elles interdisaient l'éviction de la loi américaine et la mise à l'écart des contrats.

Ainsi, l'auteur ne peut disposer contractuellement de son droit moral[315]. D'où, l'application du principe de non-arbitrabilité fondé sur l'indisponibilité des droits de l'article 2059 du Code civil au droit moral d'auteur.

§ 2. Les justifications liées à la nature juridique du droit moral de l'auteur

L'arbitrage a pu paraître rester relativement en marge des MARL en matière de propriété littéraire et artistique du simple fait

[315] Paris, 14 juin 1950, *D.* 1951. 9, note H. DUBOIS : protection « contre l'indifférence momentanée de l'auteur lui-même ».

que cette dernière est fortement teintée d'ordre public de protection. Ce qui rend le droit moral de l'auteur non seulement non arbitrable mais aussi et surtout, rend la transaction presque impossible en la matière.

A. La non-arbitrabilité du droit moral de l'auteur

C'est la nature juridique et les caractères du droit moral, en d'autres termes, le régime juridique que la jurisprudence et la doctrine lui confèrent compte tenu de sa nature et de ses caractères qui conditionnent tout entièrement la question de l'arbitrabilité des litiges relatifs au droit moral[316].

Selon l'article L-121-2 du CPI, ainsi que l'al. 4 de l'article 13 de la loi camerounaise de 2000, le droit moral de l'auteur est attaché à sa personne. Colombet exprimait cette idée dans une belle formule[317] : *«Par opposition aux droits pécuniaires qui ont vocation à se détacher, le droit moral s'attache à l'auteur comme la lueur au phosphore. »* Il s'agit d'un droit de la personnalité dont le caractère fondamentalement extra patrimonial et individualiste entraîne d'importantes conséquences[318].

Bien que cela soit parfois discuté, tant par les partisans d'une qualification *sui generis*[319], conception selon laquelle cette prérogative protégerait l'œuvre en elle-même, indépendamment de la personne de l'auteur, que par ceux qui voudraient voir dans cette prérogative un

---

[316] F. SIIRIAINEN, « Arbitrage, transaction et droit moral de l'auteur » in Les modes alternatifs de règlement des litiges de propriété intellectuelle, sous la direction de J.-M. BRUGIERE, éd. *Dalloz*, 2012. p. 103 s.

[317] C. COLOMBET, Précis, 9e éd., n°129 s.

[318] M. VIVANT et J.-L. NAVARRO, *Code de la propriété intellectuelle,* 2014, éd. LexisNexis. C. CARON, *Droit d'auteur et droit voisin,* 2e éd., Litec, 2009, n°248.

[319] En ce sens, J.-S. BERGE, *La protection internationale et communautaire du droit d'auteur*, LGDJ, 1996, n°74 ; G. GAVIN, *Le droit moral de l'auteur*, Dalloz, 1960, p. 279 s. ; A. et H. –J. LUCAS, *Traité,* 4e éd., n°367-369, qui considèrent que le rattachement à la catégorie des droits de la personnalité comporte « le risque de voir le droit moral se fondre peu à peu dans une nébuleuse et s'affadir, donc s'affaiblir » ; A. LUCAS-SCHLÖTTER, Droit moral et droit de la personnalité. Etude comparative franco-allemande, th. Dactyl., Paris I, 2000.

accessoire du droit patrimonial, le droit moral appartient à la catégorie juridique des droits de la personnalité. Il en a même été historiquement le précurseur, tant en jurisprudence, qu'en législation. Parce que l'œuvre est l'une des manifestations de la personnalité de l'auteur, le droit qui protège le lien entre l'auteur et cette émanation de sa personne relève de la même catégorie juridique que le droit qu'il possède sur son image ou sur son nom. Du reste, le droit moral, consacré en jurisprudence dès le 19ème siècle, a servi de modèle à l'élaboration des autres droits de la personnalité par la doctrine et la jurisprudence.

Contrairement à ce que pense la Cour de cassation qui rattache de manière assez ambiguë « aux autres droits de la personnalité [320]», le droit moral diffère des autres droits de la personnalité, car il a un objet particulier : l'œuvre en tant qu'émanation de la personnalité de l'auteur. Le droit moral protège en effet, non pas la personnalité en général du créateur, mais sa personnalité artistique, celle qu'il manifeste au travers de ses œuvres. C'est d'ailleurs ce qui justifie le caractère perpétuel du droit moral : portant avant tout sur l'œuvre, il survit avec celle-ci à la personne du créateur. Comme l'explique un auteur, le droit moral « *assure la protection des sentiments intimes de l'auteur, certains disent même de sa personnalité, contre les atteintes susceptibles de lui être portées à l'occasion de son activité créatrice et de ses diverses manifestations*[321] ».

Ce droit trouve donc plus son siège dans l'œuvre que dans la personnalité de l'auteur au sens propre de l'auteur, un peu comme si la personnalité de l'auteur se détachait de lui pour se fixer dans son œuvre. Lorsque le droit moral confère à l'auteur le droit de faire respecter son nom, ce n'est pas du droit au nom civil en général qu'il s'agit, mais du droit de faire reconnaître sa paternité sur une œuvre qu'il a créée. Lorsqu'on perçoit un droit au respect de son œuvre, il ne s'agit pas d'une simple application du droit général à l'honneur et à la réputation, mais du droit d'imposer le respect de l'intégrité de son œuvre, parce que sa personne y est impliquée. Il est inaliénable et l'on

[320] Civ. 1re, 10 mars 1993, *Association La Fraternité blanche universelle c. Boizeau*, *JCP G* 1993. II. 22161, note RAYNARD ; *D.* 1994. 78, note FRANÇON ; *RTD com.* 1994, 48, obs. FRANÇON.
[321] E. SILZ, « La notion de droit moral de l'auteur. Son fondement-Ses Limites », *RTD civ.* 1983. 331 s.

ne peut y renoncer[322], alors que l'artiste peut fort bien limiter sa liberté par contrat, par exemple en souscrivant une clause d'exclusivité au profit d'un marchand de tableaux[323].

B. L'intransigibilité du droit moral de l'auteur

S'il est admis, ou à tout le moins admissible, qu'une fois le litige né, les parties peuvent compromettre relativement au droit moral, au motif que le droit en cause étant acquis, il est devenu disponible, on ne voit pas ce qui empêcherait que le droit moral, dans ces conditions, soit l'objet d'une transaction.[324]

Or, la jurisprudence de la Cour de cassation n'est pas favorable aux transactions relatives au droit moral. Deux arrêts importants de la haute juridiction française se sont prononcés sur la question : l'arrêt de la 1ère chambre civile du 4 avril 1991[325] et celui du 16 novembre 2004[326].

Dans la première affaire dénommée *affaire Béart*, Guy Béart avait été chargé de composer les thèmes musicaux de l'émission *Papivole.* M. Guy Boyer s'était vu confier par Antenne 2 le soin de réaliser la sonorisation des images par la musique. Ce dernier en profita pour adjoindre à l'œuvre de Guy Béart quelques thèmes musicaux composés par lui. Les deux auteurs déclarèrent la musique de *Papivole* à la SACEM. M. Boyer demanda alors le paiement de sa part des redevances. Le litige étant né autour de ces redevances, les parties conclurent par la suite une transaction au terme de laquelle elles reconnaissaient que M. Béart « était le seul auteur de la musique de l'émission *Papivole* ». M. Boyer invoqua alors la nullité de cette

---

[322] Cass. Civ. I, 28 jan.2003, « *Barbelivien et Montagné c. Business* », *Bull. Civ.* I., n°28, p.23; Cass. Civ. I, 24 févr. 1998, *Bull. Civ.* I, n°75 p. 50.
[323] Cass. Civ. 13 janv. 1970, *D.*, 1970, p. 483, RIDA, oct. 1970, p. 81; *RTD com.*, 1972, p.103, obs. DESBOIS; Aix-en-Provence, 23 févr. 1965, *Gaz. Pal.*, 1965-1-316, *RTD com.*, 1965, p. 849, obs. DESBOIS.
[324] F. SIIRIAINEN, « Arbitrage, transaction et droit moral de l'auteur », *op. cit.* p. 111.
[325] Civ. 1er, 4 avr. 1991, *Bull. civ.* I, n°119.
[326] Civ. 1er, 16 nov. 2004, 358 et obs. A. KEREVER, p. 261.

transaction, en se fondant sur le caractère inaliénable du droit de l'auteur au respect de son nom et de sa qualité. La cour d'appel constata dans son dispositif la validité de la transaction. La haute juridiction censura la décision de la cour d'appel sur ce point au visa de l'article 6 de la loi de 1957 qui dispose que le droit de l'auteur au respect de son nom et de sa qualité est inaliénable. Autrement dit, la transaction violait une règle d'ordre public par la renonciation que l'auteur faisait de son droit moral.

Le second arrêt est l'affaire du dictionnaire Robert. Le litige ici s'était noué autour d'une transaction conclue par les héritiers de Paul Robert (lequel se prétendait auteur du dictionnaire Le Petit Robert) et la société exploitant certains dictionnaires Robert. Au terme de cette transaction, il était établi que Paul Robert avait toujours eu « la propriété des droits de l'auteur du Petit Robert » et que cette propriété ne serait pas contestée à ses héritiers. Ces derniers prétendaient que la publication de déclinaisons du Petit Robert portait atteinte à leurs droits patrimoniaux et au nom de Paul Robert. La société fut condamnée en première instance mais la cour d'appel infirma la décision. Le pourvoi est rejeté par la Cour de cassation au motif que la détermination de l'auteur d'une œuvre protégée relève exclusivement de la loi. En d'autres termes, elle relève de l'appréciation du juge et non pas de la volonté contractuelle des parties. Il n'est plus dans la présente cause de l'indisponibilité du droit moral mais de la qualité d'auteur. Mais les deux questions sont intrinsèquement liées : notamment en ce que la qualité d'auteur conditionne la jouissance du droit moral.

Pour la Cour de cassation, le droit moral de l'auteur ou encore la détermination de la qualité d'auteur ne pourraient faire l'objet d'une transaction. Cette solution est fondée en raison du caractère d'ordre public du droit moral. En plus, la transaction suppose des concessions réciproques ; or celles-ci ne sont pas susceptibles de porter sur le droit moral en raison de son caractère extrapatrimonial et inaliénable, en tout cas indisponible. Contrairement aux droits patrimoniaux de l'auteur et tout le droit de la propriété industrielle qui sont des droits disponibles, et font généralement l'objet des contrats d'exploitation. La conséquence directe et immédiate de ces contrats est la soumission des litiges relatifs aux MARL.

Afin de cerner le fondement de la thèse de rejet des MARL en matière de propriété intellectuelle, nous avons fait une distinction entre propriété industrielle et propriété littéraire et artistique.

Pour ce qui est de la propriété industrielle, nous sommes arrivés à la conclusion selon laquelle, que ce soit des justifications tenant à la qualité des parties, c'est-à-dire pour des litiges mettant en cause des relations de travail ou des personnes de droit public, ou des justifications tenant à l'objet du litige, c'est-à-dire des litiges tenant à l'existence des droits de propriété industrielle ou ceux tenant à l'exercice desdits droits, leur soumission aux MARL est prohibée tant par la loi que par la jurisprudence du fait de la forte implication de la puissance publique dans la délivrance des titres de propriété industrielle.

Quant à la propriété littéraire et artistique, le droit moral de l'auteur, dominé par son indisponibilité et son caractère d'ordre public, est de ce fait insusceptible d'être soumis aux MARL.

Enfin, s'agissant de l'action en contrefaçon, on peut conclure que la non soumission aux MARL tient probablement au fait qu'elle oppose des personnes qui n'entretiennent généralement pas de rapports contractuels. Or, l'absence de contrat s'accompagne logiquement d'une absence de clause compromissoire.

Traiter de l'appréciation de la prétendue incompatibilité entre la soumission des litiges en matière de propriété intellectuelle aux MARL et l'ordre public venait à s'interroger sur le contenu de la thèse de la prohibition d'une part, et de sa justification d'autre part.

Après analyse des dispositions des lois françaises de 1844, 1968 et 1978, nous pouvons dire avec certitude que conformément à une règle tout à fait générale en France, les droits de propriété industrielle et plus particulièrement le brevet d'invention, une fois qu'il est délivré, est soumis à l'autorité judiciaire. L'intervention de cette dernière en matière de brevets est multiple, mais elle se réalise principalement pour contrôler la validité du brevet (contentieux de l'annulation) et pour sanctionner les atteintes portées au droit exclusif du breveté (contentieux de la contrefaçon). Nous n'irons pas jusqu'à affirmer que l'arbitrage est étranger à ces questions, mais il nous faut admettre que le droit de la propriété industrielle a longtemps été considéré comme une forteresse hermétique aux MARL en France.

Cela, en raison des dispositions législatives applicables en matière de propriété industrielle. La possibilité de la soumission des litiges de propriété intellectuelle aux MARL a le plus souvent été remise en question du fait de décisions jurisprudentielles contradictoires.

La doctrine, pour apprécier cette prohibition, s'est fondée sur les arguments tirés de l'absence de la libre disposition de certains droits de propriété intellectuelle, la théorie de la relativité des conventions ainsi que la théorie de l'opposabilité de la sentence arbitrale. Elle est allée plus loin, suivant ainsi le législateur, en indiquant que la soumission des litiges de propriété industrielle impliquant les inventions des salariés aux MARL est proscrite. Le Code de la propriété intellectuelle français n'envisage d'ailleurs formellement que la saisine du tribunal de grande instance ou, si l'une des parties le demande, de la Commission nationale des inventions de salariés.

De même, certains litiges de droit de la propriété intellectuelle mettent en cause des personnes morales de droit public. L'on songe, avant tout, à l'hypothèse d'un inventeur, fonctionnaire ou non, qui aurait un différend avec l'administration qui l'emploie au sujet de la titularité ou de l'exploitation du droit de propriété industrielle. Nous pouvons sur ce point, conclure à la prohibition des MARL sur le fondement des dispositions de l'article 2060 du Code civil.

Mais en matière d'arbitrage international, les solutions sont moins nettes. Ce qui nous permet d'envisager l'admission des MARL en matière de propriété intellectuelle à la faveur du déclin des considérations d'ordre public.

DEUXIEME PARTIE

L'ADMISSION DES MARL EN MATIERE DE PROPRIETE INTELLECTUELLE A LA FAVEUR DU DECLIN DES CONSIDERATIONS D'ORDRE PUBLIC

Dans la première partie de notre travail nous avons pu démontrer à quel point l'action conjuguée de la doctrine et de la jurisprudence ont interpellé, puis forcé le législateur à intervenir, pour clarifier une position souvent ambiguë sur la question de la soumission aux MARL des litiges en matière de propriété intellectuelle. Nous avons également vu qu'en matière des MARL appliqués à la propriété intellectuelle, compte tenu du caractère très imprécis de la notion d'ordre public, «*la question de l'arbitrabilité est très certainement l'une des plus difficiles du droit de l'arbitrage*[327] ». L'article 2060 tant du Code civil français ainsi que le Code civil camerounais interdisent de compromettre dans « *toutes les causes qui intéressent l'ordre public* ». L'on sait que la jurisprudence a progressivement précisé cette prohibition. Ainsi, elle a, dans un premier temps, jugé que l'article 2060 du Code civil interdisait seulement à l'arbitre de prononcer la nullité d'une convention pour violation de l'ordre public. Dans un second temps[328], elle a admis que l'arbitre pouvait sanctionner les violations de l'ordre public. Dès lors qu'il est admis que les arbitres peuvent se prononcer sur les violations de l'ordre public, certaines matières qui étaient exclues de l'arbitrage deviennent arbitrables, comme c'est le cas de la propriété intellectuelle.

Il a d'ailleurs été jugé par le tribunal arbitral de la chambre de commerce internationale que les litiges relatifs à l'exploitation du brevet étaient arbitrables[329] .

Elle a poursuivi sur cette lancée s'agissant des contrats d'exploitation des droits de propriété intellectuelle, ainsi que sur la

---

[327] E. LOQUIN, *J.-Cl. Pr. Civ.*, fasc. 1024, n°3.

[328] Com. 20 nov. 1950. Arrêt Tissot, op. cit.

[329] T. arb. Ch. Com. Int., juin 1991, aff. n°6709, *PIBD* 1993, 541, III, p.230, *JDI (Clunet)* 1992, p.998.

question de titularité des titres : « *les litiges portant sur les contrats relatifs à l'exploitation des brevets, qu'il s'agisse d'interprétation ou d'exécution du contrat, sont arbitrables. Il en est de même pour les marques, les dessins et modèles industriels*[330].

Désormais, la soumission aux MARL des différends à caractère purement contractuel relatifs à un droit de propriété intellectuelle (paiement des redevances, demande de sanction de l'inexécution par le breveté, concession de licence, propriété des droits…), lorsque la validité de ce titre n'est pas en cause, n'est pas discutée. De même, la soumission aux MARL des différends relatifs aux droits d'auteur et aux droits voisins n'est pas non plus discutée, en dépit même du caractère extrapatrimonial du droit moral de l'auteur.

Il est donc acquis en droit positif, le principe de la soumission aux MARL des litiges en matière de propriété intellectuelle. L'application dans la pratique de ce principe a eu comme conséquence directe l'accroissement du rôle de la volonté des parties dans le règlement non juridictionnel des litiges de propriété intellectuelle.

---

[330] CA Paris, 1er Ch. Suppl., 1 déc.1987, *Juris-Data*, n°029327 ; TGI Paris, 17 mars 1981, *Rev. Arb.* 1983, p. 95, note A. FRANÇON.

TITRE I

L'ACCROISSEMENT DU ROLE DE LA VOLONTE DES PARTIES DANS LE REGLEMENT NON JURIDICTIONNEL DES LITIGES EN MATIERE DE PROPRIETE INTELLECTUELLE

Le décret n° 2011-48 du 13 janvier 2011 portant réforme de l'arbitrage a défini aussi bien la clause compromissoire, à l'article 1442 du Code de procédure civile, que le compromis, comme une « convention ». La clause compromissoire est la convention par laquelle les parties à un ou plusieurs contrats s'engagent à soumettre à l'arbitrage les litiges qui pourraient naître relativement à ce ou à ces contrats.

Le compromis quant à lui est la convention par laquelle les parties à un litige né soumettent celui-ci à l'arbitrage. C'est la consécration du principe de la volonté des parties, à soumettre les litiges nés de leur relation contractuelle, aux MARL comme c'est le cas en matière de propriété intellectuelle. En d'autres termes, c'est la traduction subjective de la volonté des parties dans le règlement par les MARL des litiges en matière de propriété intellectuelle (chapitre1).

Depuis l'arrêt Dalico[331] il est acquis, en droit positif français, que les conditions de formation de cette convention ne doivent pas s'apprécier au regard des notions de droit interne français mais de celles qui présentent un caractère suffisamment important pour relever de l'ordre public international. De ce fait, la traduction objective de la volonté des parties a contribué au développement du contentieux non juridictionnel international en matière de propriété intellectuelle.

---

[331] Cass. civ. 1ère, 20 décembre 1993, *JDI* 1994.432, note G. GAILLARD.

CHAPITRE I

LA TRADUCTION SUBJECIVE DE LA VOLONTE DES PARTIES DANS LE REGLEMENT PAR LES MARL DES LITIGES EN MATIERE DE PROPRIETE INTELLECTUELLE

L'arbitre, qui est investi par les parties doit-il, dans sa mission, tenir compte de l'intérêt général ou doit-il simplement se borner aux seuls intérêts de ceux qui l'ont investi ? D'une part, l'arbitre a l'obligation de respecter la volonté des parties telle que stipulée dans leur contrat. Mais il arrive souvent que l'arbitre bénéficie des pouvoirs extrêmement larges face à une violation d'ordre public d'autre part.

Section 1. Le respect de la volonté des parties par elles-mêmes, par l'arbitre ou par le médiateur

Il ne serait pas fallacieux d'affirmer que la notion d'autonomie de la volonté constitue le principe fondamental de notre droit des contrats. Selon cette doctrine, l'homme étant libre par essence ne peut s'obliger que par sa propre volonté. Il s'ensuit que c'est la volonté qui, indépendamment de la loi, en tant que source du droit unique et autonome, crée les effets juridiques du contrat et en détermine le contenu de manière souveraine. Ces effets juridiques n'existent que parce qu'ils ont été voulus et comme ils ont été voulus. En outre, l'homme ne pouvant agir contre ses intérêts, ses obligations volontairement consenties ne peuvent qu'être justes. Comme l'affirme Goumot, la seule intervention de l'Etat doit avoir pour objet d'assurer l'égalité des volontés en présence, tout contrat libre étant un contrat juste, quel que soit son contenu[332].

---

[332] E. GOUNOT, Le principe de l'autonomie de la volonté en droit privé ; contribution à la critique de l'individualisme, *Thèse* Dijon, 1912, p.76.

Dans les contrats d'exploitation des droits de propriété intellectuelle, les parties jouissent d'une très grande liberté. La recherche de la simplicité dans la résolution des litiges aboutit à laisser aux contractants le soin de désigner eux-mêmes tant la loi devant régir leur contrat, le lieu et la langue du tribunal arbitral en cas de litige. Il serait ainsi illusoire pour un Etat de vouloir contrôler les contrats à vocation internationale comme les contrats d'exploitation des droits de propriété intellectuelle.

En effet, si les lois nationales peuvent prévoir expressément ou implicitement des restrictions à l'égard des contrats internationaux et si les juridictions nationales peuvent contrôler la conformité desdits contrats aux lois impératives, il faut cependant relever que les parties à un contrat d'exploitation des droits de propriété intellectuelle disposent du choix entre plusieurs *fora* et peuvent choisir celui qui leur est le plus favorable.

Même si aucun effet n'était accordé à la volonté des parties quant au choix du droit applicable, il ne pourrait pas en être de même en ce qui concerne au moins la localisation de leur contrat, le lieu d'exécution, le lieu de paiement et la monnaie de paiement. Toute tentative de restriction de l'autonomie des parties à l'égard de ces paramètres universellement reconnus et consacrés serait illusoire[333].

La volonté des parties joue un rôle primordial dans l'arbitrage des litiges de propriété intellectuelle, lequel, est lui-même un instrument indispensable pour le développement du commerce international. Dès lors, il n'est pas étonnant que le principe de l'autonomie de la volonté soit essentiel dans les systèmes juridiques des pays d'économie de marché[334].

---

[333] P. NYGH, Autonomy in international contracts, *Oxford University Press,* 1998, p. 2

[334] A. PANTEY, (« l'arbitrage dans les échanges internationaux », in revue des sciences morales et politiques, 2002, p. 320 et s.) qui affirme que « le principe de l'autonomie de la volonté caractérise l'économie de marché, exprime la liberté, stimule l'initiative privée, permet à chacun des acteurs de l'économie de rencontrer ses partenaires, en conservant sa capacité propre à s'engager, si possible, à l'égalité de droit. …La puissance de l'accord de volonté est, dans les échanges internationaux, aussi grande sinon plus grande que dans certains droits occidentaux, où l'on considère que le contrat fait la loi des parties ».

Les parties doivent être libres de déterminer les termes et conditions de leurs contrats ; conditions et termes qui doivent être appliqués à la lettre par l'arbitre ou le médiateur si c'est l'un ou l'autre MARL qui a été choisi. Cette règle est aujourd'hui universellement consacrée. Et les controverses ardentes qu'elle soulève ne sont pas encore à leur solution. Cette consécration de l'autonomie de la volonté est matérialisée par la convention d'arbitrage ou le compromis. La convention d'arbitrage étant le contrat par lequel les parties se sont engagées à faire trancher leurs litiges, nés ou à naître, par des arbitres et non par des juridictions étatiques[335].

C'est dire que, positivement, elle fait obligation aux parties de respecter cet engagement (§1) et fonde la compétence du tribunal arbitral (§2) et que, négativement, elle interdit aux parties de recourir aux juridictions étatiques pour le règlement des différends visés par la convention d'arbitrage[336].

§ 1. Le strict respect par les parties des obligations contenues dans la clause compromissoire

Lorsque les parties à un contrat d'exploitation des droits de propriété intellectuelle décident d'y insérer une clause compromissoire, elles sont tenues le moment venu, de respecter scrupuleusement les obligations nées de cette convention. Il en est ainsi de l'obligation de déférer aux arbitres ou au médiateur les litiges visés par la convention d'arbitrage (A). En plus d'être

---

[335] Sur la rédaction de la convention d'arbitrage, sous un angle essentiellement pratique, v. spéc., au sein d'une littérature abondante, S. BOND, « Comment rédiger une clause d'arbitrage », *Bull. CCI*, Vol. 1, n°2, 1999.14 ; du même auteur, « How to Draft an Arbitration Clause », *6J. Int. Arb.* 65(june 1989); M. BLESSNG, "Drafting en Arbitration Clause", *ASA* Spécial Series n°8, 1999.32 ; A ROVINE, 6 *World Arb. 2 Med. Rep.* 148 (1995) ; R. BUDIN, *Les clauses arbitrales internationales*, Payot Lausanne, 1993 ; The Freshfields Guide to Arbitration and ADR, *Kluwer*, 1993 ; dans l'arbitrage CIRDI, E. GAILLARD, « Quelques observations sur la rédaction des clauses d'arbitrage CIRDI », *Rec. Penant*, 1987.291.

[336] Sur la distinction des effets positifs et des effets négatifs de la convention d'arbitrage v. R. DAVID, *L'arbitrage dans le commerce international*, *op. cit.*, n°232.

scrupuleusement respectée, cette obligation doit être exécutée en nature (B).

A. L'obligation de déférer aux arbitres les litiges visés par la convention d'arbitrage

L'obligation de déférer aux arbitres le ou les litiges visés par la convention d'arbitrage résulte de l'application pure et simple du principe de la force obligatoire des conventions à cet accord. Or, on sait que ce principe, souvent présenté sous la formulation latine *pacta sunt servanta,* est l'un des plus solidement établis du droit international des contrats[337]. Il n'y a donc aujourd'hui aucune difficulté à accepter le principe de la force obligatoire de la convention d'arbitrage en tant que règle matérielle du droit français de l'arbitrage international et même en tant que règle transnationale du droit de l'arbitrage lorsque les litiges sont relatifs au droit de la propriété intellectuelle.

C'est la raison pour laquelle la jurisprudence française n'a jamais raisonné en termes de loi applicable pour affirmer la force obligatoire de la convention d'arbitrage[338]. Il en résulte qu'une loi qui n'admettrait pas le caractère obligatoire de la convention d'arbitrage n'aurait, pour l'ordre juridique français, aucun titre à s'appliquer, même à propos d'un litige se rattachant, par la nationalité des parties, l'objet du litige ou la loi applicable au fond, à l'Etat dont cette loi émane. Les juridictions françaises reconnaîtront donc, en application d'une règle matérielle du droit français de l'arbitrage, la sentence

---

[337] Les exemples de principes généraux du droit du commerce international dégagés par la jurisprudence arbitrale comportent naturellement des règles de portée extrêmement large. C'est le cas du principe de la force obligatoire des conventions, que les sentences présentent volontiers sous la forme la plus solennelle qu'est l'adage *pacta sunt sevanda*, ou du principe de la bonne foi contractuelle. *Cf.* sentence CCI n°2321(1974), Yearbook, 1976.133 ; la sentence CIRDI ultérieurement annulée sur d'autres motifs rendue le 20 nov. 1984 dans l'affaire Amco Asia c. Indonésia, *JDI*, 1987.145, spe. P. 154, obs. E. GAILLARD.

[338] Paris, 20 avr. 1988, *Rev. arb.*, 1988.570 et le commentaire de J.-L. GOUTAL, p.439. Sur la généralisation de cette méthode par l'arrêt *Daliko* rendu par la Cour de Cassation le 20 déc. 1993, *op. cit.*

rendue sur le fondement d'une clause compromissoire qu'une autre loi, présentant pourtant un lien étroit avec la cause, estime dépourvue de force obligatoire, parce qu'elle n'admet que la validité du compromis[339], ou pour toute autre raison. Ainsi par exemple, le décret colombien sur l'arbitrage du 7 octobre 1989 ne reconnaît pas le caractère obligatoire de la convention d'arbitrage entre deux parties lorsque le litige est susceptible de concerner également un tiers. C'est en réalité une manière originale - et très peu favorable à l'arbitrage - de régler les difficultés tenant à l'impossibilité de porter devant le même juge des litiges connexes lorsque la convention d'arbitrage n'a pas été acceptée par tous les protagonistes susceptibles d'être concernés.

Les conventions internationales relatives à l'arbitrage ont également très tôt reconnu l'obligation de déférer aux arbitres les litiges visés par la convention d'arbitrage. Dès 1923, le Protocole de Genève relatif aux clauses d'arbitrage l'a admis implicitement en affirmant, en son article 1er, « *la validité, entre parties soumises à la juridiction d'Etats contractants, du compromis ainsi que de la clause compromissoire* »[340]. La Convention de New York de 1958 pour la reconnaissance et l'exécution des sentences arbitrales étrangères a repris le principe en son article II, paragraphe 1er, aux termes duquel « chacun des Etats contractants reconnaît la convention écrite par laquelle les parties s'engagent à soumettre à un arbitre tous les différends ou certains des différends qui se sont élevés ou pourraient s'élever entre elles au sujet d'un rapport de droit déterminé, contractuel ou non contractuel, portant sur une question susceptible d'être réglée par voie d'arbitrage ».

Sans énoncer directement l'obligation de déférer à l'arbitrage les litiges visés par la clause compromissoire ou par le compromis, la Convention de Genève du 21 avril 1961 la consacre également en

---

[339] La définition de la convention d'arbitrage international regroupe deux catégories de conventions d'arbitrage que le droit interne de l'arbitrage continue de distinguer, au moins formellement, que sont la clause compromissoire, « convention par laquelle les parties à un contrat s'engagent à soumettre à l'arbitrage les litiges qui pourraient naître relativement à ce contrat » et le compromis d'arbitrage, « convention par laquelle les parties à un litige né soumettent celui-ci à l'arbitrage » v. art. 1442 et 1447 NCPC français.

[340] Adopté à Genève le 24 septembre 1923, ce protocole n'est plus applicable dans les rapports des Etats à la Convention de New York.

organisant minutieusement les modes de désignation du ou des arbitres à défaut de mécanisme prévu à cet effet par les parties[341]. Ces dispositions impliquent clairement que les parties sont tenues de déférer le litige à l'arbitrage.

Les différends issus de la formation, de l'exécution ou de l'interprétation des contrats d'exploitation des droits de propriété intellectuelle étant susceptibles d'être soumis à l'arbitrage dès lors que les parties en ont émis le vœu, n'échappent pas à ce principe.

Cette obligation n'aurait cependant guère d'efficacité pratique si elle ne pouvait être sanctionnée en nature.

B. L'exécution en nature de l'obligation de déférer aux arbitres

Une convention d'arbitrage dont le refus d'exécution ne pourrait donner lieu qu'à des dommages intérêts serait d'un médiocre intérêt. On voit mal d'ailleurs comment évaluer le dommage résultant, pour une partie à un contrat de licence de marque ou de brevet contenant une clause compromissoire, du fait qu'elle n'a pas pu porter le litige devant des arbitres dès lors qu'une juridiction nationale s'est reconnue compétente pour en connaître. Sans doute, un tel dommage est-il souvent très réel. Il résultera par exemple de la perte du bénéfice de la Convention de New York sur l'exécution des sentences arbitrales étrangères : la partie ayant obtenu une condamnation de son cocontractant par les juridictions d'un Etat peut se trouver dans une situation beaucoup moins favorable, du point de vue de l'exécution de la décision, que celle résultant de la même condamnation par un tribunal arbitral. En particulier, si celui-ci siège dans un Etat partie à la Convention de New York. La ratification de cette convention par de très nombreux Etats facilite grandement l'exécution de la sentence[342].

---

341 Art. IV. Sur ces modalités de constitution du tribunal arbitral définies subsidiairement par cette Convention. Pour l'arbitrage institutionnel, la Convention de Genève se borne à renvoyer au règlement du centre permanent choisi par les parties.

342 La Convention de New York du 10 juin 1958 pour la reconnaissance et l'exécution des sentences arbitrales est l'un des instruments internationaux les plus largement ratifiés. Elle fut signée par 24 Etats et à la date du 2 mai 1995, seuls deux

En revanche, à elle seule, la perte d'une chance de voir le litige trouver une issue favorable devant des arbitres n'est guère quantifiable. Dès lors que les juges étatiques d'un Etat quelconque ont retenu leur compétence pour trancher le fond du litige, toute appréciation du préjudice en termes de réparation par équivalent passerait par une impossible comparaison entre les mérites respectifs de la justice arbitrale et de la justice étatique.

Il n'est donc guère possible d'attacher une valeur monétaire au fait de ne pas avoir été en mesure de faire trancher un litige par des arbitres, dès lors qu'un déni de justice pur et simple n'en est pas résulté[343]. Aussi, seule l'exécution en nature est-elle satisfaisante pour les parties.

La plupart des systèmes juridiques prévoient des moyens destinés à assurer l'exécution en nature des conventions d'arbitrage. A cette fin, ils mettent en place divers mécanismes susceptibles de vaincre la résistance de la partie qui, après avoir accepté une convention d'arbitrage, ne souhaite plus participer à la procédure et s'efforce au contraire d'en retarder le cours.

Dans une telle hypothèse, l'arbitrage peut néanmoins se dérouler bien que cette partie s'abstienne de participer à tel ou tel acte de la procédure arbitrale, de désigner un arbitre, de contribuer à la désignation du président du tribunal arbitral, de soumettre ses moyens et ses pièces… Pratiquement toutes les législations sur l'arbitrage prévoient un remède à ces manœuvres[344].

---

d'entre eux ne l'avaient pas ratifiée, le Salvador et le Pakistan. Elle est entrée en vigueur le 7 juin 1959, soit moins d'un an après sa signature. A la date du 1er octobre 1995, cent six Etats étaient liés par cette Convention, soit après ratification, soit après adhésion ou succession.

343 Il en va différemment des coûts engagés par la nécessité d'avoir à se défendre devant une juridiction étatique incompétente du fait de l'existence d'une convention d'arbitrage. Ces coûts pourraient être mis par les arbitres, compétents pour connaître des litiges relatifs à l'exécution de la convention d'arbitrage, à la charge de la partie qui a transgressé son obligation de soumettre le litige à l'arbitrage, occasionnant ainsi des frais à la charge de son cocontractant ; mais ce serait alors la sanction de la violation de l'obligation négative de ne pas saisir les juridictions étatiques qui serait en cause.

344 E. GAILLARD, in *Preventing delay and disruption of arbitration*, ICCA Congress Series n°5, Kluwer, 1991, p. 65 et s. et, pour les Etats de *common law*, V.V. VEEDER, ibid, p. 169 et s.

Certains systèmes juridiques de tradition de *common law* permettent à l'arbitre désigné par le demandeur de statuer comme arbitre unique[345]. Dans les droits de tradition continentale, le remède au refus de désigner un arbitre consiste à prévoir une autorité de désignation qui se substituera à la partie défaillante.

En droit français, le refus d'une partie de procéder à la nomination d'un arbitre trouve sa solution dans la faculté ouverte au président du tribunal de grande instance de Paris de procéder à une désignation à sa place[346].

En droit OHADA, l'article 5 de l'acte uniforme du 11 mars 1999 relatif au droit de l'arbitrage adopte la même position que le législateur français.[347] De même le refus ultérieur de participer à la procédure ne paralyse pas le déroulement de l'arbitrage[348].

Quel que soit le mécanisme retenu, il existe une constance : la résistance d'une partie à un contrat d'exploitation d'un droit de propriété intellectuelle contenant une clause compromissoire ne permet pas de bloquer le déroulement de l'arbitrage.

Les parties à un tel contrat doivent respecter leurs propres volontés, afin que le tribunal arbitral soit effectivement compétent pour régler les litiges visés dans la convention d'arbitrage.

---

345 V.V. VEEDER, *op. cit.*, p. 77.

346 Art. 1493 NCPC.

347 Art. 5 de l'acte uniforme OHADA relatif au droit de l'arbitrage : « Les arbitres sont nommés, révoqués ou remplacés conformément à la convention des parties.
A défaut d'une telle convention d'arbitrage ou si la convention est insuffisante : a) en cas d'arbitrage par trois arbitres, chaque partie nomme un arbitre et les deux autres arbitres ainsi nommés choisissent le troisième arbitre ; si une partie ne nomme pas un arbitre dans le délai de trente jours à compter de la réception d'une demande à cette fin émanant de l'autre partie, ou si les deux arbitres ne s'accordent pas sur le choix du troisième arbitre dans le délai de trente jours à compter de leur désignation, la nomination est effectuée, sur la demande d'une partie, par le juge compétent dans l'Etat partie…»

348 Le droit français de l'arbitrage international ne comporte aucune disposition spécifique applicable à la procédure par défaut. Il faut se référer à l'article 45 paragraphe 1er de la Convention de Washington de 1965 créant le CIRDI, et à l'article 25(b, de la loi-type de la CNUDCI pour les modalités de déroulement de la procédure d'arbitrage par défaut de l'une des parties.

§ 2. La compétence du tribunal arbitral pour statuer sur les litiges visés par la convention d'arbitrage

La relation existant entre les parties et les arbitres, de laquelle découle les droits et obligations de ceux-ci, procède d'une convention distincte qui résulte de l'acceptation par les arbitres de leur mission[349]. Mais celle-ci est elle-même une conséquence de la convention d'arbitrage et, dans les relations des parties entre elles, c'est cette convention qui fonde la compétence des arbitres[350].

On examinera successivement l'étendue de la compétence du tribunal arbitral (A) qui est l'effet positif de la convention d'arbitrage d'une part, et l'exclusion des juridictions étatiques (B) qui constitue l'effet négatif de la convention d'arbitrage d'autre part.

A. L'étendue de la compétence du tribunal arbitral

Il a parfois été proposé de distinguer l'investiture des arbitres et leur compétence[351]. L'investiture serait l'acte par lequel le tribunal se voit conférer le pouvoir de juger et la compétence déterminerait l'étendue de ce pouvoir. La convention d'arbitrage donne au tribunal arbitral le pouvoir de rendre une décision qui tranchera le litige que les parties sont tenues de lui soumettre, qui s'imposera à elles avec autorité de chose jugée et qui pourra être rendue exécutoire par le juge étatique : ce serait l'investiture. La convention détermine par ailleurs les questions litigieuses que le tribunal arbitral est autorisé à examiner et à trancher. Par exemple, si la convention ne vise qu'une demande principale, la question se pose de savoir si le tribunal peut être saisi, en cours d'instance, et sans nouvelle convention, de demandes

[349] D. COHEN, « La soumission de l'arbitrage international à la loi française (commentaire de l'article 1495 NCPC) », *Rev. Arb.*, 1991.155.
[350] Sur l'ensemble de la question de la compétence des arbitres dans l'arbitrage commercial international, v. A. SAMUEL, « Jurisdisctional Problem in International Arbitration », Publication de l'Institut suisse de droit comparé, Zurich, 1989.
[351] Trib. Civ ; Seine, 7 juin 1956, *JCP*, 1956.II.9460, obs. H. MOTULSKY ; Aix, 7 déc. 1954, *Rev. Arb.*, 1955.31.

accessoires ou reconventionnelles. Il s'agirait d'une question de compétence.

La distinction entre ces deux notions a cependant été fortement contestée en doctrine[352]. Il est vrai que, même si l'on devait les distinguer, l'investiture et la compétence de l'arbitre procèdent d'une source unique, la convention d'arbitrage. Motulsky avait déjà observé qu'en matière d'arbitrage « *la collation des pouvoirs juridictionnels est l'œuvre de simples particuliers : les parties mêmes au contrat. Ces parties confèrent, à la fois et par le même acte, à la juridiction arbitrale son existence et sa compétence ; l'arbitre n'étant un juge que dans la mesure où les parties l'ont voulu, dire qu'il n'est pas institué, ou dire qu'il n'est pas compétent, c'est exactement la même chose* »[353].

Cette unicité explique que l'étendue du pouvoir de juger des arbitres et donc leur compétence coïncide très exactement avec les limites de la convention d'arbitrage. Lorsque celle-ci suppose une interprétation en raison de son ambiguïté, voire de son caractère pathologique, c'est l'étendue de la compétence des arbitres qui en dépend.

On retrouve cette illustration dans une clause type de médiation suivi, à défaut de règlement du litige, d'un arbitrage accéléré, proposée par l'OMPI *: «Tout litige , controverse ou réclamation découlant du présent contrat et de toute modification ultérieure du présent contrat, ou s'y rapportant, et ayant trait notamment mais non exclusivement à sa formation, sa validité, ses effets obligatoires, son interprétation, son exécution, sa violation ou sa résolution, de même que toute réclamation extracontractuelle, sera soumis à médiation conformément au Règlement de médiation de l'OMPI. Le lieu de la médiation sera (à préciser). La langue de la procédure de médiation sera (à préciser).*

Si, et dans la mesure où, dans les 60 ou 90 jours qui suivent son introduction, la procédure de médiation n'a pas abouti au règlement du litige, de la controverse ou de la réclamation, celui-ci ou celle-ci, sur dépôt d'une demande d'arbitrage par l'une des parties, sera

---

352 E. LOQUIN, « Arbitrage. Compétence arbitrale. Introduction générale », J.-*Cl. Proc. Civ*., Fasc. 1030, 1994, n°6 et s., et les réf.

353 Ecrits, t.2, p.239, souligné par l'auteur.

soumis, pour règlement définitif, à arbitrage conformément au règlement d'arbitrage (accéléré) de l'OMPI.

Si par ailleurs, avant l'expiration de ce délai de 60 ou 90 jours, l'une ou l'autre des parties s'abstient de participer ou cesse de participer à la procédure de médiation, le litige, la controverse ou la réclamation, sur dépôt d'une demande d'arbitrage par l'autre partie, est soumis, pour règlement définitif, à arbitrage conformément au Règlement d'arbitrage de l'OMPI. Le Tribunal arbitral sera composé de trois arbitres (d'un arbitre unique). Le lieu de l'arbitrage sera (à préciser). La langue de l'arbitrage sera (à préciser). Il sera statué sur le litige, la controverse ou la réclamation conformément au droit (à préciser) »[354].

Ainsi, la volonté des parties à un contrat d'exploitation des droits de propriété intellectuelle, transposée dans la clause compromissoire, définit les contours du litige ainsi que les pouvoirs et la compétence du tribunal arbitral. C'est en fait le principe posé par l'ancien article 1134 du Code civil français[355] appelé principe de l'effet relatif des contrats, selon lequel l'homme se lie par sa propre volonté. Et cette volonté s'impose tant au juge étatique qu'à l'arbitre qui doivent respecter la loi des parties tant que celle-ci n'est pas contraire à l'ordre public.

B. L'exclusion des juridictions étatiques

Pour que le respect de la convention d'arbitrage contenue dans les contrats d'exploitation des droits de propriété intellectuelle soit assuré, il est nécessaire qu'à l'effet positif imposant aux parties de respecter leur engagement de déférer aux arbitres les litiges visés par cette convention, corresponde un effet négatif interdisant aux juridictions étatiques de trancher les litiges qui ont fait l'objet de la convention. En d'autres termes, l'effet négatif du principe de compétence-compétence consiste à réserver aux arbitres, non pas une

[354] Cf. site web de l'OMPI consulté le 16 mars 2016.
[355] Art. 1134 du Code civil : « les conventions tiennent lieu de lois pour ceux qui les ont faites ».

compétence exclusive pour connaître de ces questions, mais la possibilité de se prononcer les premiers sur leur propre compétence, de façon à concentrer le contrôle de cette compétence par les juridictions étatiques au moment du contentieux de l'annulation ou de l'exécution de la sentence arbitrale.

Le principe de l'incompétence des juridictions étatiques pour connaître des litiges visés par une clause compromissoire ou un compromis est consacré tant par les principales conventions internationales en matière d'arbitrage que par les législations relatives à l'arbitrage[356].

La plupart des législations modernes sur l'arbitrage consacrent le principe d'incompétence des juridictions étatiques pour connaître des litiges visés par une convention d'arbitrage[357]. La Cour de cassation a eu l'occasion d'affirmer que les dispositions de l'article 1465 du CPC s'appliquent aux arbitrages internationaux[358].

Il est de ce fait impossible pour les juridictions étatiques de soulever d'office l'incompétence résultant de l'existence d'une convention d'arbitrage. L'arbitrage reposant, par définition, sur la volonté des parties de faire régler des différends par cette voie privée, il leur est toujours possible d'y renoncer d'un commun accord pour recourir aux juridictions étatiques.

Cette renonciation peut être expresse ou tacite[359]. C'est la raison pour laquelle il n'appartient pas au juge saisi d'un litige à propos duquel une convention d'arbitrage a été conclue de soulever d'office l'incompétence susceptible d'en résulter. En assignant sur le fond son

---

356 Protocole de Genève de 1923 en son article IV alinéa 1er ; Convention de New York de 1958 en son article II paragraphe 3 ; Convention de Genève de 1961 en son article VI paragraphe 3 ; sur l'ensemble de la question, Ph. FOUCHARD, L'arbitrage commercial international, *op. cit.* n°233 ; B. Goldman, V° « Arbitrage (droit international privé) », *op. cit.* n°155 et s. ;

357 La Loi-type de la CNUDCI en son article 8 ; Convention de New York de 1958 en son article II, paragraphe 3. En droit français, v. art. 1458 NCPC;

358 Cass. 1ère civ., 28 juin 1989, *Eurodif c. République Islamic d'Iran, Rev. Arb.*, 1989.653. 2e arrêt, note Ph. FOUCHARD ; Paris, 23 juin 1993, *Rev. arb.*, 1994.151, note L. CADIET.

359 Il en va naturellement lorsque l'assignation n'est destinée qu'à l'obtention de mesures conservatoires ou provisoires, ces mesures étant compatibles avec la convention d'arbitrage.

cocontractant devant les juridictions étatiques, le défendeur renonce au bénéfice de la convention d'arbitrage[360]. En comparaissant sans soulever l'incompétence de ces juridictions, le défendeur accepte également leur compétence. Un tel accord de volontés s'impose au juge, de la même manière que s'imposerait à lui un accord constaté selon d'autres formes.

La question du moment auquel les juridictions étatiques sont fondées à apprécier l'existence et la validité de la convention d'arbitrage est plus délicate. Les Etats acceptent l'effet positif du principe de compétence-compétence. En revanche, l'effet négatif du principe de compétence-compétence qui consiste à réserver aux arbitres, non pas une compétence exclusive pour connaître de ces questions, mais la possibilité de se prononcer les premiers sur leur propre compétence, de façon à concentrer le contrôle de cette compétence par les juridictions étatiques au moment du contentieux de l'annulation ou de l'exécution de la sentence arbitrale, est beaucoup plus controversé.

Le droit français admet largement l'effet négatif du principe de compétence-compétence. L'article 1465 du Code de procédure civile, qui peut être étendu à l'arbitrage des litiges de propriété intellectuelle, fait obligation aux juridictions étatiques de se déclarer incompétentes en présence d'une convention d'arbitrage dès lors que le tribunal arbitral a déjà été saisi du fond du litige[361]. Même en matière interne, la jurisprudence française fait une application très rigoureuse de ce principe. Ainsi, par un arrêt du 10 mai 1995, la deuxième chambre civile de la Cour de cassation a-t-elle cassé un arrêt confirmatif qui avait prononcé la nullité d'une clause compromissoire et dit n'y avoir lieu à constituer le tribunal arbitral alors que la juridiction arbitrale était déjà saisie du litige[362].

Lorsque le tribunal arbitral n'est pas saisi, le juge étatique doit également renoncer à connaître du litige, sauf si la convention d'arbitrage est manifestement nulle, ce qui correspond à un contrôle

[360] Il en va naturellement autrement lorsque l'assignation n'est destinée qu'à l'obtention de mesures conservatoires ou, provisoires, ces mesures étant compatibles avec la convention d'arbitrage.
[361] Art. 1465. « Le tribunal arbitral est seul compétent pour statuer sur les contestations relatives à son pouvoir juridictionnel. »
[362] *Rev. arb.*, 1995.617, note E. GAILLARD.

prima facie de l'existence et de la validité de la convention d'arbitrage. Mais le pouvoir de l'arbitre face à une violation d'ordre public est encore plus étendu.

Section 2. L'accroissement des pouvoirs de l'arbitre face à une violation de l'ordre public

Dans la première partie de ce travail, on s'est posé la question de savoir si le lien de la propriété intellectuelle avec l'ordre public était un facteur de soustraction des litiges de propriété intellectuelle aux MARL. Dès 1950, la Cour de cassation française a affirmé dans l'arrêt *Tissot* que la simple existence d'un lien entre une disposition d'ordre public et les droits litigieux ne suffit pas à les rendre inarbitrables[363]. Appliquée à la propriété intellectuelle, cette jurisprudence veut dire que le lien de la propriété intellectuelle avec l'ordre public ne doit pas annuler l'arbitrage. L'évolution jurisprudentielle en la matière était telle que, après la reconnaissance de l'autonomie de la clause compromissoire déliant le sort de la clause compromissoire de celui du contrat[364], un important arrêt du 19 mai 1993 rendu par la Cour d'Appel de Paris relevait: *« En matière internationale, l'arbitre a compétence pour apprécier sa propre compétence quant à l'arbitrabilité du litige au regard de l'ordre public international et dispose du pouvoir d'appliquer les principes et les règles relevant de cet ordre public, ainsi que de sanctionner leur méconnaissance éventuelle sous le contrôle du juge de l'annulation »*[365]. C'est dire que l'arbitre, au même titre que le juge, doit non seulement appliquer les règles d'ordre public mais également sanctionner toute clause arbitrale

---

363 Cass. civ., 28 nov. 1950. *D.* 1951, p. 170: *RTD civ.* 1951. p. 106, obs. P. HEBRAUD et P. RAYNAUD: *RTD com.* 1951. p. 275, obs. P. BOIFARD.

364 Arbitrage international : Cass civ.1e, 7 mai 1963, Gosset. *D.* 1963, p. 545, note J. ROBERT *Rev. crit. DIP* 1963, p. 615, note H. MOTULSK*Y JCP G* 1963, II.13405, note B. GOLDMAN. - Arbitrage interne. CA Paris, 8 oct. 1998, Sam. *Rev. Arb.* 1999, p. 350, note P. ANCEL et O. GAUL.

365 CA Paris, 1e ch., 19 mai 1993, Sté Labinal c/ Sté Mors et Westland Aerospace *Rev. Arb.* 1993, p. 645, note Ch. Jarrosson ; *RTD com.* 1993, p. 494, obs. J.-Cl. DUBARRY. - V. aussi, CA Paris, 16 juin 1998, Faton ; Rev. Arb.1999, p 333, note L. IDOT. - CA Paris, 12 sept. 2002. *Rev. Arb.* 2003, p. 173 et S., note M. -E. BOURSIER.

contraire à l'ordre public. D'ailleurs, cette sanction de l'illicite n'est pas une simple faculté mise à la disposition de l'arbitre mais un véritable devoir : « *Il appartient à l'arbitre, hors les cas où la non arbitrabilité relève de la matière, de mettre en œuvre les règles impératives du droit, sous le contrôle du juge de l'annulation* »[366].

Donc, le fait que le litige de propriété intellectuelle touche à l'ordre public n'entraîne pas la nullité de l'arbitrage et, en tout cas, n'enlève pas la compétence de l'arbitre: d'une part, celui-ci doit vérifier si la convention d'arbitrage a méconnu une règle d'ordre public; d'autre part, il doit vérifier sa compétence conformément au principe «compétence-compétence» en appréciant si l'ordre public est ou n'est pas violé, soit par la convention d'arbitrage qui l'a investi soit par le contrat litigieux. Il s'agit dès lors, compte tenu de l'admission des MARL pour régler les litiges en matière de propriété intellectuelle, d'envisager son pouvoir de relever la violation de l'ordre public et son pouvoir de sanctionner cette violation.

§ 1. Les pouvoirs de l'arbitre à relever une violation de l'ordre public

Les droits de propriété intellectuelle sont généralement des droits transnationaux, mettant en jeu des personnes de différentes nationalités. De ce fait, certaines pratiques régissant les rapports entre les différentes parties à un contrat de propriété intellectuelle étant illicites, quelle serait l'attitude de l'arbitre ou du médiateur face à cette violation de l'ordre public ? N'est-il que le serviteur d'un contrat, et donc des parties, sans pouvoir relever une violation de l'ordre public qui ne serait pas relevée par l'une d'elle ? Il jouit d'une faculté de soulever d'office un moyen d'ordre public (A), qui dans une certaine mesure, s'impose à lui comme un devoir de relever d'office ce moyen d'ordre public (B).

---

[366] Cass. com., 9 avr. 2002. *JCP G* 2002, II.10154, note S. SEIFEGERSTE ; *JCP E* 2002.I. 1555, note O. GOUT ; *D.* 2003, somm. comm. p. 2470, obs. Th. CLAY.

A. Une faculté de relever d'office un moyen d'ordre public

En raison de sa liberté par rapport à tout *for* étatique, l'arbitre dans un litige en matière de propriété intellectuelle n'a aucune obligation de défendre des conceptions politiques, morales et économiques d'un Etat en particulier. Se pose donc la question de savoir pourquoi l'ordre public limiterait la liberté de choix des parties en matière d'arbitrage des litiges en matière de propriété intellectuelle.

Juge à part entière, l'arbitre exerce une mission juridictionnelle. L'exercice de sa *juridictio* passe naturellement par la mise en œuvre des règles d'ordre public de la loi applicable au fond du litige. En effet, en choisissant celle-ci pour régir leur litige, les parties à un litige en matière de propriété intellectuelle sont censées l'avoir élue dans toutes ses dispositions, y compris celles d'ordre public. Mais il arrive que les parties, en soumettant leur litige en matière de propriété intellectuelle à l'arbitrage, trouvent en cela un moyen de contourner l'ordre public des Etats. C'est pour cela qu'à chaque fois que l'arbitre découvre pareille situation, il doit relever d'office le moyen d'ordre public violé.

Une illustration parfaite de ce cas de figure est posée par la Cour d'Appel de Paris[367] saisie d'une demande d'annulation d'une sentence arbitrale prononçant le paiement de redevances d'une licence d'un brevet invalidé. Le donneur de licence peut-il imposer une obligation de paiement de redevances au titre d'un brevet qui n'est plus valable ? Ce type de clause insérée dans le contrat de licence viole les dispositions d'ordre public et l'arbitre doit la soulever d'office. Ainsi, le donneur de licence ne saurait, sans enfreindre la loi, étendre l'obligation de versement de redevances au-delà de la période de validité des droits de propriété intellectuelle concédés.

Dans l'affaire *AGA STEEL*, le contrat de licence en cause contenait une clause de non-contestation et pour en renforcer l'efficacité obligeait le licencié à continuer le paiement des redevances prévues même si un ou plusieurs des brevets concédés venaient à être

---

[367] CA. Paris, 1re ch. Civ. 23 sept. 2014, Sté Donalson Cie. Arrêt n° 14/180 - CA. Paris, 1re ch. Civ. 23 sept. 2014, SAS Gaztransport et Technigaz c/ SA Chantier de L'Atlantique. Arrêt n°14/175.

annulés à la suite d'un tiers. Cette clause a été condamnée[368]. L'arbitre qui découvre pareille clause doit d'office la dénoncer.

De même, l'arbitre dans un litige en matière de propriété intellectuelle peut, parce qu'il est juge, appliquer d'office une règle de droit, appartenant à la *lex causae*, s'il la juge pertinente pour trancher le litige lié à l'exécution d'un contrat de cession d'une marque ou de licence d'un brevet, à condition de soumettre l'application de cette règle au débat contradictoire. Est en revanche plus discutée et discutable la faculté de soulever d'office une règle de droit si cela l'amène à prendre position sur une ou des prétentions qui n'auraient pas été exprimées par les parties. La liberté des parties à un contrat de propriété intellectuelle leur ouvre droit au choix d'une loi étatique ou d'un droit transnational. Si elles choisissent une loi étatique, elles peuvent en choisir une qui n'entretient aucun lien avec le litige, ou bien même opérer un dépeçage de la loi. Cependant, la liberté contractuelle se heurte à l'ordre public de la loi choisie. Si les parties ont la faculté de choisir n'importe quelle loi, elles ne peuvent écarter les dispositions impératives de la loi qu'elles désignent. A l'appui de cette affirmation, la doctrine[369] développe un argumentaire qui prend sa source dans la Convention de Rome, en l'occurrence l'article 3-1 qui dispose que *« le contrat est régi par la loi choisie par les parties ».* Selon cette doctrine, le recours aux MARL pour trancher les litiges en matière de propriété intellectuelle ne fait pas jouir aux parties d'une liberté plus grande. Celles-ci ne sauraient alors écarter, par le jeu de la volonté expresse ou tacite, les règles d'ordre public du droit choisi pour régler leur litige. L'élément impératif d'une loi étatique ne s'estomperait donc pas devant l'arbitre ou le médiateur des litiges en matière de propriété intellectuelle.

Même si le droit français de l'arbitrage ne renvoie pas à l'article 12 du Code de procédure civile, personne ne conteste que l'arbitre dispose de la *juris dictio.* En revanche, l'arbitre dans un litige en matière de propriété intellectuelle ne statue pas au nom de l'Etat ; il n'a pas de *for* étatique ; il n'assume pas une mission de service public. Si l'arbitre dans un litige en matière de propriété intellectuelle applique des règles de droit, c'est parce qu'il a reçu des parties cette

---

[368] Rapport sur la politique de concurrence, 1977, p. 124.

[369] P. MAYER, Droit international privé, *Domat, Montchretien*, 16998, n°710, pp.463-464.

mission. S'il a bien une fonction juridictionnelle, elle a une origine contractuelle. Si on reprend ici les éléments du débat sur le fondement des pouvoirs du juge visé à l'article 12, en tenant compte des spécificités de l'arbitrage, on peut déduire que l'arbitre dans un litige de propriété intellectuelle, parce qu'il dispose de la *juris dictio*, a la faculté de soulever un moyen nouveau d'ordre public.

On rejoint ainsi Monsieur. LEVEL qui estime que « *L'élaboration de l'acte juridictionnel obéit aux mêmes exigences logiques et sociales que le juge soit une émanation de l'Etat ou s'en soit vu confier la mission par un convention d'arbitrage (...) l'arbitre a le devoir de rendre une sentence qui ne porte pas atteinte à l'ordre public* »[370]. On pourra ajouter que la volonté des parties, dans laquelle se trouve l'origine contractuelle de la mission de l'arbitre, ne peut permettre d'écarter le respect de l'ordre public international. L'autonomie de la volonté n'est pas absolue et trouve sa limite dans cet ordre public. La faculté pourrait ainsi s'imposer, mais ne peut-on pas aller plus loin et évoquer un véritable devoir de l'arbitre ?

B. Un devoir de relever d'office un moyen d'ordre public

Certes, l'arbitre dans un litige en matière de propriété intellectuelle est autonome ; il n'est le gardien d'aucun ordre public étatique. Cependant, cette conception ne saurait être absolue ; l'arbitre ne peut ignorer les intérêts légitimes des Etats qui le favorisent comme instrument de règlement des différends en matière de propriété intellectuelle. Ce devoir est une contrepartie de l'extension de l'arbitrabilité. En son absence, les parties pourraient plus facilement contourner l'ordre public émanant des Etats, la sanction de la violation dépendant finalement de la seule volonté de l'arbitre. Ce qui ne manquerait pas d'entraîner une défaveur des Etats envers l'arbitrage. On ajoutera que l'arbitre a le devoir de rendre une sentence efficace, argument qui ne doit pas être négligé. C'est pourquoi si on pousse le raisonnement à son terme, on peut penser que la fonction

---

370 P. LEVAL, « Brèves réflexions sur l'office de l'arbitre », in Nouveaux juges, nouveaux pouvoirs ? Mélanges en l'honneur de Roger Perrot, Paris, *Dalloz*, 1995, p. 259-276.

juridictionnelle de l'arbitre l'oblige à appliquer dans toutes ses dispositions la *lex causae*, y compris celle d'ordre public.

Cette solution est assez naturelle car on ne peut pas accorder aux parties une volonté ayant un effet supérieur à l'ordre public de la loi choisie. Certains auteurs estiment ainsi que la fonction juridictionnelle de l'arbitre oblige celui-ci à appliquer dans toutes ses dispositions la *lex causae*, y compris dans ses dispositions d'ordre public[371]. L'ordre public de la *lex causae* s'imposerait donc, même s'il conduit à annuler le contrat d'exploitation des droits de propriété intellectuelle en son entier ou une de ses clauses.

Si l'ordre public est étranger à la *lex causae*, l'autonomie de l'arbitre, dégagé de toute allégeance à un Etat, justifie souvent la mise à l'écart du devoir de soulever d'office la violation de l'ordre public. On retrouve pourtant ici les mêmes arguments que précédemment : si l'arbitre n'est gardien d'aucun ordre public étatique, cette conception ne saurait être absolue : l'arbitre ne peut totalement ignorer les intérêts légitimes des Etats. L'arbitrage ne peut rendre sans effet le pouvoir normatif des Etats, au moins en ce qui concerne les lois de police et d'ordre public transnational. C'est pourquoi l'arbitre dans un litige en matière de propriété intellectuelle aurait un devoir, mais un devoir limité, d'appliquer d'office une règle d'ordre public, même si elle est extérieure au droit choisi par les parties, ce qui semble dépasser la mission de l'arbitre, mais pourrait se faire à condition qu'il respecte le principe du contradictoire[372]. Si on admettait l'existence d'un devoir de l'arbitre, l'arbitre le méconnaissant engagerait alors sa responsabilité[373]. Faculté ou devoir, on pourrait objecter qu'en pratique, dans la mise en œuvre de ce pouvoir, l'arbitre, même de bonne volonté, peut se heurter à une difficulté importante : l'établissement de la preuve de cette violation. Evidemment, face à des parties peu scrupuleuses, la question de la preuve peut se révéler épineuse. En effet, contrairement au juge civil qui dispose de pouvoirs étendus en matière de preuve, l'arbitre n'a aucun pouvoir coercitif à l'égard des parties, et *a fortiori* des tiers. Toutefois, il faut rappeler que des pouvoirs de l'arbitre existent s'agissant de l'administration de

---

[371] J. - B. RACINE, L'arbitrage commercial international et l'ordre public, *LGDJ*, 1999, spéc. N°417.
[372] J.-B. RACINE, *op. cit.*, 462.
[373] *Ibid.* 481, mais ce dernier estime cependant qu'il s'agit uniquement d'un devoir moral.

la preuve, notamment le pouvoir d'injonction à une partie de produire un élément de preuve[374], ce qui est de nature à atténuer cette difficulté probatoire.

Cette objection écartée, une interrogation demeure sur ce que peut faire l'arbitre, une fois la violation de l'ordre public relevée. C'est pourquoi il importe d'examiner le pouvoir de l'arbitre de sanctionner la violation de l'ordre public.

§ 2. Les pouvoirs de l'arbitre de sanctionner la violation de l'ordre public

La question du pouvoir de l'arbitre de sanctionner la violation de l'ordre public intervient une fois cette violation acquise au regard du droit applicable au litige. Sa formulation est simple : dispose-t-il d'un tel pouvoir ? Une réponse affirmative s'impose, mais elle doit être relativisée puisque ce pouvoir n'est pas absolu. Son pouvoir de sanctionner est par conséquent certes un pouvoir reconnu (A) mais un pouvoir limité (B).

---

374 Article. 1506 « A moins que les parties en soient convenues autrement et sous réserve des dispositions du présent titre, s'appliquent à l'arbitrage international les articles:
1°1446, 1447, 1448 (alinéas 1 et 2) et 1449, relatifs à la convention d'arbitrage;
2° 1452 à 1458 et 1460, relatifs à la constitution du tribunal arbitral et à la procédure applicable devant le juge d'appui ;
3° 1462, 1463 (alinéa 2),1464 (alinéa 3),1465 à 1470 et 1472 relatifs à l'instance arbitrale ;
4° 1479, 1481, 1482, 1484 (alinéas 1 et 2),1485 (alinéas 1 et 2) et 1486 relatifs à la sentence arbitrale ;
5° 1502 (alinéas 1 et 2) et 1503 relatifs aux voies de recours autres que l'appel et le recours en annulation.
Article 1467. « A moins que les parties n'en soient convenues autrement, le tribunal arbitral détermine la procédure arbitrale sans être tenu de suivre les règles établies pour les tribunaux étatiques. Toutefois, sont toujours applicables les principes directeurs du procès énoncés aux articles 4 à 10, au premier alinéa de l'article 11, aux deuxième et troisième alinéas de l'article 12 et aux articles 13 à 21,23 et 23-1. Les parties et les arbitres agissent avec célérité et loyauté dans la conduite de la procédure. Sous réserve des obligations légales et à moins que les parties n'en disposent autrement, la procédure arbitrale est soumise au principe de confidentialité du Code de procédure civile. »

A. Un pouvoir reconnu

C'est un pouvoir général de sanction, qui a été reconnu à l'arbitre dans l'hypothèse d'un contrat principal illicite. Il s'exerce à un double niveau : d'une part, au niveau de la suppression de l'illicite (1) et d'autre part, au niveau des conséquences pratiques de cette suppression (2).

1. Le pouvoir de supprimer l'illicite

Le pouvoir de supprimer l'illicite est acquis à l'arbitre de litige de propriété intellectuelle tout comme il a été à l'arbitre du commerce international depuis l'arrêt *Ganz* du 29 mars 1991 et surtout *Labinal* du 19 mai 1993, tous deux rendus par la Cour d'appel de Paris[375]. En effet, à l'exception de certaines matières, jugées non arbitrables par principe, la Cour admet que des arbitres puissent être appelés, au moins dans un premier temps, à se prononcer non seulement sur l'inexécution mais également sur la validité de contrats contraires à l'ordre public et plus généralement sur la licité des comportements qui leur sont soumis.

Cette solution a été vivement saluée par la doctrine. Sans revenir sur tous les arguments avancés en sa faveur, on peut relever que si ce pouvoir est justifié par la mission juridictionnelle de l'arbitre, il s'impose aussi comme la continuité logique du pouvoir de relever d'office la violation de l'ordre public évoquée précédemment. A quoi bon en effet s'évertuer pour l'arbitre à caractériser puis relever l'illicite s'il ne dispose ensuite d'aucun pouvoir pour le combattre ?

En matière d'œuvre de collaboration par exemple, l'article L.133-3 du Code de propriété intellectuelle français et l'article 8 de la loi du n°2000/011 du 19 décembre 2000 relative au droit d'auteur et

---

[375] CA Paris, 29 mars 1991, Sté Ganz et autres c/ Sté nationale des Chemins de fer tunisiens, *Rev. Arb.*, 1991, p.478, note L. IDOT ;

aux droits voisins au Cameroun nous enseignent que « *L'œuvre de collaboration est la propriété commune des coauteurs. Les coauteurs doivent exercer leurs droits d'un commun accord.* » Ce qui implique que tout acte d'exploitation exige le consentement de tous[376]. Le contrat passé sans le respect de ces conditions doit être réputé frauduleux et l'exploitation subséquente fautive[377]. Si pareil contrat contenait une clause compromissoire, l'arbitre saisi du litige devra, en application du principe posé par les jurisprudences suscitées, prononcer la nullité dudit contrat pour violation d'une disposition d'ordre public.

Il en est de même de l'exigence de l'écrit en matière de contrat d'exploitation des droits de propriété intellectuelle imposée par les articles L.131-2 du Code de la propriété intellectuelle français[378] et 22 de la loi camerounaise n°2000/011[379]. L'inobservation de cette exigence d'ordre public est sanctionnée par la nullité du contrat. L'arbitre saisi d'un litige relatif à la cession d'un droit de propriété intellectuelle dont le contrat n'a pas été écrit comme l'exige la loi doit prononcer la nullité.

Quant aux manifestations de ce pouvoir, la nullité du contrat principal, ou tout procédé équivalent, apparaît comme la principale dès lors bien entendu, qu'elle est prévue soit textuellement soit virtuellement par le droit applicable au litige. Elle a pour avantage l'efficacité puisqu'elle supprime, efface, la violation de l'ordre public. Elle est aussi un moyen de la sanctionner et ainsi de jouer un rôle dissuasif. Ces avantages doivent être néanmoins relativisés. Parfois, l'opportunité de la nullité peut être sujette à discussion, qu'il s'agisse de la nullité totale ou de la nullité partielle. L'une et l'autre peuvent dissuader une partie à l'invoquer. Si on prend l'exemple d'une licence

---

376 Cass. 1re civ., 19 déc. 1983; *Bull. civ.* I, n°304. 4 oct. 1988; *D.*1989, 482, note GAUTIER.

377 Paris, 4e ch., 7 juin 1995 ; *JurisData* n°1995-023726.

378 Art. L.131-2 « Les contrats de représentation, d'édition et de production audiovisuelle définis au présent titre doivent être constatés par écrit. Il en est de même des autorisations gratuites d'exécution. Les contrats par lesquels sont transmis les droits d'auteur doivent être constatés par écrit. »

379 Art. 22 al. 1 : « L'exploitation de l'œuvre par une personne autre que le premier titulaire du droit d'auteur ne peut avoir lieu sans l'autorisation préalable de ce dernier ou de ses ayants droit ou ayants cause, donnée par tout moyen laissant trace écrite, y compris les supports électroniques.
Al. 2 : L'écrit est exigé à peine de nullité. »

de brevet dont le loyer est indexé sur un indice illicite, prononcer la nullité totale du contrat de licence ne sera pas satisfaisant pour le licencié, surtout si son activité principale dépend de ce contrat. Et prononcer seulement la nullité de la clause ne le sera pas pour le breveté puisqu'elle empêchera toute modification du prix pendant toute la durée du contrat ; contrairement aux prévisions initiales des parties, le contrat ne sera plus à l'abri de l'instabilité monétaire.

Si ces inconvénients de la nullité ne sont pas propres à l'arbitrage des litiges de propriété intellectuelle, ils y prennent néanmoins une dimension particulière. Comme il a été relevé, contrairement au juge étatique, l'arbitre n'a pas nécessairement les moyens, les pouvoirs, pour découvrir l'illicite. En la matière, il est donc opportun d'inciter les parties à invoquer la violation de l'ordre public et non, de les en dissuader.

Des palliatifs efficaces existent néanmoins à la disparition du contrat ou à son amputation ; il s'agit notamment de la réduction, supprimant l'excès illicite, et de la substitution, remplaçant une clause illicite par une autre licite. Cette dernière technique est ainsi utilisée par les juges français en matière d'indexation conventionnelle, sauf volonté contraire manifeste des parties[380].

Mais ces méthodes peuvent-elles être mises en œuvre par l'arbitre des litiges en matière de propriété intellectuelle quand le droit applicable ne les prévoit pas expressément ? Cette question se pose dans la mesure où ces procédés aboutissent à une forme de réfaction du contrat. Pour le juge étatique, ils peuvent se justifier par son rôle de gardien de l'ordre public conféré par l'Etat. Rien de tel pour l'arbitre de litige en matière de propriété intellectuelle.

Aussi pourrait-on soutenir qu'en utilisant ces méthodes, il dépasse sa mission juridictionnelle confiée par les parties quand l'objet du litige porte sur la nullité d'une clause du contrat. L'argument ne semble toutefois pas dirimant. Une demande en nullité d'une clause illicite revient en définitive à une demande en suppression de l'illicite. Si l'arbitre use de la réduction ou de la substitution, et non de la nullité, il supprime bien l'illicite et respecte ainsi le cadre de sa mission et l'objet du litige. Quant aux

---

380 Cass. Civ. 3ème, 22 juillet 1987, *Bull. civ.*, 1987, III, n°151.

conséquences pratiques, elles devraient relever du pouvoir de l'arbitre comme en matière de nullité[381].

2. Le pouvoir de statuer sur les conséquences de la nullité

Le pouvoir de statuer sur les conséquences de la nullité est reconnu depuis longtemps à l'arbitre des litiges en matière de propriété intellectuelle. Cette reconnaissance est d'ailleurs antérieure à celle du pouvoir de prononcer la nullité du contrat violant l'ordre public, c'est-à-dire aux arrêts Ganz et Labinal[382]. Aujourd'hui, en tout cas, il peut être présumé comme le corollaire nécessaire de ce dernier. Deux conséquences pratiques de la nullité peuvent être abordées : les restitutions et l'indemnisation.

a. Les restitutions

Le droit des restitutions couvre l'ensemble du droit civil et peut à ce titre prétendre au nom de théorie générale. Il couvre le droit des contrats (les contrats de restitution), celui des quasi-contrats, celui des relations pré ou post contractuelles (les restitutions consécutives à la nullité ou à la résolution). Ainsi, on peut dire qu'il y a un « restituant », comme il y a un créancier, un débiteur ou un propriétaire. Mais pour désigner les parties à la restitution, on parle également de *solvens*, ou de revendiquant, ou encore de créancier de la restitution par opposition à l'*accipien*s, ou au débiteur de la restitution, selon qu'il s'agit d'une action en répétition de l'indu, d'une revendication, ou d'une restitution liée à une nullité d'un contrat[383], comme c'est le cas en l'espèce.

---

381 « L'ordre public et l'arbitre », actes de colloque des 15 et 16 mars 2013, Dijon, sous la direction de E. LOQUIN et de S. MANCIAUX ; pp.89-90.

382 J-B. RACINE, L'arbitrage commercial international et l'ordre public, *op.cit.* n°202 et s., p.121 et s.

383 M. MALAURIE, Les restitutions en droit civil ; p.14 s. éd. *Cujas*, Paris avril 1991.

Il existe deux types de restitutions : les restitutions normales qui sont parfaites et intégrales et les restitutions anormales qui sont « imparfaites ». Dans les premières, le droit à la restitution existe de plein droit par la seule échéance du terme (le terme peut être indéterminé, comme dans le dépôt, ou déterminé : les modalités de restitution varient selon qu'il s'agit d'un dépôt, d'un prêt, d'un bail). Elles doivent être exécutées avec rigueur[384].

Les secondes qui nous intéressent plus dans le cadre de ces travaux, quant à elles, provoquent un trouble, elles heurtent une situation juridique jusqu'alors paisible. On songe à la revendication, la nullité ou la résolution, à la répétition de l'indu. Elles n'ont pas à être exécutées avec la même rigueur que les restitutions normales : une restitution en valeur serait ainsi plus facilement substituée à une restitution en nature. Certes en un sens, la restitution conduit à un retour au normal : la restitution d'un bien à son propriétaire après nullité est « normale ». Mais le fait générateur est anormal. La restitution résulte d'une revendication ou d'une nullité, elle est contentieuse et présente un caractère pathologique, anormal, que ne présente pas celle liée à un contrat de restitution[385].

Le problème principal qui se pose lorsqu'un contrat d'exploitation des droits de propriété intellectuelle est annulé est de savoir ce qu'il advient des effets qu'il a pu avoir dans le passé. Faut-il considérer que l'annulation absolue équivaut à l'anéantissement de tous les effets, passés comme à venir ? Ou alors, est-il préférable de privilégier un aménagement des effets de l'annulation pour le passé et de permettre que soit maintenant maintenu de façon artificielle, des effets du brevet annulé alors même qu'ils sont dépourvus de tout fondement juridique ? D'autre part, il est vrai que dans l'intérêt des tiers qui auraient fait usage de ce contrat, et donc versé des redevances, il ne semble pas non plus illogique de prendre parti pour le caractère rétroactif de l'annulation d'un contrat. En effet, les personnes qui auront eu à investir sur le fondement du contrat ne peuvent plus bénéficier des avantages que leur octroyait le contrat dès lorsqu'il est frappé d'une annulation. La restitution des redevances

---

384 *Ibid.* p.36.

385 MARTY et RAYNAUD, t.2, n° 233 ; MALAURIE et YNES, *Les obligations,* n°570 ; N. CATALA, La nature juridique du paiement, *L.G.D.J.*, 1961, préf. J. CARBONNIER, n°224 ;

ainsi versées ne peut être ordonnée qu'en cas de dol ou de mauvaise foi du cocontractant titulaire du titre ou du droit de propriété intellectuelle. En revanche, pour celui qui ne peut pas restituer, l'arbitre détermine une indemnité que ce dernier devra donner en fonction de l'équité.

La doctrine bien établie par la voix de Monsieur Bruguière[386] nous enseigne que l'annulation du contrat entraîne l'anéantissement rétroactif de l'acte et impose normalement les restitutions réciproques[387]. Heureusement que l'arbitre ne condamne pas cette restitution du prix payé par le cessionnaire lorsque celui-ci a bénéficié d'un monopole de fait. Pour reprendre la vielle formule d'un arrêt de la Cour de cassation du 27 mai 1839[388] : « *autrement, contre tous les principes de justice et de l'équité qui régissent les contrats, l'un des contractants obtiendrait tout sans rien donner, tandis que l'autre donnerait tout sans rien obtenir* ». Cette solution est appliquée plus récemment en matière de licence. Où l'on voit que le titre confère bien une présomption de validité[389].

La solution s'explique en partie par le contexte. A un moment où les brevets ne cessent de prendre de l'importance dans les relations commerciales, il est logique que les effets économiques que peuvent provoquer leur annulation, ou toute autre modification soient aménagés dans un souci de protection des parties qui y ont intérêt. Les contrats de licence représentent parfois des sommes très élevées dont la restitution pourrait grever de façon démesurée le budget de l'ancien titulaire du brevet. Cependant, la situation de l'autre partie qui se voit refuser la restitution des sommes versées n'est pas confortable non plus et il n'est pas certain que les effets de l'annulation d'un titre de propriété industrielle ne soient pas encore à nouveau aménagés.

Les restitutions anormales n'auront lieu que si le contrat a été partiellement ou totalement exécuté et que si le droit appliqué par l'arbitre reconnaît le caractère rétroactif de la nullité. Elles peuvent

---

[386]« Le sort des redevances d'une licence de brevet annulé et le droit de la concurrence » ; L'actualité DDG, Published on DDG(http://www.ddg.fr).
[387] Cass. Req. 25 mai 1869 : DP.1869, 1, 367 ; Cass. com., 8 juill. 1981 : PIBD, 1981, 290, III, 236.
[388] S. 1839, 1, p. 677.
[389] Cass. civ., 5 avr. 1960. D. 1960, p. 717, note HOLLEAUX. CA Paris, 5 juill. 1995 : PIBD 1995, n°597, III, p.481.

toutefois souffrir de plusieurs tempéraments, comme c'est le cas en droit français. Leur mise en œuvre est en fait délicate et pose de nombreuses difficultés. On peut évoquer l'exception d'indignité, autrement dit la règle « *nemo auditur propriam turpitudinem allegans* », dans la mesure où elle est de nature à inciter les parties à invoquer la nullité[390]; elle tend en effet au rejet de la demande en restitution de la partie indigente. Son domaine d'application est en principe limité à l'immoralité. On pourrait alors penser qu'elle n'a pas vocation à jouer un rôle important en matière d'arbitrage de litige en matière de propriété intellectuelle portant davantage sur des contrats illicites que sur les contrats immoraux.

Que la restitution soit « normale » ou « anormale », elle a toujours pour objet la réintégration d'un bien dans le patrimoine initial et se distingue à ce titre d'autres mécanismes pourtant voisins comme l'indemnisation.

b. L'indemnisation

Quant à la question de l'indemnisation suite à la nullité d'un contrat d'exploitation des droits de propriété intellectuelle pour violation de l'ordre public, l'arbitre peut s'en saisir dès lors qu'une partie souhaite engager la responsabilité civile de l'autre pour des préjudices que la nullité n'a pas effacés.

Mais, comme cette demande en dommages et intérêts est autonome par rapport à celle en nullité, elle peut aussi être formulée sans le soutien de cette dernière par la partie ayant subi un préjudice résultant de la violation par l'autre de l'ordre public. Une partie qui ne souhaite pas la « mort » du contrat ne sera pas dissuadée d'invoquer devant l'arbitre une telle violation.

Le droit positif français n'admet la réparation du préjudice causé par l'annulation d'un contrat d'exploitation des droits de propriété

[390] La règle joue aussi un rôle doublement préventif en dissuadant les parties à conclure des contrats immoraux ou à les exécuter ; chacune peut redouter que l'autre demande la nullité du contrat afin de ne pas exécuter sa propre prestation et invoquer l'exception d'indignité pour ne pas restituer la prestation qu'elle a perçu…

intellectuelle que sur le fondement de la responsabilité délictuelle. L'idée que la source de la responsabilité se trouverait dans le fait qu'une personne qui contracte s'engage à conclure un contrat valable a été rejetée par le droit français. La solution du droit positif paraît logique dans la mesure où l'annulation dudit contrat entraîne la disparition rétroactive depuis l'origine du contrat. Dès lors la responsabilité ne saurait être contractuelle.

Dans le cadre de la responsabilité délictuelle, la victime doit sur le fondement des articles 1240 et 1241 du Code civil français, prouver, pour engager la responsabilité de son cocontractant, que ce dernier a commis une faute et que cette faute a généré son préjudice. Autrement dit, il faut trois éléments : la preuve de la faute, la preuve du préjudice et la preuve du lien de causalité entre la faute et le préjudice.

La faute peut être une négligence, peut être aussi la violence, ou le mensonge, les manœuvres dolosives, etc. Il est plus difficile de prouver la faute dans le cadre d'une erreur. Le lien de causalité entre la faute et le préjudice subi est parfois facile à établir, parfois plus difficile.

La réparation sous forme de dommages et intérêts n'offre qu'une indemnisation du préjudice : le dommage est consommé. La responsabilité tend à replacer la victime dans la situation où elle se trouvait avant le dommage, à faire comme si le dommage ne s'était pas produit. Le préjudice et la réparation subséquente se mesurent en comparant la situation patrimoniale actuelle de la victime et celle qui, au même moment, eût été la sienne si la faute (et le dommage) n'avait pas été commise[391].

En définitive, en cas de violation de l'ordre public, qu'il s'agisse du pouvoir d'indemniser, de celui de prononcer la nullité d'un contrat d'exploitation des droits de propriété intellectuelle ou encore de celui de statuer sur les conséquences de celle-ci, ils sont pleinement affirmés et l'arbitre peut exercer sans avoir besoin de la collaboration du juge étatique.

---

[391] J. DANET et L. LORVELLEC, Les restitutions après l'annulation d'un contrat d'intégration…, D. 1982, chr. 211, sp. N°7.

Ils peuvent également être renforcés par un autre pouvoir, celui d'assortir la sentence de dommages et intérêts moratoires ou d'une astreinte. Sur l'astreinte, si elle peut assortir des mesures conservatoires ou provisoires[392], les juges français l'ont depuis longtemps admise pour la sentence au fond.

Par exemple dans un arrêt du 24 mai 1991, la Cour d'appel de Paris avait jugé que le prononcé de l'astreinte constitue un prolongement inhérent et nécessaire à la fonction de juger, et que son caractère comminatoire et de peine privée ne saurait permettre de l'assimiler à un acte d'*imperium*[393].

Cette solution devrait toujours prévaloir aujourd'hui même si le décret du 13 janvier 2011 portant réforme de l'arbitrage en France ne l'a pas consacrée expressément pour la sentence rendue au fond. Grâce à l'astreinte, la sentence se trouve ainsi dotée d'une force exécutoire indirecte laquelle, d'un côté, renforce la reconnaissance du pouvoir général de l'arbitre de sanctionner la violation de l'ordre public mais d'un autre, en raison de ce caractère indirect, renferme déjà aussi une limite à ce pouvoir.

B. Un pouvoir limité

Le pouvoir de l'arbitre de sanctionner la violation de l'ordre public peut être considéré comme limité dès lors que ce dernier ne dispose pas des mêmes pouvoirs que le juge étatique. L'explication tient généralement à une infirmité originelle de l'arbitrage : l'absence d'impérium de l'arbitre qui se trouve ainsi privé du pouvoir coercitif. A priori, cette infirmité limite le pouvoir de sanction de l'arbitre. La réalité paraît toutefois plus nuancée, que cette infirmité limite l'efficacité de certains pouvoirs de l'arbitre ou qu'elle le prive d'autres.

---

[392] Sté European Gas turbine c/ Sté Wastman International Ltd. *Rev. arb.*, 1994, p. 359, note D. Bureau. *Rev. crit. Dip*, 1994, p. 349, note V. Heuze. RTD civ., 1994. 96, obs. J. MESTRE. *RTD com.*, 1994. 703, obs. J-C. Dubarry et E. Loquin.
[393] *Rev. arb.*, 1992, p. 636, obs. J. PELLERIN. *RTD com.*, 1993, p. 296, obs. J.-C. BUBARRY et E. LOQUIN.

1. Des pouvoirs limités dans leur efficacité

Certains pouvoirs de l'arbitre sont limités dans leur efficacité dans la mesure où ils sont incomplets. Il en résulte que l'arbitre ne peut apporter une sanction efficace à la violation de l'ordre public. Celle-ci n'est toutefois pas impossible et suppose l'intervention, la collaboration du juge étatique. Aussi est-ce la raison pour laquelle les limites à l'efficacité du pouvoir de l'arbitre de sanctionner la violation de l'ordre public doivent être relativisées. Trois points peuvent être abordés : l'absence de force exécutoire de la sentence arbitrale, l'absence du pouvoir de liquider les astreintes et le pouvoir de prononcer les dommages et intérêts punitifs. La plus évidente est l'absence de force exécutoire de la sentence sanctionnant la violation de l'ordre public, c'est-à-dire celle dans laquelle l'arbitre use des pouvoirs qui lui sont reconnus et qui viennent d'être présentés. Si les parties n'exécutent pas volontairement la sentence prononçant la sanction, celle-ci ne sera alors pas effective. Mais, et de manière toute aussi évidente, cette limite est tempérée par la procédure d'exéquatur qui, si elle aboutit, permettra de donner à la sentence toute son efficacité même si le bon vouloir des parties joue ici un rôle important ; encore faut-il en effet qu'une partie diligente saisisse le juge de l'exéquatur.

Si l'arbitre saisi d'un litige de contrefaçon d'une marque ou d'un brevet a le pouvoir de prononcer l'astreinte, il n'a pas en revanche celui de la liquider qui appartient au seul juge étatique. Cette solution est généralement justifiée par l'idée de peine attachée à la liquidation et en conséquence, par l'absence d'*imperium merum* de l'arbitre. Elle ne convainc pourtant pas tous les auteurs. Monsieur Jeuland fait en ce sens remarquer que : « *Edicter une peine ce n'est pas encore donner un ordre à la force publique, d'autant qu'il s'agit ici d'une peine privée*[394]. » L'arbitre pourrait ainsi calculer le montant des astreintes dans sa sentence ; l'exequatur par le juge étatique permet quant à elle son exécution forcée. Une telle conclusion ne peut toutefois valoir qu'en matière de mesures provisoires ou

---

[394] Note sous CA Paris, 7 octobre 2004, Rev. Arb., 2005, p.746.

conservatoires. Pour la sentence définitive assortie d'une astreinte, l'arbitre ne pourrait procéder à un tel calcul tout simplement parce qu'il serait déjà dessaisi du litige en cas d'inexécution de sa sentence conformément à l'article 1485 du Code de procédure civile.

Pour qu'il en soit autrement, il faudrait donc que ce texte admette à titre d'exception la possibilité pour les parties de saisir de nouveau l'arbitre après le prononcé de la sentence, comme l'ont d'ailleurs suggéré Messieurs Loquin et Dubarry[395]. En attendant, l'entière efficacité de l'astreinte prononcée par l'arbitre dans un litige en matière de propriété intellectuelle, et partant, celle de sanctionner la violation de l'ordre public, est possible, mais elle est là encore subordonnée à l'intervention du juge étatique.

La troisième limite à l'efficacité du pouvoir de l'arbitre de sanctionner la violation de l'ordre public c'est le pouvoir de prononcer des dommages et intérêts punitifs[396] auxquels peuvent être assimilés les « triples dommages » ou « *treble damages* »[397]. Ce pouvoir est reconnu par certains droits étatiques, traditionnellement ceux de tradition *Common law*, mais est rejeté par d'autres, généralement ceux de tradition civiliste. En outre, les dommages et intérêts punitifs ne font pas l'objet d'un principe général du droit des contrats internationaux[398]. Si le choix a été fait de les traiter ici, c'est au regard du droit camerounais et du droit français, et plus précisément de la position de la Cour de cassation qui a évolué sur la question.

Après avoir affirmé l'incompatibilité de tels dommages et intérêts avec l'ordre public international français, elle a - dans un arrêt abondamment commenté - du 1er décembre 2010, décidé à propos de l'*exequatur* d'un jugement étranger que : *« si le principe d'une condamnation à des dommages et intérêts punitifs, n'est pas, en soi, contraire à l'ordre public, il en est autrement lorsque le montant*

---

395 Obs. sous Paris, 24 mai 1991 et 11 octobre 1991, *RTD. com.*, 1993, p. 296.

396 Pour une vue de l'ensemble sur la question, v. notamment J. ORTSCHEIDT, « les dommages-intérêts punitifs en droit de l'arbitrage international », *LPA*, 20 novembre 202, p. 17 et s.

397 De tels dommages et intérêts sont notamment prévus par les lois fédérales américaines antitrust (*Sherman Act*, 1890, et *Clayton Act*, 1914) et anti-corruption (*Racketeer Influence Corrupt Organisations Act dite loi RICO de 1970*).

398 Sentence C.C.I. N°5030, 1992, JDI, 1993, p. 1004, obs. Y. DERAINS, dans laquelle le tribunal arbitral a relevé que les dommages-intérêts punitifs *« ne relèvent pas des principes généraux du droit des contrats internationaux »*.

alloué est disproportionné au regard du préjudice subi et de manquements aux obligations contractuelles du débiteur [399].» Pour l'arbitre international, deux enseignements peuvent être tirés de cette motivation.

Premièrement, la conception française de l'ordre public international ne s'oppose pas à *l'exequatur* de la sentence prononçant des dommages et intérêts punitifs dès lors que le droit applicable au litige le permet. Autrement dit, cet ordre public ne s'oppose pas à ce qu'il ait un tel pouvoir.

Deuxièmement, ce pouvoir est limité dans son exercice : le montant des dommages et intérêts est soumis à une exigence de proportionnalité dont la violation est contraire à la conception française de l'ordre public international et empêchera *l'exequatur* de la sentence. Pour être pleinement efficace, le pouvoir de prononcer des dommages et intérêts punitifs doit donc être exercé avec vigilance par l'arbitre dans un litige en matière de propriété intellectuelle, sous contrôle du juge de *l'exequatur*.

2. Des pouvoirs inexistants.

Pour sanctionner la violation de l'ordre public dans un contrat d'exploitation d'un titre de propriété intellectuelle, l'arbitre ne dispose pas de tous les pouvoirs. Ainsi, et pour s'en tenir à l'essentiel, il ne peut prononcer ni des sanctions pénales ni des sanctions administratives, lesquelles relèvent de la compétence exclusive des autorités étatiques.

C'est donc dans ces domaines que la ruine du pouvoir de sanctionner la violation de l'ordre public peut se poser. Il semble pourtant n'être qu'illusion. L'arbitre a en effet, le pouvoir de régler les

---

[399] Civ, 1ère, 1er décembre 2010, *Bull. civ.*, I, n°248 ; *D.*, 2011, p. 423, obs. I. GALLMEISTER et note F.-X. LICARL, et p.1374, obs. F. JAULT-SESEKE ; *JCP, G.*, 2011, p.257, note J. JUVENAL ; *Rev. crit. DIP*, 2011, p. 93, note H. GAUDEMET-TALLON ; *RTD civ.*, 2011, p. 122, obs. P. REMY-CORLAY. V. aussi, implicitement, Civ. 1er, 7 nov.2012, *Bull. civ.*, I, n°228 ; *LPA*, 10 janv.2013, p.9, note V. LEGRAND.

litiges civils liés à l'infraction, autrement dit, d'exercer les pouvoirs énoncés précédemment.

En matière pénale, matière non arbitrable, cette solution est acquise depuis longtemps. Elle est même renforcée par l'absence d'obligation pour l'arbitre des litiges de propriété intellectuelle de surseoir à statuer quand une action publique a été mise en mouvement. La règle *« le criminel tient le civil en l'état* [400]*»* a donc un caractère facultatif pour l'arbitre. En matière de sanctions administratives, et plus particulièrement en droit de la concurrence étendu au droit de la propriété intellectuelle, domaine quant à lui arbitrable, le pouvoir de l'arbitre de trancher les litiges civils a été affirmé par les arrêts Labinals[401] et Aplix[402]. Dans le premier, les juges avaient ainsi décidé que *« si le caractère de la loi de police économique de la règle communautaire du droit de la concurrence interdit aux arbitres de prononcer des injonctions et des amendes, ils peuvent néanmoins tirer les conséquences civiles d'un comportement jugé illicite au regard des règles d'ordre public pouvant directement être appliquées aux relations des parties en cause* [403]. »

---

[400] Civ. 1ère, 25 octobre 2005, *D.*, 2005, p. 3060, obs. T. CLAY ; *D.*, 2006. P. 199, avis J. SAINTE-ROSE; *JDI* 2006, P. 996, note F.-X. TRAIN ; Rev. arb., 2006, p.103, note J.-B. RACINE ; en matière d'arbitrage interne, une solution similaire, mais moins générale, résulte de l'article 4 alinéa 3 du Code de procédure pénale issu de la loi du 5 mars 2007, qui vise le juge civil mais est transposable à l'arbitre. Ce texte a en effet supprimé pour les litiges civils autres que ceux portant sur la responsabilité civile, l'obligation de surseoir à statuer du juge civil quand une action publique a été mise en mouvement.

[401] CA, Paris, 19 mai 1993, Sté Labinal c/ Sté Mors et Westland Aerospace, *op.cit.*

[402] CA, Paris, 14 oct. 1993, Sté Aplix c/ Sté Velcro, *Rev. Arb.*, 1994, p. 144, note JARROSSON.

[403] L'interdiction par la Cour d'appel à l'arbitre de prononcer des injonctions doit être tempérée. En ce sens, E. LOQUIN a précisé qu'« *il est (...) douteux qu'un juge privé ne puisse prononcer des injonctions à destination de l'une des parties. Les injonctions comme les astreintes relèvent de* l'impérium mixtum*, c'est-à-dire de la fonction juridictionnelle et non de* l'imperium merum*, réservé au pouvoir de l'Etat. En réalité, la solution trouvait sa justification dans l'exclusivité reconnue aux autorités de la concurrence en matière de pouvoir d'injonction » («* L'arbitre commercial international et la prise en compte des intérêts de Etats en matière de droit de la concurrence *», in mondialisation et droit de la concurrence,* Acte du colloque des 14 et 15 juin 2007, sous la direction de W. ABDELGAWAD, Travaux du CREDIMI, vol. 30, Paris, *LexisNexis Litec*, 2008, p.342).

Dans ces domaines, le pouvoir de l'arbitre de statuer sur les litiges civils ne doit pas être considéré comme un « petit » pouvoir par rapport au pouvoir de prononcer des sanctions pénales ou administratives. Ainsi qu'il l'a été exposé précédemment, il est suffisamment aujourd'hui reconnu pour sanctionner une violation de l'ordre public.

Mais au-delà du pouvoir de prononcer des sanctions civiles liées à une infraction, l'arbitre a-t-il le pouvoir, ou même le devoir, de dénoncer au ministère public une infraction dont il a eu connaissance au cours de l'instance d'arbitrage ? Pour se limiter au droit camerounais et au droit français, aucun texte ne consacre expressément une telle obligation à la charge de l'arbitre. L'article 40 alinéa 2 du Code de procédure pénale, texte général[404], l'impose à toute « autorité constituée » mais, par cette expression, il ne semble viser que les autorités publiques. Ce texte s'applique aussi aux fonctionnaires, ce qui pourrait notamment concerner les arbitres exerçant par ailleurs des fonctions universitaires. Tel n'est toutefois pas le cas. Le texte précise au détour d'une incise que la connaissance de l'infraction doit s'acquérir « *dans l'exercice de ses fonctions* », ce qui n'est manifestement pas le cas dans cette hypothèse. En l'absence d'obligation de dénoncer une infraction pénale, reste la question de savoir si l'arbitre a quand même la possibilité de le faire. Pour de nombreux auteurs, le devoir de confidentialité de l'arbitre ne fait pas

[404] Les textes spéciaux ne visent pas non plus l'arbitre. Ainsi, l'article L.561-2 du Code monétaire et financier énumère 17 catégories de personnes assujetties à une obligation de lutte contre le blanchiment des capitaux et le terrorisme dont ne fait pas expressément partie l'arbitre (il ne figure notamment pas à l'alinéa 13 visant « *les avocats au Conseil d'Etat et à la Cour de cassation, les avocats, les notaires, les huissiers de justice, les administrateurs judiciaires, les mandataires judiciaires et les commissaires-priseurs judiciaires* »). La question de savoir si l'arbitre devait être implicitement inclus dans cette liste a été posée par un député au ministère de la justice (question n°4828, *JO*, 18/09/2012, p. 5106) lequel a répondu par la négative. La réponse est formulée en trois temps qui peuvent être résumés ainsi : ladite liste est exhaustive ; dans la mesure où, le plus souvent, une personne y figurant interviendra à un moment ou à un autre dans l'exécution de la sentence arbitrale, elle sera « *à même de détecter toute opération illicite de blanchiment* » ; la question de l'opportunité d'inclure l'arbitre dans la liste se pose puisque « *l'efficacité du dispositif tient à l'existence d'une autorité de contrôle ou de régulation propre à la profession concernée et chargée de s'assurer que ces obligations sont effectivement appliquées, ce qui n'est pas le cas des arbitres* » (JO. 08/01/2013, p. 234).

obstacle à une telle faculté[405]. De nature contractuelle, il doit céder face aux dispositions d'ordre public.

En revanche, le secret professionnel semble s'imposer à l'arbitre en vertu de l'article 226-13 du Code pénal français[406]. Ce texte sanctionne pénalement la révélation d'une information à caractère secret par une personne qui en est dépositaire en raison, entre autres, d'une fonction ou d'une mission temporaire, condition que remplit certainement l'arbitre. Et comme aucun texte ne lui impose ou ne l'autorise à lever ce secret professionnel, toute dénonciation par l'arbitre d'une infraction pénale aux autorités publiques compétentes semble donc impossible.

D'une manière générale, pour sanctionner la violation de l'ordre public, l'arbitre dans un litige de propriété intellectuelle dispose aujourd'hui de pouvoirs suffisamment reconnus mais aussi suffisamment efficaces, même si cette efficacité est parfois subordonnée à l'intervention du juge étatique. Pour autant, il est vrai, l'arbitre dans un litige en matière de propriété intellectuelle n'aura pas toujours la possibilité d'exercer ce pouvoir de sanction ; le pouvoir de relever d'office la violation de l'ordre public n'est pas, quant à lui, assez reconnu ni assez étendu. Et il ne peut en être autrement ; l'arbitre ne peut avoir dans ce domaine plus de pouvoir que le juge étatique français.

La volonté des parties se trouve désormais être au centre du droit des contrats, et plus particulièrement pour ce qui nous concerne, de la convention d'arbitrage. Cette volonté des parties est plus accentuée quant au choix de la localisation de leur contrat, le lieu d'exécution, le lieu de paiement et la monnaie de paiement.

Toute tentative de restriction de l'autonomie des parties à l'égard de ces paramètres universellement reconnus et consacrés serait illusoire. C'est ce qui a permis d'imposer aux arbitres le respect du

---

405 V. entre autres, E. LOQUN, « les obligations de confidentialité de l'arbitrage », *Rev. Arb.*, 2006, p.322 ; J.-B. RACINE, « l'arbitre face aux pratiques illicites du commerce international », *LPA*, 8 octobre 2010, p. 12.

406 Article 226-13 du Code pénal français : *« La révélation d'une information à caractère secret par une personne qui en est dépositaire soit par état ou par profession, soit en raison d'une fonction ou d'une mission temporaire, est punie d'un an d'emprisonnement et de 15 000 euros d'amende »*.

choix des parties, bien que de larges pouvoirs leur soient conférés en cas de violation des principes d'ordre public.

Les rapports entre les MARL et l'ordre public autrefois conflictuels se sont apaisés. Une grande confiance est désormais placée dans les MARL et l'ordre public n'est plus là pour entraver la soumission des litiges en matière de propriété intellectuelle aux MARL. Il s'est déplacé du stade de la convention d'arbitrage vers celui de la sentence arbitrale.

Bien que les arbitres soient désormais chargés d'appliquer et de respecter les dispositions d'ordre public dans la sentence qu'ils rendent, n'est-il pas alors important de renforcer la collaboration entre l'arbitre et les autorités étatiques, au moment où le droit positif et l'essor du contentieux non juridictionnel international de la propriété intellectuelle font des MARL la voie de salut pour solutionner les litiges en matière de propriété intellectuelle ?

CHAPITRE 2

LA TRADUCTION OBJECTIVE DE LA VOLONTE DES PARTIES. LE DEVELOPPEMENT DU NON JURIDICTIONNEL INTERNATIONAL DANS LES LITIGES EN MATIERE DE PROPRIETE INTELLECTUELLE

La mondialisation et le développement des échanges économiques posent de nouveaux défis en matière d'application des droits de propriété intellectuelle. Plus le commerce et les affaires s'intensifient au niveau international, et plus la question des effets de droit de propriété intellectuelle et de leur application au-delà des frontières nationales deviennent pertinentes[407].

Compte tenu de la complexité et de la dimension sensible de la gestion des affaires de propriété intellectuelle ainsi que de la diversité des modalités de protection et d'application des droits de propriété intellectuelle dans différents ressorts juridictionnels, les MARL sont aujourd'hui un moyen efficace de régler les litiges de propriété intellectuelle.

Cela est particulièrement vrai en ce qui concerne les affaires de propriété intellectuelle qui impliquent des considérations commerciales.

En effet, la propriété intellectuelle n'est plus territoriale en termes d'application et d'importance. Elle fait désormais partie intégrante du commerce international et de l'économie mondiale.

D'où le développement du contentieux non juridictionnel international de la propriété intellectuelle avec pour fondement la naissance de plusieurs centres internationaux d'arbitrage et de médiation de droit commun et la naissance d'un centre spécialisé en arbitrage et médiation des litiges de propriété intellectuelle : le centre d'arbitrage et de médiation de l'OMPI.

---

[407]A. B. GEPTY, « Médiation des litiges de propriété intellectuelle : l'expérience des Philippines », publication *OMPI WIPO/ACE/10/5* du 5 août 2015. *op. cit.*

Section 1. La naissance de plusieurs centres internationaux d'arbitrage et de médiation de droit commun

Si à première vue, il pourrait sembler contre-intuitif que les centres d'arbitrage et de médiation de droit commun jouent un rôle peu productif dans le règlement des litiges de propriété intellectuelle, ils peuvent néanmoins s'avérer d'une grande utilité dans ce domaine. Aujourd'hui, une bonne partie du contentieux international de la propriété intellectuelle est administré par la Cour Internationale d'Arbitrage CCI. Le Centre d'arbitrage de la Cour Commune de justice et d'arbitrage OHADA n'est pas à négliger, bien qu'il soit plus focalisé sur les litiges relatifs aux matières légiférées par le traité OHADA.

§ 1. Le Centre d'Arbitrage de la Cour Commune de Justice et d'Arbitrage (CCJA)

Les signataires du Traité de Port Louis[408] avaient, dès le préambule, exprimé leur désir de « *promouvoir l'arbitrage comme instrument de règlement des différends contractuels* ». C'est pourquoi l'article 1er dudit Traité qui définit ses objectifs précise qu'il est question entre autres d'encourager le « *recours à l'arbitrage pour le règlement des différends contractuels* ». Les articles 21 à 25 posent les bases de cet arbitrage. La concrétisation de ces intentions s'est manifestée par l'adoption à Ouagadougou par le Conseil des Ministres de l'OHADA le 11 Mars 1999, de l'Acte Uniforme relatif au droit de l'arbitrage, et du règlement d'arbitrage de la CCJA qui fixe les règles applicables à l'arbitrage CCJA. Plusieurs textes ont été pris par la suite qui ont permis d'organiser l'arbitrage CCJA tout en déterminant la compétence du centre.

[408] *Traité OHADA* du 17 Octobre 1993.

A. L'organisation de l'arbitrage CCJA

L'arbitrage CCJA fait partie de l'arbitrage général tel qu'organisé par l'Acte Uniforme du 11 Mars 1999 y relatif, mais comporte des organes spécifiques dont le rôle participe de la garantie d'une bonne justice conventionnelle. L'un des objectifs majeurs des signataires du Traité OHADA avait été de promouvoir l'arbitrage. Les politiques avaient rejoint les opérateurs économiques sur un constat pertinent : l'insécurité judiciaire ayant entraîné une perte de crédit à l'endroit des juridictions étatiques[409], il était donc important non seulement de repenser et de réorganiser les systèmes judiciaires afin de leur permettre de participer activement au développement du continent par la production des décisions conformes au droit, mais également, de redonner confiance aux investisseurs en leur offrant la possibilité de recourir à une justice dont ils peuvent organiser eux-mêmes, conventionnellement, les contours : l'arbitrage.

Par ailleurs, il a paru aussi nécessaire de doter l'Afrique d'institutions arbitrales de référence, susceptibles de favoriser le retour vers le continent de beaucoup de litiges arbitraux qui n'étaient jusqu'alors que l'apanage d'institutions étrangères très souvent imposées à nos opérateurs économiques lors de la conclusion de leurs contrats avec les partenaires étrangers. Grâce à l'Acte Uniforme relatif à l'arbitrage, l'espace OHADA s'est doté de règles modernes en matière d'arbitrage. Il ne reste plus qu'à les appliquer pour ancrer définitivement dans les mœurs des hommes d'affaires et autres acteurs sociaux le recours à ce mode de règlement des litiges qui se généralise. C'est ce qui justifie la mise en place d'un cadre juridique approprié. L'ossature juridique de l'arbitrage OHADA, créé par le Traité OHADA, reste constituée essentiellement par l'Acte Uniforme relatif à l'arbitrage et par le Règlement d'arbitrage de la CCJA. Nous nous contenterons d'étudier l'acte uniforme relatif à l'arbitrage puisque le règlement d'arbitrage ne présente pas un intérêt certain

[409] G. KENFACK DOUAJNI, C. IMHOOS, « L'acte uniforme relatif au droit de l'arbitrage dans le cadre du Traité OHADA », *RCA n° 5*, avril-mai-juin 1999, page 3 ; Prof. Pierre P. MEYER, « L'acte uniforme de l'OHADA sur le droit de l'arbitrage », *RDAI*, n° 6, 1999, p. 630.

pour notre étude. L'Acte Uniforme sur l'arbitrage fixe le cadre général de l'arbitrage, en d'autres termes le droit commun de l'arbitrage.

En effet, l'article 1er de ce texte dispose que : « *Le présent Acte uniforme a vocation à s'appliquer à tout arbitrage lorsque le siège du tribunal arbitral se trouve dans l'un des Etats-parties* ». L'article 2 précise que l'arbitrage doit porter sur des droits dont la personne a « *La libre disposition* ». Il découle de ces dispositions que si le lieu de l'arbitrage vient à se trouver sur le territoire de l'un des Etats-parties, et quelle que soit la matière concernée par l'arbitrage, celui-ci sera régi par l'acte uniforme OHADA sur l'arbitrage, d'une part. Et d'autre part, il faudra que l'arbitrage porte sur un droit disponible, c'est-à-dire un droit « sous la totale maîtrise de son titulaire, à telle enseigne qu'il peut tout faire à son propos et notamment l'aliéner voire y renoncer ». On peut dès lors comprendre qu'un droit indisponible n'est pas arbitrable, notamment un droit ayant trait à l'état des personnes. Par ailleurs, l'article 2 al.2 de l'acte uniforme OHADA sur l'arbitrage énonce que : « *Les Etats et les autres collectivités publiques territoriales ainsi que les Etablissements publics peuvent également être parties à un arbitrage, sans pouvoir invoquer leur propre droit pour contester l'arbitrabilité d'un litige, leur capacité à compromettre ou la validité de la convention d'arbitrage* ». Il s'agit là d'une véritable « révolution » qui a battu en brèche le principe de la séparation juridictionnelle entre l'administratif et le judiciaire et qui fait qu'aujourd'hui, l'Etat et les personnes morales de droit public peuvent valablement compromettre sans mettre à mal leurs intérêts, dès lors qu'ils y consentent expressément à travers une convention d'arbitrage.

B. La compétence du centre d'arbitrage (CCJA)

La compétence du centre d'arbitrage de la CCJA est définie par l'article 21 alinéa 1er du Traité[410] et l'article 2.1 du Règlement d'arbitrage du

---

410 Art. 21 alinéa 1er, « En application d'une clause compromissoire ou d'un compromis d'arbitrage, toute partie à un contrat, soit que l'une des parties ait son domicile ou sa résidence habituelle dans un des Etats-Parties, soit que le contrat soit exécuté ou à exécuter en tout ou partie sur le territoire d'un ou plusieurs Etats Parties, peut soumettre un différend d'ordre contractuel à la procédure d'arbitrage

11 mars 1999[411]. Ces deux textes fixent les critères des litiges susceptibles d'être portés devant un tribunal arbitral statuant suivant le règlement d'arbitrage de la CCJA.

Le premier critère porte sur la nature juridique du litige et deux autres complémentaires sont relatifs à la localisation spatiale de certains éléments constitutifs de la situation litigieuse. Le critère principal est le caractère contractuel du différend. En visant « toute partie à un contrat » et en précisant que celle-ci peut « soumettre un différend d'ordre contractuel à la procédure d'arbitrage [CCJA] », les deux textes exigent que le litige trouve son origine dans un contrat. Ceci exclut les litiges extracontractuels. Le contrat à l'origine du litige ne doit pas seulement revêtir un caractère commercial ; il peut aussi s'agir d'un contrat civil. Le contrat peut être interne ou international. Se référant à ce premier critère, on est en droit d'affirmer que ce centre est compétent pour connaître des litiges relatifs aux contrats d'exploitation des droits de propriété intellectuelle.

Par rapport au critère de libre disposition des droits retenu comme critère d'arbitrabilité dans l'acte uniforme du 11 mars 1999, le caractère contractuel du différend est à la fois plus étroit et plus large car des droits disponibles n'ont pas nécessairement pour origine un contrat. Il est plus large car certains droits visés par un contrat pourraient être indisponibles à l'état de droit éventuel et ne devenir disponibles qu'une fois nés. Ceci nous renvoie au Code de la propriété intellectuelle français qui en autorisant le recours à l'arbitrage en matière de litige de propriété intellectuelle, « *dans les conditions prévues aux articles 2059 du Code civil* », se contente en réalité de revenir au droit commun de l'arbitrage[412]. Le législateur OHADA, par

---

prévue par le présent titre. La Cour Commune de Justice et d'Arbitrage ne tranche pas elle-même les différends. Elle nomme ou confirme les arbitres, est informée du déroulement de l'instance, et examine les projets de sentences, conformément à l'article 24 ci-après ».

[411] Art 2.1 « La mission de la Cour est de procurer, conformément au présent règlement, une solution arbitrale lorsqu'un différend d'ordre contractuel, en application d'une clause compromissoire ou d'un compromis d'arbitrage, lui est soumis par toute partie à un contrat, soit que l'une des parties ait son domicile ou sa résidence habituelle dans un des Etats-parties, soit que le contrat soit exécuté ou à exécuter, en tout ou partie sur le territoire d'un ou de plusieurs Etats-parties ».

[412] T. AZZI, « Les obstacles à l'arbitrage en droit de la propriété industrielle au lendemain de la loi du 17 mai 2011 », Communication commerce électronique n°2, février 2012, étude 4.

le critère de libre disposition des droits, consacre pour ainsi dire, le principe de soumission des litiges de propriété intellectuelle aux MARL.

Les deux autres critères ont un caractère alternatif mais l'un d'eux au moins doit se cumuler avec le critère relatif au caractère contractuel du litige. Ils portent sur le lien spatial qui doit exister entre le contrat à l'origine du différend et un Etat-Partie. Ce lien est constitué soit du lieu d'exécution - en tout ou partie - du contrat, soit du domicile ou de la résidence habituelle de l'un des contractants dans un Etat de l'OHADA. En d'autres termes, il faut que, soit le contrat, soit le domicile ou la résidence habituelle de l'une des parties au contrat ait un rapport spatial avec un Etat OHADA. Les contrats d'exploitation des droits de propriété intellectuelle obéissent à ces critères édictés tant par l'article 21 alinéa 1er du Traité que par l'article 2.1 du règlement d'arbitrage du 11 mars 1999. En d'autres termes, les litiges relatifs aux contrats d'exploitation des droits de propriété intellectuelle peuvent être connus par le centre d'arbitrage de la CCJA.

On peut cependant se poser la question de savoir si la compétence de la CCJA peut être élargie par rapport aux critères fixés dans le Traité et le Règlement d'arbitrage pour déterminer la compétence du centre. On peut aussi s'interroger sur la compétence du centre à connaître d'un litige contractuel qui ne présenterait aucun lien spatial avec un Etat de l'OHADA mais qui pourrait y être juridiquement localisé au moyen d'une clause de droit applicable désignant le droit uniforme ou le droit d'un Etat-Partie, dans ce dernier cas s'il s'agit d'un contrat relevant d'une matière non harmonisée[413] comme le droit de la propriété intellectuelle. On peut répondre avec Madame Lohoues Oble[414] par l'affirmative si la convention d'arbitrage lui [le centre d'arbitrage de la CCJA] attribue compétence.

---

413 P. MEYER, *op. cit.*, pages 629ss ; G. KENFACK DOUAJNI - C. IMHOOS, *op. cit.*, pp. 3s.- R. BOURDIN, « Le règlement d'arbitrage de la Cour Commune de Justice et d'Arbitrage », in *RDA* n° 5, avril-mai-juin 1999, pp. 10 ss.- G. KENFACK DOUAJNI, « L'arbitrage CCJA », in *RCD*, n° 6, juillet-août-septembre 1999, pp. 3ss.

414 *Traité et actes uniformes commentés et annotés*, éd. 2002, p. 50.

Ces interrogations, aujourd'hui sont devenues un lointain souvenir dans l'espace OAPI, depuis la mise en exécution de la résolution n°54/20 du Conseil d'administration autorisant la création au sein de l'organisation d'un centre d'arbitrage et de médiation[415]. Le règlement portant création et organisation du centre d'arbitrage et de médiation de l'OAPI a été adopté à Nouakchott le 7 décembre 2016 par le conseil d'administration. Il est entré en vigueur depuis le 1er janvier 2017. Toujours à la même date et au même endroit, il a été adopté le règlement de médiation en exécution de la résolution 56/23 et le règlement de l'arbitrage en exécution de la résolution 56/24. Ces règlements entrent respectivement en vigueur le 1er mars 2017 et le 1er janvier 2018.

Il est à noter que la mise en œuvre des MARL en matière de propriété intellectuelle contribuera à la sécurisation et à l'attractivité des investissements dans les Etats membres de l'OAPI. Ledit centre connaîtra tout comme le centre d'arbitrage et de médiation de la chambre de commerce internationale, des litiges de propriété intellectuelle.

§ 2. Le Centre d'Arbitrage de la Chambre de Commerce International (CCC)

La Cour d'arbitrage de la Chambre de Commerce Internationale (CCI) a été créée en 1923 et depuis lors, elle suit le déroulement de chaque affaire et vérifie les sentences afin de faciliter leur bonne exécution[416]. Contrairement à d'autres organisations d'arbitrage, qui ont un champ d'action national ou régional, la Cour a une vocation réellement internationale.

Toutes les régions du monde y sont représentées, ce qui lui donne une envergure universelle unique. Le règlement d'ADR s'applique exclusivement aux différends commerciaux, qu'ils soient

---

[415] Résolution n°54/20 du 14 décembre 2014 du Conseil d'Administration de l'OAPI autorisant la création au sein de l'organisme d'un centre d'arbitrage et de médiation et demandant au directeur général de soumettre les textes y relatifs à la prochaine session dudit Conseil.

[416] http ://www.iccwbo.org/court/arbitration/ (consulté le 13 novembre 2015).

internationaux ou nationaux. L'arbitrage de la CCI s'adapte à tous les systèmes de droit et à toutes les cultures, sans qu'aucune tradition juridique nationale ne prédomine. En exposant l'expérience des institutions internationales d'arbitrage, Monsieur Derains[417] constate l'importance de ce mode de solution des litiges dans la propriété intellectuelle. Il rapportait déjà qu'en 1977 près de 14%[418] des différends soumis à la Cour d'arbitrage de la Chambre de Commerce internationale (CCI) avaient trait à la propriété intellectuelle.

En 1992, ce pourcentage s'élevait, toujours selon la CCI, à 23% des cas soumis à son arbitrage[419]. On constate donc une augmentation de près de 10% de cas en 15 ans. De nos jours, ce pourcentage est passé à plus de 42% et il est certain qu'il va encore augmenter, d'une part, du fait que l'institution de l'arbitrage est aujourd'hui plus connue et mieux comprise, et d'autre part, du fait que les avantages propres à cette institution sont de plus en plus recherchés par les milieux industriels (où la compétitivité est devenue un véritable moteur, voire une condition de survie).[420]

En outre, comme le constate Me Moreau, « *les marchés internationaux ne font que se développer, et avec eux la concurrence, si bien que la propriété intellectuelle voit son champ d'application progresser... Cet universalisme supporte de moins en moins l'éparpillement des juridictions nationales, car les praticiens de la PI ne peuvent se satisfaire d'interprétations multiples et*

[417] Y. DERAINS, « L'expérience de la Cour d'Arbitrage de la Chambre de Commerce Internationale en matière de propriété industrielle », in *Rev. Arb*, 1977/1978, p. 40.

[418] MERCEDES NOVIER, « La propriété intellectuelle en droit international privé suisse », Librairie Droz, Genève, 1996. « Ceci correspond à peu près, en volume, à la moitié des litiges portant sur la fourniture d'équipements industriels et les travaux publics (29%), aux ¾ de ceux relatifs aux transactions générales (25,8%) et équivaut presque au nombre des affaires de représentation (17%) tout en étant égal à la somme des différentes catégories restantes (formation ou dissolution d'association ou de sociétés, affaires maritimes, divers). Force est donc d'admettre que les questions de propriété industrielle constituent une part relativement importante de celles qui donnent lieu à l'arbitrage. »

[419] Ce pourcentage tiré du Bull. CEDICAC n° 21(fév. 1994), p. 1. Il est précisé que les domaines visés par ces cas sont principalement celui des brevets, ainsi que des contrats de know-how, d'assistance technique et de transfert d'informations.

[420] Sur l'importance croissante de l'arbitrage internationale à notre époque. *PDIP*, n° 2101, p. 188. Et son importance en matière de transfert de technologie en particulier. S. Soltysinski, p. 345.

changeantes. »[421] Ainsi, peu à peu, l'arbitrage tend à devenir le mode normal de règlement des litiges dans le domaine du commerce international, en particulier dans celui de la propriété intellectuelle. Ainsi, l'exploitation contractuelle des droits de propriété intellectuelle génère l'essentiel des arbitrages internationaux devant la CCI. On ne compte plus les décisions rendues en matière de contrats de licence de brevets sous l'égide de la Chambre de commerce internationale (CCI). Mais le contentieux arbitral de la nullité, la déchéance (marques), la titularité et la contrefaçon commencent aussi à se développer, ce qui est tout à fait nouveau et remarquable s'agissant, notamment de cette dernière compte tenu de la persistance de certains obstacles techniques et psychologiques.

Le nouveau règlement de la CIA-CCI propose une clause compromissoire type et une clause de référé pré-arbitral et arbitral.

« Toute contestation survenant à l'occasion du présent contrat fera l'objet d'une procédure de médiation préalable conduite sous l'égide de la CHAMBRE ARBITRALE INTERNTIONALE DE PARIS (6 avenue Pierre 1er de Serbie, 75116 PARIS, Tél : +33 (0)1 42 36 99 65, Fax : +33 (0)1 42 36 99 58), conformément à son Règlement de Médiation-Conciliation. En cas d'échec de la médiation, le différend sera résolu par arbitrage sous l'égide de la CHAMBRE ARBITRALE INTERNATIONALE DE PARIS, conformément à son Règlement que les parties déclarent connaître et accepter ».

« Toute contestation survenant à l'occasion du présent contrat sera résolue par arbitrage sous l'égide de la CHAMBRE ARBITRALE INTERNATIONALE DE PARIS (6 avenue Pierre 1er de Serbie, 75116 PARIS, Tél : +33 (0)1 42 36 99 65, Fax : +33 (0)1 42 36 99 58), conformément à son Règlement que les parties déclarent connaître et accepter ». Sur le plan de la procédure, un arbitrage CCI est engagé à partir du moment où la demande d'arbitrage introduite par une partie parvient au Secrétariat de la Cour Internationale d'Arbitrage. Ce dernier accuse sans délai réception de la demande et transmet une copie au(x) défendeur(s). La réponse du défendeur quant au nombre d'arbitres et, le cas échéant sa proposition de co-arbitre est requise dans un délai de 30 jours après réception de la demande afin que la

---

[421] B. Moreau, « Intérêt de l'arbitrage pour les litiges de propriété intellectuelle, » in arbitrage et propriété intellectuelle, colloque organisé par l'institut de recherche en propriété intellectuelle Henri-Desbois, Paris 1994, p. 7.

Cour Internationale d'Arbitrage (CCI) puisse entreprendre la constitution du tribunal arbitral[422]. Lorsque les parties ne peuvent s'entendre ou négligent d'agir, la Cour décide, le cas échéant, du nombre et de l'identité des arbitres ainsi que du lieu de l'arbitrage[423]. Le tribunal arbitral sera ainsi rapidement constitué afin de pouvoir examiner les points litigieux qui lui sont soumis.

La Cour Internationale d'Arbitrage CCI n'est cependant pas une simple « autorité de nomination ». Elle supervise ainsi les procédures et est notamment chargée de statuer sur les demandes de récusation, d'examiner[424] et d'approuver toutes les sentences arbitrales et de fixer les honoraires des arbitres.

La procédure devant la Cour est contradictoire ou par défaut, et la procédure par défaut n'est pas nécessairement un acquiescement[425]. Un faible nombre de celles-ci font l'objet de recours devant les tribunaux étatiques, qui les confirment dans la quasi-totalité des cas.[426] Dans la majorité des cas, les parties exécutent spontanément la sentence et l'affaire s'arrête là.

Il est cependant conseillé aux parties, lorsqu'elles décident du lieu de l'arbitrage, de choisir un pays favorable à l'arbitrage et à la coopération des juges en matière d'exécution des sentences arbitrales, comme c'est le cas pour les sentences rendues par le centre d'arbitrage et de médiation de l'OMPI. Il a compétence pour connaître des litiges en matière de propriété de propriété intellectuelle qui touchent aux domaines les plus variés de la création intellectuelle.

---

[422] Articles 4 et 5 du règlement d'arbitrage de la CCI.

[423] Articles 8 et 9 du règlement d'arbitrage de la CCI.

[424] L'une des principales fonctions de la Cour est d'examiner les sentences arbitrales avant qu'elles ne soient définitivement rendues. Le Règlement de la CCI dispose en effet qu'aucune sentence ne peut être rendue sans avoir été approuvée en la forme par la Cour. Cette dernière peut aussi, en respectant la liberté de décision des arbitres, attirer leur attention sur des points concernant le fond du litige. Cet examen est un élément clé de l'arbitrage de la CCI, qui permet de garantir la qualité des sentences et de réduire le risque de les voir annulées par des tribunaux étatiques. Il assure aux parties un degré supplémentaire de protection qu'elles ne peuvent trouver ailleurs, puisque les sentences arbitrales ne sont généralement pas susceptibles d'appel. Grâce à ce mécanisme de contrôle, le système d'arbitrage de la CCI peut être considéré comme le plus sûr du monde.

[425] G. Weiszberg, *op. cit.*

[426] http ://www.iccwbo.org/court/arbitration/ (consulté le 13 novembre 2015).

Il connaît des recours qui pourraient provenir de tous les continents et des secteurs les plus divers de l'économie.

Section 2. La naissance d'un centre spécialisé en arbitrage et médiation des litiges en matière de propriété intellectuelle : le Centre d'Arbitrage et de Médiation de l'OMPI

Le Centre d'arbitrage et de médiation de l'OMPI a été créé en 1994 sur une base non lucrative, pour favoriser le règlement rapide et économique par voie extrajudiciaire, des différends relatifs à la propriété intellectuelle et apparentés. Il est reconnu comme une instance internationale et indépendante particulièrement adaptée aux litiges transfrontaliers et multiculturels, et il administre les procédures en vertu des règlements d'arbitrage, d'arbitrage accéléré, de médiation et de procédure d'expertise de l'OMPI.

Les procédures d'arbitrage et de médiation de l'OMPI ont été utilisées dans des différends portant sur des domaines divers.

Il s'agit notamment des atteintes aux brevets, licences, transactions en matière de nouvelles technologies, télécommunications, accords de distribution de produits pharmaceutiques, questions de droit d'auteur, contrats de recherche-développement, transfert de savoirs, accords de coexistence de marques, accords relatifs au marché de l'art, accords de co-entreprise, différends en matière d'ingénierie, de biologie, de sport, de divertissement, de noms de domaine et différends découlant de la mise en œuvre d'accords en règlement de procédures judiciaires antérieures en matière de propriété intellectuelle intentées dans plusieurs pays[427].

L'application des règlements de l'OMPI ne se limite pas à ce type de différend, ils peuvent être appliqués avec succès dans d'autres domaines.

Pour mieux appréhender le système d'arbitrage et de médiation de l'OMPI, il faut analyser d'une part la procédure ordinaire, et d'autre part, les procédures particulières devant le centre de l'OMPI.

---

[427] www.wipo.int/amc/fr/arbitration/ (consulté le 11 décembre 2013).

§ 1. La procédure ordinaire devant le Centre d'Arbitrage et de Médiation de l'OMPI

L'arbitrage ordinaire de l'OMPI est généralement utilisé dans des affaires complexes comme les litiges relatifs à des brevets, qui durent généralement de 12 à 18 mois. Dans le système de l'OMPI, le Centre joue un rôle capital et la procédure se déroule suivant des règles bien déterminées.

A. Le rôle du Centre

Le Centre s'engage à faire en sorte que les procédures de l'OMPI soient appliquées de manière aussi efficace que possible sans en compromettre ni la légalité, ni l'équité. Lorsqu'il administre les procédures d'arbitrage, le Centre s'inspire des principes suivants : cadre procédural souple, efficacité, compétence, intégrité et administration dynamique des litiges[428].

Plus généralement, pour faciliter le règlement des différends de propriété intellectuelle, le Centre d'arbitrage et de médiation de l'OMPI aide les parties à soumettre les différends existants, aux procédures de l'OMPI lorsqu'elles n'ont pas convenu au préalable de clause compromissoire de l'OMPI ; il met à disposition les règlements qui sont particulièrement adaptés aux litiges dans le domaine de la propriété intellectuelle, de la technologie ou du spectacle ; il aide à la sélection des arbitres dans la base de données du Centre ; il surveille le déroulement des procédures afin de favoriser un déroulement efficace de l'arbitrage. Le Centre peut organiser des services d'appui aux réunions, y compris la fourniture de salles d'audience, de salles de réunion réservées aux parties, de matériel d'enregistrement, de

[428] Chaque litige est administré de manière dynamique par un juriste du Centre, qui veille au respect des délais, s'assure que la communication est optimale et fournit des informations sur la procédure ainsi qu'une aide administrative aux parties et au tribunal.

services d'interprétation et de services de secrétariat. Lorsque la procédure a lieu dans les locaux de l'OMPI à Genève, les salles sont mises à disposition à titre gracieux[429]. Le règlement d'arbitrage de l'OMPI contient des règles de procédure régissant la conduite de l'arbitrage et fixe des limites pour chaque étape de la procédure afin que celle-ci soit achevée, et qu'une sentence soit rendue, dans les délais.

B. Le déroulement de la procédure

Dans un nombre croissant de cas, les parties conviennent d'essayer tout d'abord de régler leur litige par la médiation et de ne recourir à l'arbitrage que si le litige n'a pas pu être réglé dans un certain délai. Les clauses prévoyant ce préalable permettent d'associer la souplesse de la médiation au caractère contraignant de l'arbitrage lorsque la médiation échoue. Les mesures de réparation demandées dans les procédures d'arbitrage comprennent les dommages-intérêts, des déclarations de contrefaçon et l'exécution en nature.

Pour qu'un arbitrage ait lieu, le demandeur doit soumettre au Centre une demande d'arbitrage. La date à laquelle le Centre reçoit cette demande est réputée être la date d'introduction de la procédure d'arbitrage. La demande d'arbitrage doit contenir des renseignements succincts sur le différend, y compris le nom et les coordonnées des parties et de leurs représentants, une copie de la convention d'arbitrage, une brève description du litige, la réparation demandée et toute demande ou observation concernant la constitution du tribunal, l'exposé complet des faits et des arguments juridiques, avec une indication de la nature de toute technique en cause et les droits et biens matériels et immatériels en cause[430].

La requête, si elle n'a pas été jointe à la demande, doit être déposée dans les 30 jours suivant la constitution du tribunal et la réponse en défense dans les 30 jours suivant la réception de la requête.

---

[429] www.wipo.int/amc/fr/arbitration/rules/index.html#67 (consulté le 11 décembre 2013).

[430] Articles 6 à10 du règlement d'arbitrage de l'OMPI.

Le tribunal peut prévoir la production d'autres pièces écrites. Peu de temps après sa constitution, le tribunal tient une conférence préparatoire portant notamment sur la planification de la procédure, les dates des audiences, les preuves et le traitement des informations confidentielles.[431] A la demande d'une partie, ou à l'appréciation du tribunal, une audience peut avoir lieu pour la présentation des preuves testimoniales, y compris celles d'experts, ou pour l'exposé oral des arguments. S'il n'y a pas d'audience, la procédure se déroule uniquement sur pièces[432].

Les litiges concernant la propriété intellectuelle et la technologie portent souvent sur des informations techniques ou commerciales sensibles. L'article 52 du Règlement d'arbitrage de l'OMPI prévoit un mécanisme de protection particulier pour les secrets de fabrication et d'affaires et autres informations confidentielles au cours de la procédure d'arbitrage[433].

Il est intéressant de remarquer que les règles d'arbitrage de l'OMPI prévoient que le tribunal arbitral peut suggérer aux parties d'envisager une transaction chaque fois qu'il l'estime appropriée. Si les parties en expriment le souhait, le tribunal arbitral peut leur donner une opinion préalable sur l'affaire afin de faciliter la discussion vers le règlement amiable. Selon les règlements d'arbitrage de l'OMPI, le tribunal a le pouvoir de rendre toute ordonnance provisoire ou prendre toute mesure provisoire qu'il juge nécessaire, à la demande d'une partie[434]. L'article 62.a) du règlement d'arbitrage de l'OMPI dispose que le tribunal peut rendre des sentences préliminaires, provisoires, interlocutoires, partielles[435] ou définitives.

---

[431] Articles 41à 47 du règlement d'arbitrage de l'OMPI.

[432] Articles 53à 55 du règlement d'arbitrage de l'OMPI.

[433] Une partie suivant cet article, peut présenter au tribunal une demande motivée tendant à ce que certaines informations qu'elle est tenue de fournir ou qu'elle envisage de fournir au cours de l'arbitrage soient classées comme confidentielles.

[434] La disposition mentionne expressément les "injonctions et […] les mesures conservatoires pour les marchandises, sans limiter la compétence du tribunal à ces mesures.

[435] Les sentences préliminaires, provisoires, interlocutoires ou partielles tranchent une ou plusieurs questions qui peuvent être réglées au cours de la procédure sans qu'il soit complètement et définitivement statué sur le litige. Elles règlent des questions particulières et permettent au tribunal et aux parties de centrer leur attention sur le reste du litige. Ces décisions peuvent porter notamment sur la

Une sentence définitive règle toutes les questions qui sont soumises à l'arbitrage, entraînant la fin de la compétence du tribunal sur le litige, sauf pour corriger des erreurs ou compléter la sentence dans un délai limité[436]. En effet, lorsque le tribunal juge que les parties ont eu des possibilités suffisantes de soumettre des pièces et de présenter des preuves, il prononce la clôture de la procédure. Cette clôture doit intervenir dans un délai de neuf mois à compter du dépôt de la réponse en défense ou de la constitution du tribunal, la date la plus tardive étant retenue. La sentence définitive doit être rendue dans les trois mois suivant la clôture de la procédure. La sentence prend effet et devient obligatoire pour les parties à compter de la date à laquelle elle est communiquée par le Centre. Les sentences d'arbitrage internationales sont exécutées par les tribunaux nationaux conformément à la Convention de New York[437].

§ 2. Les procédures spécialisées devant le centre

En plus des procédures ordinaires d'arbitrage et de médiation, le centre d'arbitrage de l'OMPI administre deux procédures spécialisées : l'arbitrage et la médiation accélérés ordinaires (A) et les arbitrages et la médiation spécialisés accélérés (B).

A. L'arbitrage accéléré ordinaire

Le Centre de l'OMPI administre les procédures d'arbitrage selon le Règlement d'arbitrage accéléré de l'OMPI. Cet arbitrage est particulièrement recommandé lorsque les sommes en jeu dans le différend sont limitées et ne justifient pas les dépenses associées à des

---

compétence du tribunal et la validité de la clause compromissoire, si elle est contestée par une partie ; les mesures de protection provisoires ; une garantie pour la demande et les frais d'arbitrage ; la responsabilité, avant que le montant des dommages soit établi ; une ordonnance d'exécution en nature, sans préjudice de l'octroi de dommages-intérêts en cas de non-exécution.

[436] Article 66 du règlement d'arbitrage de l'OMPI.

[437] Articles 57 à 66 du règlement d'arbitrage de l'OMPI.

procédures contentieuses ou arbitrales plus longues ou, lorsque les parties doivent parvenir rapidement à une décision définitive et exécutoire sur un nombre restreint d'éléments. De même, lorsque la quantité de pièces techniques à examiner n'est pas importante, ou un résultat rapide est nécessaire, ce qui est souvent le cas pour les différends relatifs à des marques et à des logiciels.

L'arbitrage accéléré convient alors moins à des différends complexes qui sont susceptibles de donner lieu à la production de nombreuses preuves, à des analyses d'experts ou à de longues audiences. La complexité d'un arbitrage pouvant être difficile à prévoir, il importe que la procédure accélérée demeure suffisamment souple pour que les différends complexes puissent être instruits de manière exhaustive.

Si la rapidité de la procédure est souhaitable, il est capital que son déroulement soit équitable. Ainsi, les parties qui privilégient la rapidité peuvent opter pour le cadre de procédure mis en place par le règlement d'arbitrage accéléré de l'OMPI. Ce règlement condense les principales étapes d'un arbitrage de l'OMPI décrites ci-dessus,[438] permettant de raccourcir les délais et réduire les coûts. L'arbitrage accéléré donne notamment lieu, en principe, à un seul échange de mémoires. Il y a généralement un arbitre unique, ce qui évite de recourir à la procédure potentiellement plus longue de la nomination et du processus de décision d'un tribunal composé de trois arbitres. La procédure doit être clôturée dans un délai de trois mois, au lieu de neuf, à compter soit de la réponse en défense, soit de la constitution du tribunal[439].

La procédure d'arbitrage accéléré est introduite par l'envoi au Centre d'arbitrage et de médiation de l'OMPI d'une demande écrite d'arbitrage accéléré par l'une des parties[440]. Cette demande doit être accompagnée de la requête, qui doit contenir un exposé complet des faits et des arguments juridiques présentés à l'appui de la demande, une indication de la réparation demandée et les preuves écrites sur lesquelles se fonde le demandeur, ainsi qu'une liste détaillée de ces preuves.[441] La demande d'arbitrage accéléré est assujettie au paiement

---

[438] *Op. cit.*
[439] Article 56 du règlement accéléré de l'OMPI.
[440] Articles 6 et 10 du Règlement de l'arbitrage accéléré de l'OMPI.
[441] Article 35 du Règlement de l'arbitrage accéléré de l'OMPI.

au Centre d'une taxe d'enregistrement. Le Centre informe les parties par écrit de la réception de la demande d'arbitrage accéléré et de la requête, et de la date à laquelle la procédure a été introduite[442].

Dans un délai de 20 jours à compter de la réception de la demande d'arbitrage accéléré, le défendeur doit adresser une réponse à la demande[443], accompagnée de la réponse en défense, qui doit répondre aux éléments contenus dans la requête, être accompagnée des preuves écrites correspondantes et inclure une éventuelle demande reconventionnelle ou d'exception de compensation[444]. De telles demandes peuvent, dans des circonstances exceptionnelles, être formées à un stade ultérieur de la procédure si le tribunal le permet. Toute demande reconventionnelle formée par un défendeur est cependant subordonnée au paiement au Centre d'une taxe d'enregistrement.[445] Les parties peuvent indiquer dans la demande et la réponse, leur intention d'utiliser le système ECAF (Electronic Case Facility) au cours de la procédure. Ce système ne peut être utilisé que si les deux parties y consentent. En général, la procédure d'arbitrage accéléré dure au maximum 6 mois.

B. Les arbitrages accélérés spéciaux

En plus d'administrer les litiges en vertu de ses propres règlements de médiation et d'arbitrage, le Centre de l'OMPI s'occupe aussi de l'élaboration de mécanismes adaptés à la résolution de types particuliers mais récurrents de différends de propriété intellectuelle. Le Centre a ainsi mis au point, par exemple, le règlement d'arbitrage accéléré de l'OMPI pour l'AGICOA (1). Plus récemment, le Centre a développé le règlement de médiation et d'arbitrage de l'OMPI pour le secteur du film et des médias (2). Il faut noter que le Centre de l'OMPI collabore également à l'élaboration de systèmes adaptés de règlement extrajudiciaire des litiges avec les parties prenantes des domaines émergents de la propriété intellectuelle, notamment la

---

442 Article 8 du Règlement d'arbitrage accéléré de l'OMPI.

443 Articles 11 du Règlement d'arbitrage accéléré de l'OMPI.

444 Articles 12 et 36 du Règlement d'arbitrage accéléré de l'OMPI.

445 Article 60(b) du Règlement d'arbitrage accéléré de l'OMPI et barème du Centre.

biodiversité, les savoirs traditionnels, les expressions culturelles traditionnelles et l'accès aux soins médicaux.

1. L'arbitrage accéléré AGICOA

Chaque fois qu'un film est transmis sur le câble ou par un procédé analogue, il se peut qu'une rémunération soit due à son producteur. C'est à l'Association de Gestion Internationale Collective des Œuvres Audiovisuelles (AGICOA) que revient la tâche souvent complexe et laborieuse d'obtenir auprès des opérateurs et de redistribuer, aux producteurs indépendants et ayants droits qui peuvent y prétendre, le paiement des redevances ou les royalties issues de la retransmission de leurs œuvres.

L'AGICOA, qui voit régulièrement des conflits s'élever lorsque les titulaires de droits enregistrent des œuvres, a mis en place une procédure de résolution des conflits pour de telles situations. Toutefois, afin d'avoir plus de temps pour se concentrer sur ses compétences de base, l'Association a demandé au Centre d'arbitrage et de médiation de l'OMPI, au début de l'année 2008, de développer une procédure d'arbitrage adaptée aux spécificités qui caractérisent les différends entre des ayants droits[446]. Le Centre a ainsi développé le règlement d'arbitrage accéléré de l'OMPI pour l'AGICOA qui a été approuvé par le Conseil d'Administration de l'AGICOA le 30 Septembre 2008. Cet ensemble de règles fondé sur le règlement d'arbitrage accéléré de l'OMPI a été spécialement adapté pour répondre aux besoins spécifiques des ayants droits de l'AGICOA.

L'AGICOA opère par une procédure de résolution des litiges pour les conflits entre plusieurs ayants droits de l'AGICOA qui ont déclaré les mêmes droits sur la même œuvre, à savoir des droits concernant le même territoire, la même période, la même langue, les mêmes chaînes de télévision et lorsque le pourcentage des droits déclarés se recoupe[447]. Les AGICOA *Conflict Rules* pour ces différends prévoient une phase de résolution à l'amiable du différend

---

[446] C. Saffon et C. Chantier, *Gestion collective des œuvres audiovisuelles, des défis à relever, aujourd'hui comme hier,* in *Magazine de l'OMPI*, Octobre 2009, n°5, p. 15.
[447] Article 2 des AGICOA *Conflicts Rules.*

et une phase de recommandation conduite par l'AGICOA. Si la recommandation finale de l'AGICOA est rejetée, les parties ont le choix d'engager une procédure judiciaire ou une procédure d'arbitrage, comme celle prévue par le règlement d'arbitrage accéléré de l'OMPI pour l'AGICOA, ou une procédure d'arbitrage devant une autre institution d'arbitrage, en application de l'article 46 des AGICOA *Conflict Rules*. Le règlement d'arbitrage accéléré de l'OMPI pour l'AGICOA s'applique donc uniquement lorsqu'une convention d'arbitrage, conclue entre des ayants droits de l'AGICOA, prévoit explicitement un arbitrage conformément au règlement d'arbitrage accéléré de l'OMPI pour l'AGICOA. Les parties aux procédures d'un arbitrage accéléré de l'OMPI pour l'AGICOA sont libres de choisir un arbitre indépendant et impartial parmi des personnes à l'extérieur du groupe. Les parties peuvent opter pour la communication électronique des dossiers, en utilisant le système de gestion électronique des litiges de l'OMPI (ECAF)[448]. L'arbitre unique rend la sentence arbitrale après avoir donné aux parties la possibilité de présenter leurs arguments factuels et juridiques.

Le Centre d'arbitrage et de médiation de l'OMPI notifie la sentence arbitrale à chaque partie et au département juridique et commercial de l'AGICOA. L'arbitrage n'étant efficace que si la sentence arbitrale peut être exécutée, il est prévu l'exécution directe de la sentence arbitrale par l'AGICOA, à travers la mise à jour des droits et la libération des redevances correspondantes, bloquées pendant le conflit.[449] La sentence arbitrale est également exécutoire au niveau international en vertu de la Convention du New York de 1958.

2. L'arbitrage accéléré pour le secteur des films et médias

Au cours de l'année 2009, le Centre a adopté un Règlement de médiation et d'arbitrage accéléré spécifique pour la résolution de litiges dans ce secteur qui a été développé en collaboration avec des

[448] C. Saffon et C. Chantier, *op. cit.*, p. 18.

[449] Articles 55(c) du règlement d'arbitrage accéléré de l'OMPI pour l'AGICOA et 50(4) des AGICOA *Conflicts Rules*.

experts issus de ce domaine de l'industrie[450]. Ce nouveau règlement, ainsi que les modèles spécifiques de clauses compromissoires et de compromis d'arbitrage, sont particulièrement adaptés pour les transactions internationales relatives aux films et aux médias dans lesquelles les parties requièrent une procédure de médiation et d'arbitrage accélérée.

De nombreuses transactions comportant des questions complexes de propriété intellectuelle sont opérées dans le monde du film et des médias et ce, particulièrement au niveau international. Il s'agit entre autres d'accords de production, coproduction, distribution, radiodiffusion, synchronisation musicale, nouveaux médias de production, de financement, de contrats portant sur les droits d'auteur, de licence ou encore de formats de télévision ou d'autres médiats.

Dans ce secteur, le Centre a notamment administré un arbitrage portant sur un accord de distribution de droit de diffusion entre une société de distribution de droits de télévision et une fédération internationale sportive. L'accord avait pour objet des droits exclusifs de distribution TV de compétitions sportives en Asie ainsi que dans les régions du Pacifique. L'accord contenait une clause de résolution du litige prévoyant que le litige soit réglé par un arbitre unique en vertu du Règlement d'arbitrage de l'OMPI. De concert avec les parties, le Centre a nommé un arbitre unique qui, au cours de l'année suivant le dépôt de la demande d'arbitrage, a rendu une sentence finale rejetant la demande en dommages-intérêts de la société de distribution.

Les taxes d'administration du Centre et les honoraires des médiateurs et des arbitres ont été réduits afin de s'adapter aux caractéristiques des différends dans les secteurs des médias et du film. Les utilisateurs potentiels du règlement de médiation et d'arbitrage accéléré de l'OMPI pour le secteur du film et des medias comprennent une gamme d'intervenants et de structures notamment : des producteurs, des investisseurs, des réalisateurs, des acteurs, des artistes, des interprètes, des scénaristes, des sociétés de spectacle, des diffuseurs, des exploitants, des sociétés d'édition et des sociétés de gestion collective.

---

450 Assemblée générale de l'OMPI, 26 juil. 2001, WO/GA/40/9, p. 2.

Les procédures de résolution des litiges sont rapides et flexibles : il est prévu une procédure de médiation et une procédure d'arbitrage accéléré qui peuvent être, à la demande des parties, soit combinées soit utilisées de manière indépendante. Les délais prévus par le règlement d'arbitrage de l'OMPI, applicables aux différents stades de la procédure ont été raccourcis afin d'accélérer le processus de règlement des litiges choisi par les parties. Celles-ci peuvent décider d'utiliser le système ECAF, afin de faciliter la communication lors du règlement de leur litige[451].

Les procédures de règlement extrajudiciaire des différends constituent des mécanismes souples permettant aux parties de rechercher des solutions appropriées pas toujours possibles à trouver devant une juridiction étatique. L'essor de ces procédures en matière de propriété intellectuelle est matérialisé par la mise sur pied de plusieurs centres internationaux d'arbitrage et de médiation de droit commun ainsi que de deux centres spécialisés en matière de propriété intellectuelle : le centre d'arbitrage et de médiation de l'OMPI et celui récemment de l'OAPI.

En tant qu'institution d'arbitrage et de médiation spécialisée, ces centres offrent un choix diversifié de procédures adaptées aux besoins spécifiques des parties et aux circonstances particulières entourant les litiges qui leur sont soumis. Nous avons ainsi vu que le Centre d'arbitrage et de médiation de l'OMPI administre des procédures ordinaires, des procédures ordinaires spécialisées, ainsi que des procédures accélérées, dans divers domaines de la propriété intellectuelle. Dans la pratique, on constate la préférence de l'arbitrage institutionnel à l'arbitrage ad hoc.

En général, l'institution chargée de l'administration de l'arbitrage ou de la médiation comme le centre d'arbitrage et de médiation de l'OMPI, de l'OAPI, celui de CCI ou celui de la CCJA fournit des règles de procédure préétablies, un accès à des arbitres et médiateurs qualifiés, et une infrastructure administrative et d'encadrement. Par conséquent, avec un arbitrage ou une médiation institutionnelle, les parties et le tribunal peuvent consacrer leur temps et leur énergie au règlement du différend plutôt qu'aux questions d'ordre administratif.

---

[451] http://www.wipo.int/amc/fr/film/rules/ (consulté le 11 décembre 2013).

Il était question dans cette partie de notre travail de démontrer l'importance du rôle de la volonté des parties dans le choix des MARL comme voie de salut pour le règlement des litiges en matière de propriété intellectuelle. C'est-à-dire du rôle de la volonté des parties dans le règlement non juridictionnel des litiges de propriété intellectuelle.

On a abouti à la conclusion selon laquelle, la volonté des parties est au cœur des relations contractuelles. Elle est génératrice de droits et d'obligations réciproques. Dans le cadre d'une clause compromissoire, les parties s'engagent à faire trancher leurs litiges, nés ou à naître par des arbitres et non par des juridictions étatiques. Cet engagement, en plus du fait qu'il les oblige dès lors à déférer aux arbitres ou aux médiateurs en fonction du MARL choisi, le règlement des litiges visés dans ladite convention, fonde la compétence du tribunal arbitral. C'est ce qu'on a appelé l'effet positif de la clause compromissoire.

Dès lors que les arbitres ont accepté leur mission, ils disposent de très larges pouvoirs pour apprécier le choix des parties pour ce qui est du droit applicable au fond du litige, et parfois même de la validité de la clause compromissoire. Ainsi, ils ont acquis au fil du temps, le pouvoir de relever une violation d'ordre publique ainsi que celui de sanctionner ladite violation.

Avec l'essor du contentieux international non juridictionnel de la propriété intellectuelle, on assiste à la création des centres d'arbitrage et de médiation tant de droit commun que spécifique à la propriété intellectuelle, qui connaissent sur le plan international des litiges relatifs au droit de la propriété intellectuelle. L'évolution de l'OMPI et de son Centre d'arbitrage et de médiation, le volume croissant des litiges en matière de propriété intellectuelle devant le centre d'arbitrage de la CCI, constituent de bons exemples des mutations suscitées par cet essor.

Au-delà des solutions acquises actuellement, il y avait lieu de combler le retard accusé dans ce domaine des MARL relatifs aux litiges en matière de propriété intellectuelle par certains pays africains, et d'adopter une législation moderne et adéquate aux pratiques actuelles. Ce que vient de faire le Conseil d'administration de l'OAPI par la création d'un centre d'arbitrage et de médiation et l'adoption des règlements d'arbitrage et de médiation. Ceci contribuera à coup sûr à l'essor dans cet espace, des MARL dans le domaine des litiges relatifs à la propriété intellectuelle.

TITRE 2

LA REALITE DES MARL APPLIQUES AUX LITIGES RELATIFS A LA PROPRIETE INTELLECTUELLE

De nombreux auteurs s'accordent pour dire que les articles 2059 et 2060 du Code civil ne sont plus en phase avec l'état actuel de la jurisprudence et des pratiques des modes alternatifs de règlement de litige. L'article 2059 tant du Code civil français que camerounais qui permet à toute personne de compromettre sur les droits dont elle a la libre disposition, ne correspond plus à la conception de l'action telle qu'issue de la pensée de Motulsky[452]. Aujourd'hui, l'arbitre ou le médiateur peut statuer alors même qu'une disposition d'ordre public est en jeu. La Cour d'appel de Paris, dans un arrêt du 29 mars 1991[453], a affirmé : *« En matière internationale, l'arbitre a compétence pour apprécier sa propre compétence quant à l'arbitrabilité du litige au regard de l'ordre public international et dispose du pouvoir d'appliquer les principes et règles relevant de cet ordre public, ainsi que de sanctionner leur méconnaissance éventuelle, sous le contrôle du juge de l'annulation. »*

Cette solution a été affirmée de manière encore plus explicite dans un autre arrêt de la même Cour d'appel en date du 19 mai 1993[454] :*« L'arbitrabilité du litige n'est pas exclue du seul fait qu'une réglementation d'ordre public est applicable au rapport de droit litigieux. »*

Le Code de la propriété intellectuelle français semble autoriser très largement les MARL et plus particulièrement l'arbitrage en cette matière. Les possibilités d'y recourir ont d'ailleurs été renforcées par la mal nommée « *Loi de simplification et d'amélioration de la qualité du droit* » du 17 mai 2011[455]. Désormais, les dispositions du code

---

[452] Arrêt *Labinal*, *op. cit.*
[453] Arrêt *GANZ*, *op. cit.*
[454] CA, Paris, 19 mai 1993, *Rev. Arb.*, 1993, p. 645.
[455] Loi N°2011-525, 17 mai 2011 de simplification et d'amélioration de la qualité du droit ; JO, 18 mai 2011. P. 8537. – C. Caron. Du nouveau à propos de la compétence des juridictions administratives et de l'arbitrage : *Comm. Com. Electr.* 2011. Comm.

relatives aux contentieux, qu'il s'agisse de propriété industrielle ou de propriété littéraire et artistique, sont pratiquement toutes rédigées sur le même modèle : il est d'abord prévu que « *Les actions civiles et les demandes relatives (à un droit de propriété intellectuelle), y compris lorsqu'elles portent également sur une question connexe de concurrence déloyale, sont exclusivement portées devant les tribunaux de grande instance, déterminés par voie réglementaire* » ; puis il est précisé que « *(ces) dispositions ne font pas obstacle au recours à l'arbitrage, dans les conditions prévues aux articles 2059 et 2060 du Code civil* ». On retrouve ces règles énoncées en matière de dessins et modèles[456], du droit d'auteur[457], de brevet[458], de produits semi-conducteurs[459], d'obtentions végétales[460], de marques[461], et d'indication géographique[462].

Ces solutions traduisent de manière évidente toute la confiance dont bénéficient les MARL et plus particulièrement l'arbitrage, pour trancher des litiges en matière de propriété intellectuelle. On peut ainsi recourir aux MARL pour connaître des litiges détachables de l'exploitation des droits de propriété intellectuelle (Chapitre 1), et à plus forte raison, les litiges relatifs à l'exploitation des droits de propriété intellectuelle. (Chapitre 2).

---

81. – J. –M. BRUGUIERE et E. GILLET, « Litige de propriété intellectuelle. – L'apport de la loi de simplification et d'amélioration de la qualité du droit du 17 mai 2011 » ; *JCP E*. 2011. 1663.

[456] CPI, art. L.521-3-1.

[457] CPI, art. L.331-1.

[458] CPI, art. L. 615-17.

[459] *ibid*, par renvoi de CPI, art. L.622-7.

[460] CPI, art. L. 623-31.

[461] CPI, art. L. 716-3 et L. 716-4.

[462] CPI, art. L. 722-8. Il est à noter que les dispositions autorisant expressément l'arbitrage dans les conditions prévues aux articles 2059 et 2060 du Code civil étaient déjà présentes dans le Code de la propriété intellectuelle avant la réforme du 17 mai 2011, mais uniquement en matière de marque, de brevet et, par renvoi, de produits semi-conducteurs.

CHAPITRE 1

LE RECOURS POSSIBLE AUX MARL POUR LES LITIGES DETACHABLES DE L'EXPLOITATION DES DROITS DE PROPRIETE INTELLECTUELLE

Depuis la loi française du 13 juillet 1978, l'arbitrabilité de principe des litiges relatifs à un brevet d'invention est admise. La référence à l'article 2060 du Code civil par le législateur pour définir l'arbitrabilité de cette matière nous semble être à l'origine des nombreuses difficultés rencontrées pour l'admission de l'arbitrage en droit des brevets. C'est pourquoi, à la suite des travaux de Monsieur Jarrosson, par une démarche systématique, nous allons nous attacher à appliquer le critère de la disponibilité des droits, second critère posé par les articles L.521-3-1, L.331-1, L. 615-17, L.622-7, L.623-31, L.716-3, L.16-4 et L.722-8 du Code de la propriété intellectuelle, aux différents litiges du droit de la propriété intellectuelle pour faire le départ entre les litiges qui sont susceptibles d'être soumis aux MARL de ceux qui ne le sont pas. De la sorte, nous considérons tour à tour les litiges ayant trait à la titularité des droits de propriété intellectuelle, puis ceux relatifs à la validité des droits de propriété industrielle.

Section 1. Les recours aux MARL pour les litiges relatifs à la titularité des droits

Le titulaire des droits de propriété intellectuelle dispose de toutes les prérogatives conférées par la loi. Il est le propriétaire du monopole d'exploitation concédé pour l'invention breveté, la création de la marque ou du dessin et modèle industriels, ou la réalisation d'une œuvre littéraire ou artistique.

La question de la titularité du droit peut être à l'origine d'un contentieux. A la différence du droit américain qui considère que le droit de propriété intellectuelle appartient à l'inventeur ou au créateur[463], le droit français prévoit que le droit appartient au premier déposant légitime, à savoir l'inventeur ou le créateur ou son ayant cause[464]. Il en est de même du droit OAPI. Des difficultés peuvent surgir soit, parce que l'invention ou la création ou la réalisation a été faite, de bonne foi, par plusieurs personnes, soit parce qu'elle a été usurpée par un tiers qui l'a déposée ou publiée à son nom le premier[465].

Ceci étant, la question de la propriété du titre de propriété industrielle n'intéressant pas l'ordre public, l'arbitre ou le médiateur peut être appelé à connaître des litiges y relatifs. Il en est de même pour les litiges relatifs à la titularité des droits sur les œuvres littéraires et artistiques. Sans oublier que le critère de libre disposition des droits de propriété intellectuelle ouvre largement la voie à la soumission aux MARL des litiges en matière de propriété intellectuelle.

§ 1. Les litiges relatifs à la titularité des droits de propriété industrielle

L'Etat délivre le titre de propriété industrielle à la personne qui en a fait la demande, ne procédant à aucun contrôle pour vérifier que le déposant est l'inventeur ou le créateur ou son ayant cause[466]. La détention du titre établit une présomption de propriété[467]. Si une personne est lésée, elle peut revendiquer la propriété du titre en vertu de la loi : article L. 611-8 du Code de la propriété intellectuelle français pour le brevet, article 18 annexe 3 de l'Accord de Bangui révisé s'agissant des oppositions à l'enregistrement d'une marque[468].

---

463 Art. 35 USC 101 : « Quiconque invente un procédé, une machine (…) peut obtenir un brevet pour cette invention ou découverte (…) », v. R. Signore « Cour de Droit américain des brevets », CEIPI, 2000.

464 Art. L. 611-6 du Code de la propriété intellectuelle.

465 E. POLLAUD-DULIAN, *Droit de la propriété industrielle, Montchretien, Domat Droit privé*, 1999, p. 143.

466 Art.5 annexe 1 de l'Accord de Bangui révisé : « sous réserve des dispositions ci-après, la propriété de la marque appartient à celui qui, le premier, en a effectué le dépôt ».

467 Paris, 24 mai 1994, *PIBD* 1994.III.496,

468 Art. 18. Al. 1. annexe 3 de l'Accord de Bangui révisé : « Tout intéressé peut faire opposition à l'enregistrement d'une marque en adressant à l'Organisation et dans un

Par ailleurs, dans l'hypothèse d'une invention mise au point par plusieurs inventeurs, des litiges peuvent surgir à propos de la « copropriété » : action en responsabilité d'un copropriétaire contre un autre, répartition entre les copropriétaires des produits de l'exploitation, exercice du droit de préemption[469]. Ces différents litiges n'intéressent pas l'ordre public.

La titularité du droit de propriété intellectuelle est une question qui n'intéresse que les tiers. Comme le soulignent Messieurs les professeurs Chavanne et Burst : « *Qu'un brevet soit la propriété de telle ou telle personne n'est pas un problème d'ordre public. L'étendue du domaine public n'en est pas modifiée et seuls les intérêts privés sont en jeu. L'arbitrage doit être possible dans ces domaines*[470].» De nombreux auteurs partagent cette opinion[471], qui est par ailleurs la nôtre.

Le droit d'agir en revendication est en effet un droit disponible. Il concerne l'intérêt privé du demandeur et non la collectivité tout entière. De même, les copropriétaires d'un brevet ou d'une marque disposent d'une totale liberté pour organiser leurs rapports[472]. L'absence de dispositions législatives impératives en la matière nous autorise à conclure que tout litige intéressant le règlement de « copropriété » est soumis aux MARL, car il touche aux intérêts privés.

La Cour d'appel de Paris a consacré cette solution dans l'affaire *Soc. Stein Heurtey c. Soc. Nippon Steel Corporation.* En l'espèce, en

---

délai de six mois, à compter de la publication visée à l'article 17 précédent, un avis écrit exposant les motifs de son opposition, lesquels doivent avoir pour fondement une violation des dispositions des articles 2 ou 3 de la présente Annexe ou d'un droit enregistré antérieur appartenant à l'opposant. »

469 J.-L. GOUTAL, « Arbitre et Propriété intellectuelle ». *Gaz. Pal.* 13.12.1997, p.28 et s., spéc. p. 29.

470 A. CHAVANNE et J.-J. BUSRT, *Droit de la propriété industrielle*, Précis Dalloz, 5ème éd., 1998, n°254.

471 En ce sens, v. notamment : G. BONET et CH. JARROSSON « L'arbitrabilité des litiges de propriété industrielle », in « Arbitrage et propriété industrielle », colloque IRPI, n°12, *Litec.* 1994, p. 61 et s., spéc. p. 67. –J.-L. GOUTAL « Arbitrage et propriété intellectuelle », *Gaz. Pal.* 13.12.1997, p.28 et s., spéc. p. 29. – J.-B. RACINE, L'arbitrage commercial international et l'ordre public ; Avant-propos de Laurence BOY, Préface de Ph. FOUCHARD, *LGDJ,* 1999, n°138, p. 80. *Op. cit.*

472 Les dispositions relatives à la copropriété d'un brevet sont supplétives conformément à l'article L. 613-32 du Code de la propriété intellectuelle.

1978, la société Nippon concède à la société Stein une licence de conception, fabrication et vente d'une technologie intitulée CAPL (" *Continous Annealing and Processing Line* [473] "). Onze ans plus tard, la société Nippon renouvelle le contrat qui comporte une clause compromissoire. Deux brevets - l'un américain, l'autre, européen - sont délivrés à son profit. La société assigne alors le breveté devant le Tribunal de grande instance de Paris afin de faire reconnaître la titularité de droit à son profit sur le brevet. Le 4 avril 2001, le tribunal se déclara incompétent aux motifs que le litige concerne le contrat de 1989 et relève de la compétence du tribunal arbitral. La société Stein forme contredit de cette décision. Elle soutient que le litige a pour objet la revendication de brevets soustraits à leur auteur conformément à l'article L. 611-8 du Code de la propriété intellectuelle, sans rapport avec le contenu du contrat et que ce litige n'est pas susceptible d'être soumis à arbitrage. La défenderesse prétend que le litige a pour objet la titularité des brevets, laquelle doit s'apprécier par référence au contenu ou l'exécution du contrat, indépendamment des dispositions relatives à l'action en revendication et que ce litige est susceptible d'arbitrage.

La Cour a répondu en ces termes :

« Considérant qu'il résulte de l'article L. 615-17 du Code de la propriété intellectuelle que l'ensemble du contentieux né du titre 1er du livre 6 de la partie législative du Code de la propriété intellectuelle peut être soumis à l'arbitrage dans les conditions prévues aux articles 2059 et 2060 du Code civil ; qu'il convient dans ces conditions de rechercher si le litige intéresse l'ordre public ;

Considérant que le litige ne concerne pas la validité du brevet, mais la paternité de l'invention, réalisée en cours d'exécution d'un contrat liant les parties (qui n'était pas un contrat de travail) ; que ce conflit opposant deux intérêts privés est arbitrable.

Considérant qu'il est établi, et non contesté, que le procédé litigieux constitue une amélioration de la technologie de CAPL ; que cette amélioration est visée à l'article 8 du contrat ; que déterminer qui a mis au point cette « amélioration », et s'il y a eu lieu ou non « violation flagrante » de cet article 8 (selon les termes mêmes de

[473] Traduction : « *Ligne de reconduite et recuisons continue* ».

l'assignation) au cours de l'exécution de contrat constitue bien le litige visé à l'article 20 dudit contrat ;

Qu'il y a donc lieu de rejeter le contredit[474]. »

La Cour d'appel affirme donc l'arbitrabilité de la propriété du brevet en relevant que le conflit opposait deux intérêts privés. Cette solution s'inscrit dans la volonté de reconnaître une place de plus en plus importante des MARL dans les litiges intéressant la propriété intellectuelle. Sur pourvoi formé contre cet arrêt, la Cour de cassation opère la substitution de motifs en décidant qu'« *il appartient à l'arbitre de statuer par priorité sur sa propre compétence sauf nullité ou inapplicabilité manifeste de la convention d'arbitrage*[475]. » Les hauts magistrats en réaffirmant le principe dit de « compétence-compétence », admettent implicitement l'arbitrabilité du litige dans la mesure où par une interprétation a contrario, ils auraient affirmé la nullité de la clause compromissoire si le litige avait été non-arbitrable.

Il convient de remarquer que cette solution n'est pas transposable en matière de certificat d'obtention végétale. Le litige concernait la titularité des droits consécutivement à un contrat de vente cultivars. La Chambre commerciale de la Cour de cassation semble exclure l'arbitrage en cette matière[476]. Cette position nous paraît excessive ; nous partageons la position de Monsieur Schmidt-Szalewski lorsqu'il affirme que le régime de référence des certificats d'obtentions végétales est celui des brevets[477]. Il serait souhaitable que

---

[474] Paris, 31 octobre 2001, *Propr. Industr*. Novembre 2002, comm. N°76, p. 20, note J. RAYNARD, Dossier brevet 2002, I et II.

[475] Civ. 1ère, 30 mars 2004, *PIBD* 2004, n°788.III.345, *D.* 2005, Pan. N°965, obs. J. RAYNARD.

[476] Cass. 2ème civ, 1er février 2001, *Cts Ghione. SA NIRP International et Earl NIRP International c/ Cts Pekmetz et a. Propr. Industr*. Octobre 2002, comm. N°74, p. 20, note J. SCHMIDT-SZALEWSKI.

[477] J. SCHMIDT-SZALEWSKI et J.-L. PIERRE, *Droit de la propriété industrielle, Litec,* 3ème éd., 2003, n°286 et s., p. 123 et s. – Confirmant la position adoptée par cet auteur, les hauts magistrats se référant à l'article L.623-24 CPI qui dispose sans ambigüité, que l'article L. 613-8 est applicable aux demandes de certificats d'obtentions végétales et aux certificats d'obtention – celui-ci se rapporte au régime de transmission des droits attachés à une demande de brevet ou à un brevet et réserve le cas de l'action en revendication d'un titre de propriété industrielle par renvoi aux dispositions de l'article L. 611-8 CPI- transposant le régime de l'action en revendication d'un brevet d'invention aux certificats d'obtentions végétales : v. Cass. Com. 14 décembre 2004, *D.* 2005.714, Obs. Ph. ALLAEYS.

ces deux titres suivent le même régime en matière d'arbitrage, comme c'est le cas de la titularité des droits sur les œuvres littéraires et artistiques.

§ 2. Les litiges relatifs à la titularité des droits sur les œuvres littéraires et artistiques

L'article L. 111-1 du Code de la propriété intellectuelle dispose que *« L'auteur d'une œuvre de l'esprit jouit sur cette œuvre, du seul fait de sa création, d'un droit de propriété incorporelle exclusif et opposable à tous »*. L'article 13 de la loi camerounaise de 2000 sur le droit d'auteur et droit voisin ne dit pas le contraire. Il dispose que : *« les auteurs des œuvres de l'esprit jouissent sur celles-ci, du seul fait de leur création, d'un droit de propriété exclusif et opposable à tous, dit droit d'auteur… »*. Ainsi, contrairement aux principaux droits de propriété industrielle qui ne s'acquièrent que par un système de dépôt et d'enregistrement administratif après examen, la protection par le droit d'auteur n'est soumise à aucune formalité. En d'autres termes, la reconnaissance d'un droit d'auteur sur une œuvre n'est subordonnée à aucune forme de dépôt, ni à un examen administratif, ni même à un quelconque système de publicité. La protection de l'œuvre naît sans autre condition, du seul fait de la création, même si cette création est inachevée.

L'œuvre est couverte par le droit d'auteur indépendamment de toute exigence d'une fixation matérielle, sous la seule réserve de la possibilité d'apporter la preuve de sa consistance. L'attribution de la qualité d'auteur est une question essentielle, puisqu'il s'agit de savoir qui sera investi initialement du droit d'auteur sur une œuvre, c'est-à-dire avant même que l'œuvre ne soit divulguée et a fortiori, avant qu'un quelconque contrat ne soit conclu pour l'exploitation de l'œuvre. Le principe, qui constitue l'un des piliers de la conception française et camerounaise du droit d'auteur, est que seul le véritable créateur de l'œuvre peut se voir reconnaître la qualité d'auteur, et ce, quelles que soient les conditions matérielles et juridiques dans lesquelles il exerce une activité créatrice. Cela a nécessairement une incidence sur l'attribution initiale des droits sur l'œuvre. Toutefois, il est fréquent qu'une œuvre soit le fruit du concours de plusieurs auteurs : il faut alors que la loi organise les relations entre auteurs à propos de l'œuvre qu'ils ont contribué à créer. Et c'est généralement sur ce point que surviennent des litiges.

En principe, parce que la loi tend à protéger l'individu créateur et sa création, seul le créateur de l'œuvre peut se voir reconnaître des droits sur celle-ci. L'incapacité juridique de l'auteur, mineur ou majeur, n'a aucune incidence sur la qualité d'auteur ni sur la jouissance du droit : il est titulaire du droit de propriété intellectuelle, même si le régime de l'incapacité a une incidence sur l'exercice de son droit[478]. Ce principe de la présomption de la qualité de l'auteur est limitativement prévu par la loi. Mais dans la pratique, la jurisprudence en fait une large application.

A. Le principe de la présomption légale de la qualité d'auteur

En principe, la création est un fait qui se prouve par tous moyens. Mais dès lors que la protection légale est accordée du seul fait de la création, l'auteur peut éprouver quelques difficultés à prouver sa qualité. C'est pourquoi l'article 7 al. 4 de la loi n°2000/11 lui vient en aide, en établissant une présomption : « *Sauf preuve contraire, est auteur celui ou ceux sous le nom ou pseudonyme desquels l'œuvre est déclarée à l'organisme de gestion collective compétente ou est publiée.* » Le législateur français l'affirmait déjà à l'article L.113-1 du Code de la propriété intellectuelle en ces termes : « *La qualité d'auteur appartient, sauf preuve contraire, à celui ou à ceux sous le nom de qui l'œuvre est divulguée*[479]. »

Autrement dit, lorsque l'œuvre est présentée ou publiée pour la première fois avec l'indication d'un nom d'auteur, cette mention est présumée refléter la vérité. Mais il ne s'agit là que d'une présomption simple[480]. Le véritable auteur a toujours la possibilité de rapporter la

---

[478] POUILLET, *Traité*, n°200

[479] Cass. Civ. I, 22 février 2000, « *Lam* », *Bull. civ.* I, n°59, p.40, *PIBD*, 2000, n°710-III-625 ; Cass ; civ. 1, 3 juillet 1990, « Dialogue des carmélites », *RIDA,* avril 1991, p. 116.

[480] Cass. Civ. I, 28 oct. 2003, *Bull. civ.* I, n° 218, p. 171, *RTD com.*, 2004, p. 272, obs. F. POLLAUD –DULIAN.

preuve contraire et de démontrer que l'œuvre est sienne, même si elle a été divulguée anonymement ou sous un autre nom.

L'action en revendication de propriété est privée. Il s'agit ici d'un litige qui n'intéresse aucunement l'ordre public, donc susceptible d'être soumis aux MARL. Les différentes parties se disputant la propriété d'une œuvre littéraire ou artistique peuvent de ce fait, d'un commun accord, saisir un arbitre ou un médiateur pour régler leur litige.

La pluralité des contributions et le caractère indivis des droits de chaque coauteur sur l'œuvre de collaboration font naître le risque de conflit entre coauteurs. La règle de l'unanimité ne doit pas déboucher sur des situations inextricables, préjudiciables aux auteurs et à l'œuvre. Comment régler les conflits ? Bien que l'article 8 al. 6 de la loi camerounaise de 2000 dispose que : « *En cas de désaccord, il appartient à la juridiction compétente de statuer.* »

Cette disposition n'est pas loin des dispositions de l'article L. 113-3 alinéa 2 du Code de propriété intellectuelle qui prévoit que : « *en cas de désaccord, il appartient à la juridiction civile de trancher*[481]», la voie de l'arbitrage ou de la médiation n'est pas interdite. Encore et surtout que les considérations d'ordre public ne sont pas en jeu. Ces différends qui impliquent les intérêts privés sont bel et bien susceptibles d'être portés devant un arbitre ou un médiateur. C'est d'ailleurs ce qui a conduit la jurisprudence à faire une large appréciation de ce principe de la présomption.

B. Une application large du principe de la présomption légale par la jurisprudence

Si la loi pose une présomption, celle-ci n'interdit pas que la qualité d'auteur soit reconnue à une ou plusieurs personnes autres que celles sous le nom de qui l'œuvre a été divulguée.[482] La jurisprudence

---

[481] Cass. Civ. I, 24 novembre 1993, *Bull. civ* ; I, n° 341, *D.*, 1994, p. 405, obs. B. EDELMAN.

[482] Cass. com., 24 nov. 1993, *aff. Dopagne c/ Cts Boris Vian et autres D* 1994, 405, note EDELMAN ; *RIDA* 1994, n°160, 216

en fait une application extensive de la présomption légale de la qualité d'auteur. Prenons le cas d'une œuvre d'art conçue par un artiste et réalisée par une autre personne. Un artiste conçoit entièrement une œuvre dans sa forme, mais utilise le concours technique d'une autre personne, qui assure des opérations d'exécution matérielle sous le contrôle de l'auteur : le technicien, l'ouvrier ou l'artisan n'a pas d'apport créatif et ne peut être considéré comme coauteur, car il n'a été qu'un exécutant matériel, un prestataire de service technique, sans faculté d'apporter sa touche personnelle, sans liberté créative[483].

L'appréciation se révèle plus délicate qu'on ne pourrait le croire dans le domaine des arts plastiques. En effet, la doctrine majoritaire[484] et la jurisprudence[485] considèrent que, dans ce domaine, l'exécution personnelle joue un rôle essentiel et qu'elle implique, par elle-même, la qualité d'auteur. En d'autres termes, elles considèrent qu'avoir « mis la main à la pâte », qu'avoir exécuté personnellement une peinture ou une sculpture suffit à caractériser un acte de création, ce qui peut, tout de même, se discuter dans certains cas.

La question de l'attribution de la qualité d'auteur se pose avec une certaine acuité lorsque la conception de la création de forme revient à un artiste, mais lorsqu'il a eu besoin pour la réalisation matérielle du concours d'une autre personne, qui tout en travaillant selon les instructions de l'artiste, a eu la possibilité de faire certains choix artistiques, d'apporter une contribution qui dépasse le stade de l'exécution technique. Par exemple, la Cour d'appel de Paris a pu décider, à propos d'un graveur qui gravait sur cuivre un tableau du peintre Braque[486], *« que la qualité d'artiste ne saurait être contestée au graveur, même s'il ne fait que reproduire une œuvre préexistante ;*

---

[483] Paris, 4 mars 1987, *RIDA*, avril 1987, p. 71, *D.*, 1988, somm. Com., 2004, obs. C. COLOMBET, pourvoi rejeté par Cass. Civ. I., 29 mars 1989, *RIDA*, juillet 1989, p. 262 ; TGI Paris, 6 juillet 1976, *JCP, éd. G*, 1978-II-18840, obs. MANIGNE, *RTD com.*, 1977, p.117, obs. DESBOIS, Traité, n°60. Contra. P.-Y. GAUTIER, Précis, 4e éd., n° 65. P. 109. *Supra*, n° 186-188.

[484] A. LUCAS, *Titulaire du droit d'auteur, JCL, PLA*, Fac. 1185, 1994 ; B. EDELMAN, *La main et l'esprit* : *D.* 1980, chron. p. 43.

[485] Cass, 1e civ., 13 avr. 1992. *Bull. Civ.*I, n°125; D. 1993, somm. Comm, 88, obs. COLOMBET; Cass, 1e civ., 6 mai 2003, *Propr, intell.* 2003, n°8, p. 289, obs. SIRINELLI. *RIDA* 2003, n°197, p. 293, obs. KEREVER. *RTD com*, 2004, p. 267, obs. POLLAUD-DULIAN.

[486] Paris, 19 décembre 1952, *« Crommelynck »*, *D.*, 1963, p. 609. Obs. A. FRANÇON. En l'espèce, Braque soutenait l'action du graveur.

qu'en effet, en transposant la peinture en gravure, l'artiste interprète nécessairement la première ; que la précision avec laquelle il manie ses instruments, le soin qu'il apporte à leur choix, la netteté plus ou moins grande des traits qu'il grave sur cuivre, l'intelligence avec laquelle il procède à la décomposition des couleurs et les choisit témoignent de son expérience, de son habileté manuelle, de sa plus ou moins grande sensibilité et personnalisent son œuvre qui se distingue de celle d'un autre ; que, dès lors qu'il ne se contente pas d'employer des moyens de reproduction purement mécaniques, le graveur fait une œuvre personnelle qui a un caractère d'originalité(...)».

La question rebondit alors : si un artiste a conçu une œuvre mais n'a pas participé à l'exécution matérielle qui a été confiée à un atelier ou à un disciple, doit-on considérer que l'artiste n'a pas la qualité d'auteur de cette œuvre et que cette qualité revient exclusivement au disciple ou aux ouvriers de l'atelier ? Ce différend sur la qualité de l'auteur peut-il être réglé par la voie des MARL ? La réponse est apportée par une affaire célèbre, l'affaire *Guino contre Renoir*. A la fin de sa vie, Renoir, perclus de rhumatismes, faisait exécuter les statues qu'il concevait par un de ses élèves, Guino.

Celui-ci mettait en forme dans la pierre les instructions de Renoir mais conservait un minimum de liberté de manœuvre et donc de création. Après le décès de Renoir, Guino demanda à la justice de reconnaître qu'il était, non pas l'auteur unique des sculptures mais avec Renoir. Malgré l'opposition des héritiers de ce dernier, Guino obtint gain de cause[487]. Une telle œuvre apparaît comme une œuvre de collaboration entre les deux artistes. Desbois[488] analysait cette collaboration en considérant que Renoir aurait créé dans l'ordre littéraire en décrivant l'œuvre à réaliser à son élève, et Guino dans l'ordre des arts plastiques.

Il nous paraît préférable de dire, avec Françon[489], que Renoir avait créé essentiellement au stade de la composition de l'œuvre et Guino à celui de l'expression (ou de l'exécution). La même solution a été appliquée à propos d'un tableau conçu par Vasarely et réalisé sous

---

[487]TGI Seine, 19 juin 1970, *RIDA*, avril 1971, p. 217, *JCP. éd. G*, 1971-II-16697 Paris, 9 juillet 1971, *RIDA*, avril 1973, p. 160 ; Cass. Civ. I, 13 novembre 1973, *Bull. civ*. I, n° 302, p. 269, *D*., 1974, p. 533, obs. C. COLOMBET.
[488] Traité, n°89 bis.
[489] Cours de Propriété littéraire, artistique et industrielle, 1999, p. 193.

son contrôle par un autre. Pour un tel litige relatif à la titularité de l'œuvre d'art, l'action en revendication de copropriété de Guino est privée.

Lorsque le procès oppose le producteur ou l'éditeur qui exploite paisiblement une œuvre à un tiers prétendument contrefacteur et non pas à l'auteur, il a paru à la Cour de cassation qu'exiger de l'exploitant la preuve du contrat de cession de droit ou de la qualification d'œuvre collective conférait un avantage procédural excessif au contrefacteur et faisait peser sur l'exploitant une charge indue.

C'est pourquoi, depuis 1993, une jurisprudence française abondante et constante affirme qu'en l'absence de revendications de la part de la ou des personnes physiques qui ont créé l'œuvre, les actes d'exploitation (que la Cour va parfois jusqu'à qualifier d'« actes de possession [490]», ce qui est inutile et discutable) sont de nature à faire présumer à l'égard des tiers contrefacteurs, que la personne physique[491], qui exploite l'œuvre est titulaire des droits de propriété incorporelle sur cette œuvre[492]. Cette présomption tirée de l'apparence constituée par l'exploitation paisible de l'œuvre ne remet pas le principe en cause ; d'une part, ce n'est qu'une présomption du fait de l'homme, donc susceptible d'être renversée si le prétendu contrefacteur rapporte la preuve de l'absence de droit sur l'œuvre de l'exploitant et, d'autre part, parce qu'elle ne joue que dans les rapports entre l'exploitant et le tiers contrefacteur mais pas lorsque l'auteur conteste les droits de l'exploitant.

C'est dire que ces rapports de droit sont purement privés, puisque n'ayant aucun lien avec la collectivité. De ce fait, ils peuvent

---

[490] Par ex. : Cass. civ. I, 11 mai 1999, *Bull.civ*. I, n°157, p. 104, *PIBD*, 2001, n°712-III-40 (rejet du pourvoi c. Paris, 18 septembre 1996, *PIBD*, 1996, n°622-III-620).

[491] Paris, 26 septembre 2001, *D.*, 2001, p.3279, Prop. Intell., avril 2002, p. 53, obs. P. SIRINELLI.

[492] L'arrêt fondateur Cass. civ. I, 24 mars 1993, « Aéro », *Bull. civ*. I, n°126, *RIDA*, octobre 1993, p. 200, *RTD com.*, 1995, p.418, obs. A. FRANÇON; JCP, éd. G. 1993-II-22085, Obs. F. Greffe. Cette jurisprudence est constamment réaffirmée depuis, notamment par Cass. civ. I, 28 mars 1995, *RIDA*, juillet 1995, p. 327 ; Cass.civ. I, 3 juillet 1996, Dr. aff., 1996, p. 1105, *RIDA*, janvier 1997, p. 315 et obs. A. KEREVER, p.247 ; *RTD com*. 1997, obs. a ; FRANÇON ; Cass. civ. I, 9 janvier 1996, *RIDA*, juillet 1996, p. 341, *D.*, 1998, chr. B. EDELMAN Cass. civ. I, 13 octobre 1998, *Bull. civ*. I, n°293. p. 203, Cass. com., 11 mai 1999, *Bull. civ*. I, V, n°157, p. 104; Cass.civ. I. 22 février 2000, *Bull. civ*. I, n° 58, p. 40

être portés devant une justice privée, sans heurter des considérations d'ordre public, tout comme les droits de propriété intellectuelle sur lesquelles l'auteur a la libre disposition.

§ 3. La libre disposition des droits comme critère de soumission aux MARL des litiges en matière de propriété intellectuelle

La disponibilité du droit litigieux qu'on envisage soumettre à la sanction de l'arbitre est un critère de l'arbitrabilité. L'article L.615-17 du Code de la propriété intellectuelle français fait référence à l'article 2059 du Code civil français. Cet article, qui a longtemps été négligé[493], dispose que : « *Toutes personnes peuvent compromettre sur les droits dont elles ont la libre disposition* ». Ce texte issu de la loi du 5 juillet 1972 a repris *in extenso* l'article 1003 du Code de procédure civile[494]. Le droit français ne fait pas preuve d'originalité sur ce point. D'autres droits nationaux ont adopté la même solution[495]. Rejoignant le législateur français, l'article 2 alinéa 1er de l'acte uniforme OHADA relatif au droit de l'arbitrage dispose : « *Toute*

---

493 J.-RACINE, *Op. cit.* n°65, p.40,

494 L'article 2 de la loi des 16-24 août 1790 déclarait déjà : » Toutes personnes ayant le libre exercice de leurs droits et actions, pourront nommer un ou plusieurs arbitres pour prononcer sur leurs intérêts privés, sans exception ».

495 En droit allemand, à titre résiduel dans la loi du 22 décembre 1997, -En droit belge, en vertu de l'article 1676 du Code judiciaire, v. G. HORSMANS « L'arbitrage et l'ordre public interne belge », *RA* 19780 79, spéc. n°14 et s., p.89 et s. – En droit de l'arbitrage colombien, *D.*, 7 octobre 1989, RA 1992, *RA* 1992.161 avec le commentaire de F. MANTILLA- SERRANO. – En droit brésilien, en vertu de l'article 1 de la loi du 23 septembre 1996 sur l'arbitrage, publiée in *RA* 1997. 297, v. J. BOSCO LEE « Le nouveau régime de l'arbitrage au Brésil », *RA* 1997.199. – En droit espagnol, à l'article 867 du Code de procédure, v. B. CREMADES, *Arbitration in Spain*, Buterworths, La Ley, Carl Heymanns, Verlag, KG, 1991, pp. 23-24.- En droit italien, en vertu des articles 806 du Code de procédure et 1966 du Code civil, v. FUMAGALLI, Mandatory Rules and International Arbitration : An Italian Perspective ", *Bull. ASA*. 1998.43. – En droit néerlandais, en vertu de l'article 1020-3 de la loi de 1986. – En droit portugais, à l'article 1 de la loi du 29 août 1986. – En droit hongrois, cf. la loi du 8 novembre 1994, v. BAUR « La nouvelle loi hongroise sur l'arbitrage », *Bull. ASA*. 1998-43. – La convention européenne du 20 janvier 1966, portant loi uniforme en matière d'arbitrage fonde également la validité de la clause compromissoire sur la libre disposition des droits.

personne physique ou morale peut recourir à l'arbitrage sur les droits dont elle a la libre disposition ».

Transiger ou compromettre est considéré comme un acte de disposition. Ainsi, on ne peut soumettre à l'arbitre ou au médiateur que les droits dont on a la libre disposition. Il ne peut être fait un inventaire exhaustif des droits disponibles. Il faut alors peut-être procéder par une démarche inverse en tentant de découvrir quels sont les droits indisponibles.

Selon Monsieur Josselin-Gall, « *Cette règle, posée par l'interprétation a contrario de l'article 2059, ne concerne pas la propriété industrielle, qui ne comporte pas de droits indisponibles pour leurs titulaires : ils sont dans le commerce juridique au sens de l'article 1128*[496]». Pourtant, la disponibilité ne nous paraît pas devoir être ramenée à la notion de commercialité au sens de l'ancien article 1128 du Code civil français[497]. Il est vrai qu'une chose ou un droit hors du commerce juridique est a fortiori indisponible. Cependant, une chose ou un droit peut être dans le commerce juridique et être indisponible pour son titulaire.

A titre d'exemple, un majeur sous tutelle dispose de droits patrimoniaux. Supposons qu'avant sa mise sous tutelle il disposait d'un portefeuille de brevets d'invention. Le brevet d'invention est dans le commerce juridique. Il pouvait donc les céder ou les concéder en licence car il en avait alors la libre disposition. Suite à sa mise sous tutelle, il appartiendra au tuteur d'administrer les biens de l'incapable[498]. Le tuteur peut avec l'autorisation du conseil de famille, disposer des biens de ce dernier[499]. Ces droits sont dans le commerce juridique et pourtant ils ne sont pas disponibles pour son titulaire. Ainsi, le recours à la notion de commercialité n'est pas pertinent pour

---

[496] M. JOSSELIN-GALL, « Arbitrage et propriété intellectuelle », *Rev Droit Patrimoine*, 2002, n°105. P. 63 et s., spéc. p.66.

[497] Avant la reforme du droit des contrats par l'ordonnance n°2016-131 du 10 février 2016.

[498] En vertu de l'article 496 du Code civil, il convient de se référer « aux règles prescrites par les sections 2, 3 et 4 chapitre II, au titre dixième du présent livre, pour la tutelle des mineurs, à l'exception toutefois de celles concernant l'éducation des enfants et en outre, sous les modifications qui suivent. » L'article 450 alinéa 2 dispose que « [le tuteur] administrera ses biens en bon père de famille [...] ».

[499]Art. 457 du Code civil : « Le tuteur ne peut, sans y être autorisé par le conseil de famille, faire des actes de dispositions au nom du mineur ».

définir la notion de disponibilité. Il convient alors de définir la notion de disponibilité d'un droit de manière autonome. La définition de Monsieur Level selon laquelle : *« un droit est disponible lorsqu'il est sous la totale maîtrise de son titulaire, à telle enseigne qu'il peut tout faire à son propos et notamment l'aliéner, voire y renoncer*[500]», paraît alors plus satisfaisante. Le professeur Jarrosson affirme quant à lui, que « *l'indisponibilité d'un droit est édicté - expressément ou non - par une règle d'ordre public [...]. La notion de libre disponibilité des droits, et son antonyme, la notion d'indisponibilité, sont les traits d'union qui relient l'arbitrabilité à l'ordre public*[501]. » De même, Monsieur Level déclare que : *« la notion d'ordre public est complémentaire de la notion de disponibilité des droits. Les droits échappent à la volonté de leur titulaire lorsque l'ordre public s'y oppose*[502]. » Ainsi, il ne s'agit plus de raisonner par matière non-arbitrable mais plutôt par droit non-arbitrable.

Contrairement à l'article 2060, l'article 2059 oblige à un examen au cas par cas pour découvrir quels sont les droits qui sont non-arbitrables. Monsieur Racine conclut en ce sens : « *[...] l'ordre public sert encore à définir l'arbitrabilité, mais constitue un moyen d'exclusion ponctuelle, selon la nature des droits attribués aux parties*[503]. » L'une des raisons prêtées à la non-arbitrabilité d'un droit, d'une prérogative, touchant aux droits de propriété industrielle tiendrait à la compétence exclusive de certaines juridictions étatiques. L'article L.615-17 du Code de la propriété intellectuelle serait un texte édictant une règle d'ordre public. La jurisprudence et certains auteurs en ont alors déduit la non-arbitrabilité de la matière[504]. Monsieur Jarrosson, critiquant cette analyse, procède à une interprétation téléologique[505]. La raison d'être de la règle de compétence édictée en matière de litige relatif à la propriété industrielle est simple. Le but

---

500 P. LEVEL « L'arbitrabilité » *RA*, 1992.213., spéc. 219.

501 Ch. JARROSSON « L'arbitrabilité : présentation méthodologique ». *Revue de jurisprudence commerciale,* 1996, p. 1 et s., Spéc. p. 3.

502 P. LEVEL *op. cit.* p.232.

503 J. –B. RACINE, *op. cit.* n°71, p. 43.

504 Paris, 6 novembre 1971, *Ann. PI* 1971.236, note BRUST, *RTD com.* 1972.356, n°1. Obs. CHAVANNE et AZEMA. – Paris, 8 décembre 1972, *PIBD* 1972. III. 112, *RTD com.* 1973.241.n°2, obs. CHAVANNE et AZEMA – Douai, 7 juillet 1975, *PIBD* 1976.III.365.- Contra : Paris, 18 juin 1974, *RA* 1971.236, note ROBERT. – Cass. Com. 23 avril 1974, *D.* 1975.357, note SORTAIS, *JCP G* 1976.40, note X. L.

505 Ch. JARROSSON, *op. cit.* p. 5.

poursuivi par le législateur est de confier ce contentieux « technique » à des juges spécialistes de ce contentieux spécifique. Le législateur a préféré « sélectionner » les juges qui seront compétents pour statuer sur les litiges de la propriété industrielle. Ce choix du législateur ne saurait priver l'arbitre de la possibilité de statuer sur un litige relatif à un brevet d'invention ou une marque par exemple. Les parties à un arbitrage choisissent les arbitres en fonction de leur compétence au regard de la matière du litige. Les arbitres sont des spécialistes[506]. La règle de compétence édictée par le législateur n'influe en rien sur la compétence de l'arbitre[507]. En matière de brevet par exemple, la principale raison qui rend un droit indisponible à nos yeux, ne réside pas davantage dans le fait que ce droit est issu d'un titre délivré par l'autorité publique.

Il a été démontré par les travaux de l'Ecole montpelliéraine que la demande de brevet s'analyse en un acte unilatéral d'appropriation d'un bien sans maître, la délivrance du titre par une autorité administrative n'est pas susceptible d'affecter la nature du droit de brevet, droit de propriété sur un bien incorporel[508]. L'origine particulière du droit de brevet ne saurait influencer l'arbitrabilité de la matière[509].

En réalité, la doctrine exclut traditionnellement de la compétence de l'arbitre le contentieux de l'annulation du brevet à raison de l'effet absolu qui s'attache à une telle décision, conformément aux dispositions de l'article L. 613-25 du Code de la propriété intellectuelle[510].

Dans le cas où ce droit serait déclaré nul par décision de justice, cette décision devrait être opposable à tous et les tiers devraient pouvoir se prévaloir de la perte du monopole d'exploitation et partant

---

[506] E. GAILLARD « L'arbitrage en matière de propriété intellectuelle », Décideurs Juridiques et Financiers n°32, p.81.

[507] En ce sens, v. J. ROBERT, note sous Paris, 18 juin 1974, *RA* 1976.179. – A. FRANÇON « L'arbitrage en matière de brevet et la jurisprudence », *RA*, 1975.143. – A. CHAVANNE « Arbitrage et propriété industrielle », *RA* 1977.5.

[508] V. J. M. MOUSSERON « Contribution à l'analyse objective du droit du brevet d'invention », Thèse Montpellier 1958, Paris, LGDJ, 1961. – Adde M. VIVANT « Juge et loi du brevet », *Litec, coll. CEIPI* 1977. – V. supra n°9 et s.

[509] J. RAYNARD « Les recours à l'arbitrage dans les litiges de propriété industrielle ». *Conférence LES France.* Octobre 2004.

[510] J. M. MOUSSERON, *Traite des brevets*, *Litec*, 1984, n°99, p. 111.

du droit de propriété. En fait, cet élément influe aujourd'hui sur les litiges relatifs à la validité des titres de propriété industrielle.

Section 2. Le recours aux MARL pour les litiges relatifs à la validité des droits de propriété industrielle : l'exemple du brevet d'invention

Le contentieux de la validité du brevet d'invention est au cœur de la question de l'arbitrabilité. Les auteurs[511] sont, en règle générale, assez hostiles à l'admission d'une compétence arbitrale sur ces questions de validité des droits. La jurisprudence n'est pas restée à l'écart de cette conception. La Cour d'Appel de Versailles, en 1992[512], juge, qu'un litige concernant un transfert au registre des marques, dès lors que l'enregistrement est opposable aux tiers, intéresse l'ordre public. L'effet absolu des décisions rendues en matière de brevet, de marques, de dessins et modèles paraît bien, cependant un argument fort à opposer à l'arbitrabilité de ces litiges. Comment considérer que l'arbitre n'est que le juge des intérêts privés, le juge de ceux qui lui ont confié mission de juger, si sa décision va avoir effet à l'égard de tous ?

La volonté des parties à l'arbitrage autorise l'arbitre à discuter la validité d'un brevet d'invention. Si le tribunal arbitral constate les fortes probabilités d'annulation du brevet par le juge judiciaire (§ 1), il affirmera « l'inopposabilité » du brevet pour le litige arbitral (§ 2).

§ 1. Les motifs de la sentence de non-opposition : les fortes probabilités d'annulation du brevet par le juge judiciaire

Comme nous l'avons indiqué, cette question peut relever de la compétence d'un arbitre dans la mesure où les parties et

---

[511] A. FRAÇON, « L'arbitrabilité en matière de brevet et la jurisprudence », *Rev. Arb.* 1975, p. 143.

[512] CA. Versailles, 12e ch., 9 janv. 1992, *Juris-Data*, n°1992-040025.

particulièrement le breveté, en acceptant de soumettre le litige sur le brevet à un tribunal arbitral, ont accepté que cette question soit discutée lors de l'instance. En effet, lorsque les parties confient le règlement de leur litige à un tribunal arbitral, elles peuvent autoriser les arbitres à discuter de la validité du titre de propriété industrielle en ne soulevant pas l'incompétence du tribunal arbitral.

Dans la mesure où le défendeur à l'instance rapporterait la preuve de la nullité du titre en arguant par exemple, de l'existence d'une antériorité de toutes pièces et suffisante, l'arbitre pourrait apprécier la pertinence de cette antériorité.

Une alternative s'offre à lui : soit il considère que l'antériorité n'est pas pertinente, c'est-à-dire que l'on ne retrouve pas l'invention de toutes pièces dans l'état de la technique antérieure[513] ou que l'invention n'a pas été rendue accessible au public[514] de manière suffisante ou encore qu'il existe un doute sur son existence[515], et dans ce cas, l'instance suivra son cours, le brevet n'étant certainement pas annulable devant le juge judiciaire, pour l'arbitre le titre produit tous ses effets ; soit il admet que le document intériorise l'intervention du breveté et dans ce cas, la condition de nouveauté de l'invention fait défaut.

La validité du titre de propriété industrielle peut alors être remise en cause devant le juge judiciaire car l'une des conditions nécessaires à la brevetabilité de l'invention manque.

Le brevet étant certainement annulable devant le juge judiciaire et l'arbitre ne pouvant pas prononcer la nullité du brevet d'invention

---

[513] Selon la Cour de cassation : « pour être comprise dans l'état de la technique et être privée de nouveauté, l'invention doit s'y trouver tout entière dans une seule antériorité au caractère certain, avec les éléments qui la constituent dans la même forme, le même agencement, le même fonctionnement, en vue du même résultat technique », Cass. com. 12 mars 1996, *Thomann c. Thomann*, *PIBD* 1996, n°611.III.276, Dossier Brevet 1996.II.3, *Ann. PI* 1996.173.

[514] En ce sens, TGI Rennes, 8 septembre 1997, *PIBD* 1998, n°646.III.46 (essais faits sur la voie publique mais dans des conditions qui ne rendaient pas l'invention accessible au public). - Paris, 16 janvier 1998, *PIBD* 1998, n°653.III.239.

[515] Cass. com. 12 mars 1996, *op. cit.* - Cass. com 12 décembre 1995, *Bull. civ.* IV, n°291.267.- Paris, 28 juin 1996, *PIBD* 1996, n°621.III.584.- Paris, 17 octobre 1989, *PIBD* 1990, n°472.III.94.- Paris 18 février 1986, *Ann. PI* 1987.112.- Paris, 12 mars 1992, *PIBD* 1992, n°530.III.511.

avec effet *erga omnes*, il se bornera à prononcer l'inopposabilité du titre à l'égard du défendeur à l'instance arbitrale. En d'autres termes, l'arbitre constatera par le biais de sa sentence que le brevet est potentiellement annulable par le juge judiciaire de l'Etat de délivrance. Il nous appartient alors de préciser le dispositif de cette sentence en ce qu'elle affirme « l'inopposabilité [516]» du brevet pour le litige arbitral.

§ 2. Le dispositif de la sentence de non-opposition : l'inopposabilité du brevet pour le litige arbitral

Constatant les fortes probabilités d'annulation du brevet par le juge judiciaire, le tribunal arbitral peut statuer sur l'efficacité du titre. Contrairement à certains auteurs, on ne retiendra pas l'expression « *validité ou nullité inter partes* ». En effet, MM. Bonet et Jarrosson relèvent que « *la validité est un état de l'acte apprécié au moment de sa formation, il ne saurait être question d'utiliser le concept de validité – ou d'invalidité – pour déterminer, postérieurement à sa formation, le champ d'application rationae personae de cet acte [...] Dire qu'un acte n'est pas valable entre parties, mais valable en dehors d'elles, n'a en effet, juridiquement aucun sens* [517]. » C'est pourquoi, il est plus juste de soutenir que la sentence constatant la « *nullité inter partes* » du brevet, affirme en réalité l'inopposabilité du titre à l'égard du partenaire à l'instance. Il s'agit d'une sentence de non-opposition dont l'étude des effets, proches de ceux d'une « convention de non-opposition [518]», devrait nous permettre de préciser la nature.

---

[516] Il convient de comprendre le terme « *d'inopposabilité* » dans le sens que peut revêtir cette expression dans le cadre d'une convention de non-opposition.

[517] G. Bonet et Ch. JARROSSON « L'arbitrabilité des litiges de propriété industrielle », in Arbitrage et propriété industrielle, Colloque IRPI, n°12, *Litec*, 1994, p. 61 et s., spéc. p. 64.

[518] En ce sens : G. BONET et CH. JARROSSON, *L'arbitrabilité des litiges de propriété industrielle*, *op. cit.* p. 61 et s. spéc. 62.- B. HANITIAU « L'arbitrabilité des litiges de propriété intellectuelle : une analyse comparative » *ASA Bulletin* 1/March 2003, pp.3-15, spéc. p.7.

A. Les effets de la sentence de non-opposition

La sentence est un acte de nature juridictionnelle qui met un terme au litige. Décision contraignante, elle a donc vocation à produire des effets juridiques à l'égard des parties à l'instance arbitrale. En admettant que l'arbitre ait constaté les fortes probabilités d'annulation judiciaire du titre, il rendra une sentence qui aura effet contraignant à l'égard des parties. En revanche la nature conventionnelle de l'arbitrage implique que la sentence n'a pas vocation à produire d'effet à l'égard des tiers.

1. Les effets à l'égard des parties à l'instance arbitrale

L'effet principal de la sentence sera d'imposer au breveté de ne pas opposer son titre à son partenaire à l'instance. On va par la suite vérifier si la sentence ne produirait pas également des effets à l'égard de celui-ci.

a. L'effet principal à l'égard du breveté : l'obligation de ne pas opposer son titre

Lorsque l'arbitre saisi d'un litige contractuel constate que le brevet a de grandes chances d'être annulé, il affirmera que le brevet est sans effet à son égard et ne condamnera pas le partenaire du breveté à l'instance.

Cette sentence n'emporte pas de condamnation à l'égard du breveté. Elle lui impose de ne pas opposer son titre à son partenaire à l'instance. Après avoir envisagé la nature de l'obligation mise à la charge du breveté (α), nous envisagerons son étendue (β).

α. La nature de l'obligation mise à la charge du breveté

La sentence impose au breveté de ne pas opposer son titre de propriété industrielle à son partenaire à l'instance arbitrale. En d'autres termes, le breveté ne peut pas se prévaloir de son titre de propriété industrielle pour demander l'exécution du contrat ayant pour objet ce brevet ou encore pour engager une quelconque action en contrefaçon pour violation de son monopole d'exploitation.

Cet effet de la sentence est semblable à une obligation de ne pas faire résidant dans l'obligation de ne pas agir en exécution du contrat ou en contrefaçon devant le juge judiciaire.

Prenons l'exemple suivant : A, titulaire d'un portefeuille de brevets issus d'une demande européenne, conclut un contrat de licence avec B pour l'exploitation des brevets X et Y dans lesquels figure une clause compromissoire. Quelque temps plus tard, B cesse de payer les redevances dues au titre du contrat et exploite parallèlement le brevet Z également détenu par A. A se prévaut de la clause d'arbitrage, poursuit B en inexécution du contrat de licence et en contrefaçon du brevet Z.

Durant l'instance arbitrale, B se prévaut de la nullité des brevets X, Y, et Z en rapportant la preuve de l'existence d'une antériorité pertinente. L'arbitre constatant les fortes probabilités d'annulation des brevets X, Y et Z par le juge judiciaire rend une sentence par laquelle il impose à A de ne plus opposer ses brevets X, Y, et Z à B. A a alors l'obligation de s'abstenir d'agir en exécution du contrat de licence des brevets X et Y mais également de s'abstenir d'engager une action en contrefaçon du brevet Z à l'égard de B[519].

L'arbitre conformément à son pouvoir de *juridictio*, rend une sentence par laquelle il fait droit aux prétentions du demandeur ou les écarte. La sentence a un effet déclaratif : elle vient reconnaître, déclarer les droits mis en avant par les plaideurs, mais elle n'en confère pas de nouveaux. En vertu de l'article 1476 du Code de

[519] A. C. CHIARINY-DAUDET, *Le règlement judiciaire et arbitral des contentieux internationaux sur brevets d'invention*, *Litec,* 2006, n°704 et s., p.369 et s.

procédure civile français[520], « *la sentence arbitrale a, dès qu'elle est rendue, l'autorité de la chose jugée relativement à la contestation qu'elle tranche* ». Sous son aspect positif, elle permet au plaideur dont le droit a été reconnu de se prévaloir du jugement[521]. Dès lors, en reconnaissant le droit du partenaire du breveté, la sentence contraint le breveté à une sorte d'obligation de ne pas faire comme dans une toute autre hypothèse, il pourrait imposer à un licencié récalcitrant le versement des redevances dues et le paiement de dommages-intérêts[522].

Ainsi, le breveté a l'obligation de s'abstenir d'agir en justice contre son partenaire à l'instance, mais cette abstention doit être clairement distinguée de la renonciation. En aucun cas, l'arbitre n'impose à ce dernier de renoncer à tout droit d'action. Le titulaire du brevet potentiellement annulable conserve son droit d'action en exécution du contrat qu'il possède à l'encontre de ses autres licenciés mais également son droit d'agir en contrefaçon à l'encontre des tiers. Cette obligation de s'abstenir d'agir en justice imposée par l'arbitre fait écho à l'obligation de s'abstenir d'agir en justice issue d'une convention de non-opposition. Ce contrat qui peut revêtir deux formes[523] fait naître à la charge du breveté libérateur l'obligation principale de s'abstenir d'agir en justice au profit de son partenaire, le libéré. Dès lors, il ressort une grande similitude entre la sentence constatant l'inefficacité du brevet et la convention de non-opposition. Cependant, une différence essentielle existe entre les sources de ces deux obligations : l'une est issue d'un acte de nature juridictionnelle,

---

[520] Cet article est applicable pour les sentences rendues à l'étranger ou en matière d'arbitrage international en raison du renvoi opéré par l'article 1500 du nouveau Code de procédure civile à la disposition du renvoi opéré par l'article 1476 du même code.

[521] Sur ce principe, v. J. VINCENT et S. GUINCHARD, *Procédure civile*, Précis *Dalloz*. Droit Privé, 27ème éd., 2003, n°172 et s., p. 218 et s.

[522] Il est entendu qu'à défaut d'exécution spontanée de la part de la partie condamnée, la sentence n'aura un véritable effet contraignant qu'après son exequatur par un juge judiciaire.

[523] Il peut être soit une « licence-autorisation » soit un « pacte de non-agression ». Dans le premier cas, le contrat permet aux parties de lever l'interdiction liée au monopole d'exploitation sans avoir à respecter les obligations inhérentes au contrat de licence (garantie, délivrance). Dans le second cas, les parties s'engagent à ne pas s'opposer respectivement leur titre. Sur cette convention, v. P. Philippon « Le contrat de non-opposition » sous la direction du professeur J.M. MOUSSERON, *Th.* Montpellier 1996.

l'autre naît de la volonté des parties qui ont donné leur consentement à cette convention. Cet élément va fortement influer sur l'étendue de cette obligation dans la mesure où dans un cas « l'obligation » a pour origine, une sentence arbitrale, tandis que dans l'autre, le breveté définit librement l'étendue de son engagement d'abstention.

β. L'étendue de l'obligation mise à la charge du breveté

Le breveté a l'obligation de ne pas user de ses prérogatives découlant de son titre à l'encontre de son partenaire à l'instance en raison du caractère potentiellement annulable du brevet. Il doit s'abstenir d'agir pour faire respecter le contrat de licence dont l'objet fait potentiellement défaut mais également pour faire sanctionner certains actes qui se révèlent autorisés, en vertu de la sentence. En d'autres termes, le breveté doit s'abstenir d'user des prérogatives normalement offertes par le brevet, à l'encontre de son partenaire.

En revanche, cette obligation de ne pas faire ne recouvre pas l'obligation de ne pas agir en concurrence déloyale ou en parasitisme car le breveté est titulaire de ses actions indépendamment de l'existence de son titre. En d'autres termes, est autorisée l'atteinte au droit privatif potentiellement annulable mais non la violation du devoir de se conformer aux usages loyaux du commerce et de ne pas faire un usage abusif de la liberté du commerce[524], ou encore de profiter indûment des données provenant du travail d'autrui, concurrent[525] ou nom[526].

---

524 V.S. DURANDE « Les rapports entre contrefaçon et concurrence déloyale » *D.* 1984, Chron. 187 – J-J BURST, *Concurrence loyale et parasitisme* , *Dalloz,* 1993.

525 Si la faute réside dans le pillage et dans l'exploitation des données provenant du travail d'un concurrent, il s'agit d'actes de concurrence parasitaire : V. en ce sens : Paris, 22 Mai 1990, *D.* 1990, IR 175 qui a consacré la notion de concurrence parasitaire.

526 Si l'auteur de la faute n'est pas le concurrent de la victime, il s'agira d'agissements parasitaires. Sur cette notion, v. J.-J BURST, *Concurrence déloyale et parasitisme.*, *Dalloz*, 1993.- Y. SAINT-GAL « Protection et défense des marques de fabrication et concurrence déloyale », J. Delmas, 1982.- J. DUPICHOT « Pour une réflexion doctrinale sur la «nécessaire» sanction du parasitisme économique : vers un particularisme des sanctions ou vers un retour au droit commun? », *Gaz. Pal*

L'obligation caractéristique de la convention de non-opposition réside dans l'obligation de ne pas agir en justice (action en contrefaçon ou action en responsabilité civile) à l'encontre du bénéficiaire du contrat pour des actes de contrefaçon ou d'utilisation indue de la création immatérielle considérée[527]. La source conventionnelle de cette obligation offre une grande liberté au breveté qui peut déterminer l'entendue de son obligation en précisant par exemple les actes, normalement illicites, qu'il autorise au profit du bénéficiaire. Il peut s'engager ou non à s'abstenir d'agir en concurrence déloyale, en concurrence parasitaire ou en agissements parasitaires sur le fondement des articles 1240 et 1241 du Code civil[528].

L'obligation issue de la sentence arbitrale se distingue alors de l'obligation d'abstention à laquelle un breveté pourrait s'obliger en concluant une convention de non-opposition. Le breveté libérateur prévoit les actes pour lesquels il s'abstient à l'égard du cocontractant libéré alors que le breveté, partie à l'instance arbitrale dont le titre est potentiellement annulable par le juge judiciaire, se voit imposer l'étendue de son obligation par les demandes qu'il a formées dans le litige sur la base du brevet. A ce titre, son obligation se trouve naturellement limitée aux actions qu'il pourrait engager en vertu de son titre de propriété industrielle, à savoir l'action en exécution d'un contrat d'exploitation de brevets d'invention ou encore, en contrefaçon de son monopole – si cette question a été abordée devant l'arbitre.

Cette abstention connaît cependant quelques limites : spéciale et temporelle. Le principe de la territorialité des brevets d'invention permet de justifier cette limitation spatiale. S'il existe des procédures de délivrance de brevets d'invention à l'échelle européenne ou internationale, le brevet demeure un titre national limité au territoire de délivrance. Ainsi, les titres sont indépendants les uns des autres. L'annulation d'un brevet national issu d'une demande européenne est

---

1987.I.348. – PH. Le Tourneau « Variations autour de la protection du logiciel», *Gaz.* Pal 1982.2.370.

[527]P. PHILIPPON, « Le contrat de non-opposition » ; sous la direction du professeur J.M. MOUSSERON, Th. Montpellier, 1996, n° 158 et s., p. 143 et s.

[528] Sur l'étendue de l'obligation caractéristique de la convention de non-opposition, v. P. PHILIPPON, op. *cit.* (Anciennement articles 1382 et 1383 de code civil français).

sans effet sur la validité des brevets parallèles. Dès lors, si l'arbitre déclare sans effet un brevet d'invention national issu d'une demande européenne, sa décision ne saurait concerner les autres titres parallèles. Ceci est profitable au breveté qui voit son obligation limitée au titre en cause dans le cadre de l'instance arbitrale et qui conserve ses prérogatives à l'encontre de son partenaire à l'instance pour tous les autres titres qu'il possède et dont l'efficacité n'a pas été discutée lors de l'instance arbitrale.

Il est intéressant d'envisager la limite temporelle de cette obligation imposée par l'arbitre. En principe, la sentence a vocation à mettre un terme au litige et peut imposer des obligations de faire comme le paiement des redevances ou le versement de dommages-intérêts destinés à s'inscrire dans une certaine durée. En tout état de cause, cette obligation aura vocation à s'éteindre avec le brevet. Elle disparaît alors avec l'extinction du droit par le monopole.

b. Les effets à l'égard du cocontractant à l'instance

S'il est évident que l'effet principal, à l'instar d'une convention de non-opposition, consiste en la libération du cocontractant à l'instance en raison de l'extinction de son obligation de paiement des redevances (α) sans obligation pour lui d'exploiter l'invention, il n'est pour autant pas possible de découvrir une obligation à la charge du cocontractant à l'instance, de ne pas agir en nullité du titre devant le juge judiciaire (β).

α. L'extinction de l'obligation de paiement des redevances

La sentence de non-opposition va avoir un effet direct sur le contrat d'exploitation des brevets dont l'exécution était poursuivie par le breveté, à l'instance arbitrale. Le contrat de licence est formé s'il obéit aux conditions de validité imposées à tout contrat civil. Il est admis que dans les contrats synallagmatiques, la prestation due par chaque contractant sert de fondement à l'obligation de l'autre.

Dès lors, dans le contrat de licence de brevet d'invention, la contrepartie de l'obligation de paiement des redevances à la charge du licencié réside dans la mise et maintien en jouissance de son droit d'exploitation par le breveté et réciproquement.

Ainsi, la contrepartie de l'obligation de l'un étant l'objet de l'obligation de l'autre, l'obligation perd sa cause lorsque la contrepartie fait défaut. Si l'une des obligations est nulle faute d'objet, l'autre le sera faute de cause[529]. C'est le jeu combiné des notions d'objet et de cause qui justifie l'anéantissement du contrat.

L'existence de la cause s'apprécie en principe au jour de la formation du contrat[530] mais la question de sa survie dans les contrats à exécution successive se pose. La cause doit-elle perdurer lors de l'exécution du contrat de licence ? Capitant préconisait la survie de la cause de l'obligation pendant l'exécution du contrat à exécution successive. La notion de cause permettrait alors de justifier l'inexécution d'une obligation si l'obligation réciproque n'était pas exécutée[531]. D'autres auteurs maintenaient en revanche, la notion de cause au stade de la formation du contrat[532]. La cause ne saurait être un mécanisme de rétablissement de l'équilibre contractuel en cas d'inexécution de ses obligations par l'une des parties[533]. Longtemps réticente à s'engager sur cette voie[534], la jurisprudence tend

---

529 F. TERRE, PH. SIMLER et Y. LEQUETTE, *Droit civil : les obligations*, *Précis Dalloz,* Droit privé, 9ème éd. 2005, n°340, p. 343.

530 Cass.civ. 3ème, 9 juillet 1980, *D.* 1980, Inf. rap. 312, obs. GHESTIN.- Cas. Civ. 1er, 16 décembre 1986, *Bull. civ.* 1, n°301, p. 287, *RTD civ.* 1987.750, obs. J. MESTRE. Cass. Civ. 3ème, 17 juillet 1996, *JCP* 1996. IV.2167, *Défrénois* 1996.1357, obs. DELEBECQUE.

531 H. CAPITANT, « De la cause des obligations », Paris, 1923, n° 14 – Cette conception permettait alors de justifier des mécanismes comme l'exception d'inexécution. La résolution pour inexécution et la théorie des risques, par la notion de cause.

532 H. L.J. MAZEAUD et CHABAS, *Leçons de droit civil français*, t. II, 1er vol. *Obligations, théorie générale*, par F. CHABAS, 9ème éd. 1989, n° 266- G. MARTY ET P. RAYNAUD, *Droit civil, les obligations*, t. I. *Les sources* », par P. RAYNAUD, 2ème éd 1988, t. II. *Les effets*, par P. RAYNAUD et P. JESTAZ, 2ème éd. 1989, n°210 et 340.

533 Les mécanismes comme l'exception d'inexécution, la résolution pour inexécution et la théorie des risques seraient justifiés par les notions d'équité, d'équivalence, d'interdépendance, de réparation.

534 Cass. Civ. 20 février 1953, D. 1953.306, *RTD civ.* 1953.533, obs. CARBONNIER.- Cass. Civ. 10 juin 1954, *D.* 1954.591.- Cass. Civ. 8 juillet

aujourd'hui à faire de la cause un instrument de contrôle de l'utilité du contrat[535]. Alors que la cause constituait jusqu'alors un « *rempart contre le seul déséquilibre contractuel absolu, c'est-à-dire un engagement souscrit sans contrepartie ou sans contrepartie réelle* », elle devient l'instrument qui permet de « garantir que le contrat présente et conserve bien l'utilité et l'intérêt en considération desquels le cocontractant, victime de l'inexécution, s'était engagé ».[536]

Dans le domaine des contrats de propriété industrielle, le principal facteur risquant de mettre en péril l'utilité du contrat est la nullité du titre. L'annulation par l'autorité judiciaire d'un brevet d'invention concédé en licence a pour conséquence de priver d'objet l'obligation du breveté qui ne peut plus concéder une autorisation sur un monopole inexistant. De ce fait, la cause de l'obligation de paiement des redevances disparaît, entraînant l'anéantissement du contrat[537].

Dans le cas étudié, l'obligation du breveté est dépourvue d'objet en raison de l'existence même de la sentence arbitrale qui lui impose de ne pas opposer son brevet à son partenaire. La sentence de non-

---

1954.635. Les hauts magistrats ont dans ces affaires, censuré les décisions des juges du fond qui tendaient à limiter l'obligation du bailleur d'entretenir les lieux loués au montant des loyers qu'il percevait du locataire. V. notamment, Douai, 2 juillet 1951, *D.* 1952.127, note R. SAVATIER, Rouen, 17 mai 1951, *D.*195226, Amiens, 18 ans mars 1952, *JCP* 1952.II.7350- sur le refus d'admettre la révision pour imprévision, V. notamment : F. TERRE, PH. SIMULER et Y. LEQUETTE, *Droit civil : les obligations*, *Précis Dalloz*, Droit privé, 9ème éd. 2005, n° 466, p.460.

[535] Ce mouvement jurisprudentiel amorcé au début des années 1990, trouve sa manifestation dans l'arrêt Chronopost par lequel la Cour de cassation affirme qu'en limitant à une somme forfaitaire l'indemnisation due par Chronopost, « Spécialiste du transport rapide garantissant la fiabilité et la célérité de son service », en cas d'inexécution de son obligation de rapidité et de fiabilité, le contrat prive de cause l'engagement de l'expéditeur, car le supplément de prix payé pour l'envoi du pli avait pour contrepartie l'obligation pour un professionnel du transport rapide de livrer en temps et en heure.

[536] D. MAZEAUD, *Défrénois,* 1997.336, cité par F. TERRE, PH. SIMLER ET Y. LEQUETTE, Droit civil : *les obligations, Précis Dalloz*, Droit privé, 9ème éd. 2005, n° 342. p.345.

[537] En ce sens, v. Com. 20 octobre 1999, *PIBD* 1999.III.499 : « Un contrat de licence exclusive d'exploitation d'un procédé et de formules de médicaments doit être annulé pour défaut de cause et d'objet. Dès lors qu'il tendait à concéder un droit de propriété industrielle sur des procédés et formules qui ne pouvaient pas être protégés, car ils n'étaient pas brevetés et étaient connus dans le domaine public à la date du contrat ».

opposition lève le monopole à l'égard du licencié dont l'obligation de paiement devient alors sans cause en cours d'exécution du contrat. Partant, la sentence de non-opposition produit les mêmes effets qu'une décision d'annulation, puisqu'elle provoque parallèlement l'anéantissement du contrat. Conformément à la jurisprudence établie, la nullité du brevet entraîne la caducité du contrat de licence laissant au breveté des redevances perçues antérieurement et libérant le licencié du paiement des redevances pour le futur[538]. Dès lors, l'inefficacité du brevet constatée par l'arbitre par le biais d'une sentence de non opposition, à l'instar d'une décision judiciaire d'annulation, implique la caducité du contrat de licence, ce dernier valablement formé étant privé d'effet. Postérieurement à la sentence de non-opposition, le licencié ne sera plus tenu au paiement des redevances.

β. La disparition de l'obligation d'exploitation de l'invention

Si la sentence impose au breveté de ne pas opposer son titre, elle ne saurait mettre à la charge du partenaire à l'instance une obligation d'exploitation. L'inefficacité du titre à son égard va lui permettre d'exploiter ou non l'invention, sans crainte d'être poursuivi pour cette exploitation. Ainsi, un constat s'impose selon lequel la sentence déclarant un brevet inefficace ressemble sur ce point, fortement à la convention de non-opposition.

En effet, un parallèle peut être fait avec la convention de non-opposition qui crée l'obligation principale de ne pas agir en justice (action en contrefaçon ou action en responsabilité civile) à l'encontre du bénéficiaire du contrat pour des actes de contrefaçon ou d'utilisation indue de la création immatérielle considérée[539] mais elle ne comporte pas, en principe, d'obligation d'exploiter[540]. Convention

---

[538] En ce sens, v. Cass. Com. 28 janvier 2003, *New Holland France c/ SA Greenland France*, *Prop. Ind.*, mai 2003, comm. n°36, pp. 29-21, spèc. p.21.Préc.

[539] P. PHILIPPON, *Op. cit*, n° 158, p. 143.

[540] En ce sens : Lyon, 9 juin 1981, JCP G 1982.IV.223 La convention de non-opposition ne comporte, contrairement au contrat de licence, aucune obligation d'exploiter, sauf clause contraire. –V. PHILIPPON, *op. cit.* n° 232, p. 192.- *Juris-Classeur Brevets*, Fasc. 4740 « Licence de brevet », n°28.

de non-opposition et sentence déclarant le brevet « non opposable » se distinguent alors très nettement du contrat de licence qui à l'inverse, comporte une obligation d'exploiter[541] et de paiement des redevances pour le licencié ainsi qu'une obligation de délivrance et de garantie à la charge du breveté afin d'assurer la mise à disposition du brevet. L'arbitre n'impose pas un contrat de licence mais il déclare simplement le titre inefficace *inter partes* par le biais de cette obligation imposée au breveté de ne pas opposer son titre.

π. Le maintien de la possibilité d'agir en nullité du brevet

L'effet principal de la sentence est d'imposer une obligation au breveté mais l'on peut s'interroger sur la possibilité pour le partenaire de l'instance de poursuivre par la suite la nullité du titre devant le juge judiciaire. Ce dernier en vertu de la sentence, bénéficiant de cette abstention peut-il, s'il le désire, agir en nullité du brevet en cause ? L'existence même de la sentence lui impose-t-elle indirectement de ne pas agir en nullité ? Il paraît peu probable que l'arbitre prévoit expressément cette obligation dans le dispositif de la sentence. En revanche, une obligation implicite ne pourrait-elle pas être découverte en raison du principe de l'autorité de la chose jugée ? En vertu de l'article 1476 du Code de procédure civile[542], *« la sentence arbitrale, a dès qu'elle est rendue, l'autorité de la chose jugée relativement à la contestation qu'elle tranche »*. Sous son aspect négatif, cette autorité interdit que soit soumis à nouveau à un tribunal ce qui a déjà été jugé, sous la condition de la triple identité de parties, d'objets et de cause[543]. Le partenaire du breveté dans l'instance arbitrale qui souhaiterait assigner ce dernier en nullité de son brevet devant le juge judiciaire ne saurait tomber sous le coup de cette interdiction dans la mesure où les deux actions n'ont pas le même objet. Le principe d'autorité de la

---

541 En ce sens, V. par exemple, Lyon, 29 octobre 1986, *PIBD* 1987, 405.III.46.- V. également : F. POLLAUD-DULIAN, *Droit de la propriété industrielle*, Montchrestien, *Domat Droit privé*, 1999, n°652, p. 273.

542 Cet article est applicable pour les sentences rendues à l'étranger ou en matière d'arbitrage international en raison du renvoi opéré par l'article 1500 du nouveau Code de procédure civile à la disposition de l'article 1476 du même code.

543 Sur ce principe, V. J. VINCENT et S. GUINCHARD, *procédure civile*, *précis Dalloz*, Droit privé. 27e éd, 2003, n°172 et S., P.218 et S.

chose jugée conférée à la sentence arbitrale ne peut imposer indirectement à ce dernier de ne pas agir en nullité du brevet d'invention en cause devant le juge judiciaire.

1. Les effets à l'égard des tiers à l'instance arbitrale

Il convient de distinguer les véritables tiers, les *penitus extranei* qui n'appartiennent pas à la sphère contractuelle et à l'égard de qui la sentence ne saurait avoir aucun effet (a), des ayants-droits du licencié qui, appartiennent à la sphère contractuelle du partenaire à l'instance et à l'égard desquels la sentence produit effet (b).

a. L'absence d'effet de la sentence de non opposition à l'égard des tiers

Contrairement au juge qui rend sa décision *« au nom du peuple français »,* pour la France (*« au nom du peuple camerounais »* pour le Cameroun), l'arbitre rend la sentence au nom des parties[544]. Dès lors, l'origine du pouvoir arbitral, sa source conventionnelle, justifie que la sentence ne produise aucun effet à l'égard des tiers. La procédure arbitrale et la sentence ont d'ailleurs vocation à demeurer secrètes, ce qui est l'un des avantages fréquemment mis en avant par les fervents défenseurs de l'arbitrage. Certains règlements d'arbitrage prévoient expressément cette option. Le règlement d'arbitrage de la CNUDCI par exemple, comporte une disposition selon laquelle *« la sentence ne peut être publiée qu'avec le consentement des deux parties* [545]».

Dès lors, les tiers n'ont en principe pas connaissance de la sentence arbitrale[546] et *a fortiori*, ils n'ont pas eu accès aux informations rapportées par le partenaire du breveté à l'instance, les

---

[544] Th. CLAY, *L'arbitre* », Pref. Ph. FOUCHARD, *Nouvelle Bibliothèque des Thèses, Dalloz*, 2001, n°216, P.180.

[545] Art 32 §5 du règlement d'arbitrage de la CNUDCI.

[546] Dans le cas où la sentence serait rendue publique, il appartiendrait aux tiers de la respecter au même titre que tout acte de nature juridictionnelle.

tiers demeurant par définition étrangers à cette procédure. La confidentialité qui entoure la sentence protège alors dans un certain sens le breveté qui est assuré que les arguments et les preuves développés en faveur de la nullité de son titre et ayant motivé la sentence, ne seront pas rendus publics. Cela limite le risque d'une action en nullité de la part de tiers sur les mêmes motifs. Dès lors, la sentence ne porte pas atteinte aux droits du titulaire du brevet vis-à-vis des tiers : la sentence statuant sur l'efficacité du brevet ne nuit, ni ne profite aux *penitus extranei.*

b. Les effets de la sentence de non-opposition à l'égard des ayants-droits du licencié : le cas de la sous-licence.

Le licencié, partenaire à l'instance, peut parfaitement avoir conclu antérieurement à la naissance du litige, un contrat de sous-licence si une telle possibilité ne lui était pas interdite dans le contrat de licence principal. La licence et la sous-licence s'apparentant à une location et une sous-location, se voient appliquer le régime y afférent[547]. A ce titre, le preneur originaire, qui conserve sa position contractuelle dans les liens de licence principale, conclut une seconde licence du droit de brevet dont il concède la jouissance à un sous-licencié.

Lorsque la sentence de non-opposition lève le monopole à l'égard du licencié principal, partenaire à l'instance, le titre n'a plus d'efficacité à son égard, le droit de brevet ne lui est plus opposable, ce qui emporte la caducité du contrat de licence principal pour défaut de cause[548].

Cette décision arbitrale rend inefficace le droit mais en aucun cas, elle n'a pour objet de lui transférer ce droit. De la sorte,

[547] En ce sens : Paris, 21 octobre 1999, *D.*2002, D. Somm.1195, obs. SCHMIDT-SZALEWSKI, *PIBD* 2000.III.181.-V également : F. POLLAUD-DULIAN « Droit de la propriété industrielle », Montchrestien, *Domat Droit privé*, 1999.spc n°628, p. 265.-J. FOYER et M. VIVANT, *Droit des brevets*, *Thémis Droit,* PUF. , 1990, SP2C. P.440. - A. CHAVANNE et J.J BURST, *Droit de la propriété industrielle, précis Dalloz, Droit Dalloz*, 2e éd, 2003, spéc 562.
[548] F. TERRE, Ph. SIMLER et Y. LEQUETTE, *op. cit.* n°340. P. 343.

postérieurement à la sentence, le licencié principal, concède en sous-licence un droit dont il n'a plus la jouissance. Ne pouvant conférer plus de droit que son auteur dans le cadre du contrat de sous-licence, sa prestation n'a plus d'objet. Le défaut d'objet de la prestation du licencié prive de cause l'obligation de paiement du sous-licencié imposant la caducité du contrat de sous licence[549]. S'agissant d'un bail d'une chose inexistante, le contrat ne saurait perdurer. Cette solution paraît conforme à la logique juridique dans la mesure où il serait aberrant que le sous-licencié continue à verser des redevances au licencié principal libéré. Ce dernier risquerait de tomber sous le coup d'une action fondée sur l'enrichissement sans cause. Dès lors, la sentence de non-opposition entraîne la caducité du contrat de licence principal et de toutes les sous–licences y afférentes, à l'instar d'une décision judiciaire d'annulation.

Cependant, dans la mesure où la sentence n'a pas pour objet d'annuler le brevet mais seulement de le rendre inopposable au licencié principal, le breveté peut-il encore agir en contrefaçon contre les sous-licenciés libérés ? La sentence arbitrale n'a qu'un effet relatif, elle ne profite, ni ne nuit directement aux tiers. La sentence de non-opposition impose au breveté de ne pas opposer son titre uniquement à l'égard du licencié principal et non à l'encontre des sous-licenciés. Dès lors, le breveté conserve son droit d'action en contrefaçon contre les sous-licenciés. Cependant, les sous-licenciés libérés pourront produire leurs contrats de sous-licences et appeler en garantie le licencié principal afin de faire échec à cette action. De plus, le breveté s'expose à un risque d'annulation de son titre par le juge judiciaire. Ainsi, l'effet produit par cette sentence n'est pas sans rappeler l'effet produit par la décision rendue par le juge « élu » en application de la convention de la Haye sur les accords d'élection du for conclus lors de la 20ème session de la Haye de droit international privé qui s'est tenue du 14 au 30 juin 2005. Celui-ci est en effet autorisé à statuer à titre préalable sur la validité du droit de propriété industrielle avec effet limité aux parties au différend[550].

---

549 En ce sens : Com. 20 octobre 1999, *PIBD* 1999.III.4999.

550 Il est à noter que, conformément à la Convention, un tribunal élu est compétent pour statuer, à titre principal ou à titre préalable, sur une action principale ou reconventionnelle en nullité d'un droit d'auteur ou d'un droit voisin. Sur ce point, V. SCORDAMAGLIA « L'application aux droits de propriété intellectuelle de la

A. La nature de la sentence de non opposition

La sentence déclarant inefficace un brevet d'invention présente quelques similarités avec la convention de non-opposition quant à ses effets, mais les origines distinctes de ces actes juridiques interdisent la conclusion selon laquelle cette sentence s'analyserait en une convention de non-opposition. En effet, l'arbitre étant à l'origine de cette sentence, il s'agit d'un acte de nature juridictionnelle auquel la volonté des parties est étrangère, et non d'un contrat librement consenti. On ne saurait alors consacrer une identité d'actes en raison d'une similarité de leurs effets. A notre sens, il convient de maintenir une distinction nette entre la « sentence de non-opposition » qui est un acte qui a pour origine l'arbitre, et la convention de non-opposition qui a pour origine la volonté des parties. Il serait possible de nuancer quelque peu cette affirmation en envisageant le cas où les parties à un contrat d'exploitation de brevets prévoient une clause compromissoire ainsi qu'une clause par laquelle elles s'engageraient, dès à présent, à respecter une convention de non-opposition si l'arbitre venait à constater les fortes probabilités d'annulation des titres en cause. L'insertion de cette clause permettrait de découvrir la volonté des parties de s'engager par avance dans une véritable convention de non-opposition (1). Enfin, on peut raisonnablement considérer cette clause comme tacite dès lors que les parties soumettent à l'arbitre la question de la validité (2).

1. La nature de la sentence de non-opposition en présence d'une clause autorisant l'arbitre à évaluer les probabilités d'annulation du brevet

Le principe de liberté contractuelle offre un merveilleux champ d'investigation pour l'imaginaire juridique. La grande liberté laissée

---

nouvelle convention sur les accords d'élection du for de la Conférence de La Haye sur le droit international privé », *Propr. Ind.* Novembre 2005, p. 16 et s., spéc. p. 18.

aux parties permet aux juristes d'envisager une multiplicité de situations juridiques et notamment celle selon laquelle les parties à un contrat d'exploitation de brevets d'invention choisissent d'y insérer une clause compromissoire ainsi qu'une clause par laquelle ils autorisent l'arbitre à évaluer les probabilités d'annulation du brevet en cause et s'engagent le cas échéant à respecter une convention de non-opposition.

Dans le cas où les parties choisiraient l'arbitrage institutionnel comme par exemple l'arbitrage de la CCI, les clauses pourraient être rédigées ainsi :

« *Tous les différends découlant du présent contrat seront tranchés définitivement suivant le règlement de conciliation et d'arbitrage de la Chambre de Commerce International par un ou plusieurs arbitres nommés conformément à ce règlement* »

« *Si le ou les arbitres venaient à constater les fortes probabilités d'annulation du ou des brevets en cause, les parties s'engagent à respecter une convention de non-opposition par laquelle le breveté s'oblige à ne pas opposer son titre à son partenaire par le biais d'une action en exécution du contrat ou en contrefaçon* ».

On pourrait également imaginer une clause dans le compromis, par laquelle le partenaire du breveté s'engagerait expressément à ne pas agir en nullité devant le juge judiciaire. Les termes seraient les suivants : « *Si le ou les arbitres venaient à constater les fortes probabilités d'annulation du ou des brevets en cause, les parties s'engagent à respecter une convention de non-opposition par laquelle le breveté s'oblige à ne pas opposer son titre à son partenaire par le biais d'une action en exécution du contrat ou en contrefaçon, qui s'engage à son tour, à ne pas agir en nullité du titre devant le juge judiciaire* ».

Dès lors, la convention de non-opposition est affectée d'une condition suspensive tenant dans une sentence. La condition est un évènement futur et incertain auquel est subordonnée la formation ou la disparition d'une obligation[551]. La sentence est une condition résolutoire car de son existence dépend l'effectivité de la convention

---

[551] Dans le premier cas, la condition est dite suspensive, dans le second, elle est résolutoire.- F. TERRE, PH. SIMLER ET Y. LEQUETTE, *op. cit.*, n°218, p.1131.

de non-opposition. De plus, il s'agit d'une condition casuelle[552] car sa réalisation dépend de la volonté ou du comportement d'un tiers, l'arbitre, et non du comportement de l'une des parties.

Ces dernières ne sauraient influer sur la décision de celui-ci qui doit apprécier les chances d'annulation du brevet et dont dépend la formation de la convention de non-opposition.

Si l'arbitre constate les fortes probabilités d'annulation du brevet en cause, il rendra une sentence constatant la « non-opposabilité » entre les parties entraînant de ce fait, la résiliation de la condition suspensive et donc, la formation d'une véritable convention de non-opposition.

Par la suite, en insérant une clause autorisant l'arbitre à évaluer les probabilités d'annulation du brevet en cause, les parties acceptent de la sorte de se conformer par avance à une éventuelle convention de non-opposition dont le principe serait décrété par la décision arbitrale.

2. La nature de la sentence de non-opposition en l'absence d'une clause autorisant l'arbitre à évaluer les probabilités d'annulation du brevet en cause.

Lorsque les parties insèrent dans leur contrat une clause compromissoire ou signent postérieurement à la naissance du litige, un compromis, elles manifestent leur volonté d'attribuer compétence à l'arbitre et non au juge, pour mettre un terme à leur contentieux. La source du pouvoir de l'arbitre réside dans la volonté des parties qui l'ont désigné[553] mais, la décision s'analyse en un acte de nature juridictionnelle auquel les parties doivent se conformer[554]. Ainsi, un arbitre qui viendrait à constater les fortes probabilités d'annulation du brevet d'invention en cause dans l'instance peut imposer au breveté de ne pas opposer son titre à son partenaire, en vertu de son pouvoir de

---

552 Ancien Art.1169 du Code civil : *« La condition casuelle est celle qui dépend du hasard, et qui n'est nullement au pouvoir du créancier ni du débiteur »*.

553 En ce sens, V.H. GAUDEMET-TALLON, note sous Paris (1ère ch. suppl.) 26 mars 1991, *RA* 1991.465.

554 J. M. MOUSSON, *Technique contractuelle*, éd. *Lefebvre*, 1992, n°1465, P.578.

jurisdictio, en rendant une sentence valant convention de non-opposition.

Comment se justifie alors cette assimilation de la sentence à une convention de non-opposition ? Cette sentence trouve son origine dans la volonté du breveté et de son contradicteur de soumettre le litige sur le brevet à un tribunal arbitral. Ce comportement entraîne à la charge du titulaire du brevet ou du portefeuille de brevets, le devoir de ne pas se contredire au détriment d'autrui en vertu de l'adage *non concedit venire contra factum proprium*. Ce principe connu aussi sous le nom d'*estoppel* est un véritable principe général du droit du commerce international[555] qui peut être soulevé par l'une des parties ou d'office par le tribunal arbitral[556]. L'une des applications de ce principe réside dans l'idée selon laquelle une partie[557] ne peut réduire artificiellement la portée matérielle d'une clause d'arbitrage en soutenant après coup qu'une partie de la matière couverte par cette clause échapperait par nature à la compétence des arbitres au seul motif que cette matière ne serait pas arbitrable[558]. Dès lors, il ne saurait être question pour le breveté qui a accepté qu'un litige en contrefaçon ou relatif à un contrat d'exploitation soit soumis à l'arbitre, de contester par la suite la compétence des arbitres pour statuer sur cette question alors que son contradicteur pouvait légitimement supposer qu'en se soumettant à ce mode de règlement des litiges, le breveté acceptait que cette question soit abordée afin qu'une sentence définitive puisse être rendue dans cette affaire.

Ainsi, cet acte mutuel du breveté et de son contradicteur doit être source d'obligations dans la mesure où tous deux ont donné leur consentement à cette procédure arbitrale et par là même, à faire

---

[555] Dans la jurisprudence arbitrale récente, 17 sentences ont fait appel à ce principe.- En ce sens : V.E. GAILLARD « L'interdiction de ne pas se contredire au détriment d'autrui comme principe général du droit du commerce international », *RA* 1985.241-0. MORETEAU « *l'estoppel* et la protection de la confiance légitime » *Thèse*, Lyon III, 1990- H. MUIR WATT « Pour l'accueil de l'estoppel en droit français », Mélanges Loussouarn, p. 303 - Ph. PINSOLLE « Les applications du principe de l'interdiction de se contredire au détriment d'autrui », in « L'interdiction de se contredire au détriment d'autrui » sous la direction de M. BEHAR-TOUCHAIS, *Economica,* Etudes Juridiques, 2001, p. 37-52.

[556] Ph. PINSOLLE, *op. cit.* , 2001, P.37.

[557] Ce terme vise à la fois un Etat et une personne privée.

[558] Sentence inédite *Société X c. Etat Y* (arbitrabilité des litiges fiscaux) rendue sous la présidence de P. LALIVE et citée par Ph. PINSOLLE, op. *cit.* p. 40.

produire effet à une sentence qui viendrait reconnaître les fortes probabilités d'annulation devant le juge judiciaire. Cette sentence doit alors valoir convention de non-opposition.

Par conséquent, cette convention de non-opposition trouve son origine dans la décision arbitrale à laquelle les parties ont probablement et implicitement donné leur accord. Ce mécanisme n'est pas totalement inconnu en droit des brevets qui connaît des systèmes de licences autoritaires, contrats qui ont pour origine une décision judiciaire ou administrative. Dès lors, de même que les licences autoritaires ont pour origine le juge ou le ministre chargé de la propriété industrielle, la convention de non-opposition a pour origine l'arbitre. Le principe de la soumission aux MARL des litiges relatifs à la titularité des droits de propriété intellectuelle est aujourd'hui acquis. L'application du critère de libre disposition des droits suffit, selon nous, à distinguer les litiges susceptibles d'être soumis aux MARL de ceux qui ne le sont pas. Qu'il s'agisse du droit de la propriété industrielle que du droit de la propriété littéraire et artistique, cette analyse nous a permis de découvrir que les MARL peuvent être largement admis en ces matières. Seul le particularisme du brevet tenant à l'effet *erga omnes* attaché à la décision d'annulation de ce titre constituait encore un obstacle à l'arbitrabilité de la validité du droit de brevet.

Ainsi, le droit des brevets met en lumière la contradiction qui caractérise aujourd'hui l'interaction des concepts d'arbitrabilité et d'ordre public. En effet, il y a encore peu de temps, l'ordre public interdisait d'entrée de jeu à l'arbitre de connaître d'un litige relatif aux questions de brevet au moment de sa saisine. On parlait alors d'inarbitrabilité. Aujourd'hui, ce même litige est déclaré arbitrable et peut être porté à la connaissance de l'arbitre. Mais l'ordre public n'est pas écarté du revers de la main pour autant, bien au contraire. Toutefois, c'est a posteriori, au moment où la décision de l'arbitre doit déployer ses effets, que l'ordre public est susceptible d'intervenir. Il s'érige alors contre les effets de la décision arbitrale et veille à ce qu'ils ne soient pas étendus au-delà des parties. La mission tant de l'arbitre que du médiateur s'avère cependant moins compliquée lorsqu'il s'agit des litiges relatifs à l'exploitation des droits de propriété intellectuelle.

CHAPITRE 2

LE RECOURS POSSIBLE AUX MARL POUR LES LITIGES DES DROITS DE PROPRIETE INTELLECTUELLE

Les droits de propriété intellectuelle ne représentent une richesse d'un point de vue économique que s'ils sont exploités. Le titulaire d'un droit de propriété intellectuelle peut l'exploiter lui-même, ou en confier l'exploitation à un tiers par la signature d'un contrat de licence. En cas de conflit, les parties au litige pourront souhaiter régler leur contentieux par un MARL.

Ceci impose de s'interroger sur la possibilité de soumettre à ces modes de règlement des litiges ayant trait à un contrat d'exploitation des droits de propriété industrielle. Egalement, le titulaire des droits sur une œuvre littéraire et artistique doit lui aussi assurer la défense de son monopole d'exploitation contre les actes d'exploitation tant autorisés que non autorisés commis par des tiers. C'est le problème posé par la possibilité de soumettre les litiges relatifs à la propriété littéraire et artistique aux MARL.

Section 1. Les litiges nés à l'occasion de l'exploitation des droits de propriété industrielle

Les contrats constituent le terrain de prédilection des MARL, en droit de la propriété industrielle comme ailleurs au demeurant. Il n'y a rien d'étonnant. L'article 2059 du Code civil dispose que « *Toutes personnes peuvent compromettre sur les droits dont elles ont la libre disposition* », ce qui est généralement le cas en matière contractuelle. Partant, si on met de côté quelques poches de résistance aux MARL déjà évoquées, il est depuis longtemps acquis que les litiges nés à l'occasion d'actes d'exploitation autorisés des titres de propriété industrielle sont arbitrables[559]. Le titulaire doit dès lors assurer la défense de son monopole d'exploitation contre les actes d'exploitation non autorisés commis par des tiers. C'est le problème posé par la possibilité de recourir aux MARL pour régler des litiges relatifs à la contrefaçon du droit de propriété industrielle.

§ 1. Les litiges nés à l'occasion d'une exploitation autorisée

Le titulaire d'un titre de propriété industrielle a pour obligation de l'exploiter, contrepartie nécessaire du monopole conféré par l'Etat[560], mais il jouit pleinement du principe de liberté contractuelle pour en organiser les modalités. S'il ne désire pas exploiter lui-même, il règle librement avec son cocontractant les modalités de la licence ou de la cession de ce titre de propriété industrielle.

Par le biais du contrat de licence, le titulaire du titre de propriété remplit l'obligation d'exploitation lui incombant par le simple fait qu'il existe en ce cas, une obligation d'exploitation à la charge du licencié, justifiant, en cas de non-respect de cette obligation essentielle, la résiliation du contrat à ses torts ainsi que le versement de dommages-intérêts. La concession du titre de propriété industrielle entraîne quant à elle, le transfert de la propriété du titre ainsi que son

---

[559] Pour les brevets, v. CA Paris, 15 juin 1981, *op. cit.* ; TGI Paris, 2 juillet 1987, *op. cit.* ; CA Paris, 3 février 1992, *op. cit.* ; En droit des marques, v. TGI Paris, 17 mars 1981, 2e espèce. : *Rev. Arb.* 1983, p. 89, note A. FRANÇON.

[560] Le monopole concédé pour l'exploitation de l'invention se justifiant notamment par l'intérêt que la société trouve dans l'encouragement de la recherche et du progrès technique, la loi impose au breveté d'exploiter l'invention brevetée. Dans l'hypothèse où il ne satisferait pas à cette obligation, il pourrait se voir imposer des licences forcées au profit de tiers qui pourraient alors exploiter l'invention sans l'accord de l'inventeur : sur ce point, v. notamment : F. POLLAUD-DULIAN, Droit de la propriété industrielle, *Montchretien, Domat Droit Privé*, 1999, n°502 et s., P. 217 et s. – Il est intéressant de noter que cette obligation était également clairement énoncée par la loi de 1844 en son article 32-2 qui disposait que : « *Sera déchu de tous ses droits, le breveté qui n'aura pas mis en exploitation sa découverte ou invention, en France, dans le délai de deux ans à dater de la signature du brevet ou qui aura cessé de l'exploiter, à moins que, dans l'un ou l'autre cas, il ne justifie des causes de son inaction* ». Sur l'interprétation de cette disposition, v. notamment : J. M. MOUSSERON, *op. cit.* n°178 et s., p. 206 et s. F. POLLAUD-DULIAN, *op. cit.*

corollaire, l'obligation d'exploitation. En revanche, s'il ne remplit pas cette obligation, le titulaire du titre peut se voir imposer un licencié soit par l'autorité administrative soit par l'autorité judiciaire. Ces contrats forcés privent ce dernier de sa liberté de concéder librement une licence sur son invention ou sur sa marque et d'en régler les modalités mais également de la liberté de choix de son cocontractant. Les conditions particulières de formation de ces contrats influencent largement la résolution des litiges y relatifs par la voie des MARL. Afin de mieux cerner le problème, il convient d'étudier distinctement le cas du brevet d'invention d'une part, et celui des marques d'autre part.

A. Le cas du brevet d'invention

Pour résoudre la difficulté de la soumission aux MARL des litiges contractuels en matière de brevet d'invention, il convient de distinguer deux cas selon que l'exploitation du brevet est imposée par l'Etat ou par le titulaire lui-même.

1. Les litiges relatifs à l'exécution d'un contrat de licence autoritaire

Le brevet est un monopole d'exploitation de l'invention, attribué par l'Etat au breveté. Le breveté, en contrepartie, doit effectivement l'exploiter. La société doit en effet tirer profit de cette innovation. Selon Monsieur Pollaud-Dulian, « *le monopole perd sa justification socio-économique ou fait l'objet d'un exercice abusif, lorsque l'invention n'est pas exploitée, lorsque [le breveté] empêche de façon injustifiée l'exploitation d'un autre brevet, ou encore le brevet n'est pas exploité de manière suffisante pour satisfaire des intérêts collectifs impérieux*[561]. » C'est pourquoi le législateur a créé des catégories de contrats imposés afin de l'y contraindre.

[561] F. POLLAUD-DULIAN, *op. cit.* n°561, p. 239.

Il faut mettre de côté la technique la plus radicale qui est celle de l'expropriation pour les besoins de la défense nationale. L'article L.613-20 du Code de la propriété intellectuelle dispose que « *l'Etat peut, à tout moment, par décret, exproprier, en tout ou partie, pour les besoins de la défense nationale, les inventions, objets de demandes de brevet ou de brevet* ».

En effet, cette hypothèse ne présente que peu d'intérêt au regard de la réflexion développée ici. L'Etat empêche dans ce cas, le breveté d'exploiter lui-même son invention en se l'appropriant moyennant une indemnité d'expropriation. On peut alors imaginer qu'en cas de litige contractuel entre l'Etat et un de ses licenciés, les tribunaux judiciaires français seront automatiquement compétents.

En revanche, les autres techniques permettant d'obliger le breveté à exploiter ou plus exactement à faire exploiter son brevet, soulèvent plus d'interrogations au regard de l'analyse qui nous intéresse. En effet, le législateur a mis en place des licences imposées qui obligent le breveté à confier l'exploitation de son invention à un tiers. Ces contrats seront mis en place soit par le juge soit le ministre chargé de la propriété industrielle. C'est pourquoi, il faut distinguer deux types de licences imposées : les licences obligatoires attribuées par l'autorité judiciaire et les licences obligatoires attribuées par l'autorité administrative. L'intérêt général préside à l'attribution de ces licences. La société doit profiter de l'invention. Chaque licence autoritaire est attribuée pour satisfaire un intérêt particulier. Les licences d'office attribuées par l'autorité administrative ont pour finalité de satisfaire un besoin précis. La licence d'office délivrée dans l'intérêt de la santé publique vise à permettre un approvisionnement suffisant du marché en médicaments dans l'hypothèse où le titulaire du brevet ne satisfait pas correctement à la demande. La licence d'office octroyée dans l'intérêt du développement économique vise à contraindre le breveté à exploiter de manière suffisante son invention pour répondre aux besoins de l'économie nationale.

Ces différents contrats attribués par l'autorité administrative sont mis en place au jour où il faut répondre rapidement à un besoin de la société sans qu'un particulier n'ait à se manifester. Il appartient à l'autorité administrative d'en apprécier l'opportunité. De même, les contrats attribués par l'autorité judiciaire ont pour but de satisfaire un intérêt public. La licence obligatoire de dépendance permet au titulaire d'un brevet dépendant, d'exploiter le perfectionnement apporté à l'invention principale[562]. Il est vrai comme le souligne Monsieur le professeur Vivant, que ce contrat paraît moins intéresser la collectivité. Néanmoins, le législateur a pris soin de rajouter que « *le Tribunal de Grande instance peut, le ministère public entendu, accorder, dans l'intérêt public [...] une licence au titulaire du brevet de perfectionnement*[563]. » Cette précision ne peut laisser aucun doute sur la finalité de ce contrat[564].

L'Etat représenté par le ministre chargé de la propriété industrielle, le Directeur de l'INPI, ou encore l'autorité judiciaire, peut se substituer au breveté pour attribuer des licences forcées. L'une de ces autorités choisit le cocontractant et fixe les modalités de la licence qui peut prendre une dimension internationale si les intérêts économiques de l'une des parties, se situent à l'étranger. La survenance d'un contentieux durant l'exécution est toujours possible. De ce fait, un compromis arbitral peut-il avoir pour objet un litige ayant trait à une licence autoritaire ?

Distinction doit être faite entre les litiges relatifs à la formation de la licence autoritaire qui ne sont pas arbitrables et les litiges relatifs à l'exécution du contrat de licence autoritaire qui sont arbitrables. En effet, dans le premier cas, l'intérêt général justifie l'attribution de ces contrats dont les conditions sont fixées par l'autorité administrative ou judiciaire. L'intervention de l'Etat rend indisponible le droit du

---

[562] Art. L.613-15 du Code de la propriété intellectuelle ; - Art. 47 Annexe 1 ABR : « Lorsqu'une invention protégée par un brevet ne peut être exploitée sans qu'il soit porté atteinte aux droits attachés à un brevet antérieur dont le titulaire refuse l'autorisation d'utilisation à des conditions et modalités commerciales raisonnables, le titulaire du brevet ultérieur peut obtenir du tribunal une licence non volontaire pour cette utilisation, aux mêmes conditions que celles qui s'appliquent aux licences non volontaires accordées en vertu de l'article 46 ainsi qu'aux conditions additionnelles suivantes:

a) l'invention revendiquée dans le brevet ultérieur représente un progrès technique important, d'un intérêt économique considérable, par rapport à l'invention revendiquée dans le brevet antérieur,

b) le titulaire du brevet antérieur a droit à une licence réciproque à des conditions raisonnables pour utiliser l'invention revendiquée dans le brevet ultérieur, et

c) l'utilisation autorisée en rapport avec le brevet antérieur est incessible sauf si le brevet ultérieur est également cédé. »

[563] M. VIVANT, « Juge et loi du brevet », *op. cit.* n°67, p. 62.

[564] Art. L. 613-15 al. 2 du Code de la propriété intellectuelle.

breveté de disposer librement du brevet. L'Etat apprécie les besoins de la société à un moment donné. Il n'appartient pas à un juge privé d'apprécier l'opportunité de ce contrat ni, d'y mettre un terme lorsque l'Etat l'a attribué pour satisfaire un besoin particulier. Les litiges relatifs à l'existence ou à l'attribution du droit ne sont pas arbitrables. La majorité des auteurs partagent cette opinion[565]. Les professeurs Bonet et Jarrosson relèvent que *« [...] l'autorité publique est directement en cause et ce domaine paraît donc relever intégralement de l'ordre public [...][566]»,* pour conclure que les litiges ayant trait à ces contrats sont non-arbitrables. Le professeur Vivant souligne que *« [...] la marge d'arbitrabilité est faible[567]. »*

Dans le second cas, l'attribution des licences autoritaires obéit à des conditions particulières. Il appartient à l'Etat d'attribuer le contrat et d'en fixer les modalités. Par la suite, les parties doivent exécuter le contrat. Quelques auteurs ont alors proposé de rendre arbitrables certaines questions relatives aux modalités de la licence[568], affirmant ainsi que les parties devraient pourvoir signer un compromis pour permettre à un arbitre de statuer sur le montant des redevances.

Dans le cadre des licences d'office, le montant des redevances est en principe librement négocié entre le breveté et le licencié[569]. Les parties recouvrent dans une certaine mesure leur liberté contractuelle. Ce n'est qu'en cas de désaccord que le Tribunal de grande instance compétent sera saisi. Cette compétence d'une juridiction étatique ne devrait pas priver les parties de la possibilité de recourir aux MARL en cas de litige relatif au montant des redevances. Les parties ont la

---

565 M. VIVANT, « Juge et loi du brevet », *op. cit.*, n°66 et s., p. 61 et s. ; J.M. MOUSSERON, Traité des brevets, *Litec,* 1981, n°99, p. 110 ; B. OPPETIT, « L'arbitrage en matière de brevets d'invention après la loi du 13 juillet 1978 », *op. cit. RA* 1979.83, spéc. p. 94.

566 G. BONET et CH. JARROSSON « L'arbitrabilité des litiges de propriété industrielle », *op. cit*. p. 61 et s., spéc. p. 66.

567 M. VIVANT « Juge et loi du brevet », *op. cit.*, n°69, p. 63.

568 En ce sens, mettant de côté les licences d'office dans l'intérêt de la santé publique, *cf.* J. M. MOUSSERON « Traité des brevets », *op. cit.*, n°99 et note 285, p. 111 ; M. VIVANT « Juge et loi du brevet », *op. cit.* n°66 et s., p.61 et s.

569 Pour la licence d'office dans l'intérêt du développement économique, v. Art. L.613-18 alinéa 5 du Code de la Propriété intellectuelle. – Pour la licence d'office dans l'intérêt de la santé publique, v. Art. L. 613-17 du Code de la Propriété intellectuelle. – pour la licence d'office dans l'intérêt de la défense nationale, v. Art. L.613-19 alinéa 2 du Code de la propriété intellectuelle.

libre faculté de déterminer les modalités pécuniaires de la licence, ce droit est disponible au regard de l'article 2059 du Code civil. Rien ne semble s'opposer à la soumission de cette question purement contractuelle aux MARL comme c'est le cas des litiges nés à l'occasion d'actes d'exploitation volontaire des brevets d'invention.

2. Les litiges nés à l'occasion d'une exploitation « volontaire »

Le breveté qui ne désire pas exploiter personnellement son brevet peut confier la fabrication, la vente ou la mise en œuvre de l'invention et des produits obtenus, à un tiers. Il peut conclure toutes sortes de contrats : licence, cession totale ou partielle du brevet, apport en société, etc. L'exécution de ces contrats peut faire naître un contentieux entre le breveté et son cocontractant : le non-paiement des royalties, l'étendue des droits concédés, la garantie due par le breveté, etc…sont autant de points pouvant faire l'objet de discussions animées. Les parties peuvent avoir inséré une clause compromissoire visant à confier ce type de litige à des arbitres ou un médiateur ou, une fois le litige né, signer un compromis. Ces droits, objets du contentieux sont-ils susceptibles d'être soumis aux MARL ?

Les droits découlant d'un contrat d'exploitation d'un brevet et partant, le montant ou le paiement des redevances, ne touchent pas l'ordre public. Ces questions concernent l'intérêt particulier du breveté et du licencié.

Dans le cadre d'une licence non exclusive, le titulaire peut se réserver la possibilité d'exploiter personnellement son invention. Le licencié persuadé d'être titulaire d'une licence exclusive entrera en conflit avec le breveté pour la détermination de l'étendue des droits concédés. Cette question concerne l'exécution du contrat et les droits de chacune des parties pour l'exploitation du brevet. Ces droits sont disponibles au sens de l'article 2059 du Code civil français car, ils ne touchent pas à l'ordre public. Les parties peuvent recourir aux MARL pour la résolution des litiges ayant trait à ces questions. Tout litige relatif aux droits découlant des contrats d'exploitation de brevet sont arbitrables. Dans l'affaire n°6709 rendue en 1991, le Tribunal arbitral de la chambre de commerce international a d'ailleurs décidé qu'« *en effet, il n'y a pas de lien nécessaire entre la concentration du contentieux devant certaines juridictions et l'arbitrabilité, la répartition des compétences à l'égard des arbitres qui tirent leur pouvoir de la volonté des parties qui les ont institués. Dès lors, on est ramené aux seuls articles 2059 et 2060 du Code civil, qui certainement, autorisent l'arbitrage lorsque le litige porte sur l'exécution d'un contrat de licence de brevet car ce type de conflit ne présente pas un lien suffisamment étroit avec les principes fondamentaux de l'organisation sociale ou politique d'un Etat que des juges privés ne puissent en avoir connaissance*[570] .» Les arbitres rappellent que la compétence exclusive en faveur des juridictions étatiques ne fait pas obstacle à l'arbitrage. Ils ont à juste titre déclaré arbitrable le litige contractuel. La Cour d'appel de Paris n'a pas une autre lecture, jugeant ainsi que « *les litiges portant sur les contrats relatifs à l'exploitation des brevets, qu'il s'agisse d'interprétation ou d'exécution du contrat, sont arbitrables*[571]. »

En droit interne, la grande majorité des auteurs partage cette opinion. Déjà avant la promulgation de la loi du 13 juillet 1978, le professeur Vivant concluait à l'arbitrabilité des litiges relatifs à l'exploitation du brevet autorisée par le titulaire du titre. Depuis, la solution a largement été admise en doctrine. Les professeurs Mousseron et Schmidt-Szalewski affirment à leur tour, que « *N'intéressent pas [...] l'ordre public les problèmes concernant l'exploitation contractuelle des brevets ; pareils litiges peuvent donc être valablement tranchés par des arbitres [...]*[572]. » De même, Messieurs Fouchard, Gaillard et Goldman constatent que « *[...] les arbitres pourraient connaître de litiges entre parties ayant un différend sur l'exécution de contrats relatifs à de tels droits [de propriété industrielle]* [573]. » La doctrine est unanime[574]. La nature

---

570 T. arb. Ch. Com. Int., juin 1991, aff. N°6709, *PIBD* 1993, 541, III, p. 230, *JDI* (Clumet) 1992, p. 998).

571 CA Paris, 1ère ch., 24 mars 1994, *JCP éd. E* 1995, n°471. Obs. J. –J. BURST.et J. M. MOUSSERON, D. 1996, som., p. 21, obs. J.M. MOUSSERON et SCHMIDT, *DB* 1994, I, p. 7, *RTD com*. 1995, p. 416, obs. AZEMA J.

572 J.M. MOUSSERON et SCHMIDT SZALEWSKI « les litiges portant sur les contrats relatifs à l'exploitation de brevets, qu'il s'agisse d'interprétation ou d'exécution du contrat, sont arbitrables ». *D*. 1996, somm. Comm. P. 21.

573 PH. FOUCHARD, E. GAILLARD, B. GOLDMAN, *Traité de l'arbitrage commercial international*, Litec, 1996, n°583, p. 366.

574 V. B. OPPETIT, « L'arbitrage en matière de brevet d'invention après la loi du 13 juillet 1978 », *op. cit.* p. 93. – E. LOQUIN et J.– C. DUBARRY, note sous Paris, 3

internationale du contrat d'exploitation d'un brevet d'invention ne doit pas, selon nous, influer sur cette position. Le breveté qui entrerait en conflit avec l'un de ses licenciés exploitant l'invention à l'étranger, peut sans aucun doute proposer la signature d'un compromis s'il souhaitait saisir un tribunal et si d'aventure, il n'avait pas inséré une clause compromissoire dans l'acte.

Nous reprenons alors les propos des professeurs Mousseron et Schmid-Szalewski[575], pour affirmer à notre tour que n'intéressent pas l'ordre public les problèmes concernant l'exploitation des brevets dans le cadre d'un contrat international.

En outre, les juridictions françaises n'ont pas condamné la prise de position de la doctrine et des arbitres. Elles ont admis l'arbitrabilité des litiges portant sur l'exploitation d'un brevet. Cela signifie que les arbitres et les juridictions étatiques ont une compétence concurrente sur cette question. La Cour d'appel de Paris, le 15 juin 1981 a fait une exacte application des dispositions de l'article L. 615-17 du Code de la propriété intellectuelle. Les magistrats ont en effet affirmé que, si le premier alinéa du paragraphe 1 de l'article 68 de la loi du 2 janvier 1968 dispose que *« l'ensemble du contentieux né de la loi est attribué aux tribunaux de grande instance et aux Cours d'Appel auxquelles ils sont rattachés », il résulte de l'alinéa 3 du même paragraphe 1, tel qu'il est complété par la loi du 13 juillet 1978, immédiatement applicable en tant que loi de compétence, que les dispositions qui précèdent ne font pas obstacle au recours à l'arbitrage, dans les conditions prévues aux articles 2059 et 2060 du Code civil, aux termes desquels toutes personnes peuvent compromettre sur les droits dont elles ont la libre disposition, sauf en certaines matières qui ont*

---

février 1992.293. – G. BONET et CH. JORROSSON « L'arbitrabilité des litiges de propriété industrielle ». op. cit.- A. CHAVANNE et J.- J BURST, *Droit de la propriété industrielle*, Précis Dalloz, Droit privé, 5ème éd., 1998, n°322, p.224.- J. FOYER et M. VIVANT, Droit *des brevets*, Thémis Droit, P.U.F., 1990, p. 56.- J. C. GALLOUX, *Droit de la propriété industrielle*, Dalloz, 2ème éd., 2003, n°127, p.56.- M. de BOISSENON, *Le droit français de l'arbitrage interne et international*, Préface P. BELLET, GLN Joly, 2ème éd. 1990, n°501, p. 401.- J.-B. RACINE, *L'arbitrage commercial international et l'ordre public* ; avant propos de Laurence BOY, Préface de Ph. FOUCHARD, LGDJ, 1999, *op. cit.* n°138, p. 80.- J. M. MOUSSERON, J. RAYNARD, R. FABRE, J.-L. PIERRE, *Droit du commerce international*, Litec, 2ème éd. 2000, n°314, p. 155.- J.-L. GOUTAL « Arbitrage et propriété intellectuelle », *Gaz. Pal.* 13.12.1997, p. 28 et s., spéc. p. 29.

[575] *Op. cit.* note 433.

ce trait commun qu'elles intéressent l'ordre public [576].» C'est sans doute ce qu'a consacré la fameuse loi du 17 mai 2011[577]. Les juges ont déclaré que le litige relatif au paiement de redevances de licences autoritaires de brevet est arbitrable dès lors que la validité du titre n'est pas contestée. Cette solution a été réaffirmée par la Cour d'Appel de Paris, à l'occasion de l'affaire *Deko*[578].

Ainsi, lorsque le brevet fait l'objet d'une exploitation autorisée par le breveté, les litiges relatifs tant à l'interprétation qu'à l'exécution de ces contrats sont arbitrables car leur résolution n'intéresse pas l'ordre public, tout comme dans le cas des marques.

Selon l'article L. 713-1 du Code de la propriété intellectuelle français, *« l'enregistrement de la marque confère à son titulaire un droit de propriété sur cette marque pour les produits et les services qu'il a désignés.* » L'article 7 al. 1 de l'annexe II de l'Accord de Bangui révisé, allant dans le même sens, indique que *« l'enregistrement d'une marque confère à son titulaire le droit exclusif d'utiliser la marque, ou un signe lui ressemblant, pour les produits ou services pour lesquels elle a été enregistrée, ainsi que pour les produits ou services similaires.* »[579]

---

[576] Paris 4ème ch. Sect. A, 15 juin 1981, *soc. Aplix c/ Soc. Velcro, RA* 1993, note A. FRANÇON. – Dans le même sens, TGI Paris, 2 juillet 1987, *Pharmaticeuticals Inc., PIBD* 420.III.384 – TGI Paris, ord. Réf., 30 juin 1988, *Soc. Cordons et Equipements c/ Bretegnier, RA* 1994.542, obs. FOUCHARD. – Paris, 3 février 1992, *PIBD* 1992.III.359, *RTD com.* 1993.293, obs. DUBARRY et LOQUIN.

[577] *Op. cit.*

[578] *Op. cit.*

[579] Art. 7 de l'annexe 3 ABR : 1) « L'enregistrement de la marque confère à son titulaire le droit exclusif d'utiliser la marque, ou un signe lui ressemblant, pour les produits ou services pour lesquels elle a été enregistrée, ainsi que pour les produits ou services similaires.

2) L'enregistrement de la marque confère également au titulaire le droit exclusif d'empêcher tous les tiers agissant sans son consentement de faire usage au cours d'opérations commerciales de signes identiques ou similaires pour des produits ou services qui sont similaires à ceux pour lesquels la marque de produits ou de services est enregistrée dans le cas où un tel usage entraînerait un risque de confusion. En cas d'usage d'un signe identique pour des produits et services identiques, un risque de confusion sera présumé exister.

3) L'enregistrement de la marque ne confère pas à son titulaire le droit d'interdire aux tiers l'usage de bonne foi de leur nom, de leur adresse, d'un pseudonyme, d'un nom géographique, ou d'indications exactes relatives à l'espèce, la qualité, la quantité, la destination, la valeur, le lieu d'origine ou l'époque de la

Dans la pratique, les litiges liés à l'exploitation des marques portent généralement sur les contrats de cession et les contrats de licence.

Le contrat de cession de marque est une convention par laquelle le cédant transfère le droit sur la marque au profit du cessionnaire, moyennant versement d'une contrepartie en argent. Le transfert du droit sur la marque peut également se réaliser par d'autres opérations à titre onéreux, où la contrepartie ne consiste pas en une somme d'argent (contrat d'échange, ou un apport en société). Il peut, en outre, se réaliser à titre gratuit (donations, legs). La cession de marque obéit au régime de la vente prévu aux articles 1502 à 1685 du Code civil quant à ses conditions et ses effets.

La licence de marque est une convention par laquelle le concédant autorise l'exploitation d'une marque à un licencié, moyennant versement d'une contrepartie[580]. Ce contrat peut être rapproché de « l'accord de coexistence » (ou « règlement d'usage »), par lequel les titulaires de marques susceptibles d'entrer en conflit délimitent leur usage respectif[581]. L'article L. 714-1 alinéa 3 qualifie cet accord comme une licence : « la *concession non exclusive peut résulter d'un règlement d'usage* ».

Ainsi, qu'il s'agisse du contrat de cession ou de licence de marque, ils portent sur un droit disponible au sens de l'article 2059 du Code civil français. Ces contrats portent sur un droit ne touchant pas à l'ordre public. Les parties ayant aménagé à leur guise leurs dispositions contractuelles, peuvent prévoir de recourir aux MARL

---

production de leurs produits ou de la présentation de leurs services, pour autant qu'il s'agisse d'un usage limité à des fins de simple identification ou d'information et qui ne puisse induire le public en erreur sur la provenance des produits ou services.

4) L'enregistrement de la marque ne confère pas à son titulaire le droit d'interdire à un tiers l'usage de la marque en relation avec les produits qui ont été licitement vendus sous la marque sur le territoire national de l'Etat membre dans lequel le droit d'interdiction est exercé, sous la condition que ces produits n'aient subi aucun changement. »

580 L. MERMILLOD, « La licence des marques » : *RTD com.* 1955, p. 519. – E. TARDIEU-GUIGUES, « Le contrat de licence de marque », *thèse*, Montpelier, 1991. – Ph. COMBEAU, « Les bénéficiaires d'un droit d'exploitation », in Le nouveau droit des marques en France, colloque de l'IRPI, *Litec,* 1991, p. 39.

581 J. CALVO, « Accord de coexistence des marques », *RD propr. Intell.* 1988, n°20, p. 28.

pour la résolution de tout litige ayant trait tant à la conclusion qu'à l'exécution de ces contrats.

Elles peuvent insérer dans leur contrat des clauses d'arbitrage types telles que : « *tout litige, controverse ou réclamation découlant du présent contrat et de toute modification ultérieure du présent contrat, ou s'y rapportant, et ayant trait notamment mais non exclusivement à sa formation, sa validité, ses effets obligatoires, son interprétation, son exécution, sa violation ou sa résolution, de même que toute réclamation extracontractuelle, sera soumis, pour règlement définitif, à arbitrage conformément au règlement d'arbitrage de l'OMPI. Le tribunal arbitral sera composé de [trois arbitres] d'un arbitre unique]. Le lieu de l'arbitrage sera Paris. La langue de procédure d'arbitrage sera le français. Il sera statué sur le litige, la controverse ou la réclamation conformément au droit français* ».

Ou même une clause de médiation type telle que : « *tout litige, controverse ou réclamation découlant du présent contrat et de toute modification ultérieure du présent contrat, ou s'y rapportant, et ayant trait notamment mais non exclusivement à sa formation, sa validité, ses effets obligatoires, son interprétation, son exécution, sa violation ou sa résolution, de même que toute réclamation extracontractuelle, sera soumis à la médiation conformément au règlement de médiation de l'OMPI. Le lieu de la médiation sera Londres. La langue de la procédure de médiation sera l'anglais.* » L'Accord de Bangui révisé ne contient aucune disposition renseignant sur l'arbitrabilité ou non des litiges qui se rattachent aux marques. On pourrait dès lors appuyer la position de la Cour d'Appel de Paris qui dans un arrêt du 12 juin 1972 avait jugé : « *Qu'aucune disposition légale d'ordre public n'interdit aux parties de soumettre à l'arbitrage un litige déjà né et portant sur le droit des marques* »[582].

En réalité, on pense par analogie qu'il faut appliquer les mêmes solutions régissant la matière des brevets. Ainsi, faut-il décider de l'arbitrabilité des litiges portant sur les contrats d'exploitation de la marque[583]. Dans l'affaire n°6709 rendue en 1991 en matière de contrat d'exploitation de brevet d'invention, qui peut être appliquée à juste titre au droit des marques, le Tribunal arbitral de la chambre de

---

[582] CA Paris, 12 juin 1961, *Rev. Arb.* 1963, p. 317.72.

[583] Cass. com. 8 juil 1965, *Bull. civ*. 1965, III, n° 431 cité par P. ANCEL, article prée. n° 67.

commerce internationale a décidé qu'*« en effet, il n'y a pas de lien nécessaire entre la concentration du contentieux devant certaines juridictions et l'arbitrabilité, la répartition des compétences à l'égard des arbitres qui tirent leur pouvoir de la volonté des parties qui les ont institués. Dès lors, on est ramené aux seuls articles 2059 et 2060 du Code civil, qui certainement, autorisent l'arbitrage lorsque le litige porte sur l'exécution d'un contrat de licence de brevet car ce type de conflit ne présente pas un lien suffisamment étroit avec les principes fondamentaux de l'organisation sociale ou politique d'un Etat que des juges privés ne puissent en avoir connaissance*[584]. » Les arbitres rappellent que la compétence exclusive en faveur des juridictions étatiques ne fait pas obstacle à l'arbitrage. Ils ont à juste titre déclaré arbitrable le litige contractuel. La Cour d'appel de Paris n'a pas une autre lecture, jugeant ainsi que « *les litiges portant sur les contrats relatifs à l'exploitation des marques, qu'il s'agisse d'interprétation ou d'exécution du contrat, sont arbitrables*[585]. »

Le centre d'arbitrage et de médiation de l'OMPI a dans cet ordre d'idées, connu une médiation relative à un litige de coexistence pacifique de marques.

A la suite d'un litige opposant deux compagnies italiennes à une compagnie espagnole, une compagnie nord-américaine déposa une demande de médiation selon le Règlement de Médiation de l'OMPI en vertu d'un contrat passé avec ces parties.

L'objectif de la médiation était d'aider les parties à empêcher la confusion et le détournement des marques similaires sur lesquelles elles avaient chacune des droits, et de réguler l'usage qui serait fait de ces marques. Bien que l'italien ait été fixé comme langue de procédure, il fut convenu qu'un éventuel accord de transaction serait rédigé en italien et en anglais.

Le Centre proposa aux parties plusieurs médiateurs potentiels ayant des compétences en matière de droit des marques ainsi qu'une parfaite maîtrise de l'italien et de l'anglais. Les parties choisirent un médiateur italien ayant de l'expérience dans le domaine des marques.

---

[584] T. arb. Ch. Com. Int.., juin 1991, aff. N°6709, *PIBD* 1993, 541, III, p. 230, *JDI (Clumet)* 1992, p. 998).

[585] CA Paris, 1ère ch., 1er déc. 1987, *Juris-Data*, n°029327 ; Sur l'usage de la marque : TGI Paris, 17 mars 1981, *Rev. Arb.* 1983, p. 95, note FRANÇON.

Le médiateur tint une première conférence téléphonique avec les représentants des parties, au cours de laquelle, il définit le calendrier de la médiation et les modalités de la procédure.

Deux mois plus tard, le médiateur organisa à Milan une réunion de deux jours avec les parties. La réunion se fit en sessions conjointes, à l'exception de deux brèves sessions de caucus. A l'issue de la 2ème journée de réunion, les parties – avec l'aide du médiateur – parvinrent à rédiger et signer un accord de transaction couvrant tous les points soumis à litige. Le Centre a également connu une procédure d'arbitrage relative à la coexistence de marques.

Une société européenne avait enregistré dans différents pays une marque pour des produits de luxe. Un fabriquant asiatique commença à commercialiser des produits liés à la mode sous une marque enregistrée similaire. La société asiatique entama dans deux pays européens une action en justice et une procédure d'annulation administrative réclamant que la société européenne cesse d'utiliser sa marque. Après l'appel qui suivit l'action en justice, les parties réglèrent leur litige en concluant un accord de coexistence de marques, qui incluait une clause d'arbitrage accéléré de l'OMPI. Lorsque la société européenne utilisa sa marque dans le cadre d'une foire, la société asiatique initia une procédure selon le Règlement d'arbitrage accéléré de l'OMPI, protestant contre la violation de l'accord de coexistence.

Suite à des consultations entre les parties et le Centre, un spécialiste en droit européen des marques fut nommé comme arbitre unique. Après deux séries de plaidoiries, l'arbitre tint une audience d'une journée et rendit une sentence six mois après le début de la procédure.

Concluant à la violation partielle de l'accord de coexistence, l'arbitre ordonna, conformément au remède principal demandé, la cessation par la société européenne de telles activités contraires aux termes de l'accord.

Cette solution a largement été admise en doctrine. Messieurs Fouchard, Gaillard et Goldman constatent à la suite de Monsieur Vivant que « *[...] Les arbitres pourraient connaître des litiges entre parties ayant un différend sur l'exécution de contrats relatifs à de tels droits [de propriété industrielle]* [586]. » La doctrine est unanime[587] sur ce point, comme c'est le cas lorsque des litiges sont nés à l'occasion d'actes d'exploitation non autorisée des droits de propriété industrielle.

§ 2. Les litiges nés d'une exploitation des droits de propriété industrielle : l'action civile en contraction

L'action pénale en contrefaçon est une voie alternative offerte au titulaire du titre de propriété industrielle, qui avait pourtant été supprimée en matière de brevet par la loi française du 13 juillet 1978. Bien que la dépénalisation de l'action en contrefaçon effaçât tout lien avec l'ordre public[588], sous l'empire de cette loi, la soumission aux MARL de l'action en contrefaçon n'était pourtant pas totalement admise[589]. Depuis la loi du 26 novembre 1990[590], la contrefaçon de brevet est à nouveau sanctionnée pénalement. L'article L.615-14 du Code de la propriété intellectuelle prévoit les sanctions applicables à ceux qui auront porté atteinte au monopole du titulaire du brevet d'invention. En matière des marques, les sanctions pénales ont été

---

[586] Ph. FOUCHARD, E. GAILLARD, B. GOLDMAN, *Traité de l'arbitrage commercial international,* Litec, 1996, n°583, p. 366.

[587] V. B. OPPETIT « L'arbitrage en matière de brevet d'invention après la loi du 13 juillet 1978 », *op. cit.* p. 93. – E. LOQUIN et J.– C. DUBARRY, note sous Paris, 3 février 1992.293. – G. BONET et CH. JORROSSON « L'arbitrabilité des litiges de propriété industrielle ». *op. cit.*- A. CHAVANNE et J.- J BURST, *Droit de la propriété industrielle,* Précis Dalloz, Droit privé, 5ème éd., 1998, n°322, p.224.- J. FOYER et M. VIVANT, *Droit des brevets,* Thémis Droit, P.U.F., 1990, p. 56.- J. C. GALLOUX, *Droit de la propriété industrielle,* Dalloz, 2ème éd., 2003, n°127, p.56.- M. de BOISSENON, *Le droit français de l'arbitrage interne et international,* Préface P. BELLET, GLN Joly, 2ème éd. 1990, n°501, p. 401.- J.-B. RACINE, *L'arbitrage commercial international et l'ordre public.* Avant-Propos de Laurence BOY, Préface de Ph. FOUCHARD, LGDJ, 1999, n°138, *op. cit.* p. 80.- J. M. MOUSSERON, J. RAYNARD, R. FABRE, J.-L. PIERRE, *Droit du commerce international,* Litec, 2ème éd. 2000, n°314, p. 155.- J.-L. GOUTAL, « Arbitrage et propriété intellectuelle », *Gaz. Pal.* 13.12.1997, p. 28 et s., spéc. p. 29.

[588] J. AZEMA, *Lamy Droit commercial,* 2005, n°2015, p. 908.

[589] A. CHAVANNE « Arbitrage, propriété industrielle et ordre public », Etudes offertes à Jean VINCENT, D. 1981.51.- B. OPPETIT « L'arbitrage en matière de brevets d'invention après la loi du 13 juillet 1978 », *RA* 1979.83.

[590] Loi n°90-1052 du 26 novembre 1990.

aggravées par la loi du 5 février 1994 (L.716-9 du Code de la propriété intellectuelle). Le professeur Schmidt-Szalewski affirme que « *seul le tribunal correctionnel a compétence pour prononcer les sanctions pénales, [...] il doit s'agir des tribunaux correctionnels correspondants aux 10(dix) tribunaux de grande instance compétents en matière de brevets ou des marques*[591]. » Ceci ne souffre d'aucune discussion. Il est certain que les juges privés ne peuvent pas sanctionner une infraction en prononçant une sanction pénale, le droit pénal étant naturellement exclu du domaine des MARL. Maître Véron, éminent praticien, affirme dans une formulation très directe qu'« *une certitude est absolue, on ne peut pas arbitrer sur l'action pénale en contrefaçon : les actions pénales ne s'arbitrent pas*[592]. »

L'hypothèse d'une sanction pénale demeure cependant théorique. Quelques auteurs[593] qui ont envisagé cette question ne manquent pas de le relever et notent également que les titulaires des titres de propriété industrielle choisissent très rarement, voire jamais, la voie pénale pour faire sanctionner le contrefacteur. L'action civile est la voie de prédilection pour obtenir réparation de la part du contrefacteur pour les actes qu'il a commis. Cette observation de droit interne vaut également au plan international. Le problème procède de l'existence même de la sanction pénale qui, même si elle n'est pas sollicitée, pourrait exclure les MARL de cette matière. Pourtant, la sanction pénale propre à la contrefaçon est édictée non dans l'intérêt de la collectivité, pour sauvegarder la « paix publique », mais uniquement dans l'intérêt du titulaire du titre, ce qui déjà en soi est contestable. Cela renforce l'intérêt de l'alternative posée par le législateur entre l'action pénale et l'action civile, et justifie notre position selon laquelle l'existence d'une sanction pénale n'exclut pas la soumission aux MARL de l'action civile en contrefaçon[594].

---

[591] J. SCHMIDT-SZALEWSKI et J-L. PIERRE, *Droit de la propriété industrielle*, Litec, 3e éd., 2003.n°187, p. 85. – Dans le même sens v.: J. FOYER et M. VIVANT, *Droit des brevets*, *op. cit.* p. 344

[592] P. VERON, « Arbitrage et propriété intellectuelle », *Colloque CARA* 1994, p. 15.

[593] P. MATHELY, *op. cit.*, p. 769. – M. VIVANT, « Juge et loi du brevet », *op. cit.*, n°72, p. 65. –J. ROBERT, note au D. 1972, p. 343. – B. OPPETIT, *op. cit.*, Litec, 1994. P. VERON « Arbitrage et propriété intellectuelle » : Dossier Brevet 1994, I.- J. FOYER et M. VIVANT, *Droit des brevets*, Thémis Droit, *op. cit.*, p. 342. – F. POLLAUD-DULIAN, *Droit de la propriété industrielle*, *op. cit.* n°673 p. 284.

[594] Le législateur dans les articles L. 615-17 et L. 716-4 du Code de la Propriété intellectuelle précise, en effet, que la désignation des tribunaux exclusivement

A notre sens, l'affirmation d'une compétence arbitrale sur l'action civile en contrefaçon est en principe, envisageable (A). Dans ce contexte, il paraît alors souhaitable d'étudier les compétences respectives du juge étatique et du juge privé pour le prononcé des mesures provisoires et conservatoires spécifiques à cette action, afin que le demandeur puisse bénéficier de moyens identiques à ceux dont il aurait profité en engageant son action devant le juge judiciaire (B).

A. L'action au fond en contrefaçon

Le plus souvent, ce sont les juridictions étatiques qui sont saisies de ce contentieux. Le titulaire du titre de propriété industrielle assignera alors le contrefacteur malveillant devant le tribunal compétent. A côté de ce scénario classique, on peut imaginer soit, que les parties au litige décident de compromettre afin d'en confier le règlement à des juges privés, soit, qu'à l'occasion d'un litige contractuel ayant trait à un contrat de licence se déroulant devant l'arbitre, le licencié soit également accusé d'exploiter l'invention, la marque ou le dessin et modèle en dehors des limites du contrat. Un certain nombre d'auteurs considèrent que l'action civile en contrefaçon n'est pas arbitrable. Ainsi, Monsieur Chavanne affirme que *« l'action en contrefaçon délimite le domaine public et à ce titre touche à l'ordre public. Le contrefacteur a porté atteinte au monopole résultant du brevet ou de la marque et, pour savoir si cette atteinte existe, le juge est obligé de définir la portée de ce monopole*[595]. » Cette opinion est partagée par le professeur Burst[596] et, dans cette logique, Monsieur Azéma affirme que « *[...] pareil litige conduit à préciser la portée du brevet, ce qui contribue a contrario à délimiter*

---

compétents en matière de titre de propriété industrielle ne fait pas obstacle au recours à l'arbitrage. Il convient toutefois de respecter les règles de droit commun de l'arbitrage, prévues par les articles 2059 et 2060 du Code civil, qui interdisent de compromettre dans les matières qui intéressent l'ordre public. Or on peut admettre, avec doctrine autorisée, que l'action civile en contrefaçon n'intéresse que les intérêts privés et serait, par conséquent, arbitrable.

[595] A. CHAVANNE « Arbitrage, propriété industrielle et ordre public », Etudes offerts à Jean Vincent, D. 1981.51, spéc. p. 224.

[596] A. CHAVANE et J.-J. BURST, *Droit de la propriété industrielle, Précis Dalloz, Droit privé,* 5e éd., 1998, n°362, p. 224.

la portée du brevet, ce qui contribue à délimiter le domaine public et constitue aussi une matière intéressant l'ordre public[597]. »

Cet argument doit néanmoins être discuté. L'action en contrefaçon n'a pas pour objet de définir la portée du brevet. Parlant spécifiquement du brevet, le monopole du breveté est défini précisément par les revendications figurant dans la demande du brevet, celles-ci étant rédigées par le demandeur qui énumère ce qu'il entend protéger par le brevet, soit les éléments pour lesquels il demande un monopole[598]. Tout ce qui n'est pas revendiqué est exclu de la protection et relève du domaine public[599]. Il en ressort que le juge ne définit pas la portée du monopole. Tout au plus, il vient déclarer celle-ci avec les conséquences qui s'attachent à sa décision.

Lors de l'instance en contrefaçon, il est vrai qu'avant toute chose le juge ou l'arbitre doit interpréter les revendications si elles sont ambiguës ou mal formulées. Cette interprétation se fait à la lumière de la description et des dessins[600]. Elle n'est en aucun cas divinatoire[601]. La Cour d'appel de Paris a rappelé qu'« *interpréter n'est pas ajouter*[602]. »

Le juge ou l'arbitre ne saurait étendre la protection du breveté en étendant les revendications ; les droits des tiers sont à ce titre, préservés. Ceci n'est pas sans rappeler le rôle du juge dans l'interprétation du contrat. Celui-ci doit interpréter le contrat pour apprécier l'étendue des obligations sans pour autant dénaturer la volonté des parties. Il est le serviteur, le traducteur du contrat à l'instar d'un restaurateur d'œuvres d'art qui doit rechercher la démarche de

---

597 J. AZEMA, *Lamy commercial,* éd. 2005, n°2051, p. 908.

598 Art. L.612-6 et R.612-16 du Code de la propriété intellectuelle

599 Paris, 5 mai 1988, Ann. PI, 1988.281.- Avant 1968, la seule exigence résidait dans la description de l'invention : la demande était composée de la requête, de la description et des éventuels dessins. L'exigence des revendications a été imposée par la convention de Strasbourg de 1963. Il appartenait par la suite « au juge d'y séparer le bon grain protégé de l'ivraie…Dans le système actuel, il n'y a que ce qui est expressément revendiqué, qui sera protégé », F. POLLAUD-DULIAN, *Droit de la propriété industrielle, op. cit.* n°382, p. 173.

600 Art. L.613-2 du Code de Propriété intellectuelle. - v. également : Com. 7 décembre 1982, *Ann. PI,* 1985.67, obs. MATHELY. - Paris, 11 octobre 1990, *Ann. PI.* 1990.235, obs. MATHELY.

601 Paris, 1er mars 1996, *PIBD* 1996, n°611.III.274.

602 Paris, 10 mai 1994, *PIBD* 1994.III.467.

l'artiste tout en se référant au contexte artistique de l'époque, en prenant garde de ne pas laisser libre cours à sa propre vision artistique, afin de restituer à l'œuvre toute sa vérité.

Pour apprécier l'existence d'actes de contrefaçon, le juge ou l'arbitre doit définir la limite entre ce que le contrefacteur avait le droit de faire (lesquels de ces actes ne portaient pas atteinte au brevet), et ce qui lui était interdit. L'arbitre vérifiera si la contrefaçon est constituée en se référant à la définition des actes contrefaisants, offerte par le législateur. Il rendra alors une sentence sur la contrefaçon avérée ou non en l'espèce, et non sur la véritable portée du brevet. L'argument selon lequel le juge lors d'une instance en contrefaçon doit définir la portée du brevet n'est donc pas, selon nous, suffisant pour rendre non-arbitrable un litige en contrefaçon.

L'action en contrefaçon n'est pas une matière qui intéresse l'ordre public puisque comme on l'a dit précédemment, elle n'a aucun retentissement sur les droits des tiers et a pour unique objet d'assurer la protection du monopole[603]. Les droits en cause sont disponibles au sens de l'article 2059 du Code civil. L'action civile en contrefaçon peut être tranchée par des MARL[604].

Le titulaire d'un titre de propriété industrielle peut donc, selon nous, compromettre sur un litige civil en contrefaçon. L'hypothèse qui paraît peu crédible en pratique, sauf à envisager le cas du licencié-contrefacteur qui exploite le titre de propriété industrielle hors de la sphère du contrat, présente certains intérêts tant pour le contrefacteur que pour le titulaire du titre.

Dans le cadre d'un litige international portant sur un portefeuille de brevets d'invention, le recours à un MARL permet de contourner les difficultés résultant de la détermination du ou des juges judiciaires compétents sur la contrefaçon, chaque partie tentant généralement d'orienter le contentieux vers son propre juge. Ensuite, la neutralité de

---

[603] F. POLLAUD-DULIAN, *Droit de la propriété industrielle*, *op. cit.* n°672, p.283.

[604] En ce sens : J.M. MOUSSERON « L'arbitre face aux préjudices nés des licences de brevets et/ou savoir-faire », communication au Comité National français de la Chambre de Commerce Internationale (CCI), Paris 1 juin 1994, Dossier brevet 1994, III et IV, p. 7.- J.-L. GOUTAL « Arbitrage et Propriété Intellectuelle », *Gaz. Pal.* 13.12.1997, p. 28 et s., spéc. p. 29.- J. FOYER et M. VIVANT, *Droit des brevets*, *op. cit.* p. 342.

l'arbitre ou du médiateur peut être un motif déterminant pour les parties qui redoutent une certaine partialité de la part d'un juge judiciaire nécessairement rattaché à un ordre judiciaire déterminé. Enfin, la confidentialité entourant le différend peut présenter un enjeu économique certain pour le contrefacteur tout comme la garantie d'un règlement rapide pour le titulaire du titre de propriété industrielle. De plus, ils peuvent avoir un intérêt à garder un climat favorable, à « *laver leur linge sale en famille* », pour éventuellement conclure par la suite un contrat de licence relatif à l'invention ou à la marque si la contrefaçon est avérée. On pense encore que le dépôt d'une plainte au pénal n'interdit pas la soumission du litige civil en contrefaçon[605] à un MARL. Le principe selon lequel « le criminel tient le civil en l'état » est-il applicable si l'instance civile se déroule devant un arbitre ? L'arbitre doit-il surseoir à statuer dans l'attente de la décision du juge répressif ? La jurisprudence française laisse une grande liberté à l'arbitre qui n'est pas tenu de suspendre l'instance civile en attendant la décision pénale[606]. D'ailleurs, trois arrêts ont consacré une règle nouvelle du droit français de l'arbitrage international selon laquelle le principe « le criminel tient le civil en l'état », n'est pas applicable en matière d'arbitrage international[607]. Dans une sentence inédite de la CCI, un tribunal arbitral siégeant en Suisse a refusé de surseoir à statuer en attendant l'issue d'un procès pénal se déroulant en Suisse[608]. Le déroulement de l'instance arbitrale n'est pas perturbé par le déroulement parallèle d'une procédure devant les juridictions répressives, seules des décisions contradictoires sont à craindre…

---

[605] En ce sens, Paris, 8 décembre 1988, *RA* 1990.150, note Ch. JARROSSON. - V. également: J.-L. GOUTAL, « Arbitrage et Propriété intellectuelle », *Gaz. Pal.* 13.12.1997, p. 28 et s., spéc. p. 29. - J. PELLERIN, obs. sur Paris, 4 novembre et 8 novembre 1988, *RA* 1989.III.

[606] En ce sens, Paris, 8 décembre 1988, *op. cit.* - Paris, 16 juin 1994, *RA* 1996.128, 1ère esp., obs. J. Pellerin. - Paris, 30 mars 1995, *RA* 1996.131., obs. J. Pellerin. - TGI Paris, réf., 12 février 1996, RA 1996.135, obs. J. Pellerin. - en faveur de la non-application du principe « le criminel tient le civil en l'état » à l'arbitre : J.-L. GOUTAL « Arbitrage et Propriété Intellectuelle », *Gaz. Pal.* 13.12.1997, p. 28 et s., spéc. p. 29.- J. B. RACINE, *L'arbitrage commercial international et l'ordre public*, *op. cit.*, n°155, p.92.

[607] Paris, 1ère ch. C., 1er mars 2001, *RA* 2001, *RA* 2001.583, *République du Congo c/ SA Commis impex*, note Racine. - 17 janvier 2002, *SA Omenex c. Hugon*, *RA* 2002.391, note Racine. - 20 juin 2002, *Sté Ordatech c/ Sté W. Management*, inédit.

[608] Cité par E. A. SCHWARTZ "The Domain of Arbitration and Issues of Arbitrability, The View of the ICC », *ICSID Review, Foreign Investment Law Journal*. Vol. 9, 194. 1, spéc. pp. 43-44.

La résolution du conflit entre une sentence arbitrale et une décision pénale renvoie à la question plus générale née du possible conflit entre la décision d'un juge privé et celle d'un juge judiciaire : ainsi en est-il de l'affaire *Deko* à l'occasion de laquelle une sentence arbitrale était en totale contradiction avec la décision judiciaire annulant les brevets d'invention en cause[609].

Dans le même ordre d'idées, on peut s'inquiéter de la présentation d'une défense en nullité lors de l'instance arbitrale en contrefaçon. L'instance arbitrale qui porte sur l'action en contrefaçon sera en effet fortement perturbée par la défense en nullité que le présumé contrefacteur ne manquera pas de présenter devant l'arbitre afin de paralyser l'instance[610]. La question de la validité du brevet touche à l'ordre public, ce qui rend alors le droit indisponible. Il ne faut pourtant peut-être pas conclure de manière hâtive à la non-arbitrabilité totale de cette question. L'arbitre a la *jurisdictio*, c'est-à-dire le pouvoir de dire le droit en tranchant le fond du litige mais il ne possède pas l'*imperium*[611]. Il ne peut donner d'ordre aux plaideurs ou aux tiers[612]. Sa décision est dépourvue de force exécutoire, aucune coopération de la force publique ne peut être requise par l'arbitre. Si les parties n'exécutent pas spontanément la sentence, il faut procéder à l'exéquatur pour conférer la force exécutoire à la sentence arbitrale[613].

---

609 *Op. cit.* n°228.

610 En ce sens, v. notamment : G. BONET et Ch. JARROSSON « L'arbitrabilité des litiges de propriété industrielle », *op. cit.*, p. 61 et s., spéc. p. 67. – J. B. Racine, *L'arbitrage commercial international et l'ordre public*, *op. cit.* n°140, p.82.- J.-L. GOUTAL, *Arbitrage et propriété intellectuelle*, *op. cit.*, p. 28 et s.- J.M. MOUSSERON « L'arbitre face aux préjudices nés des licences de brevets et/ou savoir-faire », *op. cit.* p. 9.

611 Sur cette notion, v. l'analyse de Ch. JARROSSON « *Réflexion sur l'imperium* », Etudes offertes à P. BELLET, *Litec* 1991, p. 245 et s.- Sur la relativisation de l'absence d'imperium de l'arbitre, v. Th. CLAY « *L'arbitre* », Préf. Ph. FOUCHARD, Nouvelle Bibliothèque des Thèses, *Dalloz,* 2001, n°108-111, p. 95-103.

612 M-.BAHAMAEI « L'intervention du juge étatique des mesures provisoires et conservatoires en présence d'une convention d'arbitrage », *LGDJ,* tome 370, 2002, n°29, p. 22.

613 En ce sens, v. notamment : Paris, 19 mai 1998, *Soc Thorno Spa*, RA 1999.601(1ère esp.), note Ch. JARROSSON, *RIDA* 2000.123, obs. Ch. Imhoos, Gaz. *Pal*. 9-11 janvier 2000, p. 58. L'arrêt énonce : « L'absence d'imperium de l'arbitre a seulement pour conséquence de le priver de tout pouvoir coercitif à l'égard des parties et des tiers en subordonnant l'efficacité de sa décision à l'exequatur de l'autorité publique : elle ne lui interdit pas en revanche, lorsque telle est sa mission

Cette donnée est peu compatible avec les situations d'urgence. Or, avant la saisine du tribunal arbitral et pendant l'instance, le prononcé de mesures provisoires ou conservatoires peut être nécessaire.

Ainsi, la permanence des juridictions étatiques, la possibilité de rendre des ordonnances sur requête, la force exécutoire dont sont dotées les décisions judiciaires font que le juge étatique est un « auxiliaire indispensable de la justice arbitrale [614]», un juge d'appui, compétent pour combler les lacunes ou les insuffisances passagères de la procédure d'arbitrage[615].

Les différentes législations nationales, les conventions internationales, les règlements d'arbitrage et la jurisprudence arbitrale internationale admettent généralement que l'arbitre et le juge ont une compétence concurrente en la matière en dépit d'une convention d'arbitrage[616] et que la saisine de la juridiction étatique par l'une des parties pour une décision provisoire n'emporte pas renonciation au bénéfice de la convention d'arbitrage sur le fond[617]. La loi-type de la CNUDCI[618], le règlement d'arbitrage de l'OMPI[619], le règlement d'arbitrage de la CCI[620], le règlement d'arbitrage de la CNUDCI[621], le

---

de prescrire aux parties des obligations de faire, sauf à faire dépendre de l'exécution forcée sa décision du contrôle préalable de l'autorité publique. »

[614] J.-L. DEVOLVE « L'intervention du juge dans l'arbitrage », *RA* 1980.607.

[615] M. BOISESON, *Le droit français de l'arbitrage interne et international, op. cit.*, n°758, p.760.

[616] V. Ph. FOUCHARD, E. GAILLARD, B. GOLDMAN : *Traité de l'arbitrage commercial international, op. cit.* n°754 et s., p. 749 et s.- G. COUCHEZ « Référé et arbitrage…Essai de bilan provisoire », *RA* 19860155.- B. AUDIT, note sous Cass.1ère civ., 18 novembre 1986, *RCDIP* 1987.760, spéc. p. 263 et s.

[617] Cass. com., 3 juillet 1951, *D.* 1951.701, *RTD civ.* 1952.100.- Cass. civ 2ème sect., 4 décembre 1953, *D.* 1954.108.- Cass. com., 4 novembre 1959 *Gaz. Pal.* 1960.1.191.- Cette solution demeure même si les arbitres sont saisis du fond du litige : Cass. 3ème civ., 7 juin et 9 juillet 1979, Société d'Exploitation du Cinéma Rex c/ Société Rex, et SCI la Lagune et autres c/ SARL Sercif, *RA* 1980.78, note COURTEAULT. - Paris, 14e sect., 3 juillet 1979, *JCP* 1980.II.19389, note COUCHEZ. - PERROT « La competence du juge des référés », *Gaz. Pal.* 1976.2, doct. P. 709.- ROUSSE « Nature et finalité de la mesure de référé », *Gaz. Pal.* 1977.1, duct. p. 249.- Martin « Le référé, théâtre d'apparence », *D.* 1979, Chr. 26, p.157.- BERTIN « Le juge des référés et le nouvel arbitrage », *Gaz. Pal.* 1980.2, doct. p. 520.

[618] Art. 9.

[619] Art.46-d

[620] Art. 8 §5

[621] Art 26§3

règlement d'arbitrage de l'AAA[622]et la convention de Genève de 1961 admettent cette absence d'incompatibilité. La jurisprudence arbitrale partage cette position[623].

Il est intéressant pour les parties de pouvoir avoir recours aux procédures d'urgence offertes par les juridictions étatiques. En effet, les tribunaux arbitraux ne présentent pas de caractère de permanence à l'instar des juridictions étatiques, ils se réunissent de temps en temps en fonction des litiges dont ils sont saisis[624]. Le prononcé de mesures provisoires peut être nécessaire voire indispensable entre le jour de la naissance du litige et la constitution du tribunal arbitral.

Or, la mise en place du tribunal arbitral peut s'avérer longue notamment si l'une des parties tente par des moyens dilatoires d'accentuer ce retard en refusant, par exemple, de nommer son arbitre. On ne saurait alors priver de protection l'autre partie en faisant une application rigoureuse du principe de l'effet négatif de la convention d'arbitrage[625].

Si le tribunal arbitral est déjà constitué, l'existence d'une compétence concurrente implique que les arbitres puissent prendre eux-mêmes des mesures provisoires ou conservatoires[626]. Certaines législations nationales[627] et le règlement d'arbitrage de l'OMPI[628]

---

622 Art. 22 §3

623 V. à propos de demandes d'expertise, la sentence CCI n°2444(1976), *JDI* 1977.932, obs. Y. DERAINS. Comp. La sentence CCI n° 5650(1989), *Yearbook*, 1991.85. V. également dans une affaire dans laquelle il avait été demandé au juge des référés de nommer un expert, de faire cesser un trouble jugé illicite et de verser une provision au demandeur, la sentence CCI n°6709(1991), *JDI* 1992.998, obs. D. HASCHER, qui retient justement la compétence du tribunal arbitral.

624 Ph. OUAKRAT « L'arbitrage commercial international et les mesures provisoires : Etude générale », *DPCI* 1988, p. 239 et s., spéc. p. 245.

625 B. GOLDMAN « Mesures provisoires et arbitrage international » *RDAI* 1993, p.3 et s., spéc. pp.5-6.- M.-A. BAHARDINI « L'intervention du juge étatique des mesures provisoires et conservatoires en présence d'une convention d'arbitrage », *LGDJ*, tome 370. 2002, n°28, p. 21.

626 Sur ce point, v. P. BERNARDINI « Les pouvoirs de l'arbitre » in mesure conservatoires et provisoires en matière d'arbitrage international, *Publication CCI* n°519, 1993, spéc. p.22.

627 v. par exemple, l'article 26 du Concordat suisse sur l'arbitrage et pour une illustration, v. sentence CCI n°4998(1985), *JDI 1986*.1139, obs. S. JARVIN, - l'article 685 du Code de procédure civile grec et le commentaire de FOUSTOUCOS « L'arbitrage interne et international en droit privé hellénique », *Litec*, 1976, n°112 et s.- L'article 1036 du ZPO allemand ou l'article 818 du Code de procédure civile

prévoient expressément ce pouvoir. D'ailleurs, par convention, les parties peuvent conférer aux arbitres compétence exclusive pour prendre des mesures provisoires ou conservatoires[629]. La nature conventionnelle de l'arbitrage impose que les mesures prises par un tribunal arbitral ne concernent que les parties qui l'ont librement décidé. Un tiers ne saurait faire l'objet d'une sentence, aucune obligation ne saurait lui être imposée[630]. Par ailleurs, après la constitution du tribunal arbitral, le principe du contradictoire constitue un obstacle matériel qui prive d'intérêt le prononcé de certaines mesures par l'arbitre. Dans certains cas comme par exemple, pour le prononcé d'une saisie-conservatoire, la participation du défendeur à l'audience préalable ôtera tout intérêt à cette dernière dans la mesure où ce dernier aura le temps d'organiser la disparition du gage recherché par le demandeur[631]. Ainsi, il sera préférable de demander au juge judiciaire cette mesure qui sera ordonnée par voie de requête. C'est pourquoi, malgré l'existence d'une convention d'arbitrage, le juge judiciaire conserve ses pouvoirs pour prendre toutes les mesures nécessaires[632] et bénéfiques comme par exemple, la saisie-

---

italien de 1942.- Sur l'ensemble de la question, v. M. RUBINO-SAMMARTANO, *International Arbitration Law*, *Kluwer*, 1990, n°17.12.

[628] Art. 46-a.

[629] Ph. FOUCHARD, E. GAILLARD, B. GOLDMAN : *Traité de l'arbitrage commercial international*, Litec *op. cit.* n°1319, p. 731.- v. par exemple, la demande d'un fabricant sollicitant une sentence intérimaire interdisant à son distributeur exclusif d'utiliser ses noms commerciaux et marques : sentence rendue dans l'affaire CCI n°5804, Bull. CCI, octobre 1993, propriété. 79-80.- Elles peuvent également prévoir à l'inverse, la compétence exclusive du juge étatique pour le prononcé des mesures provisoires ou conservatoires.

[630] B. AUDIT, *RCDIP* 1987.764.- Ph. OUAKRAT « L'arbitrage commercial international et les mesures provisoires. Etude générale », *op. cit.* p. 239 et s., spéc. P. 247.- E-A. SCHWARTZ « Les pouvoirs de l'arbitre et l'expérience des institutions arbitrales. Pratique et expérience de la cour de la CCI », in Mesures conservatoires et provisoires en matière d'arbitrage international, *Publication CCI*, n°519, Paris 1993, p.61- M.-A. BAHMAEI « L'intervention du juge étatique des mesures provisoires et conservatoires en présence d'une convention d'arbitrage », *LGDJ,* tome 370, 2002, n°29, p. 22.- Th. Clay, *L'arbitre*, *op. cit.* n°216, p. 179.

[631] Ph. OUAKRAT « L'arbitrage commercial international et les mesures provisoires : Etude générale », *op. cit.*, p. 245.- M.-A.BAHMAEI « L'intervention du juge étatique des mesures provisoires et conservatoires en présence d'une convention d'arbitrage », *op. cit.*, p. 22.

[632] C. Goldman « Mesures provisoires et arbitrage international », *RDAI* 1993, p.3 et s., spéc. p.6.- M.-A. BAHMAEI « L'intervention du juge étatique des mesures provisoires et conservatoires en présence d'une convention d'arbitrage », *op. cit.*; n°29, p. 22.- Th. Clay « L'arbitre », *op. cit.* n°29, p. 22.

conservatoire, mesure destinée à préparer l'exécution de la sentence en rendant indisponible le bien sur lequel peut porter la sentence[633].

A. Les mesures probatoires et provisoires ayant trait à la contrefaçon

Dans le cadre d'un litige en contrefaçon, deux mesures provisoires ou conservatoires peuvent être essentielles pour le titulaire du titre de propriété industrielle. L'une a trait à la preuve : il s'agit de la saisie-contrefaçon (1) ; l'autre vise à préserver une situation ou plus exactement à sauvegarder les intérêts en présence : l'injonction provisoire de ne pas faire (2).

1. La saisie contrefaçon

Expressément prévue en matière de brevets d'invention, de modèles d'utilité, de marques, de dessins ou modèles industriels, d'obtentions végétales, la saisie-contrefaçon est exclue pour les autres titres de propriété industrielle à savoir le nom commercial, les indications géographiques et les schémas de configuration des circuits intégrés pour lesquels seule l'action en concurrence déloyale est possible. En droit français tout comme en droit OAPI, la saisie-contrefaçon est une « *description détaillée, avec ou sans saisie réelle* ». Elle est prévue aux articles L.615-5 du Code de la propriété intellectuelle pour le brevet d'invention et L.716-5 pour les marques. Ces textes offrent la possibilité aux titulaires des titres de propriété industrielle de faire procéder à une saisie-contrefaçon, sur ordonnance du président du Tribunal de grande instance du lieu de la prétendue contrefaçon[634]. Cette mesure a un caractère facultatif – car le titulaire

---

[633] Ph. FOUCHARD, E. GAILLARD, B. GOLDMAN, *Traité de l'arbitrage commercial international*, Litec *op. cit.* n°1334, p. 739.

[634] Cette faculté est également ouverte au titulaire d'une demande de certificat d'utilité ou d'un certificat d'utilité, au licencié exclusif sous certaines conditions (que son droit soit inscrit au Registre National des brevets ou des marques, qu'il ait

du titre n'est point obligé de la demander pour engager une action en contrefaçon[635] -, mais également probatoire. Elle vise à permettre au titulaire du titre, de se procurer les preuves, c'est-à-dire d'obtenir une description des objets, des marchandises et moyens de la contrefaçon, à laquelle s'ajoute le cas échéant, la saisie réelle de l'objet contrefait lui-même, d'échantillons des contrefaçons ou des documents utiles à l'administration de la preuve[636]. La requête doit être accompagnée de la justification du titre de propriété industrielle[637]. L'ordonnance rendue est exécutoire par provision. Le saisissant a un délai de 15 jours (10 jours dans l'espace OAPI) pour assigner celui qui doit l'être et non nécessairement le saisi[638]. L'exécution de ladite ordonnance échoit à l'agent d'exécution qu'est l'huissier de justice.

Le tribunal arbitral ne peut-il pas comme le juge judiciaire, en vertu des pouvoirs qui lui sont conférés contractuellement pas les parties, prendre des mesures conservatoires ou provisoires dans un litige de propriété intellectuelle ? En d'autres termes, existe-t-il une compétence concurrente en la matière entre le juge étatique et le tribunal arbitral ?

En droit français comme en droit OAPI, la saisie-contrefaçon est une mesure provisoire à caractère probatoire qui peut être ordonnée par le président du tribunal de grande instance (en France) et le président du tribunal de première instance (au Cameroun) dans le ressort duquel les opérations doivent être effectuées. Depuis la promulgation du décret n°2004-199 du 25 février 2004 portant

---

mis vainement le propriétaire en demeure d'agir et que la licence ne comporte pas de clause contraire), au titulaire d'une licence de droit, d'une licence obligatoire, ou d'une licence d'office (à la condition que le breveté ait été mis vainement en demeure).

635 En ce sens, Paris, 17 mai 1995, *PIBD* 1995.III.343, -V. P. VERON, *Saisie-contrefaçon*, *Dalloz* Référence, 2e éd., 2005, spéc. n°0.12, p.2.- F. POLLAUD-DULIAN, *Droit de la propriété industrielle. op. cit.* n°697. p. 293.- J. FOYER et M. VIVANT, Droit *des brevets*, *op. cit.* p.336.

636 P. VERON, *Saisie-contrefaçon*, *op. Cit.* n°0.11, p.1.

637 F. POLLAUD-DULIAN, *Droit de la propriété industrielle. op. cit.* n°700. p. 294.

638 Passé ce délai, le saisi peut demander la mainlevée de ladite saisie devant le juge des référés qui constatant « *qu'il y a urgence à faire cesser le trouble causé par [l'indisponibilité des biens saisie]* », ordonnera la restitution de ceux-ci. En ce sens, TGI Privas, réf., 16 février 1989, *DB* 1989.1.4.- V. J. FOYER et M. VIVANT. *Droit des brevets*, *op. cit.* p.339.

modification de l'article R.615-1 du Code de la propriété intellectuelle, cette procédure spéciale doit être nécessairement engagée devant le président de l'un des dix tribunaux, compétent en matière de brevet d'invention et de marques. Pour pouvoir formuler une requête aux fins de saisie-contrefaçon, le demandeur doit jouir de la capacité d'ester en justice et être propriétaire, copropriétaire, ou bénéficiaire de certains droits sur le titre fondant son action. Enfin, l'acte lui conférant le droit en vertu duquel il agit doit être opposable aux tiers.

Le titulaire du titre de propriété industrielle peut-il demander cette mesure au juge judiciaire en présence d'une convention d'arbitrage ? Aucun obstacle majeur ne semble pouvoir se dresser dans cette hypothèse d'école, contre l'admission d'une compétence concurrente entre le juge étatique et l'arbitre. La saisie-contrefaçon n'est qu'un moyen de preuve offert au titulaire du titre de propriété industrielle. Afin de satisfaire à la condition requise par le droit français, de l'introduction de l'action au fond dans un délai de 15 jours par le titulaire du titre de propriété industrielle[639], il appartient alors au saisissant de faire preuve de diligence pour saisir le tribunal arbitral de l'action au fond. D'aucuns pourront faire valoir que la saisine du tribunal arbitral ne satisfait pas à la condition posée par le texte qui prévoit la saisine au fond « *du tribunal* ». De cette condition, dépend la validité de la saisi-contrefaçon, l'absence d'assignation dans un délai de 15 jours entraînant la nullité de la saisie-contrefaçon[640]. L'objectif du législateur est, selon nous, d'obliger le saisissant à introduire une action au fond quel que soit le tribunal saisi : judiciaire ou arbitral. Dès lors, nous ne pensons pas que cette disposition soit incompatible avec la saisine d'un tribunal arbitral.

En considérant que le titulaire du titre de propriété désire faire procéder à une saisie-contrefaçon, préalablement à la saisine d'un tribunal arbitral conformément à une convention d'arbitrage, il peut le

---

[639] Postérieurement à l'entrée en vigueur de la Directive, le requérant aura également préalablement rapporté des éléments de preuve suffisants à l'appui de sa requête. V. Art.7 § 1 de la Directive n°2004/48 du 29 avril 2004 relative au respect des droits de propriété intellectuelle.

[640] L.615-5 dernier alinéa, du Code de propriété intellectuelle. En ce sens : TGI Paris, 20 janvier 1984, Dossier Brevets 1984. V.4.- Paris, 28 juin 1996, *PIBD* 1996, n°621.III.583.- Cass. com., 3 juin 2003, *PIBD* 2003, n°774.III.557. Propr. Ind. 2003, comm. n°70, note KAMINA.

demander au tribunal de grande instance[641] ou de première instance[642] compétent *rationae loci*. La procédure devant le juge étatique étant non contradictoire[643], le défendeur absent à l'audience ne pourra pas dissimuler les marchandises contrefaisantes pour détruire la preuve de la matérialité de la contrefaçon. L'ordonnance du juge étatique étant dotée de la force exécutoire, le titulaire du titre de propriété industrielle n'aura pas à saisir le juge de l'exéquatur pour conférer autorité à la sentence provisoire.

Bien que le prononcé d'une saisie-contrefaçon par le tribunal arbitral paraisse moins évident mais pas impossible, le recours au juge judiciaire en parallèle de l'instance arbitrale est admissible pour le prononcé de cette mesure, les preuves recueillies pouvant être valablement produites lors de l'instance. Notre démarche ne sera pas rigoureuse si nous n'envisageons pas à présent, le prononcé de la seconde mesure « phare » de l'action en contrefaçon, à savoir l'injonction de ne pas contrefaire.

1. L'injonction provisoire de ne pas contrefaire

Cette seconde mesure n'est pas prévue par l'Accord de Bangui révisé. Nous n'allons l'envisager qu'en droit français.

La contrefaçon d'un titre de propriété industrielle peut être soumise à un tribunal international. Par exemple, un breveté français saisit un tribunal arbitral pour la contrefaçon de son titre de propriété industrielle par une société américaine et souhaite obtenir une injonction provisoire de ne pas contrefaire soit auprès d'un juge judiciaire, soit auprès d'un tribunal arbitral. Une injonction peut-elle être prise par le juge judiciaire français alors qu'une instance arbitrale au fond est en cours ? Le tribunal arbitral peut-il prendre ce type de mesure ?

---

[641] En droit français.

[642] En droit camerounais, le président du Tribunal de Première Instance ordonnant la saisie conservatoire par ordonnance sur requête.

[643] Postérieurement à la transposition de la Directive, le défendeur sera susceptible d'être entendu, v. Art. 7 § 1 de la Directive n°2004/48 du 29 avril 2004 relative au respect des droits de propriété intellectuelle. *op. cit.*

Les articles L.615-3 et L.716-6 du Code de la propriété intellectuelle, tel que reformés, posent trois conditions de recevabilité et une condition de fond. La demande ne sera recevable que si l'action en contrefaçon a été engagée à bref délai[644] à compter du jour où le titulaire du titre a eu connaissance des faits contrefaisants[645]. Cette demande ne peut être fondée que sur un titre délivré et non sur une simple demande de titre[646]. La condition de fond réside quant à elle, dans l'apparence de sérieux de l'action en contrefaçon[647]. Lorsque les conditions requises sont réunies, *« le président du tribunal saisi de l'action en contrefaçon »* peut soit prononcer l'interdiction provisoire en la subordonnant éventuellement à la constitution de garanties par le demandeur destinées à assurer l'indemnisation éventuelle du défendeur[648] en cas d'échec de l'action, soit ordonner la constitution de garantie par le défendeur. Il bénéficie en la matière d'un pouvoir discrétionnaire pour accorder l'une de ces mesures.

En admettant qu'on puisse soumettre une action en contrefaçon à un tribunal arbitral, une interdiction provisoire de ne pas contrefaire peut-elle être demandée au juge judiciaire dans les conditions des articles L.615-3 et L.716-6 du Code de la propriété intellectuelle ?

---

644 Cass. com., 1er mars 1994, *Bull. civ*, IV. n°83, RDIP 1994, n°52, p. 19, obs. MARTIN et MARCELLIN, *DB* 1994.II.5, *RTD com.* 1984.494, obs. J. AZEMA. Paris, 4 mars 1997, PIBD 1998. n°649.III.125.- Paris. 25 oct. 1994, *PIBD* 1995, n°580.III.27, qui précise que le bref délai peut représenter plusieurs mois dans ce domaine, où l'appréciation de la contrefaçon est complexe (trois mois en l'espèce). Paris, 27 nov. 1986, *PIBD* 1987, n°406.III.65.- TGI Toulouse, 5 avril 1995, *PIBD* 1995. n°597.III.493 (un an et demi n'est pas bref délai). TGI Paris, 12 février 1990, *Annales PI* 1990.132.- TGI Paris, 12 juillet 1985, *JCP E*, 1986.II.14650, obs. Martin.

645 Article L.615-3 alinéa 2 du Code de la propriété intellectuelle. Ces faits doivent être des faits de contrefaçon. Tel n'est pas le cas de la publication d'une AMM, qui ne fait donc pas courir les brefs délais : Cass. com. 24 mars 1998, *D. Aff.*, 1998.721, *JCP E* 1998.579.- L.716-6 du Code de la propriété intellectuelle. - L'instance introduite en application de ces dispositions du Code de la propriété intellectuelle constitue une procédure d'urgence devant le président du tribunal de grande instance statuant en la forme des référés, qui n'a pas à se prononcer sur le bien-fondé des prétentions des demandeurs, mais doit seulement dire si à l'examen des circonstances dans lesquelles le litige lui est présenté, la demande a des chances d'aboutir : TGI Strasbourg, 5 février 2001, *PIBD* 2001, 716.III.146.

646 Article L.615-3 alinéa 1 et L.716-5 alinéa 3 du Code de la propriété intellectuelle.

647 Article L.615-3 alinéa 2 et L.716-6 alinéa 1 du Code de la propriété intellectuelle.

648 TGI Marseille, 31 mai 1991, Ann. 1991.64, *DB* 1991.II.8, *RTD com.* 1992.180, obs. J. AZEMA.

Il convient alors de vérifier si les conditions requises peuvent être réunies permettant une compétence concurrente entre l'arbitre et le juge.

La réunion des trois conditions suivantes posées aux articles L.615-3 et L.716-6 du Code de la propriété intellectuelle ne devrait pas poser de difficulté : la condition de sérieux de l'action, celle du bref délai ou encore, la nécessité de fonder la demande sur un brevet délivré ou une marque enregistrée.

En revanche, les textes prévoient qu'il appartient au président du tribunal saisi de l'action au fond d'accorder cette mesure. Faut-il alors considérer que cette disposition doit être interprétée comme conférant une compétence exclusive au président du tribunal saisi de l'action en contrefaçon, prohibant ainsi le prononcé d'une injonction provisoire de ne pas contrefaire en parallèle d'une instance arbitrale au fond ?

L'argument de texte est de taille. En effet, la lecture de ces dispositions laisse peu de place à la controverse. En adoptant cette conception, il serait alors impossible en droit français, en parallèle d'une instance arbitrale, de demander une interdiction provisoire de poursuivre les actes argués de contrefaçon. De plus, il reste discutable de considérer que la saisine du tribunal arbitral équivaut à la saisine du juge du fond pour considérer cette condition remplie[649].

Pour l'heure, nous pensons que le principe de compétence concurrente n'étant pas d'ordre public, les parties pourraient parfaitement prévoir une compétence exclusive au profit de l'arbitre pour prendre cette disposition.

Considérons l'hypothèse selon laquelle les parties ayant choisi de soumettre leur litige à un tribunal arbitral, confient d'un commun accord ce pouvoir à cette formation pour prendre ladite mesure. Le tribunal arbitral, lors d'une audience contradictoire pourra enjoindre

[649] Sur cette question, v. notamment : J.-L. DE GRANDCOURT « Les compétences respectives du juge des référés et de l'arbitre international », Mélanges en l'honneur de YVON LOUSSOUARN, *Dalloz*, p.203-217, spéc. p. 211.- E. LOQUIN, J.-Cl. Proc. Civ., Fsc. 1034. N°22.- M. BOISSENON, Le *droit français de l'arbitrage interne et international*, *op. cit.* n°202, p. 156 et n°723, p. 691.- A. Hory « Mesures d'instruction in *futurum* et arbitrage », *RA* 1996, p. 191 et s., spéc. n°20. p.205.- M.-A. BAHMAEI « L'intervention du juge étatique des mesures provisoires et conservatoires en présence d'une convention d'arbitrage » *op. cit.*, n°64, p.47.

au défendeur, de ne pas poursuivre les actes litigieux, sous astreinte. Dans la mesure où l'astreinte ne constitue pas une mesure d'exécution mais une peine privée à l'encontre d'une injonction provisoire de l'interdiction de poursuivre les actes argués de contrefaçon de celle-ci[650].

Cette faculté est expressément offerte aux parties qui décident de soumettre leur litige au règlement de référé pré-arbitral de la CCI entré en vigueur le 1er janvier 1990[651]. L'insertion d'une clause de référé arbitral emporte renonciation de la part des parties à saisir les juridictions étatiques. Cette procédure proche du référé français, permet à un tiers à l'instance arbitrale de prendre toutes les mesures provisoires imposées par l'urgence. Ce tiers est indépendant du tribunal arbitral saisi du fond du litige qui lui-même n'est pas lié par sa décision. Il est tenu de transmettre sa décision dans les délais de trente jours à compter du jour où il reçoit le dossier. L'inconvénient majeur de cette solution réside dans l'efficacité de cette sentence provisoire dont l'exécution forcée nécessite le recours au juge étatique. Messieurs les professeurs Fouchard, Gaillard et Goldman relèvent à juste titre que *« l'influence de la volonté des parties sur la répartition des compétences entre les juridictions étatiques et les arbitres connaît cependant une limite [...]. Ainsi, les parties, qui pourraient convenir qu'elles s'abstiendront de saisir les juridictions étatiques de telles mesures avant l'issue du litige, ne pourraient en revanche pas confier aux arbitres le pouvoir d'ordonner une [...] mesure relevant de l'exécution de la décision, en raison du monopole des juridictions étatiques à ce sujet* [652]». Cette exigence est en contradiction avec le caractère urgent de la mesure.

---

[650] Cette solution a été admise par une décision ancienne : Cass. civ., 25 juillet 1882, *DP* 1883.i.243, *S.*1883.I345. Cet arrêt consacre de manière implicite cette faculté au profit de l'arbitre. Pour une analyse de cette décision, v. M. BELLET, GLN Joly, 2ème éd. 1990, p. 259 et s.

[651] Publication CCI n°482, 1990, *RA* 1990.937, *Bull. CCI* 1990, n°1, p. 18. Pour un commentaire, v. ARNALDEZ et SCHAFER « Le règlement de référé pré-arbitral de la Chambre de commerce international », *RA* 1990.835.- J. PAULSSON, 5 Int' 1 Arb. Rép., 18 (March 1990) et, sur un avant-projet, Y. DERAINS « Expertise technique et référé arbitral », *RA* 1982.239. Sur la reconnaissance expresse par une loi étatique de recourir à un référé arbitral, v. art. 1051 CPC néerlandais dans sa rédaction du 2 juillet 1986.

[652] Ph. FOUCHARD, E. GAILLARD, B. GOLDMAN, *Traité de l'arbitrage commercial international*, Litec. *Op. cit.* n°1322-1324, p. 733-734.

En admettent qu'un litige en contrefaçon puisse être soumis à un tribunal arbitral comme nous venons de le démontrer, le présumé contrefacteur soulèvera dans la majorité des cas, la nullité du titre de propriété qu'on lui oppose. Cette stratégie de défense ne sera pas possible en cas d'actes d'exploitation des œuvres littéraires et artistiques car il n'y a pas de titre dans ce domaine du droit de la propriété intellectuelle.

Section 2. Les litiges nés à l'occasion de l'exploitation des œuvres littéraires et artistiques

Le nouvel article L. 331-1[653] introduit pour la première fois l'arbitrage dans la partie du Code de la propriété intellectuelle consacrée à la propriété littéraire et artistique. Cette introduction laisse la porte ouverte aux MARL en matière de propriété littéraire et artistique, sous réserve de la compétence exclusive en matière de saisie-contrefaçon et d'abus notoire par les héritiers, que l'arbitre ne peut pas éluder[654]. L'arbitrabilité des litiges en matière de contrefaçon était déjà affirmée par Pouillet, au XIXème siècle[655]. Selon l'ancienne rédaction de l'article 2060 du Code civil, la clause compromissoire n'était pas valable dans les actes purement civils et dans les actes

---

653 Article L. 331-1 modifié par la loi n°2011-525 du 17 mai 2011 - art. 196 : « Les actions civiles et les demandes relatives à la propriété littéraire et artistique, y compris lorsqu'elles portent également sur une question connexe de concurrence déloyale, sont exclusivement portées devant des tribunaux de grande instance, déterminés par voie réglementaire. Les organismes de défense professionnelle régulièrement constitués ont qualité pour ester en justice pour la défense des intérêts dont ils ont statutairement la charge. Le bénéficiaire valablement investi à titre exclusif, conformément aux dispositions du livre II, d'un droit exclusif d'exploitation appartenant à un producteur de phonogrammes ou de vidéogrammes peut, sauf stipulation contraire du contrat de licence, exercer l'action en justice au titre de ce droit. L'exercice de l'action est notifié au producteur. Les dispositions qui précèdent ne font pas obstacle au recours à l'arbitrage, dans les conditions prévues aux articles 2059 et 2060 du Code civil.

654 B. OPPETIT. « l'arbitrabilité des litiges de droit d'auteur et des droits voisins », *in* Colloque IRPI, arbitrage et propriété intellectuelle, *Litec*. p. 121

655 POUILLET, *Traité théorique et pratique des brevets d'invention et de la contrefaçon*. 5e éd. Par TAILLEFER et CLARO. 1909, n°829, POUILLET opérant un renvoi à cet ouvrage dans son Traité de la propriété littéraire.

mixtes, c'est-à-dire notamment dans les contrats entre auteur (personne physique non-commerçante) et un exploitant (commerçant)[656], alors que l'article 631 du Code de commerce la validait entre commerçants. Mais, d'une part, l'article 2061 du Code civil ne s'appliquait pas dans l'ordre international[657], et, d'autre part, la réforme du 15 mai 2001[658] a modifiée l'article 2061[659], qui dispose désormais que « *sous réserve des dispositions législatives particulières, la clause compromissoire est valable dans les contrats conclus à raison d'une activité professionnelle*[660]».

Pour que l'article 2061 du Code civil s'applique, il faut que le contrat se situe dans l'activité professionnelle de chacune des parties. Cependant, la question se pose alors de savoir si l'auteur qui n'est, certes pas un « commerçant », conclut toujours un contrat d'exploitation de son œuvre « à raison d'une activité professionnelle ». Il est difficile de donner une réponse générale. Certes, le législateur a voulu inverser le principe pour consacrer la validité des clauses compromissoires en principe. Mais certains commentateurs[661] font remarquer qu'il aurait insisté aussi sur un objectif de protection de la partie faible à l'encontre de telles clauses et l'on sait que l'auteur est, de façon très générale, partie faible dans la négociation des contrats d'exploitation, ce qui est à l'origine de tout le dispositif du Code de la propriété intellectuelle français sur ces contrats ; mais il est vrai aussi que, dans d'autres systèmes de droit, on considère que l'arbitrage est un mode de règlement plutôt favorable à la partie faible. Quoi qu'il en soit, la tendance semble à une large admission des MARL dans les litiges en droit d'auteur. Par ailleurs, il ne fait pas de doute qu'une fois qu'un litige est né, les parties puissent s'accorder pour recourir à un MARL ; qu'il porte sur les droits patrimoniaux (§1) ou sur le droit moral de l'auteur (§2).

---

656 Cass. Civ. II, 5 mai 1982, *Bull. civ.* II. n°69, TGI Paris, 16 avril 1986, *RIDA*, octobre 1986, p. 157 ; TGI, Paris, 23 juillet 2003, PIBD. 2003, n°777-III-13.

657 Cass. Civ. I, 5 janvier 1999, *Bull. civ.* I, n°2 *D. aff.*, 1999, p.474; Cass. civ. I, 4 juillet 1972, *Rev. Arb.*, 1974, p. 89. En droit d'auteur; Paris, 26 mai 1993, *RIDA*, janvier 19974, p.292.

658 E. LOQUIN, « Législation : les métamorphoses de la clause compromissoire » RTD. com., 2001, p.642 ; P. MARINI et F. FAGES, « la réforme de la clause compromissoire », D., 2001, chr. 2658.

659 Sur l'application de cette disposition de la loi dans le temps : TGI Paris, 8 octobre 2002, *D.*, 2003, p.1928, obs. B. MOREAU et S. SIHVOLA.

660 Voir aussi l'article L. 411-4 Code de l'org. Judiciaire.

661 R. SAVATIER, *Chr. JCP.*, 1957, § 75. – DESBOIS, *B.L.D.,* 1957, p. 79

§ 1. Les litiges relatifs aux droits patrimoniaux

Dans tous les systèmes juridiques, le droit de propriété littéraire et artistique comporte au moins des droits d'exploitation, même dans la conception moniste personnaliste allemande. On parle de droits économiques ou patrimoniaux pour désigner les prérogatives relatives à l'exploitation de l'œuvre. En droit français, le droit économique de l'auteur est un droit exclusif ou monopole d'exploitation de son œuvre. L'article L. 123-1 du Code de la propriété intellectuelle reconnaît à l'auteur « *...le droit exclusif d'exploiter son œuvre sous quelque forme que ce soit et d'en tirer un profit pécuniaire* ». Cela signifie que l'auteur se voit reconnaître le droit absolu d'autoriser ou d'interdire toute utilisation de son œuvre par des tiers. Comme il a la possibilité de refuser son autorisation, il peut aussi assortir celle qu'il accorde de toutes sortes de conditions, aussi bien quant à l'objet, aux modalités ou à l'étendue de l'exploitation, qu'à la rémunération qui en constitue la contrepartie. De ce fait, il est appelé à passer différents types de contrats afin de tirer un maximum d'avantages de son droit d'exploitation. La contractualisation de ces droits patrimoniaux engendre inéluctablement dans la pratique des conflits qui, comme l'a si bien affirmé la Cour d'appel de Paris, s'agissant des « *litiges portant sur les contrats relatifs à l'exploitation des brevets, qu'il s'agisse d'interprétation ou d'exploitation du contrat, sont arbitrables* [662]». Certains textes invitent depuis un certain temps à recourir à des MARL en matière de propriété littéraire et artistique : on pense évidemment au médiateur du cinéma[663], au médiateur de la

[662] CA Paris, 1ère Ch., 24 mars 1994, *JCP éd. E* 1995 n°471, obs. J.-J. BRUST et J. M. MOUSSERON. *D.* 1996, som., p.21, obs. J. M. MOUSSERON et SCHMIDT. *DB* 1994, I, p.7. *RTD com.* 1995, p.95. obs. J. AZEMA.

[663] Art. L. 213-2 à L.231-20-2 du Code du cinéma et de l'image animée (CCIA) : le médiateur du cinéma est chargé d'une mission de conciliation préalable pour tout litige relatif :

1°A l'accès des exploitants d'établissements de spectacles cinématographiques aux œuvres cinématographiques et à l'accès des œuvres cinématographiques aux salles, ainsi que, plus généralement, aux conditions d'exploitation en salle de ces œuvres, qui a pour origine une situation de monopole de fait, de position dominante ou toute autre situation ayant pour objet ou pouvant avoir pour effet de restreindre ou de fausser le jeu de la concurrence et révélant l'existence d'obstacles à la plus large diffusion des œuvres cinématographiques conforme à l'intérêt général.

musique[664], mais aussi au médiateur en matière de litiges relatifs à la retransmission simultanée, intégrale et sans changement par câble d'une œuvre télédiffusée depuis un autre Etat membre.[665]).

2° A la fixation d'un délai d'exploitation des œuvres cinématographiques supérieur au délai de quatre mois mentionné à l'article L.213-1 ou au délai fixé dans les conditions prévues à l'article L. 232-1 ;

3°A la méconnaissance des engagements contractuels entre un exploitant d'établissement de spectacles cinématographiques et un distributeur lorsqu'ils ont trait aux conditions de l'exploitation en salle d'une œuvre cinématographique.

[664] Art.L.214-6, 1 du CPI (loi du 7 juillet 2016) « Sans préjudice du droit des parties de saisir le juge, le médiateur de la musique est chargé d'une mission de conciliation pour tout litige relatif à l'interprétation ou à l'exécution :
« 1° De tout accord entre les artistes-interprètes dont l'interprétation est fixée dans un phonogramme, les producteurs de phonogrammes et les éditeurs de services de communication au public en ligne mettant à disposition des œuvres musicales;
« 2° D'un engagement contractuel entre un artiste-interprète et un producteur de phonogrammes ;
« 3° D'un engagement contractuel entre un producteur de phonogrammes et un éditeur de services de communication au public en ligne mettant à disposition des œuvres musicales ;
« 4° D'un engagement contractuel entre un producteur de phonogrammes et un producteur de spectacles. « Dans le cadre de sa mission, le médiateur peut être saisi par tout artiste-interprète, par tout producteur de phonogrammes, par tout producteur de spectacles ou par tout éditeur de services de communication au public en ligne mettant à disposition des œuvres musicales. Il peut également être saisi par leurs mandataires ou par toute organisation professionnelle ou syndicale intéressée, ainsi que par le ministre chargé de la culture. « Pour l'exercice de sa mission, il invite les parties à lui fournir toutes les informations qu'il estime nécessaires, sans que puisse lui être opposé le secret des affaires, et peut entendre toute personne dont l'audition lui paraît utile. « Le médiateur de la musique exerce sa mission dans le respect des compétences de l'Autorité de la concurrence. Lorsque les faits relevés par le médiateur apparaissent constitutifs de pratiques anticoncurrentielles mentionnées aux articles L. 420-1 à L. 420-7 du Code de commerce, le médiateur saisit l'Autorité de la concurrence. Cette saisine peut être introduite dans le cadre d'une procédure d'urgence, conformément à l'article L. 464-1 du même code. Le médiateur peut également saisir pour avis l'Autorité de la concurrence de toute question de concurrence en application de l'article L. 462-1 dudit code. L'Autorité de la concurrence peut consulter le médiateur sur toute question relevant de sa compétence et lui communiquer, à cette fin, toute saisine entrant dans le champ de cette compétence. « Lorsque le litige dont il est saisi relève du champ de compétence d'une autre instance de conciliation créée par une convention ou un accord collectif de travail, le médiateur saisit cette instance pour avis. Il se déclare incompétent si cette instance lui en fait la demande. « Le médiateur de la musique favorise ou suscite toute solution de conciliation aux litiges qui lui sont soumis. Lorsqu'il constate un accord entre les parties, il rédige un procès-verbal de conciliation précisant les mesures à prendre pour le mettre en œuvre. A défaut

Médiation et conciliation faisant appel à la négociation, sont censées permettre une issue pacifique des litiges de droit d'auteur. Dans cet esprit, des sociétés des droits d'auteurs proposent à leurs adhérents une conciliation ou une médiation interne pour régler certains différends entre eux.

Il serait dès lors, intéressant de se pencher sur des cas de litiges relatifs au droit d'exploitation des œuvres littéraires et artistiques de l'auteur et titulaires des droits voisins ainsi que sur ceux relatifs à l'art et le patrimoine culturel.

A. Les litiges relatifs au droit d'exploitation des œuvres littéraires et artistiques

L'article L. 122-1 dispose que *« le droit d'exploitation (...) comporte le droit de représentation et le droit de reproduction »*. Ce texte affirme à la fois l'unité du concept de droit d'exploitation et sa *summa divisio*. On peut parler de droit d'exploitation générale, en ce sens que toute œuvre de l'esprit donne prise à l'un et l'autre droit, quels que soient son genre, sa forme d'exploitation et sa destination.

Si l'on veut comparer ces deux prérogatives patrimoniales de l'auteur et des titulaires des droits voisins, on peut relever que, dans le droit de reproduction, l'élément essentiel, c'est la fixation de l'œuvre

---

d'accord entre les parties, le médiateur peut émettre une recommandation proposant des mesures tendant à mettre fin au litige. Il peut rendre publique la décision de conciliation ou la recommandation, sous réserve des informations couvertes par le secret des affaires. « II.-Le médiateur de la musique peut faire au ministre chargé de la culture toute proposition que lui paraît appeler l'accomplissement de ses missions. Il met en œuvre toute mesure de nature à favoriser l'adoption des codes des usages entre les organismes professionnels et les sociétés de perception et de répartition des droits représentant les artistes-interprètes et les producteurs de phonogrammes, entre les producteurs de phonogrammes et les producteurs de spectacles ou entre les producteurs de phonogrammes et les éditeurs de services de communication au public en ligne mettant à disposition des œuvres musicales.
« Le médiateur de la musique adresse chaque année un rapport sur son activité au ministre chargé de la culture. Ce rapport est public. Une copie en est adressée aux présidents des commissions permanentes de l'Assemblée nationale et du Sénat chargées de la culture. »

[665] Art. L. 132-20-2 et L.217-3 CPI

permettant de la communiquer au public, tandis que, dans le droit de représentation, c'est la communication de l'œuvre à un public déterminé. Il convient de souligner que, si toutes les formes d'exploitation ou d'utilisation de l'œuvre, qui tendent à communiquer l'œuvre de façon directe ou indirecte, tombent dans l'orbite du droit de reproduction ou du droit de représentation, ces deux droits n'en sont pas moins distincts et indépendants l'un de l'autre. Même si dans la pratique, leurs exercices génèrent régulièrement des litiges susceptibles d'être soumis aux MARL.

Dans ce registre, le Centre d'arbitrage et de médiation de l'OMPI a eu à connaître plusieurs litiges relatifs au droit d'auteur.

Il en est ainsi d'un litige dans lequel une société néerlandaise avait conclu une licence de droit d'auteur avec une société française portant sur la publication d'une brochure technique. Le contrat de licence comportait une clause de médiation OMPI. Le titulaire de la licence, devenu insolvable, manqua de payer les redevances prévues par la licence. Lorsque le concédant soumis une demande de médiation, le Centre, après consultation des parties, et avec l'accord du liquidateur judiciaire, nomma comme médiateur un spécialiste en propriété intellectuelle. Suite à deux rencontres entre les parties et le médiateur, les parties conclurent un accord de transaction mettant fin au litige qui les opposait.

Il en est également d'un litige opposant une maison d'édition qui avait conclu un contrat avec une société de logiciels pour le développement d'une nouvelle présence sur le Web. Le projet devait être achevé dans un délai d'un an et contenait une clause selon laquelle les litiges feraient l'objet d'une médiation de l'OMPI et, à défaut de règlement dans les 60 jours, d'un arbitrage accéléré de l'OMPI. Au bout de 18 mois, la société d'édition, insatiable des services de la société de logiciels, refusa de payer, menaça d'annuler le contrat et réclama des dommages-intérêts. La maison d'édition présenta une demande de médiation. Bien que les parties ne soient pas parvenues à un règlement des différends, la médiation leur a permis de délimiter les questions qui seraient examinées au cours de la procédure d'arbitrage accéléré ultérieure[666].

---

[666] www.wipo.int/amc/fr/arbitration

Suite à la clôture de la procédure de médiation, la maison d'édition initia une procédure d'arbitrage accéléré. Le Centre nomma comme arbitre unique un juge en activité sur lequel les parties s'étaient accordées. L'arbitre organisa une audience d'une journée durant laquelle les parties exprimèrent leur désir de parvenir à une solution et demandèrent à l'arbitre de leur soumettre un projet d'accord de transaction. Les parties acceptèrent le projet d'accord proposé par l'arbitre et lui demandèrent d'émettre une sentence d'accord parties. La sentence confirmait les termes de l'accord, et faisait par ailleurs référence à la publication d'un communiqué de presse annonçant la résolution du litige.

Même si les dispositions qui régissent les contrats d'exploitation sont animées par un esprit protecteur des intérêts des auteurs et si l'auteur a presque toujours le droit de gérer lui-même, individuellement, ses droits, il n'est pas toujours pratiquement en mesure de le faire de façon efficace. D'abord il n'a pas nécessairement les aptitudes ou les connaissances nécessaires pour gérer ses droits au mieux ; ensuite, dans la grande majorité des cas, à lui seul, il ne pèse pas d'un grand poids dans la négociation avec des exploitants ou des utilisateurs (éditeurs, organisme de radiodiffusion ou de télévision, entrepreneurs de spectacle, bibliothèques...), qui sont infiniment plus puissants que lui économiquement et qui sont en mesure de lui imposer leurs conditions, « à prendre ou à laisser » ; enfin, il ne dispose pas des moyens matériels et humains pour contrôler les multiples utilisations que les tiers peuvent faire de son œuvre dans les conditions et les lieux les plus variés. De surcroît, certaines formes d'utilisation de l'œuvre apparaissent même comme incontournables individuellement, par exemple la télédiffusion par satellite, la copie privée ou encore la reprographie... c'est pourquoi les auteurs ont, depuis longtemps, eu l'idée de s'associer au sein de sociétés spécialement destinées à gérer collectivement leurs droits[667].

Les litiges impliquant des sociétés de gestion collective portent généralement sur les droits d'auteur et les droits voisins. Il peut s'agir de différends entre sociétés de gestion ou entre une société de gestion

---

[667] CISAC : Confédération internationale des sociétés d'auteurs et compositeurs ; BIEM : Bureau international des sociétés gérant les droits d'enregistrement et de reproduction ; IFPI : Fédération internationale de l'industrie phonographique ; AGICOA : Association de gestion internationale collective des œuvres audiovisuelles.

et un autre acteur de ce secteur, comme les organismes de radiodiffusion, les auteurs. Les litiges peuvent notamment avoir pour objet des questions de licence, de distribution, d'exclusivité, de reproduction ou de redevance.

Parmi les procédures administrées dans ce secteur par l'OMPI, le Centre a géré une médiation concernant un litige entre une société de gestion collective nord-américaine et une entité européenne que se considérait comme l'agent exclusif de la société américaine dans un pays européen afin d'obtenir des redevances au sein de ce pays. Quelques années après la conclusion du contrat, la société américaine a mis fin au contrat en invoquant le manque d'accréditation officielle de l'entité européenne. Le contrat liant les deux parties comprenait une clause compromissoire de l'OMPI prévoyant une procédure de médiation suivie, à défaut de règlement du litige, d'un arbitrage. L'entité européenne a donc initié une procédure de médiation sur la base du Règlement de l'OMPI en demandant des dommages en raison de la rupture illicite du contrat.

Les MARL pour les sociétés de gestion collective mises à disposition par le Centre d'arbitrage et de médiation de l'OMPI ont pour objectif d'aider les parties à trouver une solution satisfaisante au règlement de leurs différends dans ce secteur. A cette fin, un règlement d'arbitrage accéléré a été mis sur pied par le Centre, qui prévoit une procédure d'arbitrage spécifique pour les détenteurs de droits ayant inscrits par exemple une œuvre audiovisuelle au registre AGICOA[668]. Il en est de même des MARL pour les litiges relatifs à l'art et le patrimoine culturel.

B. Les litiges relatifs au patrimoine culturel

Les litiges en matière d'art et de patrimoine culturel, de par l'essence même de leur objet, mettent en jeu un ensemble d'éléments, généralement considérés comme étant sensibles et de nature non

---

668 C. SAFFON et C. CHANTRIER, "Collective Management of Audiovisual Works : Facing the Challenges, Then and Now", *WIPO Magazine*, sept. 2009, n° 5, p. 15.

seulement juridique, mais également culturelle, éthique, historique, morale, religieuse ou encore spirituelle. De plus, les parties à ce type de litiges sont fréquemment de nationalité et de cultures différentes, ce qui augmente la diversité des intérêts impliqués. La flexibilité des procédures de MARL permet dès lors de prendre en considération les diverses facettes des intérêts soulevés par les parties[669].

Le Centre d'arbitrage et de médiation de l'OMPI a administré avec succès quelques litiges dans ce secteur portant notamment sur des droits d'auteur et droits voisins, des conventions de marketing d'art et des relations entre un artiste et une galerie.

Un de ces cas portait sur un accord exclusif de coopération entre une galerie et un artiste européen ayant pour objet la promotion de ce dernier sur le marché international. Cet accord contenait une clause d'arbitrage de l'OMPI. Trois ans après la signature du contrat, les relations entre les parties se sont détériorées et l'artiste a voulu résilier le contrat. En réponse, la galerie d'art a initié une procédure d'arbitrage de l'OMPI. Après avoir consulté les parties, le Centre a nommé trois arbitres ayant de l'expérience en droit de l'art. Sur la base des soumissions des parties, le tribunal a rendu un avis préliminaire sur le litige, encourageant les parties à reprendre les négociations qu'elles avaient entamées, ce qu'elles ont fait. L'accord auquel elles sont parvenues prévoyait la fin de la coopération entre les parties et la cession à la galerie de certaines œuvres de l'artiste à titre de compensation finale. Sur demande des parties, les termes de la transaction ont été inclus dans la sentence-accord à l'issue de la procédure[670].

En outre, le Centre et le Conseil international des musées (ICOM) ont adopté un programme de médiation ICOM-OMPI en art et patrimoine culturels. La médiation ICOM-OMPI est dédiée aux litiges portant sur des questions de retours et de restitution, de prêt et de dépôts, d'acquisitions de biens culturels et de propriété intellectuelle. Ce programme s'adresse aux entités privées ou

---

[669] S. THEURICH, "Alternative Dispute Resolution in Art and Cultural Heritage – Explored in the Context of the World Intellectual Property Organisation's Work", in K. ODENDAHL, *P. J. Weber*(éd), Kulturgüterschuzt. Nomos Verlag, Baden-Baden, 2010, vol. VIII, p. 592 s.

[670] S. THEURICH, « Alternative Dispute Resolution in Art and Cultural Heritage...", op. cit., p. 569, p. 593 s.

publiques, notamment les Etats, les musées, les maisons de ventes aux enchères, les communautés autochtones ou les particuliers. Ce qui serait sans doute un peu différent lorsqu'on se trouverait sur le terrain du droit moral de l'auteur.

§ 2. Les litiges relatifs au droit moral

Monsieur Oppetit s'est interrogé sur l'arbitrabilité confronté à ce trait qu'on reconnaît volontiers à ce droit qui est de ne pas être entièrement disponible[671]. Cette interrogation peut l'être aussi à propos des droits voisins des artistes interprètes qui présentent un profil analogue au droit d'auteur[672]. S'agissant plus précisément des prérogatives d'ordre moral, il n'est pas sans doute mauvais de relever que la règle d'indisponibilité n'est pas universelle et que, même dans des pays de droit d'auteur par opposition aux pays de *copyright*, ces droits ou certains d'entre eux peuvent être disponibles[673]. Pour cela, l'arbitrabilité du droit moral de l'auteur aussi bien que sa transaction ne sont pas exclus *per ser*.

A. L'arbitrabilité du droit moral de l'auteur.

On a vu dans la première partie de ce travail que la notion d'indisponibilité prônée par l'article 2059 du Code civil semblait être un obstacle à la soumission aux MARL des litiges relatifs au droit moral de l'auteur. Ce qui ne semble plus, a priori être le cas s'agissant du caractère d'ordre public du droit moral quant à son arbitrabilité. Au sens de ce texte, l'arbitrage ne serait exclu que dans les cas où la loi interdit la renonciation aux droits en cause. Cela prohiberait donc le jeu de la clause compromissoire en matière de droit moral, car,

---

671 B. OPPETIT, « L'arbitrabilité des litiges de droit d'auteur et droits voisins ». *Op, cit*. p. 121.
672 M. VIVANT, « Cherche litige non arbitrable laborieusement », in *Rev. Lamy* de droit des affaires 2004, n°72, p. 5 et s.
673 A. STRWELL, *Droit d'auteur et copyright*, Bruylant - *LGDJ*, 1993, n°398.

s'agissant d'un droit rangé dans la catégorie des droits indisponibles, il n'est pas possible d'y renoncer de façon préalable et générale dans le contrat d'auteur.

Mais en faisant évoluer la question de l'arbitrabilité du droit moral conformément à l'évolution du régime juridique du droit moral, il semble en effet que l'auteur, selon la jurisprudence[674], peut consentir à des renonciations anticipées à son droit moral, à la condition que celles-ci soient partielles et portent sur des aspects précis connus à l'avance de l'auteur parce que stipulés dans le contrat (ce qui est d'ailleurs, il faut le reconnaître, assez fréquent en pratique…). Dans ces conditions, il me semble, pour ces cas, que l'on ne peut plus parler d'indisponibilité des droits en question. Il en résulte en tout cas que l'on ne peut postuler par principe l'indisponibilité générale du droit moral. Et en conséquence, l'arbitre pourrait valablement se prononcer, dans le cadre d'une clause compromissoire, sur la validité ou l'invalidité de telles renonciations. C'est d'ailleurs la position soutenue par Monsieur Siiriainen lorsqu'il écrit « *une telle éventualité nous semble d'autant autorisée qu'elle s'inscrit dans un mouvement plus large qui est celui de l'évolution de la catégorie juridique des droits extrapatrimoniaux.* [675]».

En effet, une fois le litige né, et donc une fois la prétendue violation du droit moral consommée et connue de l'auteur, autrement dit, une fois le droit moral « acquis », la renonciation serait possible. C'est l'hypothèse dans laquelle c'est *a posteriori* que l'auteur renonce à faire valoir son droit moral. Cette fois, l'auteur est en mesure d'apprécier la gravité et la portée de l'atteinte en connaissance de cause. Le compromis portant sur le droit moral serait licite[676] car le droit moral doit être considéré comme, à ce moment, acquis et donc pleinement disponible. En d'autres termes et comme le disait encore Monsieur Siiriainen : « *nullité de la clause compromissoire et validité du compromis* [677]». De manière générale, dans la majorité des cas ou des situations, un litige relatif à l'exploitation des droits patrimoniaux est susceptible de s'étendre à des questions de droit moral.

---

674 Paris, 26 mai 1993, *RIDA* 1994, n°1, p. 292, note KEREVER.
675 *Op. cit.* In « les modes alternatifs de règlement de litiges de propriété intellectuelle », colloque du 04 nov. 2011. Grenoble. *Dalloz*, 2012. P.109.
676 En ce sens, M. JOSSELIN-GALL, art. cit., p. 71.
677 F. SIIRIAINEN, « Arbitrage, transaction et droit moral de l'auteur », *op. cit.* p.107.

Faudra-t-il que l'arbitre se déclare partiellement incompétent et que l'auteur saisisse alors le juge civil, ce qui ferait traîner le litige ? La sécurité juridique, et plus généralement l'efficacité, postulent alors de se prononcer en faveur de l'arbitrage et de la validité de la clause compromissoire relative au droit moral[678].

La patrimonialisation de certains de ces droits (attributs d'ordre moral du droit d'auteur), par contrat, pourrait autoriser l'arbitrabilité des litiges relatifs à ces droits[679]. En effet, si une convention de cession de droit à l'image est valable, ce qui est aujourd'hui semble-t-il admis par la Cour de cassation[680], c'est donc que l'ordre juridique permet une sorte de renonciation contractuelle certes limitée et encadrée par la jurisprudence, portant sur certains droits extra-patrimoniaux. Il convient cependant de distinguer en fonction des attributs concernés, car la réponse ne peut pas être uniforme dans tous les cas. S'agissant du droit au respect de l'œuvre, l'auteur, mesurant la nature et l'importance de la modification et son impact sur le public, peut fort bien décider, en connaissance de cause, de ratifier, c'est-à-dire d'accepter les modifications apportées à l'œuvre, car il ne s'agit pas, à bien y réfléchir, d'une renonciation au droit moral, mais plutôt d'un nouvel acte créateur de l'auteur, qui reprend la modification à son compte, ou bien d'une renonciation à poursuivre le contrefacteur, lorsque l'auteur désapprouve mais décide de « laisser passer ».

Si la jurisprudence admet aujourd'hui une renonciation partielle au droit moral de l'auteur qui n'est rien d'autre, selon les termes de Monsieur Siiriainen, « *qu'une forme de patrimonialisation de celui-ci au sens juridique du terme* », ce mouvement devrait conduire à l'arbitrabilité du droit moral dans le cadre d'une clause compromissoire, à la condition toutefois que cette arbitrabilité

---

678 Paris, 26 mai 1993, *RIDA* 1994, n°1, p. 292, note KEREVER.

679 E. LOQUIN. *op. cit., idem.*

680 Civ. 1re, 11 déc. 2008, Bull. civ. I, n° 282, *D.* 2009. AJ 100; CCC 2009, n°68, obs. L. LEVENEUR. JCP 2009. II. 10025, note LOISEAU. *RLDC 2009/58*, n° 3340, obs. Pouliquen. *RTD com.* 2009, 141, obs. F. POLLAUD-DULIAN, les dispositions de l'article 9, seules applicables en matière de cession des droits à l'image, à l'exception notamment du CPI, relèvent de la liberté contractuelle. Les dispositions de l'article, 9 ne font pas obstacle à la liberté contractuelle dès lors que les parties ont stipulé de façon suffisamment claire les limites de l'autorisation donnée pour la reproduction d'une image quant à sa durée, son domaine géographique, la nature des supports et l'exclusion de certains contextes. V. également Versailles, 2 sept. 2005, CCE 2006 n°4 note C. Caron.

n'emporte pas une renonciation générale au droit moral. Autrement dit, dans cette optique, seules les atteintes limitées au droit moral prévues dans le contrat contenant la clause compromissoire, seraient arbitrables.

Enfin, si l'atteinte au droit moral n'est pas contestée par les parties en litige et que seules sont en cause les modalités de réparation de cette atteinte, rien n'empêche que le litige puisse être soumis aux MARL, et notamment pour statuer sur les dommages intérêts qui en sont la conséquence. Comme l'écrivait fort justement Monsieur Siiriainen, « *il nous semble que les résistances du droit moral à son arbitrabilité, et notamment la validité d'une clause compromissoire portant sur le droit moral, reposent à la fois sur des présupposés négatifs quant à l'arbitrage qui sont en voie d'être dépassés vu l'évolution que connaît le champ de ce dernier ces dernières années, et à la fois sur une conception du droit moral en tant que droit totalement indisponible qui est toute relative* [681]». Les parties seraient-elles libres de mettre fin à un litige relatif au droit moral dans le cadre d'une transaction ?

B. La transaction relative au droit moral de l'auteur

S'il est admis, ou à tout le moins admissible, qu'une fois le litige né, les parties peuvent compromettre relativement au droit moral, au motif que le droit moral en cause étant « acquis » il est devenu disponible, on ne voit pas ce qui empêcherait que le droit moral de l'auteur, dans ces conditions, soit l'objet d'une transaction. L'analyse du jugement de la 3ème chambre civile du Tribunal de grande instance de Paris rendu le 14 septembre 2010[682] nous permet d'affirmer que l'exercice par un auteur de son droit moral dans le cadre d'un protocole transactionnel semble possible, à la condition qu'il ne constitue pas une renonciation préalable et générale à son droit moral. Dans le cas contraire, le protocole sera susceptible d'annulation. Il

---

[681] F. SIIRIAINEN, « Arbitrage, transaction et droit moral de l'auteur », *op. cit.* p.111.

[682] H. DELABARRE, « transaction conclue avec un auteur : appréciation de la renonciation de l'auteur à invoquer une atteinte ultérieure à son droit moral » ;

encourra aussi le risque, le cas échéant, de se voir refuser l'homologation[683].

Dans l'affaire opposant l'auteur Manu Dibango aux ayants-droits de l'œuvre musicale « Wanna Be Starting Something »[684], le Tribunal de Grande Instance de Paris a été amené à se prononcer sur la portée d'une transaction par laquelle un auteur renonce à contester la paternité d'une œuvre qu'il estime contrefaisante et s'interdit en conséquence d'en contester les exploitations passées, actuelles et futures.

La question centrale qui se posait au tribunal était donc double. Il s'agissait d'une part, de déterminer si, concernant l'œuvre « *Don't Stop the Music* », la renonciation issue de la transaction conclue par Manu Dibango concernant l'atteinte alléguée au droit moral en l'absence de mention de son nom, pouvait être tenue en échec par une nouvelle contestation fondée, cette fois, sur son droit au respect de l'œuvre. Il s'agissait d'autre part de juger sur un plan plus général si Manu Dibango pouvait, sur le fondement de son droit moral, contester les nouvelles exploitations dérivées de l'œuvre « *Wanna Be Starting Something* » en dépit de la transaction de 1986. Le tribunal a répondu par la négative sur ces deux points déclarant dès lors Manu Dibango irrecevable dans son action.

Sur le désistement de l'auteur concernant l'œuvre « *Don't Stop The Music* », le Tribunal souligne tout d'abord que le caractère inaliénable et imprescriptible du droit moral n'est nullement incompatible avec la renonciation de l'auteur à se prévaloir d'une atteinte à ce droit « soit à l'occasion d'une instance en cours soit au sein de protocoles transactionnels tranchant un litige l'opposant à un tiers ». Ce premier principe (sans lequel la portée de la transaction serait considérablement réduite) étant rappelé, le Tribunal prend soin

---

[683] V., B. GORCHS, « le contrôle juridictionnel des accords de règlement amiable », *Rev. Arb.* 2008, n°1, p. 39 : « L'ordonnance n'est pas un simple visa apposé automatiquement mais suppose un contrôle minimum du juge au moins sur la nature de la convention qui lui est soumise et sur sa conformité apparente avec l'ordre public » ; que la procédure est « limitée à la vérification des conditions posées par les articles 2044 s. du Code civil relatives à la validité des accords transactionnels conclus entre les parties » et que dès lors que « la convention ne fait pas apparaître de violation d'une règle d'ordre public, il convient de lui donner force exécutoire .»

[684] L'un des standards du répertoire de Michaël Jackson publié en 1983 dans l'album Thriller.

d'insister sur l'effet procédural particulier que produit le désistement d'instance et d'action. Selon les juges, en raison de son pouvoir déclaratif, un tel désistement emporte, dès signification, « *l'extinction»* du droit à l'origine de la contestation.

Dès lors, en se désistant de l'instance et de l'action fondée sur une atteinte à son droit moral résultant de l'exploitation de l'œuvre « *Don't Stop the Music* » interprétée par Rihanna, Manu Dibango *«* a renoncé définitivement à agir sur le fondement de son droit moral pour l'exploitation de ce titre*»*.

Si la renonciation n'est donc pas générale puisqu'elle ne porte que sur l'atteinte alléguée au droit moral que réaliserait l'œuvre « *Don't Stop the Music* », elle n'en est pas moins absolue concernant cette œuvre et, entraîne que Manu Dibango ne peut non seulement la critiquer en invoquant une atteinte au droit au respect dû à l'œuvre «*Soul makossa* » après avoir invoqué une atteinte à son droit au nom, mais également, qu'il *«* n'est pas davantage recevable à agir du fait des interprétations qui en ont été faites ultérieurement par d'autres artistes [que Rihanna]*»*.

Se fondant sur le caractère non équivoque de cette reconnaissance mutuelle, le Tribunal considère que l'intention telle qu'exprimée par les parties a été de mettre un terme au litige qui les opposait alors mais également, de prévenir « *tout litige ultérieur* » concernant l'œuvre « *Wanna Be Starting Something*».

Le caractère extrêmement large, mais néanmoins précis de la renonciation, s'oppose à ce que Manu Dibango conteste, y compris sur le fondement du droit moral, les exploitations dérivées de l'œuvre « *Wanna Be Starting Something* » dès lors que celles-ci ont été autorisées par ses ayants-droits dans la plénitude d'exercice des prérogatives que leur reconnaît la transaction.

Ainsi, l'exclusion des matières extrapatrimoniales du domaine de la transaction a paru à Monsieur Boilot, comme un *« critère approximatif.*[685]» Il constate que le droit français tend à admettre que des transactions puissent porter sur des conséquences patrimoniales liées à des situations qui relèvent en principe de l'extra patrimonialité.

---

685 C. BOILOT, La transaction et le juge, préf. P. Le CANNU, Presses universitaires de la Faculté de droit de Clermont Ferrand, *LGDJ*, 2003, p. 535.

Ce sera par exemple le cas des conséquences pécuniaires d'une violation du droit moral[686].

On peut affirmer qu'au stade de la transaction, la contestation est déjà née ; ainsi, on considère que l'auteur a acquis la libre disposition de ses droits extrapatrimoniaux[687]. L'auteur est alors conscient de ce à quoi il renonce par rapport à son droit moral[688]. En plus, le caractère d'ordre public de protection du droit moral ne semble plus un obstacle, car la Cour de cassation n'énonce-t-elle pas « *qu'il est possible de transiger sur les modalités d'application d'un droit acquis d'ordre public* [689]». C'est en ce sens que semble se prononcer la Cour d'appel de Paris par deux décisions respectivement le 26 février 2010[690] et le 28 septembre 2011[691].

La soumission aux MARL du contentieux contractuel en matière de propriété intellectuelle n'est pas contestée. Elle est admise en matière de brevets. Qu'il s'agisse des litiges portant sur les contrats relatifs à l'exploitation des brevets, d'interprétation ou d'exécution du

---

686 V., Civ. 1er, 14 juin 2005, n° de pourvoir : 03-19254. L'arrêt est pour le moins ambigu et ne se prononce pas favorablement ou défavorablement sur cette question. En effet, il est rendu au visa de l'article 1134 du Code civil : dénaturation de la transaction, laquelle visait les seuls droits patrimoniaux et ne comportait aucune référence aux conséquences dommageables de l'atteinte au droit moral des auteurs.

687 En ce sens, X. Lagarde, « Transaction et ordre public », *D. 2000*. 217 s. et part. n°11 ; « s'inspirant de ce qu'elle décide en matière de renonciation, la Cour de cassation admet avec une certaine constance que la validité de la transaction intervenue dans une matière d'ordre public dépend de la connaissance que les parties avaient des droits acquis auxquels elles ont renoncé. La notion de droits acquis semble ainsi limiter la liberté de consentir des concessions. »

688 Cependant, si la transaction vise seulement à prévoir une contestation à naître, il nous semble qu'il est plus difficile de se prononcer sur le caractère de « droits acquis » du droit moral de l'auteur.

689 Soc. 16 nov. 1960 ; V. aussi Civ. 1er, 11 mai 1960 ; Soc. 24 mai 1962, *Bull. civ.* V, n°486. En ce sens, X. LAGARDE, art. cit. « Les règles participant de l'ordre public de protection, sous réserve de la validité des renonciations à intervenir, ne sauraient par principe interdire le recours à la transaction. »

690 Paris, Pôle 5, ch. 2, 26 févr. 2010, RG n° 06/18329 ; validité d'un protocole d'accord transactionnel par lequel deux auteurs autorisent une société à faire appel à tout auteur de son choix pour compléter leur travail ; ledit protocole n'étant pas en soi une atteinte au droit au respect des deux auteurs. Mais l'arrêt admet la validité du protocole pour ensuite en déduire qu'il n'y a pas d'atteinte au droit moral des auteurs.

691 Paris, Pôle 5, ch. 1, 28 sept. 2011, RG n°09/28356, *Propr. Intell.* Janv. 2012, p. 35, comm. J.-M. BRUGUIERE.

contrat. Et il en va de même pour les marques, les dessins et modèles industriels et les noms commerciaux.

Nous avons vu qu'en matière de propriété littéraire et artistique et plus particulièrement en droit d'auteur, de tels contentieux sont arbitrables. Il est certes vrai que la doctrine défendue par Monsieur Oppetit s'interrogeait à propos du droit d'auteur, et par voie de conséquence des droits voisins des artistes interprètes qui présentent un profil analogue au premier, sur la soumission aux MARL des litiges relatifs à ce droit confronté à ce trait qu'on reconnaît volontiers de ne pas être disponible ou pleinement disponible. On a fait une distinction entre droits patrimoniaux et droits moraux. A propos des premiers, il y a bien disposition *lato sensu* et libre disposition de droit. Pour les seconds, il n'est pas plus guère contesté qu'on puisse soumettre un litige relatif à ce droit aux MARL et plus particulièrement à l'arbitrage et à la transaction, à condition que cette soumission n'emporte pas une renonciation générale au droit moral. En d'autres termes, seules les atteintes limitées au droit moral prévu dans le contrat contenant la clause compromissoire, seraient arbitrables.

S'agissant du contentieux de la contrefaçon, on en est arrivé à la conclusion selon laquelle, l'action civile en contrefaçon tend à assurer la protection d'une propriété intellectuelle : brevet, marque, droit d'auteur et autre. La propriété elle-même n'est pas en cause et il s'agit seulement d'apprécier s'il y a eu atteinte et, si une réponse positive est donnée, de mesurer l'importance de cette atteinte et d'en tirer les conséquences. Or, la traduction concrète de tout cela, si elle ne se réduit pas à l'allocation des dommages-intérêts, se réalise d'abord par une telle allocation. On se retrouve dans un registre classique où il n'a jamais été question de refuser la compétence arbitrale.

La réalité des MARL appliqués aux litiges relatifs à la propriété intellectuelle intègre d'une part, le recours possible pour les litiges détachables de l'exploitation des droits de propriété intellectuelle et d'autre part, le recours possible pour les litiges relatifs à l'exploitation desdits droits.

Nous avons démontré que si la soumission des litiges relatifs à l'exploitation des droits de propriété intellectuelle ne pose en réalité aucun problème majeur sauf en ce qui concerne le droit moral de l'auteur, ceux des litiges détachables de l'exploitation desdits droits et en l'occurrence ceux relatifs à la validité des droits de propriété industrielle posent un sérieux problème.

En effet, un arbitre peut-il statuer sur la validité d'un brevet ? La réponse à cette interrogation était essentielle pour clarifier le rôle de l'arbitre dans un contentieux relatif à un brevet d'invention. L'admission de l'arbitrabilité pour le droit des brevets a été lente et difficile. Pratiquement tous les obstacles à l'arbitrabilité d'un litige relatif à ce titre de propriété industrielle ont été levés, sauf le contentieux de la validité. Deux fondements ont été avancés : l'atteinte au fonctionnement du service public et l'atteinte au domaine public, et partant, à l'ordre public, générée par une décision statuant sur la validité d'un brevet d'invention.

Il a été objecté à ces deux arguments que d'une part, la décision arbitrale porte atteinte non pas à la décision de délivrance du titre mais, à l'acte juridique unilatéral générateur du droit de brevet à savoir, la demande ; le rôle de l'administration cessant avec la délivrance du brevet. D'autre part, un litige n'est pas non-arbitrable simplement parce qu'il met en jeu une réglementation d'ordre public.

Au-delà des inconséquences pratiques ci-dessus énoncées, dénier à l'arbitre la possibilité de discuter la validité du brevet conduit à méconnaître la volonté des parties. En effet, en donnant leur accord à la convention d'arbitrage, les parties ont donné pour mission au tribunal arbitral de régler leur litige sur le brevet. En empêchant celui-ci de connaître du litige sur la validité du titre, on lui ôte la possibilité de mener à bien sa mission et on favorise la mise en œuvre de moyens dilatoires visant à faire échec à la convention d'arbitrage.

Cependant, les particularités liées à la pratique du contentieux des brevets ne se trouvent en aucun cas effacées lorsque les parties ont recours à un arbitre. Le défendeur à l'instance peut toujours objecter la nullité du titre, ce qui a généralement pour effet de bloquer le déroulement de l'instance arbitrale ou à défaut, favoriser le risque d'aboutir à une sentence arbitrale en totale contradiction avec les décisions judiciaires statuant sur la validité des titres. C'est pourquoi, nous nous sommes attachés à démontrer dans cette partie de notre travail, que le juge arbitral pouvait, sans porter atteinte à la validité de droit, statuer sur son opposabilité à l'égard du partenaire du breveté à l'instance. Si l'arbitre venait à constater de fortes probabilités d'annulation du titre devant le juge judiciaire, il devra rendre une sentence dite « de non-opposition » valant convention de non-opposition.

CONCLUSION

Traiter du recours aux MARL en matière de propriété intellectuelle, appelait, en amont de ce travail, d'observer que les rapports qu'entretenaient jusqu'à une certaine époque ces derniers avec l'ordre public étaient essentiellement conflictuels. Il existait une certaine incompatibilité entre les MARL et l'ordre public, justifiée par le fait que les droits de propriété industrielle et plus particulièrement les droits sur le brevet d'invention et les marques sont matérialisés par des titres délivrés par l'Etat, dont le monopole d'exploitation est nécessairement limité au territoire de celui-ci. Ainsi, on voyait mal un juge privé connaître du contentieux de sa validité sans pour autant violer l'ordre public.

Aujourd'hui, cette notion d'ordre public est au cœur du phénomène des MARL ; d'où la nécessité pour les arbitres et médiateurs d'être désormais plus attentifs. Quant aux juges de l'annulation de la sentence ou de l'exequatur, ils doivent exercer sur cet ordre public un véritable contrôle de son respect par les arbitres. Du fait de l'internationalisation croissant du contentieux en matière de propriété intellectuelle, les centres d'arbitrage et de médiation, juridictions internationales, ne seraient-ils pas gardiens d'un ordre public qui leur est propre ? D'un ordre public transnational ? Et comme le disait Monsieur Jacquet, un ordre public constitué des règles d'ordre public concernées par la relation internationale litigieuse, en particulier par les lois de polices des Etats dont la relation litigieuse entre dans le domaine d'application, de la *lex causae* et de la *lex executionis*. Cet ordre public n'est celui d'aucun Etat en particulier. Il est constitué par l'addition des règles d'ordre public, d'origines diverses, qui sont sélectionnées sur le seul fondement de l'objectif de produire une sentence valable dans les différents ordres juridiques concernés[692].

Depuis une trentaine d'année, les MARL jouissent d'une faveur remarquable dans l'ensemble des systèmes juridiques. Les Etats ont fait confiance à cette justice alternative et ont accepté qu'elle devienne une justice autonome des ordres juridiques étatiques. Cette confiance a

[692] J.-M. Jacquet. L'ordre public et l'arbitrage, actes du colloque des 15 et 16 mars 2013 - Dijon, LexisNexis

été tellement grande que, progressivement, il a été admis que les tribunaux arbitraux puissent juger les litiges intéressant l'ordre public et, même, sanctionner les violations de l'ordre public.

En dépit de la controverse portant sur l'interprétation des articles 2059 et 2060 du Code civil relativement à la transaction sur les droits dont on a la libre disposition, le compromis sur les matières qui intéressent l'ordre public, sur l'interprétation de la loi attribuant compétence exclusive à certaines juridictions pour connaître du contentieux relatif à la validité des titres de propriété industrielle, on peut dire au terme de ce travail, qu'il n'a pas été question d'un simple plaidoyer en faveur des MARL dans le domaine de la propriété intellectuelle, mais bien d'étudier les questions fondamentales qui motivent le débat ; et comme le disait Monsieur Vivant, *« Contrairement aux idées reçues, il semble aujourd'hui difficile de trouver en matière de propriété intellectuelle des litiges qui ne soient pas soumis aux modes alternatifs de règlement de litige »*[693]. On a pu démontrer la consécration de la soumission des litiges de propriété intellectuelle aux MARL à la faveur du déclin des considérations d'ordre public.

Même les litiges relatifs au droit moral de l'auteur, droit spécifique, qui jadis n'étaient pas susceptibles d'être soumis aux MARL du fait de son indisponibilité, le sont aujourd'hui, vu l'évolution que connaît son champ ces derniers années et, à la fois sur une conception du droit moral en tant que droit totalement indisponible. Comme l'écrivait fort à propos Monsieur Gautier, *« il n'est pas sûr que les arbitres soient moins compétents que les juges pour en traiter. Indisponible ou pas, il faut bien un juge étatique ou non, pour trancher les litiges relatifs au droit moral* [694]*»*.

Aujourd'hui, on peut dire avec une certaine certitude que les articles 2059 et 2060 du Code civil ne sont plus en phase avec l'état actuel de la jurisprudence et les pratiques en matière de non-arbitrabilité. La transposition à la propriété intellectuelle de la jurisprudence *GANZ* et *LABINAL* nous fait dire que même si le cœur du litige est un acte de contrefaçon (domaine délictuel), la validité ou la titularité du titre de propriété industrielle, l'arbitre demeure

---

[693] M. Vivant, « cherche litige non arbitrable laborieusement », *Lamy de droit des affaires*, juin 2004, n°72, p. 5

[694] *Op. cit.*, n°814, p. 872

compétent pour se prononcer sur le cœur du contrat si la clause compromissoire présente dans ce dernier est suffisamment large pour englober des hypothèses qui lui sont directement liées.

S'agissant particulièrement du cas de l'action en nullité du titre, on sera en mesure de dire que l'arbitre peut connaître de cette action et rendre une décision qui sera opposable *erga omnes* et non seulement *inter partes*, sous réserve que l'on puisse publier la décision sur un registre afin que les tiers puissent être informés de cette solution. Comme c'est le cas aux Etats-Unis avec l'article 294 de la loi fédérale sur les brevets, issue des modifications de 1983 et 1984. On pourrait ainsi remédier à la difficulté d'un « *brevet boîteux* », hypothèse où un brevet ne serait plus valable entre les parties alors qu'à l'égard des tiers, il continuerait à produire ses effets : un brevet est nul ou il est valable.

Cette soumission aux MARL de la quasi-totalité des litiges relatifs à la propriété intellectuelle a été favorisée par la création d'un centre spécialisé en droit de la propriété intellectuelle : le centre d'arbitrage et de médiation de l'OMPI, ainsi que par l'intérêt exponentiel porté aux litiges relatifs à la propriété intellectuelle par des centres d'arbitrage et de médiation de droit commun.

Avec la création très récente du centre d'arbitrage et de médiation de l'OAPI[695] en exécution de la résolution prise le 14 décembre 2014 lors de la 54e session ordinaire de son Conseil d'Administration, le recours aux MARL pour le règlement des litiges en matière de propriété intellectuelle dans les Etats membres de cette organisation régionale prendra un essor considérable. D'ailleurs qu'il a pour mission, aux termes de l'article 2 du règlement portant sa création et son organisation, « *...De procurer une solution arbitrale lorsqu'un différend d'ordre contractuel ou non, en matière de propriété intellectuelle, de caractère national ou international, en application d'une clause compromissoire ou d'un compromis d'arbitrage, lui est soumis par toute partie ayant son domicile ou sa résidence habituelle dans un des Etats membres de l'OAPI, ou, en l'absence d'une telle résidence ou domicile, si le contrat doit être exécuté en tout ou en partie sur le territoire d'un au moins des Etats membres de l'OAPI, ou si les droits de propriété intellectuelle en*

---

[695] Ce centre est entré en vigueur depuis le 1er janvier 2017

litige ont été délivrés par l'OAPI et peuvent faire l'objet d'un arbitrage ». Le Centre a également pour mission d'aider les parties à régler leurs litiges à l'amiable au moyen de la médiation. »

BIBLIOGRAPHIE

OUVRAGES GENERAUX

- BLERY (C), L'efficacité substantielle des jugements civils, LGDJ, coll. Bibl. dr. privé, Paris 2000.

- CHEVALIER (P), Les modes alternatifs de règlement de litige : les voies nouvelles d'une autre justice ; perspectives sur la justice ; éd. DOCUMENTATION FRANÇAISE, Paris 2003.

- CORNU (G) et FOYER (J), Procédure civile, PUF, Paris 1996.

- DEBY-GERARD (F), Le rôle de la règle de conflit dans le règlement des rapports internationaux, DALLOZ, Paris, 1973.

- DUCLOS (J), L'opposabilité. Essai d'une théorie générale : LGDJ, Bibl. dr. privé, Paris 1984.

- GHESTIN(J), Droit civil, la formation du contrat, L.G.D.J 1954.

- GUINCHARD (S) (ss la dir.), Droit et pratique de la procédure civile. DALLOZ ACTION, Paris 2009/2010.

- GUINCHARD (S), CHAINAIS (C) et FERRAND (F), Procédure civile, 30e éd. DALLOZ, Paris 2010.

- MAYER (P) et (V.) HEUZE, Droit international privé, DOMAT, MONTCHRETIEN, Paris, 4e éd. 1993.

- MAYER (P) et (V.) HEUZE, Droit international privé, DOMAT, MONTCHRETIEN, Paris, 10e éd. 2010.

- MAYER (P) et (V.) HEUZE, Droit international privé, LGDJ, Précit DOMAT, Paris, éd. 2014.

- MAZEAUD (H), MAZEAUD (L) et MAZEAUD (J), Leçon de droit civil tome 2, MONTCHRETIEN, Paris 1966.

- TIGER (P.), le droit des affaires en Afrique, PUF, 2001, Collection Que sais-je ?

OUVRAGES SPECIAUX

- ALAIN (B), Le commerce électronique : aspects juridiques, Edition Hermès, Paris 2003.

- ALLART (H), Traité des brevets d'invention : LNDJ, Paris 1911.

- AZEMA (J) et GALLOUX (J.-Ch), Droit de la propriété industrielle, DALLOZ, Paris 2006.

- AZEMA(J), Lamy droit commercial, 2010, V° Propriété industrielle.

- BERNAULT (C), Open access et droit d'auteur, 1re édition, LARCIER, 2016.

- BERNAULT (C) et CLAVIER (J.P.), Dictionnaire de droit de la propriété intellectuelle, coll. dictionnaires de droit, 2e éd. ELLIPSES, Paris 2015.

- BERNAULT (C), La propriété littéraire et artistique appliquée à l'audiovisuel. LGDJ, 2003, Bibliothèque de droit privé.

- BERTRAND (A), La propriété intellectuelle, livre II, Marques et brevets, dessins et modèles : DELMAS, Paris 1995.

- BINCTIN (N), *Droit de la propriété intellectuelle*, éd. L.G.D.J, Paris 2010, 800 pp.,

- BRUNO (O), L'arbitrage et propriété intellectuelle, LITEC, Paris 1994.

- CASALONGA (A), Traité technique et pratique des brevets d'invention, t. I, II et III : LGDJ, 1949-1958.

- CASTONGAY (S), *coût des litiges de propriété intellectuelle*, in Magazine de l'OMPI, n°1, février 2010.

- CHARLES (S) et MONGALVY (T) : Traité de l'arbitrage en matière civile et commerciale, 6e éd. DALLOZ, Paris1993.

- CHAVANNE (A) et AZEMA (J), Le nouveau régime des brevets d'invention : SIREY, Paris 1979.

- CHAVANNE (A) et BURST (J.-J.), Droit de la propriété industrielle : DALLOZ, Paris 1998.

- CHAVANA(A), BURST (J-J.), AZEMA (J.), GALLOUX (J.-C), Droit de la propriété industrielle : PRECIS DALLOZ, 8e édition, Paris 2017.

- CHIARINY-DAUDET (A.-C), Le règlement judiciaire et arbitral des contentieux internationaux sur brevets d'invention : LITEC, coll. Bibl. dr. entreprise, Paris 2006.

- DAVID (R), L'arbitrage dans le commerce international, ECONOMICA, Paris, 1982.

- DE BEAUFORT (V.), *Droits de propriété intellectuelle dans un monde globalisé,* éd. VUIBERT, Paris 2009.

- DE WERRA (J) : (édit.), La résolution des litiges de propriété intellectuelle / Resolution of Intellectual Property Disputes, Genève (SCHULTHESS) 2010.

- DESSEMONTET (F), arbitrage, propriété intellectuelle et droit de la concurrence, éd. LIBRAIRIES TECHNIQUES, Paris 1984.

- DOUCHY-OUDOT (M), Rép. pr. civ. DALLOZ, Paris.

- FOUCHARD (P), L'arbitrage commercial international, Paris, 1965.

- FOUCHARD (P), GAILLARD (E), GOLDMAN (B), Traité de l'arbitrage commercial international, LITEC, Paris 1996.

- FOYER (J) et VIVANT (M), Le droit des brevets : PUF, Paris 1991.

- GALLOUX (J. Ch), Droit de la propriété industrielle : COURS DALLOZ, 2e éd. Paris 2003.

- GAUMONT-PRAT (H), Droit de la propriété industrielle : Cours LITEC, 2e éd. Paris 2009.

- GAILLARD (E), Aspects philosophiques du droit de l'arbitrage international ; volume1, éd. MARTINUS NIJHOFF, Haye 2008.

- GAUTIER (P. Y), Propriété littéraire et artistique, PUF, 9e édition, Paris 2015.

- GOUBEAU DE LA BILENNERIE (J. F), Traité général de l'arbitrage en matière civile et commerciale ; Volume 1. Paris 1829.

- JAROSSON(Ch.), La notion d'arbitrage, préf. OPPETIT(B), L.G.D.J 1987

- LEW (J.D.M.), Applicable Law to International commercial Arbitration, Oceana publication inc, 1978.

- LOQUIN (E), L'amiable compositeur en droit comparé et international. Contribution à l'étude du non droit dans l'arbitrage commercial, Paris, 1980.

- LUCAS (A), et LUCAS (H. J.), *Traité de la propriété littéraire et artistique. LITEC, Paris 1995.*

- LUCAS (A), et LUCAS (H. J.), LUCAS-SCHLOETTER(A), Traité de la propriété littéraire et artistique, 4e édition, LEXISNEXIS, Paris 2012.

- MATHELY(P), Le droit français des brevets d'invention : éd. JOURN. NOT. Paris 1974.

- MATHELY(P), Le droit européen des brevets d'invention : JOURN. NOT. Paris 1978.

- MATHELY(P), Le nouveau droit français des brevets d'invention : JOURN. NOT. Paris 1991.

- MAYER (P), OHADA : Droit de l'arbitrage, BRUYANT Bruxelles 2002.

- MOUSSERON (J. M) et SONNIER(A), Le droit français nouveau des brevets d'invention, préf. FOYER(J) : LITEC, coll. CEIPI, Paris 1978.

- MOUSSERON (J.-M.), *Traité des Brevets*, éd. LITEC, Paris, 1984.

- MOUSSERON (J.M), Traité des brevets : LITEC, coll. CEIPI, Paris 1984.

- MOUSSERON (J.M), et SCMHIDT-SZALEWSKI(J), Rép. com. DALLOZ, V° Brevet d'invention, Paris.

- MOUSSERON (J.-M.) et WAGRET(F), Brevets d'invention marques et propriété industrielle : PUF, coll. Que sais-je ? 7e éd. Paris 2001.

- PHELIP(B), Brevets d'invention. France. Étranger. Brevet européen : DELMAS, coll. Encyclopédie Delmas pour la vie des affaires, Paris 1989.

- PIOTRAUT (J.-L), Droit de la propriété intellectuelle : ELIPSES, 2e éd. Paris 2010.

- POUILLET(E), Traité théorique et pratique des brevets d'invention : L.G.D.J, 6e éd. Paris 1909.

- POLLAUD-DULIAN (F), La brevetabilité des inventions. Étude comparative de jurisprudence France-OEB : LITEC, coll. Le droit des affaires. Propriété intellectuelle, Paris 1997.

- POLLAUD-DULIAN(F), La propriété industrielle : ECONOMICA, coll. Corpus droit privé, Paris 2012.

- POLLAUD-DULIAN (F), Le droit d'auteur. ECONOMICA, coll. Corpus droit privé, 2e éd. Paris 2014.

- POUGOUE (P. G.), TCHAKOUA (J.M) et FENON(A), Droit de l'arbitrage dans l'espace OHADA, PUA 2000.

- RACINE (J.-B), L'arbitrage commercial international et l'ordre public : LGDJ, Paris 1999.

- ROBERT (J), Arbitrage civil et commercial, DALLOZ, 4e éd., Paris 1967.

- ROBERT (J) et MOREAU(B), L'arbitrage, droit interne, droit international, DALLOZ 5e éd. Paris 1983.

- ROBERT (J) et MOREAU(B), Arbitrage civil et commercial, DALLOZ, 6e éd. Paris 1996.

- ROCHER(P), De l'arbitrage en matière civile, éd. BIBLIOBAZAAR, Paris 2009.

- ROUBIER(P), Le droit de la propriété industrielle, t. I et II, SIREY Paris, 1952-1954.

- SCHMIDT-SZALEWSKI (J) et PIERRE(J.-L.), Droit de la propriété industrielle : LITEC, 4e éd. Paris 2007.

- SCHMIDT-SZALEWSKI (J), Droit de la propriété industrielle : DALLOZ, Mémento, 7e éd. Paris 2009.

- TYAN(E), Le droit de l'arbitrage, éd. LIBRAIRIES ANTOINE, Paris 1972.

- VIVANT(M), Juge et loi du brevet, LITEC, coll. CEIPI, Paris 1977.

- VIVANT(M), Le droit des brevets, 2e éd. DALLOZ, Paris 2005.

- VIVANT(M) (ss la dir.), Les grands arrêts de la propriété intellectuelle, 2e éd DALLOZ, Paris 2015.

COLLOQUES ET RAPPORTS

- La propriété industrielle dans le marché unique européen. Brevet et marque communautaire : LITEC, coll. CEIPI, Paris 1993.

- Arbitrage et propriété intellectuelle : LITEC, coll. Le droit des affaires. Propriété intellectuelle, Paris 1994.

- Le contentieux de la propriété industrielle en Europe : LITEC, coll. CEIPI, Paris 1999.

- Rapport ATRIP 2000-2001 : CEDIDAT

- Guide de l'arbitrage OMPI

- Quel droit de la propriété industrielle pour le 3e millénaire ? : LITEC, coll. CEIPI, Paris 2001.

- La défense des droits de la propriété industrielle en Europe aux États-Unis et au Japon. Mél. offerts à D. Stauder : PUF, coll. CEIPI, Strasbourg 2001.

- FOUCHARD(P) in « les travaux de la CNUDCI-le règlement d'arbitrage », CLUNET 1979.

- GOLDMAN (B) : « l'arbitre, les conflits de loi et la *lex mercatoria* », 1e colloque sur l'arbitrage commercial international 1985 Québec, éd. Wilson et Lafleur, Montréal 1986.

THÈSES ET ARTICLES

- ARIF (H.) / MARK (B. C). *A Cross-Comparison of Institutional Mediation Rules.* Dispute Resolution Journal, Vol.57, No.2, 2002.

- ALAN (M.) / CHRISTOPHER (Y A).: *Why arbitration is a valid alternative.* Managing Intellectual Property, Juin 2007.

- ALAN (M.) / CHRISTOPHER (Y A). / BOBAK(R): *International Arbitration: The Only Way to Resolve Multi-Jurisdictional Patent Disputes in a Single Forum* .Transnational Dispute Management, 6 octobre 2008.

- AZEMA (J) : « Quelques particularités de procédure dans le droit des brevets », in Mélanges dédiés à J. Vincent : Dalloz, 1981, Paris.

- AZZI (T) : « Les obstacles à l'arbitrage en droit de la propriété industrielle au lendemain de la loi du 17 mai 2011 », communication électronique n°2, fév. 2012, étude 4.

- AZZI (T) : « Les difficultés au sein de la propriété industrielle », in Acte du colloque sur les modes alternatifs de règlement des litiges de propriété intellectuelle, 4 novembre 2011 à Grenoble, éd. DALLOZ, Paris 2012, pp.87-97.

- BARTON (T. D.), « Résolution des problèmes relatifs à la propriété intellectuelle par le règlement extrajudiciaire des litiges », Publications OMPI, Comité consultatif sur l'application des droits, 9e session. Genève, 3-5 mars 2014.

- BERNAULT (C), « Titulaires du droit d'auteur. » Juris-classeur Propriété littéraire et artistique, LexisNexis, 2014.

- BERNAULT (C), « Contrat de distribution des œuvres audiovisuelles : Contrat de distribution vidéo. » Juris-Classeur Contrats- Distribution, 2014.

- BERNAULT (C), « Contrat de distribution des œuvres audiovisuelles : Contrat de distribution en salles. » Juris-Classeur Contrats-Distribution, 2014.

- BERNAULT (C), « Contrefaçon et étendue du droit d'auteur. » Juris-Classeur Propriété littéraire et artistique, LexisNexis, 2014.

- BERNAULT (C), « Le contrat de production audiovisuelle. Pratique de la propriété littéraire et artistique, » LexisNexis, 2013.

- BERTHAULT (F) : « L'avocat qui transige », in Actes du colloque sur les modes alternatifs de règlement des litiges de propriété intellectuelle, 4 novembre 2011 à Grenoble, éd. DALLOZ, Paris 2012, pp.41-47.

- BRAUN (A) : « Les droits intellectuels, le barreau » : LARCIER, Bruxelles. 1994,

- BRUGUIERE (J. M.) : « Les modes alternatifs de règlement des litiges de propriété intellectuelle », Actes du colloque du 4 novembre 2011 à Grenoble, éd. DALLOZ, Paris 2012.

- BRUGUIERE (J. M.) : « La généralisation de l'arbitrage au sein de la propriété intellectuelle. L'apport de la loi du 17 mai 2011 », in Actes du colloque sur les modes alternatifs de règlement des litiges de propriété intellectuelle, 4 novembre 2011 à Grenoble, éd. DALLOZ, Paris 2012, pp.13-22.

- BOURGUET(F) : « Nullités du brevet en 2010 : la curiosité nouvelle des juridictions françaises spécialisées » : Propr. Intell. 2010.

- BONET(G) et JARROSSON(C) : « L'arbitrabilité des litiges de propriété industrielle en droit français », in Arbitrage et propriété intellectuelle, LITEC, Paris 1994.

- BRUGUIERE (J. M) et GILLET (E) : « Litige de propriété intellectuelle : L'apport de la loi de simplification et d'amélioration de la qualité du droit du 17 mai 2011 », in La semaine juridique-Entreprise et affaire, n°37, 15 sept. 2011.

- CASALONGA (A) : « Les actions en contrefaçon dans le cadre du brevet européen et du brevet communautaire » : CJFE 4/1995.

- CASTONGAY(S), « L'efficacité de règlement extrajudiciaire des litiges en propriété intellectuelle », in Magazine de l'OMPI, n°3, juin 2009.

- CHAVANNE (A) : « Arbitrage, propriété industrielle et ordre public », in Mélanges dédiés à J. Vincent : DALLOZ Paris.1981,

- CHIARINY-DAUDET (A. C) : « Quand les magistrats de la CJCE interprètent strictement les textes clés du contentieux sur portefeuille de brevets. ». : Propr. industr. 2007, étude 3.

- CHRISTOPHE (C) : « Brevets d'invention - Le droit des brevets d'invention est (presque) entièrement arbitrable ». SEM. JUR., Ed. Entreprise et affaires, No.19, 8 mai 2008, Paris.

- COOK (T) : « Les modes extrajudiciaires de règlement des litiges comme instrument d'application des droits de propriété intellectuelle », Publications OMPI, Comité consultatif sur l'application des droits, 9e session. Genève, 3-5 mars 2014.

- DAVID (P W): "*Some Aspects of Mediating Intellectual Property Disputes*". WIPO Conference on Mediation, 1996.

- DAUDET-CHIARINY (A.-C) : « L'internationalité du litige », in Actes du colloque sur les modes alternatifs de règlement des litiges de propriété intellectuelle, 4 novembre 2011 à Grenoble, éd. DALLOZ, Paris 2012, pp.119132.

- DE GRYSE (L) : « Quelques propos sur l'arbitrage en matière de brevets d'invention », in Jura Vigilantibus.

- DE WERRA (J) : « Arbitrating international intellectual property disputes: time to think beyond the issue of (non)-arbitrability / L'arbitrage des litiges internationaux de propriété intellectuelle : la nécessité de réfléchir au-delà de la question de (non)-arbitrabilité », *in* International Business Law Journal / Revue de droit des affaires internationales 2012, no 3, p. 299-317.

- DE WERRA (J) : « Arbitrage et propriété intellectuelle : (aussi) une question contractuelle », *in* Propriétés intellectuelles 2013, no 46, p. 24-29.

- DE WERRA (J) : « Droit des contrats : partie générale et contrats spéciaux », *in* Journal des tribunaux. II, Droit civil, poursuite pour dettes et faillites et procédure civile 2014, no 3, p. 133-156.

- DE WERRA (J) : « Défis du droit d'auteur dans un monde connecté », *in* Sic ! 2014, no 4, p. 194-211.

- DE WERRA (J): "New Developments of IP Arbitration and Mediation in Europe: The Patent Mediation and Arbitration Center Instituted by the Agreement on a Unified Patent Court ", *in* Revista Brasileira de Arbitragem 2014, p. 17-35.

- DE WERRA (J) : « Droit des contrats : partie générale et contrats spéciaux », *in* Journal des tribunaux. II, Droit civil, poursuite pour dettes et faillites et procédure civile 2015, no 5, p. 179-201.

- DE WERRA (J) : " Patents and trade secrets in the internet age ", *in* Revue de droit suisse 2015, p. 123-190.

- DELAUME (G. R.), « L'autonomie de la volonté en droit international Privé » ; Revue critique de DIP, 1950, pp.321-340.

- DELIQUIET (H) : « Il vaut mieux un bon procès qu'une mauvaise transaction », in Acte du colloque sur les modes alternatifs de règlement des litiges de propriété intellectuelle, 4 novembre 2011 à Grenoble, éd. DALLOZ, Paris 2012, pp.137-142.

- DERAINS (Y) : « L'expérience de la Cour d'arbitrage de la Chambre de commerce internationale » : Rev. arb. 1977.

- DERAINS (Y), « Le statut des usages du commerce international devant les juridictions arbitrales » ; Rev. arb. 1973, 122.

- DERAINS (Y), « L'arbitre et le juge », in Arbitrage : regard sur la prochaine décennie, Bull. Ciard. CCI, Supplément spécial 1999, pp. 27 et ss.

- DERAINS (Y) : « Détermination de la *lex contractus* », in L'apport de la jurisprudence arbitrale, p. 18.

- DERAINS (Y) : « Analyse des sentences arbitrales », in Les commissions illicites. Institut du droit et des pratiques des affaires internationales, 1992, p. 61.

- ERIK(W): « *On-Line Arbitration of Electronic Commerce Disputes* ». International Business Lawyer, Vol. 27, No.6, 1999.

- FRANÇON (A) : « L'arbitrage en matière de brevets et la jurisprudence » : Rev. arb. 1975. Paris.

- FRANÇON (A) : « La nullité du brevet » : RID comp. 1986, Paris.

- FOUCAHARD (P) : « Quand un arbitrage est-il international ? », R.A., 1970, pp. 59 et ss.

- FOUCAHARD (P) : « Les conflits de lois en matière d'arbitrabilité des litiges de propriété industrielle », Rev. Arb. 1977. Pp.63 et s., spéc. p. 66.

- FOYER (F) : « Effets des jugements et autorité de la chose jugée en matière de propriété industrielle », in Mél. dédiés à P. Mathély : Litec, 1990, Paris.

- GAILLARD (E) : « Arbitrage commercial international, sentence arbitrale, droit applicable au fond du litige », JURISCLASSEUR, Droit international, 1991, n°20.

- GEPTY (A. B.) : « Médiation des litiges de propriété intellectuelle : l'expérience des Philippines », Publications OMPI, Comité consultatif sur l'application des droits, 2e session. Genève, 23-25 novembre 2015.

- GOLDMAN (B) : « Les conflits de lois dans l'arbitrage international de droit privé », Recueil des Cours de l'académie de droit international (RCADI) 1963, t. 109, p. 349 et s., n°75 et s.

- GUERRA ZAMARRO (M) : « Modes extrajudiciaires de règlement des litiges en matière de droit d'auteur au Mexique », Publications OMPI, Comité consultatif sur l'application des droits, 9e session. Genève, 3-5 mars 2014.

- HAGEL(F) : « L'objet du droit de brevet », Dossiers brevets 1989, II.

- HAGEL(F) : « Les fruits amers de la doctrine Labinal », Dossiers brevets 1996, II.

- HANS (B): "*Expedited Arbitration Rules", Stockholm and WIPO.* Arbitration International, Vol.13, No.2, 1997.

- JANE (P) / IOANNA (T): "*Mediation In An IP Context: Comparison Of WIPO Mediation Rules & ICC ADR Rules",* Les Nouvelles, Journal of the Licensing Executives Society International, Vol.XLII, No.1, March 2007.

- JARROSSON (C) : Note sous CA Paris, 1re ch., 24 mars 1994 : Rev. arb. 1994, Paris.

- JARROSSON (C) : « Les modes alternatifs de règlement des conflits : Présentation générale », in Revue Internationale de droit comparé. Vol 49, n°2 avril-juin 1997, pp. 325-345.

- JON (L): *"A Practical Guide to Mediation in Intellectual Property, Technology & Related Disputes".* European Intellectual Property Review (EIPR) Practice Series, Book 2, 2006, Sweet & Maxwell

- KENFACK DOUAJNI (G) : « *Le cadre juridique de l'arbitrage au Cameroun », in* Revue Camerounaise de l'Arbitrage n°4, janvier - Février - Mars 1999.

- KENFACK DOUAJNI (G) et IMHOOS (C) :« L'acte uniforme relatif au droit de l'arbitrage dans le cadre du traité de l'OHADA », Rev. Camerounaise Ar. 1999, n°5, pp. 3 et s.

- KESSLER (M) : « L'action en contrefaçon », thèse Montpellier, 1980.

- LACHAT (D P) : « La compétence juridictionnelle en matière d'action en contrefaçon de brevets d'invention dans la Communauté économique européenne », thèse Strasbourg, 1974

- LACHAT (D P) : « Le juge de la validité des brevets à effet territorial national », LPA 1981, Paris.

- LALIVE (P) : « L'arbitre international et les principes UNIDROIT », in Contratti commerciale international UNIDROIT, p. 71.

- LALIVE (P) :« Ordre public transnational (ou réellement international) et arbitrage », Rev. Arb. 1986, p. 329-373.

- LANDRAUD (D) : « Une remise en ordre des notions d'autorité relative de la chose jugée et d'opposabilité en matière de nullité de marques », JCP E 1986, Paris.

- LE GALL (V) : « L'homologation de la transaction », in Actes du colloque sur les modes alternatifs de règlement des litiges de propriété intellectuelle, 4 novembre 2011 à Grenoble, éd. DALLOZ, Paris 2012, pp.133-135.

- LELIEVRE ACOSTA (B) et BOILLAT (M) : « Les activités du Centre d'arbitrage et de médiation de l'OMPI », in Acte du colloque sur les modes alternatifs de règlement des litiges de propriété intellectuelle, 4 novembre 2011 à Grenoble, éd. DALLOZ, Paris 2012, pp.51-65.

- LE STANC (Ch.) : « Arbitrage et contrat de licence », expérience française in Rapport Atrip 2000-2001, Cedidac, Paris.

- LOQUIN (E) : « Une synthèse attendue du droit de l'arbitrage commercial international : le traité de l'arbitrage commercial international », RIDE 1989, t.2 p. 167.

- MARC (B): "*Objective Arbitrability - Antitrust Disputes - Intellectual Property Disputes"*. Swiss Arbitration Association Special Series, No.6, 1994.

- MARC (B): *The Conduct of Arbitral Proceedings Under the Rules of Arbitration Institutions; The WIPO Arbitration Rules in a Comparative Perspective*... WIPO Conference on Rules for Institutional Arbitration and Mediation, 1995.

- MARC (B): "*Arbitrability of Intellectual Property Disputes"*. Arbitration International, Vol.12, No.2, 1996.

- MARC (B.): "*The Mediation Rules of WIPO and Others: A Ticket to Paradise or Into a Better Mousetrap?"* WIPO Conference on Rules for Institutional Arbitration and Mediation, 1995.

- MARGARET: "*Intellectual Property Mediations", Special Techniques for a Special Field.* Texas Intellectual Property Law Journal, Vol.3, No.23, 1994.

- MARTIN (P) et VIGAND (P) : « Brevets d'invention : brevetabilité et contrefaçon », GAZ. PAL. 2000, Paris.

- MARTIN (G) : « Arbitrage et Propriété intellectuelle », Actes du colloque du Comité Français de l'arbitrage du 21 octobre 2013.

- MAURAND-SONNIER (A) : « Objectifs, moyens et résultats de la réforme de 1978-1980 » : thèse Montpellier, 1981.

- MAYER (P) : « La sentence contraire à l'ordre public au fond », Rev. Arb. 1994, pp.636-637.

- MICHAEL (G): "*Intellectual Property Rights and Mediation" - A New Challenge or "Nice to Have"?* Journal of International Dispute Resolution, No.4, 2005.

- MICHAEL (L): "*Why Mediation is Coming to Trade Marks*.Managing Intellectual Property", June 2004.

- MOREAU (B) : « *Intérêt de l'arbitrage pour les litiges de propriété intellectuelle* », in : Arbitrage et Propriété intellectuelle, IRPI publication 12, 1884.

- MOUSSERON (J M) : « L'arbitre face aux préjudices nés des licences de brevets et/ou de savoir-faire », Dossiers brevets 1994, II.

- MOUSSERON (J. M), RAYNARD(J) et VERON(P) : « L'euro-injonction », Dossiers brevets 1996, I.

- NAMMOUR (F) : « Arbitrage et propriétés intellectuelles en droit libanais : élément de comparaison avec le droit français », in Revue mensuelle LexisNexis Jurisclasseur, janvier 2006, p.12-16.

- NIBOYET : « La théorie de l'autonomie de la volonté », 16, recueil des cours 1(1927-1), p. 5.

- OPPETIT (B) : « L'arbitrage en matière de brevets d'invention après la loi du 13 juillet 1978 », Rev. arb. 1979, Paris.

- OPPETIT (B) : « Justice étatique et justice arbitrale », in Etudes offertes à P. Bellet, Paris, 1991, p. 415, spéc., p. 420.

- OPPETIT (B) : « Philosophie de l'arbitrage international », JDI, 1993. 811.

- PERRET (F) : « L'arbitrabilité des contentieux en matière de brevets d'invention », in Mélanges Raymond, Litec, 2004. Paris.

- PORTES (L) : « La rédaction du brevet. Acte constitutif d'un droit de propriété » ; thèse Montpellier, 1998.

- PLANT (D): "*The Course on Dispute Settlement in International Trade, Investment and Intellectual Property*", World Intellectual Property Organization, 2003.

- POUGOUE (P. G) : « La reconnaissance, les voies de recours, exécution de la sentence arbitrale OHADA », Communication au Congrès de la CIB, Ouagadougou, 9-14 décembre 1996 (inédit).

- PY (E) : « L'annulation du brevet » ; JURISCLASSEUR BREVET, 2011.

- PY (E) : « L'annulation du brevet d'invention. Les apports du droit judiciaire privé et de la théorie des nullités » ; thèse Strasbourg, 2008.

- RAISE (H) : « La procédure d'opposition devant l'Office européen des brevets peut-elle coexister avec l'action en nullité d'un brevet devant le tribunal fédéral des brevets ? » : RDPI. 108/2000, Paris.

- RAYNARD (J) : « L'universitaire qui arbitre dans les litiges de propriété industrielle », in Actes du colloque sur les modes alternatifs de règlement des litiges de propriété intellectuelle, 4 novembre 2011 à Grenoble, éd. DALLOZ, Paris 2012, pp.37-40.

- RICHARD (P E): "Mediation *spells trade dress success*". Managing Intellectual Property, November 2008.

- SCHMITT (P) : « Quelques observations sur la limitation de brevet introduite par la CBE 2000 » : Propr. industr. 2009, étude 21.

- SCOTT (B H). / REBECCA (M).: "*Alternative Dispute Resolution in Commercial Intellectual Property Disputes*". The American University Law Review, Issue 47, 1998.

- SIIRIAINEN(F) : « Arbitrage, transaction et droit d'auteur », in Acte du colloque sur les modes alternatifs de règlement des litiges de propriété intellectuelle, 4 novembre 2011 à Grenoble, éd. DALLOZ, Paris 2012, pp.99-116.

- STEVEN (B C): "*The Developing American Approach to Arbitrability*". Dispute Resolution Journal, Vol.58, No.1, 2003.

- TELEMAQUE (E.-A) : « Conciliation et médiation en matière de propriété intellectuelle », in Actes du colloque sur les modes alternatifs de règlement des litiges de propriété intellectuelle, 4 novembre 2011 à Grenoble, éd. DALLOZ, Paris 2012, pp.23-34.

- TREFIGNY (P) : « L'UDRP, une médiation particulière, pour les noms de domaine », in Actes du colloque sur les modes alternatifs de règlement des litiges de propriété intellectuelle, 4 novembre 2011 à Grenoble, éd. DALLOZ, Paris 2012, pp.67-81.

- VINCENT (G), KARIM(B) et PIERRE(TL), « Les limites apprivoisées de l'arbitrage cybernétique : l'analyse de ces questions à travers l'exemple du cybertribunal » (1999) 33-3 Thémis 537.

- VIVANT (M), « L'arbitrage en matière de brevet et la jurisprudence », Rev. Arb. 1977.

- VIVANT (M), « Le juge et la loi du brevet », Litec, 1977,

- VIVANT (M) : « La Convention de Bruxelles du 27 septembre 1968 appliquée à la propriété industrielle », Dossiers brevets 1989, IV ; Échanges ASPI, avr. 1989. Publication de l'OMPI n°728, Colloque mondial sur l'arbitrage des litiges de propriété intellectuelle (Genève, 1994).

- VIVANT (M) : « Propriété intellectuelle et ordre public », in Ecrit en hommage à J. Foyer, PUF, 1997, p. 307, n°14, pp. 319-320.

- VIVANT (M) : « Cherche litige non arbitrable laborieusement », in Rev Lamy de droit des affaires 2004, n°72(juin) p.5.

- VERON (P) : « Arbitrage et propriété intellectuelle » : Dossiers brevets 1994, I.

- VERON (P) : « Innovations apportées dans le contentieux de la propriété industrielle par le règlement (CE) n° 44/2001 du Conseil du 22 décembre 2000 concernant la compétence judiciaire, la reconnaissance et l'exécution des décisions en matière civile et commerciale, par rapport à la Convention de Bruxelles du 27 septembre 1968 » : Rev. Dt. propr. Intell . 121/2001. Paris.

- VERON (P) et ROMET(I) : « Brevets : limiter pour consolider ? » : Propr. industr. 2009, étude 23.

- VIGAND (P) : « Portée et validité d'un brevet européen en France », in Mélanges dédiés à P. Mathély : Litec, 1990, Paris.

- VINCENT (T), « Arbitrage et nouvelles technologies : alternative cyberdispute resolution », (1999) 2 Revue Ubiquité 47.

- DE MELLO (X A) : « L'expérience des arbitres ou l'espérance des arbitres in Arbitrage et propriété intellectuelle » : LITEC, Le droit des affaires - Propriété intellectuelle, 1994, Paris.

- WILLIAM (G): "*The Arbitrability of International Intellectual Property Disputes*". Berkeley Journal of International Law, Vol.14, 1996.

TABLE DES MATIERES

Questions juridiques aux éditions L'Harmattan

Dernières parutions

QU'EST-CE QUE LE DROIT ?
Théorie syncrétique et échelle de juridicité
Barraud Boris
La définition du droit ici est d'abord lexicographique et scientifique. La théorie syncrétique réunit toutes les définitions du droit en vigueur, loin d'être concurrentes elles s'associent. Ne s'opposant plus, elles se complètent. La seconde partie interroge les dimensions du droit en mesurant le niveau de force juridique par l'application des critères de juridicité. Cette nouvelle forme de rationalité de la pensée juridique permet au juriste de s'ouvrir à tout type de normes sociales tout en sauvegardant l'autonomie conceptuelle du droit.
(Coll. Le Droit aujourd'hui, 25.50 euros, 242 p.)
ISBN : 978-2-343-13423-9, ISBN EBOOK : 978-2-14-005340-5

LA RECHERCHE DE L'ÉQUILIBRE CONTRACTUEL DANS LE CAUTIONNEMENT
Regards croisés entre le droit français et le droit OHADA
Dibangue Guy - Préface de Pascal Rubellin
Le cautionnement est actuellement la sûreté qu'exigent de préférence les banques des emprunteurs. Si le législateur français semble surprotéger la caution par rapport au créancier, c'est l'inverse qui a été retenu par le législateur OHADA. Dans les deux cas, c'est le déséquilibre entre la protection raisonnable de la caution et la préservation des intérêts des créanciers. Suivant les récentes évolutions législatives en France et en droit OHADA, cette thèse vise l'équilibre contractuel du cautionnement dans une démarche de modernisation et de rationalisation de cette sûreté.
(Coll. Droit aujourd'hui, 42.00 euros, 456 p.)
ISBN : 978-2-343-13159-7, ISBN EBOOK : 978-2-14-005369-6

LE DROIT ANIMAL
Morales Frénoy Cathy
Plus qu'un droit protecteur, le droit animal réglemente les différentes utilisations de l'animal par l'Homme. Il est un corpus juridique transversal, issu du droit international, européen et national, qui régit les rapports entre l'homme et l'animal sans toujours offrir une protection juridique souvent souhaitée. Ce guide juridique offre à tout lecteur une étude complète de cette nouvelle discipline.
(Coll. Bibliothèques de droit, 45.00 euros, 470 p.)
ISBN : 978-2-343-12873-3, ISBN EBOOK : 978-2-14-005223-1

QUESTIONS D'ACTUALITÉ EN ÉTHIQUE ANIMALE
Pelé Marie, Sueur Cédric
L'éthique animale qui désigne l'étude de notre responsabilité morale à l'égard des animaux, n'est pas une prise de position mais un questionnement en perpétuelle évolution avec notre culture et notre temps. Cet ouvrage présente plusieurs éléments de réponses aux récentes questions posées par la société sur notre rapport aux animaux. Experts et étudiants abordent onze questions d'actualité en éthique animale. Leurs échanges sont retranscrits.
(Coll. Le Droit aujourd'hui, 24.00 euros, 236 p.)
ISBN : 978-2-343-13489-5, ISBN EBOOK : 978-2-14-005382-5

JE PARLE AUX ANIMAUX
Peter Friedman
Samantha Khury écoute les animaux et leur parle. Grâce à ce dialogue, elle parvient à comprendre leur comportement et à trouver les mots qui les guérissent. Non seulement Samantha Khury comprend le langage de nos fidèles compagnons, mais, en plus, ceux-ci lui confient leurs malheurs. Des propriétaires d'animaux domestiques, des gardiens de zoo et des entraîneurs de chevaux qui l'ont consultée en sont convaincus. Nous la voyons au travail, à l'écoute d'un chat dépressif, d'un perroquet déplumé en manque d'amour ou d'une jument qui a besoin de liberté... « Dans cette Théma Arte sur les rapports entre les hommes et les animaux, *Je parle aux animaux* est le plus intéressant. Sans doute parce qu'il pose la question de la communication avec nos compagnons à quatre pattes. Peter Friedman livre des séquences étonnantes. » (*TéléObs*). « Ce documentaire étonnant parvient à nous convaincre que la frontière entre les espèces est bien mince. Quand on dit que l'homme n'est qu'un animal ! » (*Le Figaro*)
(20 euros)
ISBN : 978-2-336-31591-1

TRAITÉ DE DROIT CONSTITUTIONNEL CONGOLAIS
Esambo Kangashe Jean-Louis
Préface de El hadj Mbodji - Postface de Dodzi Kokoroko
Dans sa conception, son évolution et sa pratique, le droit constitutionnel a toujours eu du mal à s'affranchir de crises politiques. Droit de crises ou de gestion de crise, le droit constitutionnel est avant tout au service des normes, dont le respect par tous contribue au fonctionnement régulier des institutions. Placés dans le contexte congolais, les trois versants du droit constitutionnel, à savoir le droit normatif, celui institutionnel et la branche consacrée aux libertés n'ont pas toujours été en cohérence avec le constitutionnalisme.
(Coll. Études africaines, 39.00 euros, 410 p.)
ISBN : 978-2-343-12352-3, ISBN EBOOK : 978-2-14-005341-2

SUR LE CHEMIN DES SAISIES
L'huissier de justice d'hier à demain
Berthé Ibrahim
Qu'est-ce qu'un huissier de justice ? D'où vient-il ? À quoi sert-il ? Cet ouvrage tente de répondre à ces interrogations et, à travers l'histoire, de peindre les différentes facettes de ce personnage spécifique du rouage de l'appareil judiciaire dans le temps et dans l'espace, des rives de la Seine en France jusqu'au bord du fleuve Djoliba au Mali.
(25.00 euros, 270 p.)
ISBN : 978-2-343-13501-4, ISBN EBOOK : 978-2-14-005261-3

LES TECHNIQUES D'ENQUÊTE CRIMINELLE
Typologie des crimes et constatations médico-légales
Moutassi Jean-Pierre
L'adoption de la loi de Juillet 2005 portant sur la procédure pénale démontre la volonté du gouvernement camerounais à promouvoir un état de droit. Voici un outil fondamental pour les praticiens du droit criminel : un outil de formation pour les jeunes fonctionnaires, ainsi que pour leurs aînés qui n'auraient pas eu l'occasion de vivre l'expérience des enquêtes judiciaires.
(Harmattan Cameroun, 45.00 euros, 498 p.)
ISBN : 978-2-343-13126-9, ISBN EBOOK : 978-2-14-005224-8

LES CLÉS DES ENJEUX FINANCIERS DU DIVORCE
Rond Patrice - Préface de Laurent Hincker
L'amour s'est consumé, l'argent part en fumée ! À une époque où toujours plus de couples se séparent, la finance du divorce inquiète. Comprendre ses arcanes financières, c'est pouvoir anticiper en cas de conflit au sein du couple. Comment rétablir un budget ou encore évaluer une prestation compensatoire ? À l'aide d'exemples chiffrés, l'auteur indique comment recenser et évaluer les revenus et patrimoines, et présente des méthodologies pratiques pour établir les droits

respectifs des époux. L'ouvrage rend compréhensibles les procédures financières qui ont lieu dans le divorce.
(17.00 euros, 156 p.)
ISBN : 978-2-343-11633-4, ISBN EBOOK : 978-2-14-004942-2

LUTTER EFFICACEMENT CONTRE LA FRAUDE
Enjeux stratégiques et opérationnels
Sous la direction de Catherine Véret Jost et Nicolas Dufour
Lutter efficacement contre la fraude pour recycler 50 à 100 milliards d'euros par an dans la croissance économique en France, voici l'enjeu de cet ouvrage qui explicite les leviers d'actions pour y parvenir, avec des retours d'expériences de professionnels et d'académiques. Il s'adresse à tous ceux qui ont la volonté de relever ce défi.
(Coll. Perspectives organisationnelles, 38.50 euros, 392 p.)
ISBN : 978-2-343-13167-2, ISBN EBOOK : 978-2-14-005143-2

L'ENFANT EN PRISON
Sous la direction de Catherine Ménabé et Mathieu Martinelle
Depuis 1946, les femmes détenues ont la possibilité de garder à leurs côtés, en prison, leur enfant jusqu'à ses 18 mois, voire 2 ans. Si la situation est peu étudiée, et souvent méconnue, elle mérite de profondes réflexions. Quelles sont les conditions de vie de ces jeunes enfants au sein du milieu pénitentiaire ? Comment est assuré leur développement psychomoteur et affectif malgré les contraintes carcérales ? Comment l'univers carcéral s'adapte à la présence d'enfants, non écroués mais, de fait, privés de liberté ?
(Coll. Bibliothèques de droit, 27.00 euros, 274 p.)
ISBN : 978-2-343-13051-4, ISBN EBOOK : 978-2-14-005015-2

LES TRENTE ANS DE LA LOI LITTORAL
Sous la direction de Jean-Luc Pissaloux et Anne Rainaud
La loi Littoral a maintenant plus de trente ans. Loi d'avant-garde, elle vise à concilier la protection du littoral avec le développement économique. Souvent contestée comme trop protectrice, empêchant l'urbanisation, elle est aussi considérée comme un « laisser-construire » dans les zones saturées. Ses concepts sont difficiles à interpréter et appliquer. Les défis climatiques auxquels est confronté le littoral ont impliqué la participation de géographes. La protection des cordons littoraux s'avère aujourd'hui une nécessité.
(Coll. Grale, 39.00 euros, 418 p.)
ISBN : 978-2-343-13140-5, ISBN EBOOK : 978-2-14-004988-0

CICÉRON, PÈRE DE LA CODIFICATION DU DROIT CIVIL
Gilardeau Eric
Confronté à la crise subie par la République, Cicéron cherchait une réponse au chaos des lois et aux contradictions du droit civil. Il en élabora une véritable codification. Du «De oratore» au «De officiis», il critiqua la science du droit et la soumit à la loi naturelle, avant d'instituer une méthode de codification protectrice des droits civils, dont se rapprocheront les codes civils français et autrichien. Il faut attendre les réformes du Code civil allemand de 2001 et du Code civil français de 2016 pour rejoindre Cicéron sur le rôle de la bonne foi et de l'imprévision en matière contractuelle.
(Coll. Logiques Juridiques, 26.00 euros, 248 p.)
ISBN : 978-2-343-13327-0, ISBN EBOOK : 978-2-14-004994-1

DROIT DES SOCIÉTÉS COMMERCIALES OHADA
Akam Akam André, Voudwe Bakreo
Ce livre vise à exposer, expliquer, systématiser et critiquer les règles qui régissent la constitution, le fonctionnement et la disparition des sociétés commerciales. Il montre que le droit des sociétés commerciales OHADA vise la promotion, la protection et la société judiciaire des investissements, autant qu'il tend à protéger les intérêts particuliers. En outre, il met en exergue la richesse, la

variété et la modernité du droit des sociétés de l'OHADA, ainsi que l'abondance et la qualité des travaux de recherche des auteurs africains et d'ailleurs qui s'intéressent au droit OHADA.
(Coll. Dynamiques du droit OHADA, 55.00 euros, 752 p.)
ISBN : 978-2-343-12819-1, ISBN EBOOK : 978-2-14-005077-0

LA PROTECTION CONTRE LES ATTEINTES AUX DROITS SUR LES SIGNES DISTINCTIFS DANS L'ESPACE OAPI
Badou Charles
Les signes distinctifs confèrent à leur propriétaire un droit exclusif d'exploitation. Celui-ci bénéficie de règles dérogatoires au droit commun, qui ont pour vocation première d'assurer aux signes distinctifs une protection contre les atteintes dont ils peuvent être l'objet. Mais l'efficacité de la protection est toute relative. La protection contre les atteintes aux signes distinctifs exige donc de nouvelles solutions qui, prenant en compte la particularité du droit de la propriété industrielle, protègeront efficacement les signes distinctifs contre les violations des droits exclusifs de leur propriétaire.
(Coll. Études africaines, 42.00 euros, 468 p.)
ISBN : 978-2-343-11816-1, ISBN EBOOK : 978-2-14-005019-0

DROIT DU TRAVAIL SÉNÉGALAIS
Tagum Fombeno Henri-Joël - Préface de Isaac Yankhoba Ndiaye
L'auteur questionne le droit du travail sénégalais, analyse les textes récents et leurs apports au droit du travail, met en lumière les imperfections de la législation et les difficultés d'interprétation qu'elles suscitent dans la pratique. La compréhension de la matière est rendue aisée avec les illustrations et exemples pratiques, souvent utilisés par l'auteur et issus de son expérience professionnelle.
(Harmattan Sénégal, 48.00 euros, 506 p.)
ISBN : 978-2-343-13272-3, ISBN EBOOK : 978-2-14-004933-0

LA FUSION DES SOCIÉTÉS COMMERCIALES EN DROIT INTERNE ET INTERNATIONAL
Contribution à la notion de «contrat-organisation»
Kalaani Adrian
La fusion est l'opération par laquelle une ou plusieurs sociétés transfèrent, par la suite de leur dissolution sans liquidation, leur patrimoine à une société établie ou nouvelle. Ce transfert est possible par la distribution de parts sociales aux associés de la société dissoute. Cette définition française et européenne souligne les effets principaux de la fusion en restant silencieuse sur sa nature juridique. Donc la fusion est un contrat-organisation qui entraîne une mise en commun du patrimoine et des membres de chacune des sociétés fusionnantes au sein d'une seule société préexistante ou nouvelle.
(Coll. Logiques Juridiques, 55.00 euros, 638 p.)
ISBN : 978-2-343-10971-8, ISBN EBOOK : 978-2-14-004827-2

LE PRAGMATISME JURIDIQUE
Barraud Boris
Le pragmatisme invite à se concentrer sur le mode de production des connaissances et sur les actions plutôt que sur les pensées. Le pragmatisme juridique, attaché à l'effectivité des normes, permettrait d'accepter et expliquer les modes de régulation originaux du XXIe siècle. L'enjeu est de permettre au droit scientifique d'accompagner l'évolution du droit pratique. Sont surtout concernées la gouvernance du cyberespace, la protection de l'environnement et la responsabilité sociale des entreprises. Affinant le visage du pragmatisme juridique, voici un outil ouvrant des pistes pour l'avenir de la recherche en droit.
(Coll. Bibliothèques de droit, 33.00 euros, 334 p.)
ISBN : 978-2-343-13206-8, ISBN EBOOK : 978-2-14-004920-0

Structures éditoriales du groupe L'Harmattan

L'Harmattan Italie
Via degli Artisti, 15
10124 Torino
harmattan.italia@gmail.com

L'Harmattan Hongrie
Kossuth l. u. 14-16.
1053 Budapest
harmattan@harmattan.hu

L'Harmattan Sénégal
10 VDN en face Mermoz
BP 45034 Dakar-Fann
senharmattan@gmail.com

L'Harmattan Cameroun
TSINGA/FECAFOOT
BP 11486 Yaoundé
inkoukam@gmail.com

L'Harmattan Burkina Faso
Achille Somé – tengnule@hotmail.fr

L'Harmattan Guinée
Almamya, rue KA 028 OKB Agency
BP 3470 Conakry
harmattanguinee@yahoo.fr

L'Harmattan RDC
185, avenue Nyangwe
Commune de Lingwala – Kinshasa
matangilamusadila@yahoo.fr

L'Harmattan Congo
67, boulevard Denis-Sassou-N'Guesso
BP 2874 Brazzaville
harmattan.congo@yahoo.fr

L'Harmattan Mali
Sirakoro-Meguetana V31
Bamako
syllaka@yahoo.fr

L'Harmattan Togo
Djidjole – Lomé
Maison Amela
face EPP BATOME
ddamela@aol.com

L'Harmattan Côte d'Ivoire
Résidence Karl – Cité des Arts
Abidjan-Cocody
03 BP 1588 Abidjan
espace_harmattan.ci@hotmail.fr

L'Harmattan Algérie
22, rue Moulay-Mohamed
31000 Oran
info2@harmattan-algerie.com

L'Harmattan Maroc
5, rue Ferrane-Kouicha, Talaâ-Elkbira
Chrableyine, Fès-Médine
30000 Fès
harmattan.maroc@gmail.com

Nos librairies en France

Librairie internationale
16, rue des Écoles – 75005 Paris
librairie.internationale@harmattan.fr
01 40 46 79 11
www.librairieharmattan.com

Librairie l'Espace Harmattan
21 bis, rue des Écoles – 75005 Paris
librairie.espace@harmattan.fr
01 43 29 49 42

Lib. sciences humaines & histoire
21, rue des Écoles – 75005 Paris
librairie.sh@harmattan.fr
01 46 34 13 71
www.librairieharmattansh.com

Lib. Méditerranée & Moyen-Orient
7, rue des Carmes – 75005 Paris
librairie.mediterranee@harmattan.fr
01 43 29 71 15

Librairie Le Lucernaire
53, rue Notre-Dame-des-Champs – 75006 Paris
librairie@lucernaire.fr
01 42 22 67 13

www.ingramcontent.com/pod-product-compliance
Lightning Source LLC
LaVergne TN
LVHW011445061026
849535LV00004BA/954